Learning SPARQL: *Querying and Updating with SPARQL 1.1*

2nd Edition

SPARQL 배우기

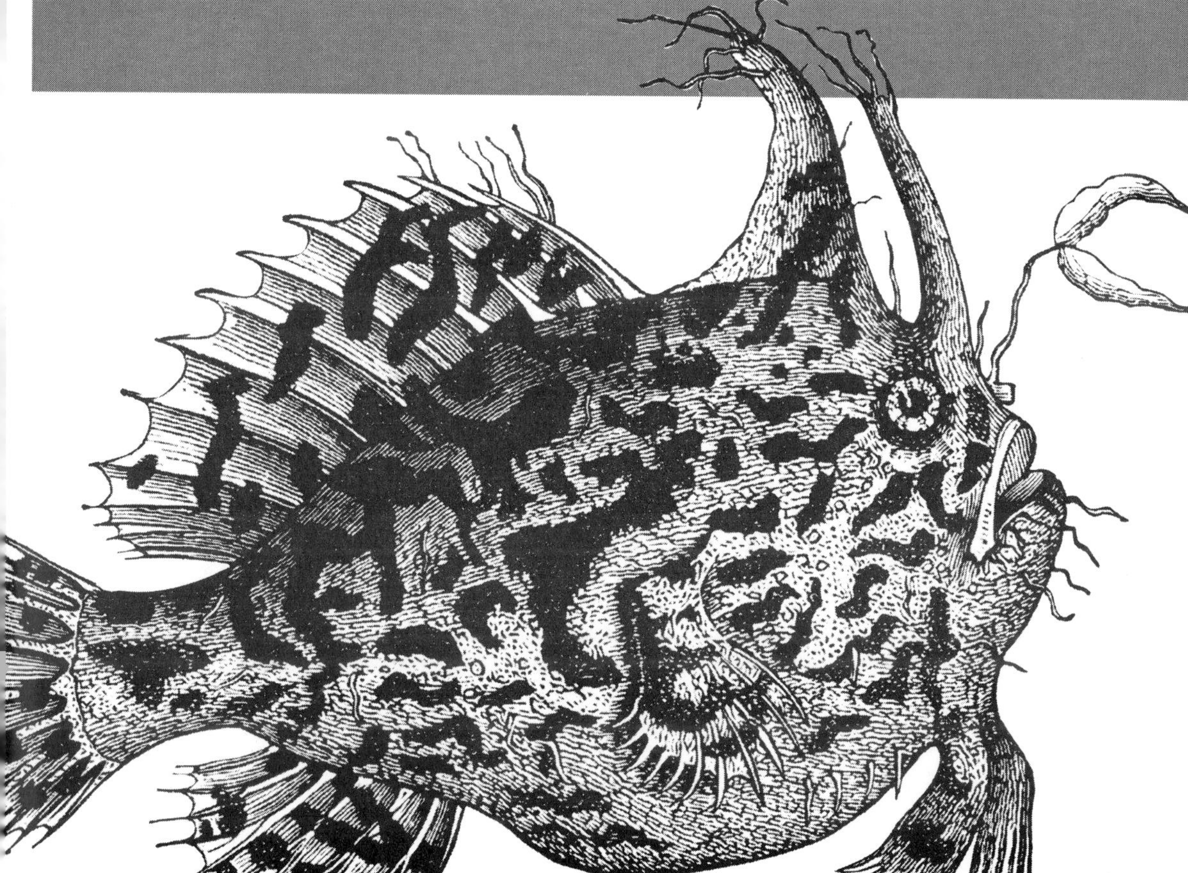

밥 두차르메 저

이문호 역

O'REILLY

홍릉과학출판사

SECOND EDITION

SPARQL 배우기

Querying and Updating with SPARQL 1.1

밥 두르차메 지음
이문호 옮김

O'REILLY®
Beijing · Cambridge · Farnham · Köln · Sebastopol · Tokyo

Learning SPARQL Second Edition

by Bob DuCharme

SPARQL 배우기 Second Edition

인 쇄 : 2019년 3월 8일
발 행 : 2019년 3월 15일
저 자 : Bob Ducharme
역 자 : 이문호

역자와의 협의하에 인지생략

발행인 : 송 준
발행처 : 홍릉과학출판사
주 소 : 서울시 강북구 인수봉로 50길 10
등 록 : 1976년 10월 21일 제5-66호

전 화 : 02-999-2274~5
팩 스 : 02-905-6729

http://www.hongpub.co.kr
hongpub@hongpub.co.kr

ISBN : 979-11-5600-663-3(93000)

정 가 : 39,000원

야심찬 프로젝트를 시도할 때마다 지지해주신
어머니 린다Rinda와 아버지 밥Bob에게 감사드립니다.
부모님은 내가 대학을 떠났을 때도 응원해주셨습니다.
우리 밴드가 빅스타로 뜰 줄 알았기 때문입니다.
(결국 못했지만요……)

저자 소개

밥 두차르메Bob DuCharme

시맨틱 웹 애플리케이션 모델링, 개발, 배포를 위한 소프트웨어공급자인 탑쿼드란트TopQuadrant에서 근무하는 솔루션 아키텍처다. 이노데이터 이소젠Innodata Isogen에서 근무한 후, 탑쿼드란트로 이직했다. 이노데이터 이소젠에서 다양한 전세계 출판사 고객을 위한 시스템과 아키텍처 분석을 담당했고, 2008년 뉴욕시에서 열린 링크드 데이터 플래닛 콘퍼런스의 공동 의장을 맡기도 했다.

이전에는 무디 인베스트 서비스Moody's Investors Service에서 SGML과 XML 개발을 총괄했고, 그 후 렉시스넥시스LexisNexis로 옮겨 XML 기반 시스템 전환을 수행하는 과정에서 데이터와 시스템 아키텍처를 맡았다.

XML.com 뉴스레터의 편집장인 켄들 클라크는 "밥 두차르메만큼 기술을 느낌과 생각대로 자유롭게 풀어내는 사람이 또 있을까?"라고 말한 적이 있다. 밥의 대표적인 저서로는 《XSLT Quickly》(Manning, 2001), 프랜티스 홀의 《XML: The Annotated Specification and SGML CD》(Prentice Hall, 1998), 맥그로힐의 《Operating Systems Handbook》(McGraw-Hill, 1994)이 있다. XML.com에서는 70개 이상의 기사를 썼고, Dr. Dobb's Journal, IBM developerWorks, Nodalities, DevX, perl.com, XML Magazine, XML Journal, XML Developer에 기고하기도 했다. 콜롬비아 대학교에서 종교학 학사학위를 받았으며, 뉴욕 대학교에서 컴퓨터 과학 석사 학위를 받았다. 현재는 버지니아의 샬로츠빌에서 아내 제니퍼Jennifer, 딸 매들린Madeline, 앨리스Alice와 함께 살고 있다.

옮긴이 소개

매일 3시간 이상 걸리는 출퇴근 시간에서 다방면의 원서를 읽는 쏠쏠한 즐거움에 빠져 있다. 집에서는 밤 늦게까지 수많은 논문과 책에 치이긴 해도, 마음만은 청춘이라며 아재아재바라아재라고 소심하게 외치는 아날로그 세대이기도 하다.

관심 분야는 정보검색과 의료정보학, 기계학습을 이용한 장비 고장 예지다. 석사 때는 영상처리를 전공했다. 그 후 진로를 바꿔 문헌정보학과로 진학해서 의학 서지 링크드 데이터 구축 방법 연구로 박사 과정을 마쳤다.

오픈소스 자바 검색엔진인 루씬(Lucene)에 관한 첫 국내서인 《루씬 인 액션》(에이콘출판사, 2005)을 공역했다. 2000년대에는 오픈소스 영상처리 라이브러리를 다룬 오픈소스 라이브러리 실무 시리즈 도서를 계속 펴냈고, 2010년대에는 영상처리와 컴퓨터 비전을 주제로 한 다수의 원서를 옮겼다. 대표 저서와 역서는 《OpenCV를 이용한 컴퓨터 비전 실무 프로그래밍》(홍릉과학출판사, 2007)과 《디지털 의료영상처리》(홍릉과학출판사, 2016)이다.

서문

사물을 설명하기 위해 의존했던 과학은 점술이었다.
점술을 통해 단어와 사물 간의 연관성을 밝혀낸 후,
적절한 용어와 추론을 이끌어낸 수 있었다.

- 앙리 장 마르탱Henri-Jean Martin,
《쓰기의 역사와 힘The History and Power of Writing》

왜 SPARQL을 배워야 하는가?

공개 데이터와 비공개 데이터 모음이 커져가면서, 질의 언어인 SPARQL("스파클"이라고 발음함)을 사용하는 이가 점차 늘어나고 있다.

이 데이터가 시맨틱 웹 프로젝트의 일부인지 아니면 동일한 방화벽 뒤에 있는 서로 다른 플랫폼의 두 재고 데이터베이스 간의 통합인지와 관계없이 SPARQL로 더 쉽게 접근할 수 있다. W3C 의장이자 웹 고안자인 팀 버너슬리Tim Berners-Lee는 "SPARQL이 없는 시맨틱 웹은 SQL이 없는 관계형 데이터베이스와 같다."라고 말했다.

SPARQL은 관계형 데이터에 질의하기 위해 설계된 게 아니다. SPARQL은 RDF 데이터 모델을 준수하는 데이터에 질의하기 위해 설계됐다. RDF 기반 데이터 형식은 XML과 관계형 데이터베이스가 갖고 있는 주류 지위를 아직까지 달성하지 못했다. 하지만 RDF 데이터 모델을 사용하는 도구 덕분에 다양한 데이터 집합(알고 있듯이 관계형 데이터베이스를 포함함)을 공통적인 표준화된 인터페이스로 노출할 가능성이 점점 늘어나고 있다. 이 데이터에 접근하려고 새로운 API를 배울 필요는 없다. SPARQL를 지원하는 오픈소스와 상용 소프트웨어(오라클 11g와 IBM의 DB2 포함)를 사용하면 이런 데이터 소스를 활용할 수 있다. SPARQL의 이런 데이터와 도구 활용성 덕분에 다양한 공개 데이터에 접근할 수 있으며, 많은 기업 내부의 데이터 사일로를 더 쉽게 통합할 수 있다.

일반적인 SPARQL 작업의 구문을 찾아보고 싶을 때 이 책의 목차, 용어집, 찾아보기가 참조 안내서 역할을 한다. 그렇지만 완전한 참조 안내서는 아니다. 여러 키워드를 이상하게 조합해서 사용할 때 일어날 수 있는 자잘한 모든 사례를 다룬다면 이 책이 훨씬 더 두꺼울 것이다. 대신에 이 책의 주목표는 데이터를 검색하고 갱신하고, 검색한 데이터를 최적으로 사용할 수 있도록 SPARQL를 빠르면서도 편안하게 다루는 것이다. 한번 이렇게 할 수 있다면 방대한 양의 RDF을 검색하고, 갱신하고, 조합하고, 일치시키기 위해 SPARQL를 사용하는 다양한 도구와 애플리케이션 라이브러리를 선택해서 사용할 수 있다.

1.1 알림

W3C는 2008년 1월에 SPARQL 1.0 명세를 권고안 혹은 공식 표준으로 승격시켰다. 다음 해인 2009년에 SPARQL Working Group이 SPARQL 1.1를 시작했으며, 2013년 3월에는 더 큰 명세 집합인 SPARQL 1.1이 권고안이 되었다. SPARQL 1.1에 새로운 함수 호출, 변수에 대한 더 강력한 제어, 데이터를 갱신하는 기능 같은 새로운 기능이 추가됐다.

SPARQL 엔진을 내장한 대부분 트리플 저장소는 1.1이 권고안 상태에 도달할 때까지 폭넓게 지원했지만, 일부 트리플 저장소는 아직까지 지원하지 못했다. 따라서 이 책의 논의에서 조금 뒤쳐져 있을지도 모를 소프트웨어 사용을 중심으로 계획하는 데 도움이 되도록 "1.1 알림" 상자로 1.1의 새로운 기능을 강조했다. 이 책에서 기술했던 공개 소프트웨어는 최신 SPARQL 1.1을 완벽하게 지원한다.

이 책의 구성

이 책을 처음부터 끝까지 읽을 필요가 없다. 1장을 읽은 후에 자유롭게 넘기면 된다. 그렇긴 해도 최소한 5장까지 읽어두면 마지막 장을 따라가는 게 더 쉬울 수 있다.

1장 몇 개의 데이터와 질의로 뛰어들기에서는 SPARQL의 배경과 사용법을 더 자세하게 알아보기 전에 몇 개의 간단한 질의를 작성해서 실행해본다.

2장 시맨틱 웹, RDF, 링크드 데이터, SPARQL에서는 시맨틱 웹, 관련된 명세, SPARQL이 추가하고 제거하는 것을 대략적으로 파악한다.

3장 SPARQL 질의에 깊게 들어가기에서는 1장을 토대로 질의 언어를 더 광범하게 소개한다.

4장 데이터 복사, 생성, 변환과 나쁜 데이터 찾기에서는 SPARQL을 사용해서 데이터 집합의 데이터를 복사하고, 새로운 데이터를 생성하고, 나쁜 데이터를 찾는다.

5장 데이터 타입과 함수에서는 데이터 타입 메타데이터, 표준화된 함수, 확장 함수가 질의에 어떻게 기여하는지 알아본다.

6장 SPARQL을 이용한 데이터 갱신에서는 검색하는 대신에 SPARQL 갱신 기능을 사용해서 데이터 집합에 데이터를 추가하고 변경한다.

7장 효율적인 질의 작성과 디버깅에서는 증가하는 데이터 볼륨을 이용한 작업을 할 때 질의를 더 효율적으로 실행하는 것을 도울 수 있는 사항을 기억하고 있어야 할 몇 가지 사항을 알아본다.

8장 SPARQL 질의 결과 형식을 이용한 작업에서는 SPARQL 처리기가 질의 결과를 반환하기 위해 W3C가 정의한 XML, JSON, CSV, TSV 포맷을 애플리케이션이 활용할 수 있는 방법을 알아본다.

9장 RDF 스키마, OWL, 추론에서는 RDF 스키마, OWL 온톨로지, SPARQL 규칙으로 데이터에 추가할 수 있는 메타데이터를 SPARQL로 활용할 수 있는 방법을 알아본다.

10장 SPARQL을 이용한 애플리케이션 구축에서는 개발 중인 애플리케이션에서 SPARQL이 맡을 수 있는 여러 역할을 알아본다.

11장 SPARQL 요리법에서는 다양한 상황에서 유용할 수 있는 SPARQL 질의와 갱신 요청의 집합을 알아본다.

용어집에서는 SPARQL과 RDF 기술을 논의할 때 사용되는 용어와 약어 용어집을 소개한다.

이 책에서 사용한 인쇄 규칙은 다음과 같다.

이탤릭체

새로운 용어, URL, 이메일 주소, 확장자를 나타낸다.

`Consolas`

프로그램 목록에 사용되고, 또한 단락 내부에서도 변수나 함수 이름, 데이터 타입, 환경 변수, 문, 키워드 같은 프로그램 요소를 가리키기 위해 사용된다.

Consolas

명령어나 사용자가 문자 그대로 입력해야 하는 기타 텍스트를 보여준다.

Consolas

사용자가 제공한 값으로 대체해야 하는 텍스트나 문맥으로 결정하는 값을 보여준다.

규약

변수 및 접두사가 붙은 이름은 like this처럼 모노스페이스 폰트로 한다(접두사가 붙은 이름이 무엇인지 모른다면 2장을 참고하라). 샘플 데이터, 질의, 코드, 마크업은 동일한 모노스페이스 폰트로 보여준다. 다음과 같이 따옴표로 감싼 문자열처럼 논의에서 차후에 언급하는 중요한 부분을 강조하기 위해 가끔 굵은 텍스트가 포함될 수 있다.

```
# 파일명: ex001.rq

PREFIX d: <http://learningsparql.com/ns/demo#>
SELECT ?person
WHERE
{ ?person d:homeTel "(229) 276-5135" . }
```

다음 아이콘은 조금 더 주목할 가치가 있는 세부사항을 알려준다.

놓치기 쉬운 중요한 내용이다.

개발이나 질의를 더 효율적으로 만들 수 있는 팁이다.

흔한 문제나 실패하기 쉬운 함정과 관련된 경고다.

예제 코드 사용

*http://learningsparql.com*을 방문하면 이 책의 예제 코드와 데이터 파일을 포함한 ZIP 파일을 받을 수 있다. 이외에 SPARQL 소프트웨어와 다른 자원 링크를 제공하므로 참고하자.

이 책을 참고해 작업을 완료해보자. 이 책에 있는 코드 예제를 프로그램과 문서에서 사용할 수도 있다. 코드의 많은 부분을 복제하지 않는 한 허가를 받기 위해 연락할 필요는 없다. 예로 이 책에 수록된 코드의 여러 덩어리를 사용하는 프로그램을 작성한다면 허가를 받을 필요가 없다. 하지만 오라일리 책의 예제를 CD-ROM으로 팔거나 배포할 때는 허가를 받아야 한다. 이 책을 인용하고, 예제 코드를 인용하는 것에 관한 문의에 대한 답변은 허가를 받을 필요가 없다. 이 책에 수록된 예제 코드의 상당한 양을 제품 문서에 포함한다면 허가를 받아야 한다.

저작권을 표시하는 것에 감사드리지만 꼭 그렇게 하지 않아도 된다. 저작권에는 보통 제목, 저자, 출판사, ISBN이 포함된다. 예를 들면 "*Learning* SPARQL, 2nd edition, by Bob DuCharme(O'Reilly). Copyright 2013 O'Reilly Media, 978-1-449-37143-2"이다.

코드 예제 사용이 공정 사용이나 앞의 주어진 허가 밖이라고 생각한다면 언제든지 *permission@oreilly.com*로 자유롭게 연락해 주시길 바란다.

감사의 글

이 책의 초판에서 훌륭한 공헌을 해주신 기술 감수자(딘 알레망Dean Allemang, 앤디 시본Andy Seaborne, 파울 기어런Paul Gearon)와 이 책의 샘플을 검토해주신 독자이자 감수자(프리슬라 윔슬리Priscilla Walmsley, 에릭 로체스터Eric Rochester, 피터 두차르메Peter DuCharme, 데이비드 게르마노David Germano)에게 감사를 드립니다. 2판에서는 롭 베세Rob Vesse, 개리 킹Gary King, 매튜 깁슨Matthew Gibson, 크리스틴 코너스Christine Connors에게 아주 많은 제언을 받았습니다. 특히 앤디는 이 책에 담을 새로운 내용을 검토해주었습니다.

톱쿼드란트에서 같이 근무하는 대학 동창인 이레네 폴리코프Irene Polikoff, 로버츠 코엔Robert Coyne, 랄프 호지슨Ralph Hodgson, 제레미 캐롤Jeremy Carroll, 홀거 눕라우흐Holger Knublauch, 스코트 헤닝거Scott Henninger, 딘 알레망은 SPARQL을 더 잘 이해하도록 도와줬습니다.

SPARQL의 난해한 내용 일부를 바로 잡아준 데이브 레이놀즈Dave Reynolds와 리 파이겐바움Lee Feigenbaum, 실제 책으로 만들도록 도와준 오라일리의 시몬 스톤 로랑Simon St. Laurent, 크리스틴 보르그Kristen Borg, 아만다 케이지Amanda Kersey, 새라 슈나이더Sarah Scheneider, 샌더스 클라인펄드Sanders Kleinfeld, 재스민 페레즈Jasmine Perez에게 감사를 드립니다.

이 책을 집필하면서 연구하고, 쓰고, 테스트하고, 또 다시 써야 했던 나를 견뎌준 아내 제니퍼Jennifer, 딸 매들린Madeline과 앨리스Alice에게 고마움을 전합니다.

옮긴이의 말

오래 전에 링크드 데이터 구축 관련 프로젝트를 진행할 당시, 온톨로지와 SPARQL에 관한 자료가 부족해 어려움을 겪었을 때 이 책의 원서인 《Learning SPARQL 2/e》를 접한 게 우연이자 필연이었다. 오라클 같은 관계형 데이터베이스의 SQL과 비슷하면서도 약간 미묘하게 다른 SPARQL 문법에 매료되었다. SPARQL을 전문적으로 유일하게 다룬 《Learning SPARQL 2/e》 원서를 번역해서 펴낸다면 학계와 산업계에 있는 독자에게 도움이 될 것이라는 생각이 들었다. 오랫동안 번역을 계속 했던 곳인 출판사와 이야기를 했지만, 어떠한 반응도 없었다. 아마도 독자가 적어 시장이 매우 좁다는 이유였을 것이다. 이를 계기로, 영상처리와 컴퓨터 비전 분야의 책 집필과 번역을 계속 지원해준 홍릉과학출판사와 인연이 다시 닿아서 약 2년 만에 번역서를 출간하게 되었다.

옮긴이의 말에서 사연을 이렇게 이야기하는 이유는 단 하나다. 국내외로 공공 부분과 민간 부분에서 다수의 링크드 오픈 데이터[LOD, Linked Open Data]를 구축하여 계속 공개하고 있는 상황에서는 링크드 데이터에 대한 고수준의 검색과 정보 접근이 가능한 방법 중 하나가 SPARQL이기 때문이다. 이 SPARQL은 W3C에서 제정한 자원 기술 프레임워크 기반의 데이터베이스에서 RDF 데이터를 조회하기 위한 시맨틱 질의 언어이다. 이런 이유로 SPARQL와 관련된 지식을 체계적으로 배운다면 온톨로지를 더 잘 활용할 수 있다.

이 책의 목표는 데이터를 검색하고, 갱신하고, 검색한 데이터를 최적으로 사용할 수 있도록 SPARQL를 빠르면서도 편안하게 다루는 데에 있다. 먼저 SPARQL 1.1을 중심으로 간단한 질의 작성 후 실행, 시맨틱 웹과 링크드 데이터, 명세를 설명한다. 그후 SPARQL 문법을 이용한 효율적인 데이터 처리, 다양한 함수 활용 방법, 원격 서비스 질의, 푸세키 같은 RDF 저장소 사용 등 여러 가지 내용을 고르게 기술하고 있다. 마지막에는 어떠한 상황에서도 쓸 수 있는 SPARQL 질의에 대한 사례를 제시하고 있다. 이 책에 걸쳐 SPARQL 1.0과 관련된 내용을 언급하고 있으므로, SPARQL 1.0과 SPARQL 1.1 간의 차이점을 이해하여 적재적소에 잘 활용할 수 있다.때로는 이 책의 목차, 용어집, 찾아보기가 유용한 도움이 될 것이다. 기회가 된다면 이 책의 SPARQL 예제 코드를 제공하는 저자의 홈페이지인 http://www.learningsparql.com/index.html을 방문하길 바란다.

역자로서는 마지막인 이 책을 번역할 기회를 주신 홍릉과학출판사 우명찬 사장님, 이 책의 번역 품질을 높이려고 많이 고생하신 최윤정 편집자님, 이 책이 출간되도록 많이 도와주신 박찬혁 과장님, 그 외 홍릉과학출판사 관계자 여러분께 감사의 말씀을 드린다.

이문호-D.L.I.S

차례

Chapter 5 데이터 타입과 함수

Chapter 6 SPARQL을 이용한 데이터 갱신

Chapter

1 데이터와 질의로 뛰어들기

2장에서는 SPARQL스파클과 잘 어울리는 RDF, 시맨틱 웹에 관한 일부 배경 지식을 제공한다. 하지만 2장을 바로 배우기 전에, 이런 배경 지식이 너무나 이론적으로 보이지 않도록 SPARQL 질의를 직접 작성하고 실행하면서 약간의 경험부터 쌓아보자.

먼저 SPARQL이란 무엇인가? SPARQL은 Simple Protocol and RDF Query Language의 약자로, W3C에서 기술하고 있는 일련의 명세서다.

> W3C(World Wide Web Consortium)은 SPARQL을 비롯해 HTML, XML, CSS 등을 담당하는 표준화 기관이다.

SPARQL의 "RQL"에서 알 수 있듯이, SPARQL은 RDF를 질의하기 위해 설계됐지만, RDF 형식 중의 하나로 저장된 데이터를 질의하는 것에 제한을 두지 않는다. 관계형 데이터, XML, JSON, 스프레드시트, 기타 형식을 RDF로 처리하기 위해 상용 유틸리티와 오픈소스 유틸리티를 사용할 수 있다. 그러면 이런 형식의 데이터 혹은 SPARQL/RDF 조합의 강력한 측면 중 하나인 이런 소스를 조합한 데이터에 SPARQL 질의를 실행할 수 있다.

SPARQL 이름 속의 "Protocol"은 클라이언트 프로그램과 SPARQL 처리 서버가 SPARQL 질의와 결과를 주고 받기 위한 규칙과 관련이 있다. 질의 명세 문서와 별개로 명시된 이런 규칙은 주로 SPARQL 처리기processor 개발자와 관련된 주제다. 질의 언어를 사용하면 이 프로토콜에 대해 걱정하지 않고 작업할 수 있다. 따라서 이 책에서는 프로토콜을 자세하게 다루지 않는다.

질의 대상인 데이터

2장에서는 RDF와 사람이 이용할 수 있는 모든 것을 더 자세하게 기술한다. 요약하자면 RDF는 데이터 형식이 아니라, 데이터 파일로 저장하기 위한 문법을 이용한 데이터 모델이다. 이 데이터 모델에서는 트리플triple로 알려진 세 가지 부분으로 구성된 문장을 이용해 사실을 표현한다. 각 트리플은 사실을 나타내는 작은 문장과 닮았다. 트리플의 세 가지 부분을 주어subject, 술어predicate, 목적어object로 부르지만, 각각 기술되는 것("자원resource"을 말하며, 참고로 RDF는 "Resource Description Framework자원 기술 프레임워크"의 약자임)의 식별자identifier, 속성 이름property name, 속성 값property value으로 생각할 수 있다.

주어(자원 식별자)	술어(속성 이름)	목적어(속성 값)
richard	homeTel	(229)276-5135
cindy	email	cindym@gmail.com

ex002.ttl 파일에는 RDF 형식인 터틀Turtle을 사용해 표현한 몇몇 트리플이 있다(2장에서는 터틀과 다른 형식에 관해 알아본다). "richard의 homeTel 값은 (229)276-5135이다"와 "cindy의 email 값은 cindym@gmail.com이다" 같은 문장을 만드는 트리플을 사용한 주소록 데이터가 ex002.ttl 파일에 저장되어 있다. Craig가 두 이메일 주소를 갖는 것을 보여주는 ex002.ttl 파일에서 알 수 있듯이, RDF는 주어진 자원에 값만 다른 동일한 속성이 여러 개가 있어도 아무런 문제가 없다.

```
# 파일명: ex002.ttl

@prefix ab: <http://learningsparql.com/ns/addressbook#> .

ab:richard ab:homeTel   "(229) 276-5135" .
ab:richard ab:email     "richard49@hotmail.com" .

ab:cindy ab:homeTel     "(245) 646-5488" .
ab:cindy ab:email       "cindym@gmail.com" .

ab:craig ab:homeTel     "(194) 966-1505" .
ab:craig ab:email       "craigellis@yahoo.com" .
ab:craig ab:email       "c.ellis@usairwaysgroup.com" .
```

영어로 쓴 문장이 보통 마침표로 끝나듯이, 터틀(과 SPARQL) 트리플도 마침표로 끝난다. 마침표 옆에 있는 공백은 필요하지 않지만, 관례상 데이터를 더 읽기 쉽게 해준다. 더 간결한 데이터 집합을 작성하기 위해 세미콜론과 콤마를 사용하는 방법에 대해 알아볼 때 보겠지만, 세미콜론과 콤마 옆에도 추가 공백을 자주 넣는다.

> 터틀 데이터와 SPARQL 질의의 주석comment은 해시(#) 기호로 시작한다. 이 책의 각 질의와 예제 데이터 파일은 예제 데이터가 들어 있는 zip 파일에서 해당 파일을 쉽게 찾을 수 있도록 해당 파일 이름을 보여주는 주석부터 시작한다.

파일명에 관한 주석 다음의 공백이 아닌 첫 라인도 마침표로 끝나는 트리플이다. 접두사prefix인 "ab"는 URI인 *http://learningsparql.com/ns/addressbook#*의 약자임을 알 수 있으며, 속성 설정인 `xmlns:ab="http://learningsparql.com/ns/addressbook#"`로 XML 문서임을 알 수도 있다. RDF 트리플의 주어와 술어는 모두 특정 네임스페이스namespace에 속해야 한다. 혹시라도 이 데이터와 다른 데이터를 조합할 때 비슷한 이름으로 인한 충돌을 방지하기 위함이다. 따라서 주어와 술어를 URI로 표현한다. 접두사는 전체 네임스페이스 URI을 반복해 작성하는 번거로움을 없애준다.

URI는 Uniform Resource Identifier통합 자원 식별자, 인터넷 식별자의 약자다. 웹 주소로 알려진 URL (Uniform Resource Locator통합 자원 위치 지정자)도 URI의 한 종류다. 위치 지정자는 웹 페이지(예, *http://www.learningsparql.com/resources/index.html*) 같은 무언가를 찾을 때 돕는다. 예를 들면 주소록 데이터 집합에 있는 richard의 고유 식별자unique identifier는 *http://learningsparql.com/ns/addressbook#richard*다. URL처럼 보일 수 있는 URI는 실제로 해당 주소가 웹 페이지일 수도 있고 아닐 수도 있다. URI의 주된 임무는 무언가에게 유일한 이름을 제공하는 것이지, 브라우저에 입력할 수 있는 웹 페이지를 알려주는 것이 아니다.

데이터 질의

SPARQL 질의는 보통 "조건을 만족시키는 데이터의 부분 집합에서 이런 정보를 원한다."를 의미한다. 이런 조건은 트리플 패턴triple pattern으로 기술한다. 이 트리플 패턴은 RDF 트리플과 비슷하지만 데이터를 대상으로 일치하는 방법에 유연성을 추가하기 위해 변수를 포함할 수도 있다. 간단한 트리플 패턴을 갖는 첫 번째 질의부터 시작해서 더 복잡한 질의까지 만들어보자.

앞서 보여줬던 주소록 데이터인 ex002.ttl를 대상으로 첫 번째 SPARQL 질의를 갖는 ex0003.rq 파일을 이용해 실행한다.

> SPARQL Query Language 명세에서는 SPARQL 질의를 저장한 파일의 확장자를 소문자인 .rq로 권장하고 있다.

다음 질의는 원하는 데이터의 부분집합을 보여주기 위해 굵게 표시한 단일 트리플 패턴을 갖는다. 이 트리플 패턴은 터틀 트리플처럼 마침표로 끝나며, 주어인 `ab:craig`, 술어인 `ab:email`, 목적어 위치에 있는 변수를 갖는다.

강력한 와일드카드 같은 이 변수는 질의 엔진에게 이 목적어 위치에 있는 모든 값을 갖는 트리플이 이 트리플 패턴과 일치하면 된다고 알려준다. 또한 이 값은 `?craigEmail` 변수에 저장했음을 보여주므로, 질의의 다른 곳에서 이 값을 사용할 수 있다.

```
# 파일명: ex003.rq

PREFIX ab: <http://learningsparql.com/ns/addressbook#>

SELECT ?craigEmail
WHERE
{ ab:craig ab:email ?craigEmail . }
```

이 특별한 질의는 `ab:craig` 자원과 관련된 모든 `ab:email` 값을 요청한다. 쉽게 말해서 Craig와 관련된 모든 이메일 주소를 요청한다.

> 대문자인 PREFIX, SELECT, WHERE 같은 SPARQL 질의 키워드의 철자법은 단지 규약[convention]일 뿐이다. 이 질의 키워드의 철자는 소문자나 대소문자로도 가능하다.

> 데이터 트리플 집합이나 질의 트리플 패턴 집합에서 마지막 질의의 마침표는 선택사항이다. 따라서 실제로 단일 트리플 패턴에는 마침표가 필요 없다. 그래도 마침표를 포함하면 좋다. 마침표 다음에 새로운 트리플을 추가하면 더 단순해지기 때문이다. 이 책의 예제에서 중괄호 안의 마지막 단일 트리플 패턴에 마침표가 없는 것을 가끔 발견할 수 있다.

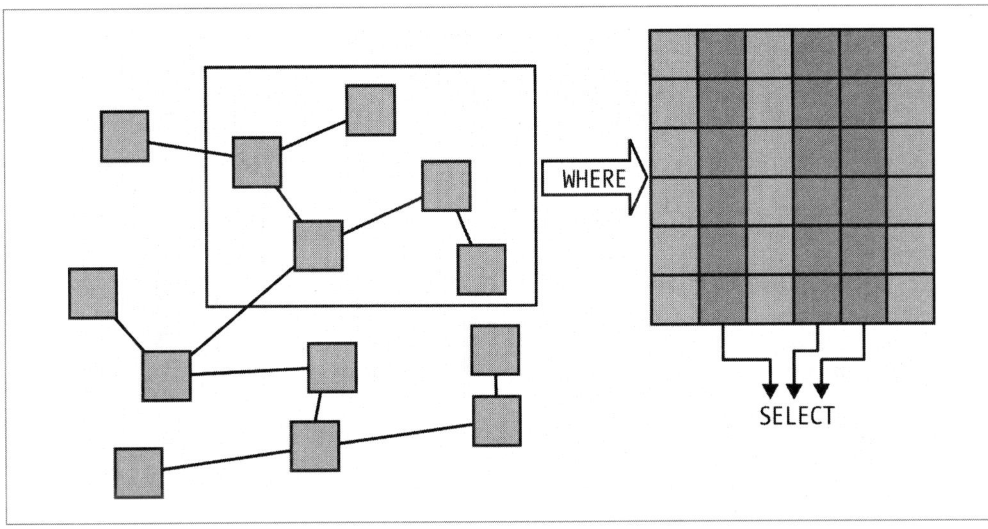

[그림 1-1] WHERE는 뽑기 위한 데이터를 지정하고, SELECT는 표시할 데이터를 고른다.

그림 1-1에 보듯이 SPARQL 질의의 WHARE 절은 "데이터 집합에서 이 데이터를 뽑으세요."를 의미한다. SELECT 부분에 있는 이름은 뽑은 데이터의 일부이자 실제로 보고 싶은 것이다.

이 질의로 단일 트리플 패턴과 일치한 트리플에서 어떤 정보를 선택할까? 이 정보는 `?craigEmail` 변수에 할당한 값이다.

> 모든 프로그래밍 언어나 질의 언어와 마찬가지로 변수 이름은 자체 목적에 관한 실마리를 제공해야 한다. 변수인 `?craigEmail`를 부르는 대신에 `?zxzwzyz`로 부를 수도 있었다. 하지만 이런 경우 독자가 이 질의를 이해하기가 더 어렵다.

로컬 데이터와 원격 데이터 모두에 대한 질의를 수행하기 위해 다양한 SPARQL 처리기를 활용할 수 있다(*SPARQL* 처리기와 *SPARQL* 엔진이라는 용어가 있지만 그 의미는 모두 같다. 즉, 데이터 집합에 SPARQL 질의를 적용하여 결과를 알려주는 프로그램이라는 의미이다). 자신의 하드 디스크에 있는 데이터 파일에 대해 질의하는 경우 공개용이자 자바 기반 프로그램인 ARQ를 사용하면 아주 간단하다. ARQ은 아파치 제나 프레임워크apache Jena framework의 일부다. 그러면 ARQ을 설치해보자. *http://jena.apache.org/documentation/query/*인 ARQ 홈페이지의 Download 링크를 따라가서 이름 형식이 `apache-jena-*.zip`인 바이너리 파일을 다운로드한다. 압축을 해제하면 ZIP 파일명과 비슷한 이름인 하위 디렉토리를 생성한다. 이 하위 디렉토리는 제나 홈 디렉토리다. 윈도우 사용자라면 이 홈 디렉토리의 하위 디렉토리인 bat에서 arq. bat과 sparql.bat 스크립트를 찾을 수 있다. 리눅스 기반 시스템 사용자라면 이 홈 디렉토리의 하위 디렉토리인 bin에서 arq와 sparql 셸 스크립트를 찾을 수 있다(arq.bat과 sparql.bat인 경우 ARQ 확장자인 bat을 지정하지 않아도 ARQ 확장자를 사용할 수 있다. 이 확장자를 많이 사용하지 않지만, 이름이 더 짧기 때문에 간단하게 사용하려는 경향이 있다).

윈도우나 리눅스 기반 시스템 모두에서 제나 홈 디렉토리의 이름을 저장한 JENA_HOME이라는 환경 변수를 생성한 후, 이 JENA_HOME을 PATH에 추가한다. 그러면 ARQ를 사용할 준비가 된다. 윈도우나 리눅스 기반 시스템에서는 셸 프롬포트나 윈도우 명령행에서 다음과 같이 ex002.ttl 데이터에 대한 ex003.rq를 실행할 수 있다.

```
arq --data ex002.ttl --query ex003.rq
```

> ARQ 스크립트를 단일 파라미터인 --help와 함께 실행하면 사용할 수 있는 명령행 파라미터가 전부 나열된다.

ARQ의 기본 출력 형식의 상단에는 선택된 각 변수 이름을 놓되, 하단에는 각 변수의 결과를 하이픈(-), 등호(=), 파이프(|) 기호를 사용해 선으로 그려 감싸서 보여주도록 돼 있다.

```
--------------------------------
| craigEmail                   |
================================
| "c.ellis@usairwaysgroup.com" |
| "craigellis@yahoo.com"       |
--------------------------------
```

ex003.rq 질의를 수정한 다음 버전은 접두사가 붙은 이름 대신에 질의 내 단일 트리플 패턴의 주어와 술어를 표현하기 위해 전체 URI를 사용하고 있다. 본질적으로 똑같은 질의이며, ARQ에서 동일한 결과를 얻는다.

```
# 파일명: ex006.rq

SELECT ?craigEmail
WHERE
{
  <http://learningsparql.com/ns/addressbook#craig>
```

```
  <http://learningsparql.com/ns/addressbook#email>
  ?craigEmail .
}
```

이 질의와 처음에 보여줬던 질의 간의 차이점은 다음과 같이 두 가지다.

- 질의에 접두사를 꼭 사용할 필요는 없지만, 접두사를 사용하면 질의를 더 간결하게 만들고, 전체 URI를 사용한 질의보다 가독성을 높일 수 있다. 전체 URI를 사용할 때 꺾쇠 괄호angle brackets(〈 〉)로 감싸야 한다. 이것은 처리기에게 URI임을 보여주기 위한 것이다.
- 여백whitespace은 SPARQL 구문syntax에 영향을 주지 않는다. 따라서 트리플 패턴의 세 부분을 구분하는 캐리지 리턴carriage return이 들어 있는 두 번째 질의는 여전히 잘 작동한다.

> 이 책의 질의 예제 형식은 SPARQL 명세의 규약에 따른다. 그렇긴 해도 이런 규약이 일관적인 건 아니다. 보통 SELECT와 WHERE 같은 중요한 키워드는 새로운 라인에서 시작한다. 단일 라인이 적합하다면 중괄호curly braces({ }) 쌍과 내용을 단일 라인에 작성하고(일반적으로 ex003.rq의 질의처럼 내용이 단일 트리플 패턴으로 구성될 경우), 아니라면 ex006.rq 예제처럼 별도의 라인에서 각 중괄호로 구분한다.

앞의 ARQ 명령어는 명령행에서 질의에 데이터를 지정한 것이다. SPARQL의 FROM 키워드는 질의 자체의 일부이며 데이터 집합을 지정한다. ARQ 명령행에서 보여준 `--data ex002.ttl` 파라미터를 생략하고 다음 질의를 사용한다면 동일한 결과를 얻는다. 질의의 FROM 키워드 옆에 ex002.ttl 데이터 소스를 올바르게 지정했기 때문이다.

```
# 파일명: ex007.rq

PREFIX ab: <http://learningsparql.com/ns/addressbook#>

SELECT ?craigEmail FROM <ex002.ttl>
WHERE
{  ab:craig ab:email ?craigEmail . }
```

(ex002.ttl를 감싼 꺾쇠는 SPQRQL 처리기에게 ex002.ttl을 URI로 취급하겠다고 알려준다. 왜냐하면 ex002.ttl은 파일명일 뿐 전체 URI가 아니며, ARQ는 ex002.ttl를 질의 자체와 동일한 디렉토리에 있는 파일로 간주하기 때문이다.)

> 질의에 하나의 집합을 대상으로 FROM 키워드와 다른 키워드와 함께 지정한 후, SPARQL 처리기를 실제로 호출하면 (혹은 SPARQL 질의 명세에 언급한 "SPARQL 프로토콜 요청 시") 프로토콜에 지정한 데이터 집합과 질의에 지정한 데이터 집합 중 전자를 우선 처리한다.

지금까지 살펴본 질의에는 트리플 패턴의 목적어 위치(세 번째 위치)에 있는 변수가 있었다. 하지만 이 변수를 세 번째 위치와 상관없이 넣을 수 있다. 예로 누군가가 자신의 전화번호인 (229) 276-5135로 나에게 걸었지만 받지 못했다고 하자. 전화한 사람이 누구인지 알고자, 다음과 같이 데이터 집합인 주소록에 대한 질의를 생성해서 목적어 위치 대신에 주어 위치에 변수를 넣는다.

```
# 파일명: ex008.rq

PREFIX ab: <http://learningsparql.com/ns/addressbook#>

SELECT ?person
WHERE
{  ?person ab:homeTel "(229) 276-5135" . }
```

주소록 데이터인 ex002.ttl을 대상으로 앞 질의를 실행하면 다음과 같은 응답을 얻는다.

```
--------------
| person     |
==============
| ab:richard |
--------------
```

앞 질의의 트리플 패턴은 보통 하나 이상의 변수를 갖는다. 예로 다음 질의로 주소록의 Candy에 대한 모든 것을 나열할 수 있다. 이 나열된 트리플 패턴에는 술어인 `?propertyName` 변수와 목적어인 `?propertyValue` 변수가 있다.

```
# 파일명: ex010.rq

PREFIX ab: <http://learningsparql.com/ns/addressbook#>

SELECT ?propertyName ?propertyValue
WHERE
{  ab:cindy ?propertyName ?propertyValue . }
```

이 질의의 SELECT절은 ?propertyName과 ?propertyValue 변수를 요청한다. 그러므로 ARQ는 각 변수에 대한 열[column]이 있는 도표를 보여준다.

```
-------------------------------------
| propertyName  | propertyValue      |
=====================================
| ab:email      | "cindym@gmail.com" |
| ab:homeTel    | "(245) 646-5488"   |
-------------------------------------
```

노련한 SQL 사용자라면 관계형 데이터베이스 질의를 작성하는 과정에서의 습관 때문에 SPARQL 질의의 일부인 SELECT에서 변수 이름 사이에 콤마를 넣을 수도 있다. 하지만 이렇게 하면 오류가 발생한다.

더 현실적인 데이터와 다중 트리플 일치

대부분의 RDF 데이터에서 트리플의 주어는 ex002.ttl의 ab:richard와 ab:cindy 자원 이름처럼 인간의 눈으로 그렇게 이해할 수 있는 이름이 아니다. 이 주어는 관계형 데이터베이스에서 테이블의 고유ID 필드에 할당한 값처럼, 어떤 과정으로 할당된 식별자일 가능성이 더 크다. 어떤 사람의 이름을 주어 URI의 일부로 저장할 수도 있다. 하지만 샘플 데이터의 첫 번째 집합에서 보듯이 더 일반적인 RDF 트리플에는 고유 식별자라는 중요한 역할을 하는 주어에 인간이 읽을 수 있는 값이 들어 있다. 성과 이름 값은 homeTel과 email 값을 샘플 데이터 집합에 저장했던 것처럼 별도의 트리플을 사용해 저장한다.

ex002.ttl의 또 다른 비현실적인 세부사항은 ab:richard 같은 자원 식별자와 ab:homeTel 같은 속성 이름이 동일한 네임스페이스에서 나왔다는 것이다. 이번 경우의 네임스페이스는 ab: 접두사가 나타내는 *http://learningsparql.com/ns/addressbook#*이다. 속성 이름의 어휘[vocabulary]는 보통 다른 데이터 집합과 함께 더 사용하기 쉽도록 자신만의 네임스페이스를 갖는다.

RDF로 작업할 때의 어휘는 인간이 재사용할 수 있는 기본 형식을 이용해 저장된 용어의 집합이다.

현실적인 자원 식별자를 사용하기 위해 샘플 데이터를 수정할 때 성과 이름을 속성 값으로 저장하고, 자신만의 별도 *http://learningsparql.com/ns/data#* 네임스페이스에 데이터 값을 넣도록 한다. 그러면 다음과 같이 샘플 데이터 집합을 얻는다.

```
# 파일명: ex012.ttl

@prefix ab: <http://learningsparql.com/ns/addressbook#> .
@prefix d:  <http://learningsparql.com/ns/data#> .

d:i0432 ab:firstName   "Richard" .
d:i0432 ab:lastName    "Mutt" .
d:i0432 ab:homeTel     "(229) 276-5135" .
d:i0432 ab:email       "richard49@hotmail.com" .

d:i9771 ab:firstName   "Cindy" .
d:i9771 ab:lastName    "Marshall" .
d:i9771 ab:homeTel     "(245) 646-5488" .
d:i9771 ab:email       "cindym@gmail.com" .

d:i8301 ab:firstName   "Craig" .
d:i8301 ab:lastName    "Ellis" .
d:i8301 ab:email       "craigellis@yahoo.com" .
d:i8301 ab:email       "c.ellis@usairwaysgroup.com" .
```

Crag의 이메일 주소를 찾기 위한 질의는 다음과 같다.

```
# 파일명: ex013.rq

PREFIX ab: <http://learningsparql.com/ns/addressbook#>

SELECT ?craigEmail
WHERE
{
  ?person ab:firstName "Craig" .

  ?person ab:email ?craigEmail .
}
```

> 질의에서 ?person 변수를 사용했음에도 불구하고 이 변수는 SELECT 옆의 변수 목록에 있지 않다(앞 질의에서 단 한 개의 변수인 ?craigEmail만 나열했다). 왜냐하면 ?person 변수 값에 관심이 없기 때문이다. WHERE 절에서 두 트리플 패턴을 함께 묶기 위해 ?person 변수를 사용했을 뿐이다. SPARQL 처리기는 술어인 ab:firstname과 목적어인 "Craig"가 있는 트리플을 찾는다면 ?person 변수에 트리플의 주어인 URI를 할당(혹은 바인딩binding)한다. 그러면 질의에서 다른 ?person이 나타날 때마다 해당 URI를 갖는 트리플을 찾는다.

SPARQL 처리기가 주소록 데이터 집합 트리플을 훑었고 질의에서 첫 번째 트리플 패턴과 일치하는 것을 찾았다고 가정하자. 이 트리플은 {ab:i8301 ab:firstName "Craig"}이며, 값인 ab:i8301을 ?person 변수와 바인딩한다. ?person은 첫 번째 트리플 패턴의 주어 위치에 있기 때문이다. ab:i8301은 처리기가 데이터 집합에서 이 트리플 패턴과 일치하는 것을 찾아낸 것으로서 트리플의 주어 위치에 있다.

> 위 단락의 첫 번째 문장처럼 문장의 중간에서 트리플을 참조할 때 세 조각이 함께 한다는 것을 보여주기 위해 보통 꺾쇠로 감싼다.

하나 이상의 트리플 패턴이 들어 있는 ex013.rq 같은 질의인 경우 질의 처리기는 일단 단일 트리플 패턴과 일치하는 것을 찾으면 해당 질의의 다른 트리플 패턴으로 이동해 일치하는지 확인한다. 다만 이것은 트리플 패턴 집합 단위로 일치하는 트리플 집합을 찾을 수 있는 경우다. 이 질의의 남은 트리플 패턴은 주어 위치의 ?person과 술어 위치의 ?craigEmail 변수다. 하지만 처리기는 주어에서 어떠한 기존 값도 찾지 않는다. 왜냐하면 ?person 변수는 바인딩된 ab:i8301을 이미 가졌기 때문이다. 따라서 술어, ab:email의 술어, 목적어 위치의 임의 값을 갖는 트리플을 찾는데, 두 번째 트리플 패턴에 새로운 변수인 ?craigEmail이 있기 때문이다. 처리기가 이 패턴에 맞는 트리플을 찾으면 트리플의 목적어를 ?craigEmail 변수와 바인딩한다. 이 ?craigEmail은 질의의 SELECT 절이 요청한 변수다.

알고 보면 ex012.ttl의 두 트리플의 d:i8301는 주어고, ab:email은 술어다. 그러므로 이 질의는 두 개의 ?ciragEmail 즉, "craigellis@yahoo.com"과 "c.ellis@usairwaysgroup.com"을 반환한다.

```
--------------------------------
| craigEmail                   |
================================
| "c.ellis@usairwaysgroup.com" |
| "craigellis@yahoo.com"       |
--------------------------------
```

> SPARQL 질의 내 꺾쇠 사이의 트리플 패턴 집합은 **그래프 패턴**graph pattern으로 알려져 있다. 여기서 '그래프'는 RDF 트리플 집합을 뜻하는 기술 용어다. RDF 그래프를 그림으로 바꾸는 유틸리티가 있으나 시각적인 면에서 그래프가 아닌 데이터 구조로 참조한다. 그래프는 임의의 노드가 다른 노드에 연결할 수 있는 계층이 없는 트리 데이터 구조와 같다. RDF 그래프에서 노드는 주어나 목적어 자원을 나타내고, 술어는 이런 노드 간의 연결이다.

ex013.rq 질의는 조회되는 데이터의 연결된 트리플을 찾기 위해 두 다른 트리플 패턴의 ?person 변수를 사용했다. 질의가 더 복잡해짐에 따라 여러 트리플 패턴에 연결하는 변수를 사용하는 기술이 더 흔해지고 있다. 여러 소스에 있는 데이터에 질의할 경우 SPARQL의 제일 좋은 기능 중 하나이자 여러 소스에서 트리플 간의 연결성을 찾는 능력을 발견할 수 있다.

동명이인인 Craig가 한 명 이상이 있는 주소록에서 Craig Ellis의 이메일 주소를 분명히 원한다면 패턴에 하나 이상의 트리플을 추가하면 된다.

```
# 파일명: ex015.rq

PREFIX ab: <http://learningsparql.com/ns/addressbook#>

SELECT ?craigEmail
WHERE
{
  ?person ab:firstName "Craig" .
  ?person ab:lastName "Ellis" .
  ?person ab:email ?craigEmail .
}
```

위 질의는 전에 살펴본 동일한 결과를 제공한다.

"(229) 276-5135"를 쓰는 누군가가 전화했다고 전화기에 나타났고, 이전에 사용했던 번호와 관련된 동일한 ex008.rq 질의를 사용했다고 가정하자. 하지만 이번에는 대신에 더 구체적인 ex012.ttl 데이터를 대상으로 질의했다. 질의가 요청한 후의 결과는 술어인 `ab: homeTel`와 목적어인 "(229) 276-5135"를 갖는 트리플의 주어를 다음과 같이 보여준다.

```
--------------------------------------------
| person                                   |
============================================
| <http://learningsparql.com/ns/data#i0432> |
--------------------------------------------
```

누군가가 정말로 나에게 전화를 했다면 http://learningsparql/ns/data#i0432는 그다지 유용한 답이 아니다.

> ex008.rq 질의가 ex012.ttl 데이터 집합에서 인간이 아주 쉽게 읽을 수 있는 답을 반환하지 못했음에도 불구하고 상이한 구조를 갖는 다른 데이터 집합을 대상으로 하나의 데이터 집합을 중심으로 설계된 질의를 사용했다. 적어도 오류가 아닌 합리적인 답을 얻었다. 이것은 표준 질의 언어 사이에서 드물며, SPARQL의 가장 큰 장점이다. 즉, SPARQL 질의는 SQL 같은 질의 언어와 마찬가지로 특정 데이터 구조와 밀접한 관련이 없다.

전화번호로 사람의 성과 이름이 무엇인지 알고 싶으므로 다음 질의에서 성과 이름을 요청한다.

```
# 파일명: ex017.rq

PREFIX ab: <http://learningsparql.com/ns/addressbook#>

SELECT ?first ?last
WHERE
{
  ?person ab:homeTel "(229) 276-5135" .
  ?person ab:firstName ?first .
  ?person ab:lastName ?last .
}
```

ARQ는 더 읽기 쉬운 답으로 응답한다.

```
----------------------
| first     | last   |
======================
| "Richard" | "Mutt" |
----------------------
```

ex012.ttl 데이터에서 Cindy에 관한 모든 것을 찾도록 질의를 수정하는 것은 비슷하다. 즉, “Cindy”의 ab:firstName과 “Marshall”의 ab:lastName을 갖는 주어와 관련된 모든 술어와 목적어(?propertyName과 ?propertyValue 변수에 저장되어 있음)를 요청하는 것이다.

```
# 파일명: ex019.rq

PREFIX a: <http://learningsparql.com/ns/addressbook#>

SELECT ?propertyName ?propertyValue
WHERE
{
  ?person a:firstName "Cindy" .
  ?person a:lastName "Marshall" .
  ?person ?propertyName ?propertyValue .
}
```

이 응답에서는 ex012.ttl 파일 새로운 ab:firstName과 ab:lastName 속성의 값이 ?property-Value 열에 나타났음에 주목하자. 달리 말하면 이 값은 ?propertyValue 속성과 바인딩된 것이며, ab:email과 ab:homeTel 값과 똑같다.

```
--------------------------------------
| propertyName | propertyValue       |
======================================
| a:email      | "cindym@gmail.com" |
| a:homeTel    | "(245) 646-5488"   |
| a:lastName   | "Marshall"         |
| a:firstName  | "Cindy"            |
--------------------------------------
```

ex019.rq 질의에 사용한 `a:` 접두사는 질의한 ex012.ttl 데이터에 사용한 `ab:` 접두사와 달랐다. 하지만 데이터의 `ab:firstName`과 ex019.rq 질의의 `a:firstName`은 아직도 동일한 것 즉, `http://learningsparql.com/ns/addressbook#firstName`을 참조한다. 중요한 것은 접두사로 표현하는 URI이지 접두사 자체가 아니다. 또한 ex019.rq 질의와 ex012.ttl 데이터 집합은 동일한 네임스페이스를 나타내기 위해 여러 접두사를 사용한다.

문자열 검색

데이터를 확인하고 싶은데 어떤 주어나 속성이 무엇인지 모른다면? 다음 질의는 한 트리플 패턴만 갖되 모든 세 부분은 변수다. 그러므로 입력 데이터 집합의 모든 트리플과 일치시킨다. 그렇지만 모두 반환하지 않는다. 왜냐하면 질의 처리기가 특정 조건을 만족하는 트리플만 통과하도록 지시하는 FILTER라고 하는 새로운 중요한 것을 가졌기 때문이다. 이 FILTER에서 특정 패턴과 일치하는 문자열을 확인하는 함수인 `regex()`를 이용해 조건을 지정한다(3장과 5장에서 각각 FILTER와 `regex()`를 더 자세하게 알아본다). 이 특별한 `regex()`를 호출하면 일치한 각 트리플의 목적어가 어디서라도 문자열인 "yahoo"를 갖는지 여부를 확인한다.

```
# 파일명: ex021.rq

PREFIX ab: <http://learningsparql.com/ns/addressbook#>

SELECT *
WHERE
{
  ?s ?p ?o .
  FILTER (regex(?o, "yahoo","i"))
}
```

트리플 패턴의 주어를 변수명인 `?s`로, 술어를 `?p`로, 목적어를 `?o`로 사용하며, 이는 SPAQL의 공통 규약이다.

질의 처리기는 목적어 값인 "yahoo"를 갖는 하나의 트리플을 찾는다.

```
------------------------------------------------------------------------
| s                                         | p        | o                      |
========================================================================
| <http://learningsparql.com/ns/data#i8301> | ab:email | "craigellis@yahoo.com" |
------------------------------------------------------------------------
```

이 질의의 특이한 점은 SELECT 목록에서 특정 변수 목록 대신에 별표[asterisk]를 사용하는 것이다. 이는 "이 질의에서 바인딩된 모든 변수를 조회하라"고 말하는 속기 방식[shorthand way]이다. 출력에서 볼 수 있듯이 WHERE 절에서 사용한 각 변수에 대한 열이 있다.

> 데이터 집합을 살펴보거나 더 복잡한 질의를 만들면서, 몇몇 아이디어를 시도하기 위해 몇 개의 질의를 즉흥적으로 만들어 수행할 때는 SELECT 목록에서 별표를 사용하는 방식이 편리하다.

주의사항

Craig Ellis의 이메일 주소를 요청했던 ex015.rq 질의의 복사본을 집 전화번호도 요청하도록 수정해보자(ex012.ttl 데이터를 살펴본다면 Richard와 Cindy가 `ab:homeTel` 값을 갖지만 Craig는 아님을 볼 수 있다).

```
# 파일명: ex023.rq

PREFIX ab: <http://learningsparql.com/ns/addressbook#>

SELECT ?craigEmail ?homeTel
WHERE
{
  ?person ab:firstName "Craig" .
  ?person ab:lastName "Ellis" .
  ?person ab:email ?craigEmail .
  ?person ab:homeTel ?homeTel .
}
```

ex012.ttl 데이터에 이 질의 적용을 ARQ에 요청하면 요청했던 변수에 대한 헤더를 제공하지만 헤더 밑에 데이터가 없다.

```
------------------------
| craigEmail | homeTel |
========================
------------------------
```

왜 없을까? 이 질의는 그래프 패턴에서 4개의 조건을 만족하는 모든 사람의 이메일 주소와 집 전화번호를 SPARQL 처리기에 요청했다. `ab:i8301` 자원이 첫 3개의 조건을 만족(즉, 이 데이터는 첫 3개의 트리플 패턴과 일치하는 주어인 ab:i8301을 갖는 트리플을 갖고 있다)했음에도 불구하고 모든 4개의 조건을 만족하는 데이터에서 해당 자원이 없다. `ab:homeTel` 값을 갖는 "Craig"의 `ab:firstName`과 "Ellis"의 `ab:lastName`이 있는 자원이 없기 때문이다.

3장에서 "`?craigEmail` 값을 보여주고, `?homeTel` 값이 있다면 `?homeTel` 값도 보여 달라"와 같은 요청을 만들 수 있는 SPARQL의 OPTIONAL 키워드에 관해 알아볼 것이다.

> OPTIONAL 키워드를 사용하지 않을 때는, SPARQL 처리기는 그래프 패턴에서 모든 단일 트리플 패턴과 일치할 수 있다면 그래프 패턴에 대한 데이터만 반환한다.

공개 데이터 소스 질의

자신의 하드 드라이브에서 데이터를 질의하는 편이 유용하다. 그렇지만 SPARQL의 진정한 즐거움은 공개 데이터 소스에 질의할 때 시작된다. 이때 특별한 소프트웨어가 없어도 된다. 이런 데이터 모음집collection은 SPARQL 질의를 받는 웹 서비스인 SPARQL 접점endpoint를 통해 공개적으로 활용될 수 있도록 만들어졌기 때문이다.

가장 인기가 있는 SPARQL 접점은 디비피디아DBpedia이다. 디비피디아는 위키피디아 페이지의 오른쪽에서 종종 볼 수 있는 필드 데이터의 회색 정보상자에서 얻은 데이터 모음집이다. 많은 SPARQL 접점처럼 디비피디아는 질의를 입력해 결과를 살펴볼 수 있는 웹 폼web form을 제공하며, 데이터를 검색하기가 매우 쉽다. 디비피디아는 웹 페이지에서 질의를 받고 답을 반환하는 SNORQL라고 하는 프로그램을 사용한다. 브라우저에서 *http://dbpedia.org/snorql/*을 입력하면 다음 그림 1-2와 같이 질의를 입력할 수 있고, 보려는 결과 형식을 선택할 수 있는 폼을 보게 된다. 예시를 위해 "Browse"를 결과 형식으로 고정했다.

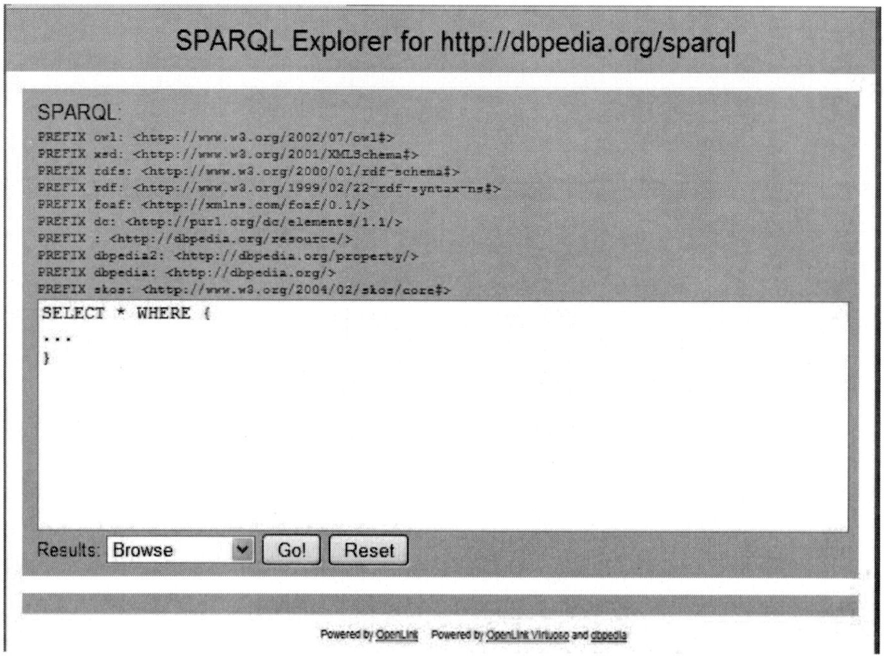

[그림 1-2] 디비피디아의 SNORQL 웹 폼

힙합 제작자인 팀발랜드[Teambaland]가 제작한 앨범 목록과 이런 앨범에 수록된 음악가를 제공하길 원한다. 위키피디아에 "Some Topic" 페이지인 *http://en.wikipedia.org/wiki/Some_Topic*이 있다면 이 자원을 나타내는 디비피디아 URI는 보통 *http://depedia.org/resource/Some_Topic*이다. 브라우저에서 `http://dbpedia.org/resource/Timbaland`를 입력해서 많은 데이터를 찾았다. 그래서 질의에서 이 URI가 팀발랜드를 나타내는 올바른 URI임을 알고 있었다(브라우저는 실제로 `http://dbpedia.org/page/ Timbaland`로 리디렉션[redirection, 페이지 이동]하며, 브라우저가 정보를 요청하면 디비피디아가 이 데이터의 HTML 버전으로 리디렉션하기 때문이다). 이 URI는 ex012.ttl의 Craig Ellis를 나타내는 *http://learningsparql.com/ns/data#i8301*(혹은 더 짧게는 접두사가 붙은 버전이 d:i8301임)와 같이 팀발랜드를 나타낸다.

그림 1-2에서 SNORQL의 상단 부분에는 *http://dbpedia.org/resource/*가 이미 접두사인 " : "로 이미 선언되어 있음을 봤으므로 질의에서 제작자인 탐발랜드를 `:Timband`로 참조할 수 있음을 알고 있다.

> 네임스페이스 접두사를 콜론(:)으로 단순화할 수 있다. 콜론은 특정 문서에서 자주 사용되는 네임스페이스며, 혼란을 줄여 가독성을 높여준다.

질의에서 사용하기로 계획한 producer와 musicalArtist 속성은 SNORQL 질의 입력 폼에 선언하지 않은 *http://dbpedia.org/ontology/* 온톨로지에 있다. 그러므로 질의에서 선언을 포함했다.

```
# 파일명: ex025.rq

PREFIX d: <http://dbpedia.org/ontology/>

SELECT ?artist ?album
WHERE
{
  ?album d:producer :Timbaland .
  ?album d:musicalArtist ?artist .
}
```

이 질의는 팀발랜드가 제작한 앨범과 이런 앨범에 수록된 음악가에 관한 트리플을 가져와서 ?artist와 ?album 변수에 바인딩된 값을 요청한다. 다음 그림 1-3과 같이 SNORQL 웹 페이지에 있는 기본 질의를 앞 질의로 바꾼 후 Go 버튼을 클릭한다.

결과 목록을 보여주는 오른쪽 스크롤바는 목록에 너무 많이 있을 때만 나오며 심지어 제대로 나오지 않았을 때에도 나타날 수도 있다. 위키피디아는 자원봉사자가 유지관리를 하고 있으며, 품질 보증에 노력하고 있지만 작업하기 위한 데이터 규모가 작음을 기억하자.

덧붙여 앨범이나 음악가의 실제 이름을 제공하지 않고, 이름이 구두점과 여러 코드로 조합되어 있음에 주목하자. 질의의 :Timbaland는 어떻게 해서 제작자를 나타내는 전체 URI의 약어가 됐는지 떠올려보자. 결과에 있는 :Bj%C3%B6rk와 :Cry_Me_a_River_%28Justin_Timberlake_song%29 같은 이름은 URI의 약어이기도 하다. 음악가와 노래는 고유한 위키피디아 페이지와 관련 데이터, 질의에서 요청할 수 있는 이름을 더 쉽게 읽을 수 있는 버전을 포함한 연관 데이터를 갖는다. 2장과 3장에서는 더 읽기 쉬운 이런 레이블을 흔히 저장하는 rdfs:label 속성에 대해 알아본다.

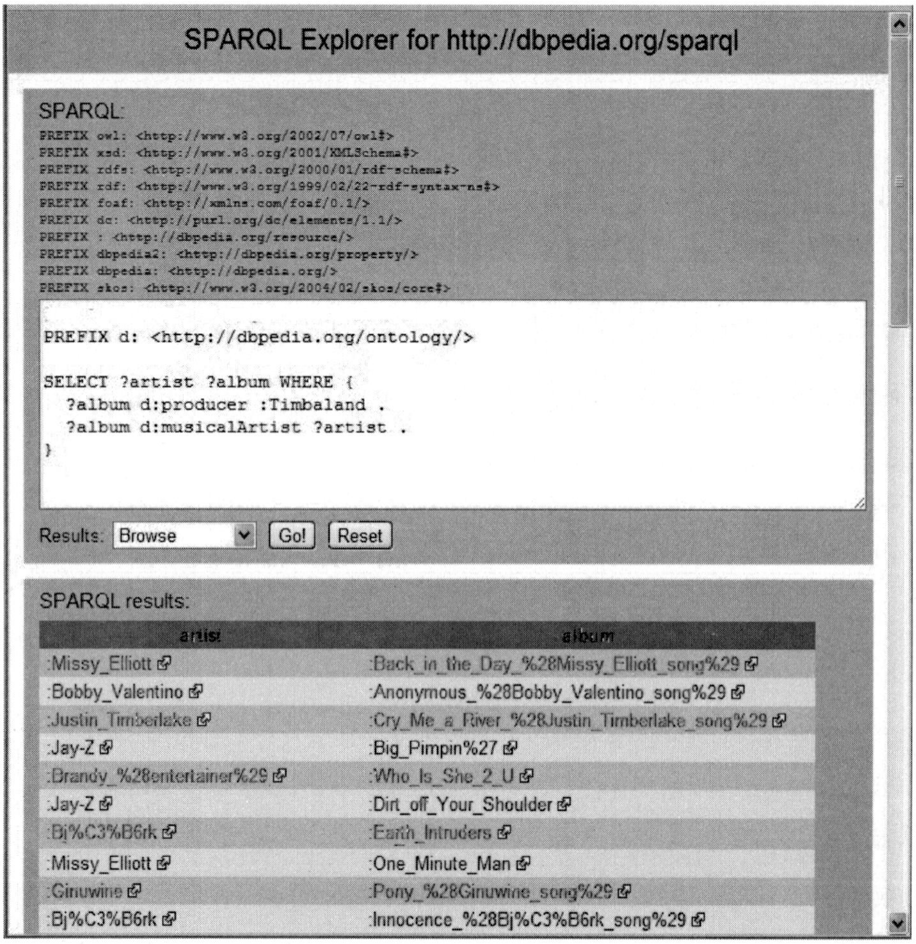

[그림 1-3] 질의에 의한 결과를 표시한 후의 SNORQL

요약

1장에서 배운 내용은 다음과 같다.

- SPARQL이란 무엇인가?
- RDF 기초
- URI의 의미와 역할

- 간단한 SPARQL 질의의 구성
- ARQ로 SPARQL 질의를 실행하는 방법
- 여러 트리플의 동일한 변수를 서로 다른 트리플의 데이터와 연결할 수 있는 방법
- 질의가 아무것도 반환하지 않을 수 있는 이유는 무엇인가?
- SPARQL 접점에 대해서와, 가장 인기가 있는 디비피디아에 질의하는 방법

2장부터는 더 복잡한 질의를 만드는 방법, 데이터를 수정하는 방법, 질의에 기반을 둔 애플리케이션을 구축하는 방법, 추론의 잠재적인 역할, 시맨틱 웹 세계에서 기술의 근원을 기술한다. 하지만 1장에서 보여준 질의를 실행할 수 있다면 SPARQL로 작업할 준비가 된 것이다.

Chapter

2 시맨틱 웹, RDF, 링크드 데이터, SPARQL

SPARQL 질의 언어는 특정 모델을 따르는 데이터를 대상으로 하지만, 시맨틱 웹semantic web은 질의 언어나 모델이 아닌 데이터에 관한 것이다. 시맨틱 웹에서 활용 가능한 데이터양이 급증하면서 훌륭한 새로운 종류의 애플리케이션 가능성을 만들고 있다. 또한 시맨틱 웹을 염두하고 설계된 표준이 잘 구현돼 성숙하면서, SPARQL은 애플리케이션에서 데이터를 가져와 활용하는 가장 좋은 방법으로 자리 잡았다.

> RDF 데이터 모델이 유연하다는 의미는 "시맨틱 웹"과 전혀 관계가 없는 프로젝트에서 "시맨틱 웹" 관련 기술과 표준을 점점 더 많이 사용하고 있음을 뜻한다. 그런 이유로 RDF 데이터 모델은 "시맨틱 웹 기술"로 종종 언급되고 있다.

"시맨틱 웹"은 정확히 무엇인가?

시맨틱 웹이 놀라울 정도로 성장하면서 몇몇 벤더는 시맨틱 웹 기반의 아이디어와 밀접한 연관성이 있는 제품을 팔기 위해 시맨틱 웹이 들어간 문구를 사용한다. 다른 벤더들도 연관성이 약한 제품을 팔기 위해 이런 문구를 사용한다. 이 때문에 시맨틱 웹 시장 동향을 이해하려는 사람이 혼란스러울 수 있다.

시맨틱 웹을 "**데이터를 공유하기 위한 표준 집합과 모범 사례 그리고 애플리케이션이 사용하는 웹 데이터의 의미론**semantics"으로 정의하고자 한다. 이 정의에서 문구를 한두 개씩 살펴본 후, 좀 더 자세하게 살펴보기로 하자.

표준 집합

월드 와이드 웹을 고안했던 팀 버너슬리Tim Berners-Lee는 당시에 아주 강력한 하이퍼 텍스트 시스템이 활용할 수 있었음에도 불구하고 단순한 명세를 바탕으로 표준 집합을 만들었고, 공개 표준으로 공개했다. 이렇게 해서 사용자는 팀 버너슬리의 시스템(즉, 웹 서버, 웹 브라우저, 특히 웹 페이지를 독자적으로 작성)을 구현할 수 있었고, 그 시스템이 성장해서 전례 없는 가장 큰 하이퍼텍스트 시스템이 되었다. 팀 버너슬리는 이러한 표준 집합을 감독하기 위해 W3C를 설립했고, 시맨틱 웹도 W3C 표준, 즉 RDF 데이터 모델, SPARQL 질의 언어, 어휘와 온톨로지를 저장하기 위한 RDF 스키마와 OWL 표준 위에서 구축됐다. 제품이나 프로젝트는 시맨틱을 처리할 수도 있지만, 이런 표준을 사용하지 않는다면 시맨틱 웹에 연결할 수 없고 시맨틱 웹의 일부가 될 수 없다. 1985년 이상의 하이퍼텍스트 시스템은 HTML이나 HTTP 표준을 사용하지 않아도 월드 와이드 웹상의 페이지에 연결할 수 있었다(이 문장에 동의하지 않는 이도 있다).

데이터를 공유하기 위한… 모범 사례… 애플리케이션이 사용하는…

버너슬리의 웹은 인간이 읽을 수 있는 문서를 전달하기 위해 설계됐다. 일요일 오후에 한 공항에서 다른 공항까지 비행기로 가고 싶다면 항공사 웹사이트로 갈 수 있다. 질의 폼을 채운 후, 화면에 나타난 질의 결과를 눈으로 읽는다. 항공권 비교 사이트에는 여러 항공사 사이트의 웹 페이지를 검색하여 필요한 정보를 추출하는 프로그램이 있다. 항공사 웹 페이지의 데이터를 사용하기 전의 이 과정을 "스크린 스크래핑screen scraping, 화면 긁기"이라고 한다. 항공권 비교 웹사이트 개발자는 프로그램을 작성하기 전에 스크린 스크래핑 프로그램이 필요한 데이터를 어디서 찾을지 결정하도록 각 항공사 웹사이트의 HTML 구조를 분석해야 한다. 어느 항공사가 웹사이트를 새로 단장했다면 개발자는 달라진 것을 처리하기 위해 스크린 스크래핑 프로그램을 수정해야 한다.

버너슬리는 애플리케이션이 공개 사이트에서 스크린 스크래핑을 할 필요 없이 데이터를 더 쉽게 찾을 방법을 생각해냈다. 바로 웹 인프라에 걸친 데이터를 공유하는 모범 사례 집합인 링크드 데이터Linked Data다. 예를 들면 달력 프로그램의 경우 여러 항공사 홈페이지의 공통적인 비행 정보를 기계가 읽을 수 있는 형식으로 얻는 방식이다. 이런 모범 사례는 사물에 URI를 붙여 사용하고, RDF와 SPARQL 같은 표준을 쓰는 것을 권장하고 있으며, 시맨틱 웹의 인프라를 생성하기 위한 훌륭한 가이드라인을 제공한다.

데이터의 의미론

의미론은 흔히 "단어의 의미"로 정의된다. 링크드 데이터 원칙과 관련 표준으로 데이터를 더 쉽게 공유하고, URI를 사용하면 용어의 맥락을 제공해 약간의 의미론을 줄 수 있다. 예로 "sh98003588#concept"이 무엇을 나타내는지 몰라도 URI인 *http://id.loc.gov/authorities/sh98003588#concept*을 보면 미국 의회 도서관US Library of Congress임을 알 수 있다. 컴퓨터가 단어의 완전한 의미를 "이해"할 수 있도록 저장하는 것이 현재 컴퓨터에게는 너무 무리일 수도 있다. 하지만 W3C 웹 온톨로지 언어Web Ontology Language(OWL로 알려짐)는 데이터에서 더 많은 것을 얻도록 의미의 중요한 조각을 미리 저장하게 해준다. 예를 들어 "배우자" 용어가 대칭(즉, A는 B의 배우자면 B는 A의 배우자임)이고, 혹은 지역 코드zip code가 우편번호postal code의 부분 집합이거나 "판매"의 반대말이 "구매"임을 알고 있을 때 이런 속성을 갖는 자원과 이런 자원들 간의 관계에 대해 더 알 수 있다.

시맨틱 웹의 구성요소를 더 자세하게 살펴보자.

URL, URI, IRI, 네임스페이스

버너슬리는 웹을 고안할 당시, 처음으로 웹 서버와 브라우저를 함께 개발했고, 모든 서버와 브라우저가 같이 작동할 수 있도록 다음과 같은 세 가지 명세를 만들었다.

- **문서 구조를 표현하는 방법**: 브라우저가 이 방법으로 문서의 어느 부분이 헤더인지 링크인지 등을 알도록 한다. 이 명세는 하이퍼텍스트 마크업 언어Hypertext Markup Language(HTML)이다.
- **웹 브라우저 같은 클라이언트 프로그램과 서로 통신하기 위한 서버를 위한 방법**: 하이퍼텍스트 전송 프로토콜Hypertext Transfer Protocol(HTTP)은 몇 개의 짧은 명령어와 세 자리 숫자로 구성된다. 웹 브라우저 같은 클라이언트 프로그램이 기본적으로 "www.learningsparql.com 서버야, resources 디렉토리에 있는 `index.html` 파일을 보내줘!"라고 알려주면 서버는 "좋아, 여기로 가!" 혹은 "미안해, 그 자원을 잘 몰라"라고 응답하는 식이다. 381페이지의 "SPARQL과 HTTP"에서 HTTP에 대해 자세하게 알아본다.
- **클라이언트의 원하는 자원을 지정하는 간결한 방법**: 이런 자원의 예로는 파일 이름, 이 파일이 저장된 디렉토리, 해당 파일 시스템을 갖는 서버가 있다. 이런 자원은 웹 주소web address나 자원 위치자resource locator로 부를 수 있다. 버너슬리는 클라이언트가 특정 인터넷

> 프로토콜을 사용하는 서버-디렉토리-자원 이름 조합(예, *http://www.learningsparql.com/resource/index. html*)을 통합 자원 위치자Uniform Resource Locator(URL)라고 불렀다.

learning.sparql.com이나 redcross.org 같은 도메인명을 소유할 때는 자원을 저장하기 위해 사용하는 디렉토리 구조와 파일명을 제어할 수 있다. 개발자는 도메인명 소유자의 명명 체계naming scheme(도메인명을 기반으로 생성한 자바 패키지명과 비슷함) 제어 기능 덕분에 이런 자원의 이름을 사용하게 되었으며 꼭 웹 주소일 필요가 없었다. 예로 사람의 개념을 표현하기 위한 FOAF(Friend of a Friend) 어휘는 *http://xmlns.com/foaf/0.1/Person*을 사용한다. 다만, 브라우저에게 이 "주소"를 보내면 해당 명세 홈페이지로 그냥 리디렉션된다.

이것이 많은 사람을 혼란스럽게 했다. "http://"로 시작하는 모든 것이 브라우저에서 볼 수 있는 웹 페이지 주소라고 가정했기 때문이다. 이 혼란으로 인해 MIT와 제록스의 두 엔지니어가 통합 자원 이름Uniform Resource Name(URN)에 대한 명세를 작성하게 됐다. URN은 특정 책을 나타내기 위해 *urn:isbn:0062187X* 형식으로 취하거나 마이크로 오피스 파일 구조를 기술하기 위한 마이크로소프트의 체계를 가리키도록 *urn:schemas-microsoft-com: office:office* 형식을 취할 수도 있다.

통합 자원 식별자Universal Resource Identifier(URI)는 URL과 URN을 모두 아우르기 위해 개발됐다. 이것은 URL도 URI임을 의미한다. 반면에 URN은 실제로 보편화되지 않았다. 그래서 URN을 사용하는 이는 거의 없다. 대부분의 URI는 URL이다. 아직도 웹 주소를 URL로 언급하는 것이 매우 흔하고, 일반적으로 URI 대신에 *http://xmlns.com/foaf/0.1/Person* 같은 것을 언급하기도 한다. 왜냐하면 URL가 "http://"로 시작할지라도 식별자이기 때문이다.

URI를 변형한 이름으로는 충분하지 않았기 때문에 국제인터넷표준화기구Internet Engineering Task Force(IETF)가 국제화 자원 식별자Internationalized Resource Identifiers(IRI) 개념에 대한 명세를 발표했다. IRI는 다른 표기 체계writing system를 수용하기 위해 다양한 문자를 사용할 수 있는 URI다. 예로 IRI는 중국 문자나 키릴 문자일 수 있지만 URI는 불가능하다. 일반적인 사용 측면에서 "IRI"는 "URI"와 동일하다. SPARQL 질의 언어 명세에서는 자원 명명(혹은 이런 자원 이름을 취하는 특수 함수)에 관해 설명할 때 IRI를 언급하지만 URI나 URL은 아니다. IRI는 가장 포괄적인 용어이기 때문이다.

URI로 다른 문제도 해결할 수 있었다. XML 마크업 언어가 점차 보편화됐기 때문에 XML 개발자는 전문적인 문서를 생성하기 위해 여러 도메인에 있는 요소의 모음집을 조합하기 시작했다. 이는 '만약 두 개의 다른 도메인을 위한 두 요소 집합이 두 다른 사물에 동일한 이름을 사용한다면 어떻게 될까?'라는 어려운 문제로 이어졌다. 예로 팀 버너슬리의 title직책이 W3C에서는 "의장"이고, 1999년에 펴낸 저서의 title제목은 『Weaving the Web』인 경우를 들자. 단어인 "title"의 두 가지 의미를 구별해야 한다. 컴퓨터 과학에서 특정 목적에 사용되는 이름 집합을 참조하기 위해 수년간 **네임스페이스**라는 용어를 사용해왔다. 따라서 W3C에서 XML 개발자는 특정 용어가 특정 네임스페이스에서 나왔다고 알려줄 수 있는 방법을 기술한 명세를 발표했다. 이렇게 해서 "title" 같은 단어의 여러 의미를 구별할 수 있었다.

네임스페이스에 이름을 붙여 참조하려면 어떻게 할까? 당연히 URL로 한다. 예로 기본 메타데이터 용어의 더블린 코어Dublin Core 표준 집합 이름은 URI인 *http://purl.org/dc/elements/1.1/*이다. XML 문서를 감싸는 주요 요소main element에는 dc 접두사가 더블린 코어 URI의 약어임을 보여주기 위해 `xmlns:dc="http://purl.org/dc/elements/1.1/"`로 설정한 속성이 자주 포함된다. XML 처리기가 이런 문서에서 다음과 같은 요소를 찾았다고 가정해보자.

```
<dc:title>Weaving the Web</dc:title>
```

"title"이 더블린 코어 의미에서 작품의 제목을 뜻했음을 알게 된다.

덧붙여 문서의 주요 요소가 `xmlns:v="http://www.w3.org/2006/vcard/"`로 설정한 속성과 함께 네임스페이스 접두사인 v로 선언되어 있다면 XML 처리기는 다음과 같은 요소를 보고 "title"이 "job title직책"을 의미했음을 알게 된다. 왜냐하면 title은 명함 정보를 구체화하는 vCard 어휘에서 나왔기 때문이다.

```
<v:title>Director</v:title>
```

> 앞서 언급한 특정 접두사는 특별한 게 없다. XML 문서나 주어진 트리플 집합에서 *http://www.w3c.org/2006/vcard/*의 접두사를 `dc:`로 정의한다면 처리기는 `dc:title`를 더블린 코어의 title이 아니라 vCard의 title을 언급한 것으로 이해한다. 이렇게 하면 읽을 때 혼동할 수 있으므로 좋은 생각은 아니다. 다만 접두사가 네임스페이스를 식별하지 않음을 기억하자. 접두사는 그저 URL를 대신할 뿐이다.

1장에서 RDF 문장이 세 개의 패턴임을 배웠다. 또한 주어의 이름과 술어 부분이 사람이나 각각 특정 네임스페이스에 속해야 한다고 배웠다. 이는 처리기가 비슷한 이름으로 혼동하지 않기 위한 것이며, 특히 해당 데이터가 다른 데이터와 조합되는 경우에는 더 그렇다. XML처럼 RDF는 데이터가 너무 상세하지 않도록 네임스페이스 URI를 나타내는 접두사를 정의할 수 있다. 하지만 XML와 달리 RDF는 접두사 대신에 전체 URI를 이름과 함께 사용할 수 있다. 네임스페이스인 *http://www.w3.org/2006/vcard*를 가리키는 v: 접두사를 선언한 후에는 RDF 데이터 집합이 버너슬리가 "의장"인 v:title를 갖는다고 말할 수 있다. 하지만 접두사 대신에 전체 네임스페이스 URI를 사용하면 "의장"인 <http://www.3.org/2006/vcard/title>를 갖는다고 말할 수 있다.

> 터틀, N3과 같이 RDF와 관련된 구문과 SPARQL은 처리기에게 "http://"로 시작하는 문자열인 무언가를 실제 URI라고 알려주는 <> 괄호를 사용한다.

> 접두사가 붙은 이름prefixed name은 가끔 수식명qualified name 혹은 qname이라고 불린다. "qname"은 실제로 의미가 약간 다른 XML 용어인 반면에 "접두사가 붙은 이름"은 RDF 자원을 논의할 때 더 정확한 용어이기 때문이다.

RDF와 SPARQL에서 어디든지 URI를 사용할 수 있고, 접두사를 적절하게 선언하기만 하면 URI 대신에 접두사가 붙은 이름을 사용할 수 있다. 콜론 뒤에 지역 이름local name 같은 이름 부분을 언급한다. 이 지역 이름은 네임스페이스에서 사용되는 이름이다. 예로 dc:title에서 지역 이름은 title이다.

요약하자면 사람은 가끔 URI와 URL을 번갈아 사용한다. 하지만 RDF에서는 URI가 문제다. 자원 그리고 해당 자원에 관한 정보를 식별하고 싶기 때문이다. URI는 일반적으로 URL와 같고, 그 주소에는 웹 페이지가 존재할 수도 있고 아닐 수도 있다. URI의 주요 역할은 자원이나 속성의 고유한 이름을 제공하는 것이지 브라우저에 보낼 수 있는 웹 페이지에 대해 알려 주지 않는다. 기술적인 토론에서 "IRI" 용어를 사용할 수 있지만, "IRI"는 "URI"의 변형이다.

SPARQL 질의의 WHERE 절은 데이터 집합에서 가져오기 위한 데이터를 기술하므로 이를 위한 분명한 식별자가 매우 중요하다. 일부 RDF 트리플의 URI는 질의의 SELECT 절 부분 즉, 결과에서 보여주기 위해 선택한 것이 아닐 수도 있다. 다만, 조회할 데이터와 해당 데이터의 다른 조각 간 상호 참조해서 연결하는 방법을 파악해야 한다. 이것은 URI의 역할을 충분히 이해하면 질의를 더 잘 제어할 수 있음을 의미한다.

RDF 자원을 식별하는 URI는 일반적으로 유일하다는 점을 제외하면 관계형 데이터베이스 테이블의 고유 ID 필드와 같다. 그러므로 동일한 데이터베이스의 여러 테이블에서 데이터를 연결하는 대신에 전 세계의 여러 소스에서 데이터를 연결할 수 있다.

자원 기술 프레임워크Resource Description Framework(RDF)

1장에서 다음과 같이 자원 기술 프레임워크에 대해 알아보았다.

- 데이터 모델인 자원 기술 프레임워크의 정보 단위는 트리플로 알려졌다.
- 트리플은 주어, 술어, 목적어로 구성되며, 각각 자원 식별자, 속성 이름, 속성 값으로 생각할 수도 있다.
- 주어진 트리플로 표현하는 정보의 모호함을 제거하려면 트리플의 주어와 술어가 URI이어야 한다(그 이후로 URI 대신에 접두사가 붙은 이름을 사용할 수 있음을 배웠다).

지금부터는 RDF를 저장하고 사용하는 여러 방법과 주어와 목적어가 URI 외에 특정 자원이나 단순한 문자열을 표현하는 방법을 더 알아본다.

RDF를 파일에 저장하기

디스크에 저장할 수 있는 바이트 단위인 문자열로 RDF를 저장하는 기술을 전문 용어로 직렬화serialization라고 한다. 이 용어를 "파일" 대신에 사용한다. 왜냐하면 저장된 데이터 모음집은 "파일"이라는 용어를 쓰지 않는 체계로 운용됐기 때문이었다. 다만, 지금까지 모든 RDF 직렬화는 트리플을 표현하기 위해 여러 구문을 사용한 텍스트 파일이었다(RDF는 디스크에 있는 파일이긴 하지만 많은 HTML 페이지처럼 동적으로 생성될 수도 있다). 이 책에서 특히 흔하게 자주 볼 직렬화 형식은 터틀로 불린다. 물론 더 오래된 터틀이 나올 수도 있으므로 터틀과 관련된 이해를 돕기 위해 몇 가지 역사적 배경을 기술한다.

대부분의 RDF 도구는 이 절에서 기술하는 모든 형식을 읽고 쓸 수 있다. 또한 형식 간의 변환이 가능한 도구도 많다. ARQ와 같이 디스크에 있는 파일에 데이터를 질의할 수 있는 질의 도구는 데이터를 읽은 후 SPARQL 질의 엔진에 전달하는 RDF 파서가 내장되어 있다. 데이터가 사용하는 직렬화에 대한 걱정은 파서의 몫이지 여러분 몫이 아니다. 그래도 데이터 집합의 직렬화 형식을 ARQ에게 알려줄 필요가 있을 것이다. 하지만 이런 처리기는 보통 파일 확장자로 직렬화 형식을 추측할 수 있다.

이 절은 RDF 데이터 파일에서 볼 수 있는 모든 종류의 사물에 대한 몇 가지 배경 지식을 제공한다. 상세하게 알 필요가 없지만 때로는 직렬화가 어떤 건지 알면 좋다. 여러 형식이 다음과 같은 세 가지 사실을 어떻게 표현하는지 살펴보자.

- ISBN이 006251587X인 책의 저자는 팀 버너슬리다.
- SBN이 006251587X인 책의 제목은 『Weaving the Web』이다.
- 팀 버너슬리의 직책은 "이사"다.

이번 예제는 버너슬리를 나타내기 위해 URI인 *http://www.w3.org/People/Berners-Lee#i*를 사용한다. 왜냐하면 FOAF 파일에서 버너슬리를 나타내기 위해 이 URI를 사용하기 때문이다. 이번 예제에서도 책을 나타내기 위해 URN인 *urn:isbn:006251587X*를 사용한다.

FOAF 파일은 근무처, 졸업한 학교, 친구와 같이 사람에 관한 사실의 RDF 모음집이다. FOAF 프로젝트의 원래 목표는 RDF 기반 소셜 네트워킹 시스템(페이스북이 나오기 전 3년 동안!)에서의 공유를 위한 토대를 제공하는 것이었다. 하지만 FOAF의 어휘는 훨씬 더 많은 FOAF 파일에 사용된 사람에 관한 기본적인 사실을 식별한다.

가장 간단한 형식은 *N*-트리플[N-Triples]이다(사실 곧 알게 될 N3이라고 하는 다른 직렬화의 부분집합이다). N-트리플에서 꺾쇠 괄호 안에 완전한 URI를 넣고, 큰따옴표 안에 문자열을 넣는다. 각 트리플은 끝에 마침표가 있는 라인에 있다.

예로 N-트리플에서 앞의 세 가지 사실을 다음과 같이 나타낼 수 있다.

```
# 해시 기호는 N-트리플의 주석 구분자다.
# 파일명: ex028.nt

<urn:isbn:006251587X> <http://purl.org/dc/elements/1.1/creator>
  <http://www.w3.org/People/Berners-Lee/card#i> .

<urn:isbn:006251587X> <http://purl.org/dc/elements/1.1/title> "Weaving the Web" .

<http://www.w3.org/People/Berners-Lee/card#i> <http://www.w3.org/2006/vcard/title>
  "Director" .
```

(여기서 첫 번째와 세 번째 트리플은 실제로 합법적인 N-트리플의 트리플이 아니다. 이 페이지의 너비에 맞추기 위해 행 바꿈을 넣었기 때문이다. 하지만 이 책의 예제 코드에 포함된 ex028.nt에는 라인마다 트리플이 있다.)

> SQL 테이블의 행과 같이 트리플 집합 순서는 상관없다. N-트리플 예제(혹은 이 절의 RDF 직렬화 예제 중 아무거나)의 세 번째 트리플을 첫 번째 트리플 위치에 옮겨도 동일한 정보 집합으로 간주된다.

N-트리플 자체가 단순해서 RDF를 사람들에게 가르칠 때는 N-트리플을 선호한다. 또한 처리량이 적기 때문에 몇몇 파서는 N-트리플을 더 빠르게 읽을 수 있다. 하지만 N-트리플 형식 특성상 매우 긴 탓에 인기가 다른 형식보다 덜한 편이다.

1999년에 발표된 초기 RDF 명세의 일부였던 *RDF/XML*은 가장 오래된 RDF 직렬화다. RDF/XML을 다룬 몇 가지 예제를 살펴보자. 다만 이런 예제는 RDF/XML 파일의 대체적인 모습을 파악하기 위한 목적으로만 보여주는 것임을 알아두길 바란다. RDF/XML 처리에 대한 자세한 내용은 RDF 파서의 몫이지 여러분 몫은 아니니 걱정을 접어두자. 일단 터틀은 W3C 표준이 되었으므로 RDF/XML 활용이 점점 줄어듦을 볼 것이다. 그렇지만 지금의 RDF/XML은 아직 유일한 표준 직렬화 형식임을 참고하자.

다음의 RDF/XML는 앞의 세 가지 사실을 나타낸 예제다.

```
<!-- RDF/XML은 XML이므로 일반 XML 주석 구분자를 사용한다. -->
<!—파일명 : ex029.rdf -->

<rdf:RDF xmlns:rdf="http://www.w3.org/1999/02/22-rdf-syntax-ns#"
         xmlns:dc="http://purl.org/dc/elements/1.1/"
```

```
        xmlns:v="http://www.w3.org/2006/vcard/">

   <rdf:Description rdf:about="urn:isbn:006251587X">
     dc:title>Weaving the Web</dc:title>
     <dc:creator rdf:resource="http://www.w3.org/People/Berners-Lee/card#i"/>
   </rdf:Description>

   <rdf:Description rdf:about="http://www.w3.org/People/Berners-Lee/card#i">
     <v:title>Director</v:title>
   </rdf:Description>

</rdf:RDF>
```

앞의 RDF/XML에서 주목해야 하는 몇 가지 사항은 다음과 같다.

- 모든 트리플을 포함하는 요소는 *http://www.w3.org/1999/02/22-rdf-syntax-ns#* 네임스페이스에서 나온 RDF 요소여야 한다.
- 각 트리플의 주어는 `rdf:Description` 요소의 `rdf:about` 속성에서 식별되어야 한다.
- 이 예제에서 보듯이 트리플마다 별도의 `rdf:Description` 요소를 가질 수 있다. 하지만 동일한 `rdf:Description` 요소 안에 두 자식 요소인 `dc:title` 요소와 `dc:creator` 요소를 넣어 두 트리플로 *uri:isbn:006251587X* 자원을 나타내고 있다.
- `dc:title`과 `v:title` 트리플의 목적어를 시작 태그[start tag]와 종료 태그[end tag] 사이에서 평문(혹은 XML 용어인 PCDATA)으로 표현하고 있다. `dc:creator` 값은 문자열이 아닌 자원임을 보여주고 있으며, `dc:creator` 요소의 `rdf:resource` 속성에 있다.

다음은 앞에서 봤던 RDF/XML과 똑같은 정보를 나타내기 위한 몇 가지 다른 방법을 보여준다.

```
<!-- 파일명: ex030.rdf -->

<rdf:RDF xmlns:rdf="http://www.w3.org/1999/02/22-rdf-syntax-ns#"
         xmlns:dc="http://purl.org/dc/elements/1.1/"
         xmlns:v="http://www.w3.org/2006/vcard/">

  <rdf:Description rdf:about="urn:isbn:006251587X" dc:title="Weaving the Web">
    <dc:creator>
      <rdf:Description rdf:about="http://www.w3.org/People/Berners-Lee/card#i">
```

```
        <vd:title>Director</v:title>
      </rdf:Description>
    </dc:creator>
  </rdf:Description>

</rdf:RDF>
```

ex030.rdf의 `dc:title` 값은 *urn:isbn:006251187X* 자원의 `rdf:Description` 요소의 속성 값이며 자식 요소가 아니다. 가장 큰 변화인 *urn:isbn:006251587X* 자원의 `dc:creator` 목적어 값도 `rdf:resource` 속성 값으로 나타내지 않는다. 하지만 dc:creator 요소 안에 다른 `rdf:Description` 요소가 있다. 이런 이유로 *http://www.w3.org/People/Bernes-Lee/card#i*는 트리플의 목적어이자 다른 주어다.

> RDF 처리기가 더 단순한 표현으로 나타낸 동일한 트리플을 이해한다고 여길 수 있겠지만, 스트리핑striping으로 알려진 RDF/XML의 중첩된 요소는 그 가치에 비해 실제로 더 까다롭다.

RDF/XML은 잠재적인 복잡도와 처리의 어려움으로 인해 XM 사용자에게 정말로 인기가 없었다. 예로 `dc:title` 같은 정보 조각이 `rdf:Description` 요소의 자식 요소나 속성 값 중 하나가 되면, 이 정보를 처리하는 XSLT 스타일시트와 다른 도구가 정보의 작은 모음집을 처리할 때 확인해야 하는 부가적인 사항이 많다.

XML의 초기 성공을 이끈 가장 큰 계기는, 여러 구문으로 구성된 데이터 형식이 매우 다양한 탓에 데이터 형식마다 파서를 일일이 사용해야 했던 개발자의 부담을 덜었다는 점에 있다. W3C 표준 방식은 다양한 정보를 표현하는 비독점적인 방식이었기 때문에 XML이 새로운 W3C 표준이 됐을 때 XML이 RDF를 직렬화하는 논리적인 방식처럼 보였다. 그렇긴 해도 여러 가지 이유로 RDF/XML은 인기가 아주 없어졌다. RDF/XML은 기술적인 내용이 많고 인라인 요소가 포함된 XML 문서 타입(이런 종류의 문서를 위해 XML을 설계한 것임)에 적합하지 않아 문제가 발생했다. 또 다른 문제는 URI 지역 이름에 대한 XML 요소 명명 규칙을 강제하는 제약사항이었다. 이로 인해 보편적인 XML 도구로 이런 제약사항을 처리하는 데 어려움이 발생했다.

또 다른 직렬화 형식은 "Notation 3"의 약자인 N3이다. N3은 팀 버너슬리의 개인 프로젝트였다(이 프로젝트 관련 문서에 "with his director hat off"를 넣었다*). 버너슬리는 N3을 두고

"기본적으로 XML 구문에서 RDF와 동일하지만, 시작할 때는 흘려쓰기가 더 편하다."라고 설명했다. N3은 N-트리플의 단순성과 긴 URI를 접두사로 축약하는 RDF/XML의 기능 외에 많은 것을 더해 조합한 것이다. 팀 버너슬리와 그의 저서에 대한 세 가지 사실을 다음과 같이 N3으로 나타내면 다음과 같다.

```
# 해시 기호는 N3의 주석 구분자다.
# 파일명: ex031.n3

@prefix dc: <http://purl.org/dc/elements/1.1/> .
@prefix v: <http://www.w3.org/2006/vcard/> .

<http://www.w3.org/People/Berners-Lee/card#i>
      v:title "Director" .

<urn:isbn:006251587X>
      dc:creator <http://www.w3.org/People/Berners-Lee/card#i> ;
      dc:title "Weaving the Web" .
```

N3은 추가 여백을 제외하면 N-트리플과 아주 닮았으며, 이름을 더 짧게 하기 위해 네임스페이스 접두사를 사용할 수 있다. 접두사는 가장 먼저 선언해야 한다. 이런 선언도 끝에 마침표를 넣은 완전한 트리플로 나타냄에 주목하자.

N3은 RDF/XML처럼 동일한 주어에 대한 여러 사실을 기술하는 몇 가지 지름길을 제공한다. 앞의 예제는 일단 식별자인 `<urn:isn:00625187X>`만 보여주고 있다. 또한 책에 대한 트리플의 목적어인 `<http://www.w3.org/People/Berners-Lee/card#i>` 뒤에 세미콜론(;)이 있음을 알 수 있다. 이 세미콜론은 동일한 주어에 또 다른 술어와 목적어가 나옴을 의미한다. 이 새로운 트리플은 영어로 쓸 때와 마찬가지로 동일한 "문장"의 일부를 나타내는 또 다른 관련 아이디어로 볼 수 있다.

마지막 목적어의 뒤에는 문장이 정말로 끝났음을 보여주기 위한 마침표가 있다. 그러므로 ex031.nt의 마지막 세 라인은 "urn:isbn:006251587X 자원은 dc:creator 값인 http://www.w3.org/People/Berners-Lee/card/#i를 갖고, 또한 dc:title 값인 'Weaving the Web'을 갖는

• 팀 버너스 리가 작성해서 웹에 공개한 N3에 대한 문서 중 하나인 "Primer: Getting into RDF & Semantic Web using N3(https://www.w3.org/2000/10/swap/Primer.html)"의 마지막 줄에 "with his director hat off"가 있다. "with his director hat off"에서 "his director"가 문맥상으로 누구인지 알 수 없지만 "Sandro와 Danc에게 경의를 표합니다"라고 해석할 수 있다. - 옮긴이

다."라고 알려준다고 말할 수 있다.

N3의 쉼표(,)는 "다음 차례의 트리플은 마지막 트리플과 같이 동일한 주어와 술어를 갖지만 새로운 목적어가 나온다."를 의미한다. 예로 다음은 ISBN 값이 012375564인 책의 두 dc:creator를 나열한 것이다.

```
# 파일명: ex032.n3

@prefix dc: <http://purl.org/dc/elements/1.1/> .

<urn:isbn:0123735564> dc:creator
  <http://www.topquadrant.com/people/dallemang/foaf.rdf#me> ,
  <http://www.cs.umd.edu/~hendler/2003/foaf.rdf#jhendler> .
```

N3에는 "이 트리플의 그래프는 dc:creator 값인 'John Smith'를 갖는다."라고 말할 수 있도록 트리플의 그래프를 자원으로 참조하고, 그 자원 자체도 참조하는 다른 흥미로운 기능이 있다. 또한 기존 트리플 집합에서 참이나 거짓 조건에 기반을 두고 새로운 트리플을 추론할 수 있는 규칙도 지정할 수 있다. 예를 들면 브리짓의 아버지가 피터고, 피터의 아버지가 헨리라면 브리짓의 할아버지는 헨리다.* 이와 같이 추론inferencing은 시맨틱 웹 애플리케이션에서 중요한 역할을 종종 수행한다.

N3은 끝내 표준이 되지 못했다. 아무도 이런 추가 기능을 실제로 사용하지 않았는데, W3C에서 표준화되던 개별 작업에 영감을 받았기 때문이다(이 책의 후반부에 SPARQL로 그래프를 참조하고 추론하는 방법을 본다).

이런 추가 기능 없이 N3을 사용한다면 다음의 직렬화 형식인 터틀을 이미 사용하고 있는 셈이다. 여기서는 예제를 보여줄 필요가 없다. 왜냐하면 터틀을 이해하는 모든 소프트웨어는 앞의 두 예제에 이런 추가 기능이 사용되지 않음을 알고 있기 때문이다.

터틀**이라는 이름과는 다르게 터틀은 인기도 경쟁에서 RDF 직렬화 형식 중 가장 빠르게 움직이고 있다. W3C은 터틀을 표준화할 계획이다.

* 정확히 말하면 할아버지인 헨리 폰다(1905~1982), 아버지인 피터 폰다(1940~), 손녀인 브리짓 폰다(1964~)는 헐리우드에서 3대에 걸쳐 활동했던 유명한 배우다. - 옮긴이
** 터틀(turtle)의 사전적인 의미는 거북이다. 거북이가 느린 동물이라는 점을 상기하자. - 옮긴이

> 이 책의 나머지에서 별도로 형식을 지정하지 않았다면 모든 샘플 데이터를 터틀 구문으로 보여준다.

최근 인기를 얻고 있는, 또 다른 트리플 저장 방법은 W3C의 표준 *RDFa*다. RDFa는 RDF를 수용하기 위해 설계되지 않았던 XML 문서에서 주어, 술어, 목적어를 저장할 수 있으며, HTML 문서도 가능하다.

"RDFa"의 "a"는 "attributes"의 약자다. RDFa는 XML나 HTML 문서에서 주어, 술어, 목적어를 혼합해 저장하거나 식별하기 위해 몇 가지 새로운 속성을 정의하고, 여러 기존 HTML 속성을 지정한다. XML과 HTML 문서에서 RDFa의 부가적인 역할은 이런 문서 안의 내용에 대한 메타데이터를 훌륭하게 만드는 것이다. RDFa 형식에서 SPARQL로 질의해 RDFa 속성의 트리플을 가져오는 데 사용할 수 있는 유틸리티가 있다.

> HTML에 트리플을 내장하는 RDFa의 기능은 기계가 읽을 수 있는 웹 페이지의 데이터를 공유하는 데 적합하다. 스크린 스크래핑을 할 필요 없이 웹 페이지에서 데이터를 자동으로 수집하기 때문이다.

데이터베이스에 RDF 저장하기

아주 방대한 트리플을 저장해야 한다면 하나의 큰 텍스트 파일에 이 트리플을 터틀이나 RDF/XML로 유지하는 방식이 최선이 아닐 수도 있다. 데이터를 색인하고 언제 메모리에 적재할지 결정하는 시스템 즉, 데이터베이스 관리 시스템이 더 효율적일 수 있기 때문이다. MySQL이나 오라클 같은 관계형 데이터베이스 관리기에 RDF를 저장하는 방법도 있지만, 가장 좋은 방법은 RDF 트리플에 최적화된 데이터베이스 관리기다. 이 데이터베이스 관리기를 **트리플 저장소**triplestore라고 부르며, 트리플 저장소는 상용 또는 오픈소스로 사용할 수 있다.

트리플 저장소를 평가할 때는 다음과 같이 규모, 속도, 플랫폼 활용성, 비용 같은 일반 데이터베이스 관리기 이슈와 더불어 여러 SPARQL 관련 이슈를 고려해야 한다.

- 실제 SPARQL이나 일부 "유사 SPARQL" 질의를 지원하고, 트리플 저장소 개발자가 직접 개발한 언어를 업데이트하는가?

- 대화형과 프로그래밍에서 둘 다 트리플 저장소에 SPARQL 질의를 제공하면 결과를 돌려주는 게 얼마나 쉬운가?
- 트리플 저장소는 SPARQL 접점 역할을 할 수 있는가?
- 트리플 저장소는 최신 SPARQL 표준을 지원하는가?

1.1 알림

SPARQL 1.1의 UPDATE 기능을 갖고 작은 데이터 파일을 대상으로 다뤄보면 재미가 있다. 물론 트리플 저장소를 사용하면 데이터의 실제 값을 볼 수 있다. 데이터, 추가, 삭제, 변경 기능은 모든 데이터 관리 프로그램에서도 중요하고, 트리플 저장소에서도 마찬가지다. 따라서 공인된 표준을 이용해 트리플 저장소에서 이런 기능을 수행하는 게 당연하며, 특정 트리플 저장소에서만 가능한 기능을 원하지 않을 것이다.

데이터 타입 지정

지금까지 트리플의 주어와 술어가 반드시 URI이어야 하고, 목적어는 URI나 문자열일 수 있음을 배웠다. 목적어는 실제로 단순 문자열 이상이다. 왜냐하면 이 문자열에 특정 데이터 타입datatype 혹은 캐나다의 프랑스어나 브라질의 포르투갈어 같은 특정 언어로 텍스트를 식별하는 태그tag를 할당할 수 있기 때문이다.

이런 비URI 값에 대한 기술 용어를 **리터럴**literal이라고 한다. 입력된 리터럴에는 데이터 타입이 할당되어 있다. 이 데이터 타입은 보통 W3C의 "XML Schema Part 2" 명세에서 제공하는 절* 에 기술되어 있다. 프로그램이 주어진 값이 숫자나 날짜임을 알고 있을 때 이 값에 수학이나 다른 특화된 처리를 수행할 수 있다. 이것은 데이터를 사용하는 방법에 대한 가능성을 확장한다.

서로 다른 RDF 직렬화는 각각 데이터 타입을 지정하는 여러 규약을 갖는다. 다음은 터틀에서 데이터 타입을 할당한 몇 개의 트리플을 보여준다.

```
# 파일명: ex033.ttl

@prefix xsd: <http://www.w3.org/2001/XMLSchema#> .
@prefix d:   <http://learningsparql.com/ns/data#> .
```

* https://www.w3.org/TR/xmlschema-2/#datatype를 참조하자. - 옮긴이

```
@prefix dm:  <http://learningsparql.com/ns/demo#> .

d:item342 dm:shipped      "2011-02-14"^^<http://www.w3.org/2001/XMLSchema#date> .
d:item342 dm:quantity     "4"^^xsd:integer .
d:item342 dm:invoiced     "false"^^xsd:boolean .
d:item342 dm:costPerItem "3.50"^^xsd:decimal .
```

볼 수 있듯이 데이터 타입의 이름은 전체 URI나 접두사가 붙은 이름일 수 있다. 데이터의 다른 곳에서 사용한 접두사처럼 xsd: 접두사의 데이터 타입도 선언되어야 한다.

터틀의 리터럴에서 큰따옴표 기호를 빼먹을 경우 처리기는 값이 "true"나 "false" 혹은 숫자일 때 리터럴의 타입을 확실히 추정한다. 이것은 SPARQL 처리기가 앞의 예제와 동일한 방법으로 다음과 같이 해석함을 의미한다.

```
# 파일명: ex034.ttl

@prefix d:   <http://learningsparql.com/ns/data#> .
@prefix dm:  <http://learningsparql.com/ns/demo#> .

d:item342 dm:shipped      "2011-02-14"^^<http://www.w3.org/2001/XMLSchema#date> .
d:item342 dm:quantity     4 .
d:item342 dm:invoiced     false .
d:item342 dm:costPerItem 3.50 .
```

RDF/XML에서 데이터 타입을 할당하는 것은 아주 간단하다. 값을 저장하는 요소의 rdf:datatype 속성에 데이터 타입의 URI를 저장한다. 다음은 앞의 동일한 데이터를 RDF/XML로 나타낸 것이다.

```
<!-- 파일명: ex035.rdf -->

<rdf:RDF xmlns:rdf="http://www.w3.org/1999/02/22-rdf-syntax-ns#"
xmlns:dm="http://learningsparql.com/ns/demo#"
xmlns:xsd="http://www.w3.org/2001/XMLSchema#">

  <rdf:Description rdf:about="http://learningsparql.com/ns/demo#item342">
    <dm:shipped
      rdf:datatype="http://www.w3.org/2001/XMLSchema#date">2011-02-14</dm:shipped>
    <dm:quantity
      rdf:datatype="http://www.w3.org/2001/XMLSchema#integer">4</dm:quantity>
```

```
    <dm:invoiced
      rdf:datatype="http://www.w3.org/2001/XMLSchema#boolean">false</dm:invoiced>
    <dm:costPerItem
      rdf:datatype="http://www.w3.org/2001/XMLSchema#decimal">3.50</dm:costPerItem>
    </rdf:Description>

</rdf:RDF>
```

ex033.ttl, ex034.ttl, ex035.rdf는 모두 동일한 데이터를 저장하기 때문에 주어진 SPARQL 질의를 이런 파일 중 하나에 실행하면 동일한 결과를 얻는다.

언어 태그와 레이블로 RDF를 더 읽기 쉽게 만들기

이전에 팀 버너슬리의 직책이 W3C의 "Director"라고 하는 트리플을 봤다. 프랑스에 있는 유럽 본부의 W3C 직원에게는 팀 버너슬리의 직책이 "Directeur"이다. RDF 직렬화에는 텍스트의 각 문자열에 언어 태그를 붙이는 방법이 있다. 나중에 SPARQL을 사용해 특정 언어로 태그된 리터럴로 질의 결과를 좁히는 방법을 볼 것이다. 팀 버너슬리의 직책을 언어와 프랑스어로 나타내기 위해 다음과 같은 트리플을 사용한다.

```
# 파일명: ex036.ttl

@prefix v:  <http://www.w3.org/2006/vcard/> .

<http://www.w3.org/People/Berners-Lee/card#i> v:title "Director"@en .
<http://www.w3.org/People/Berners-Lee/card#i> v:title "Directeur"@fr .
```

영어의 "en"과 프랑스어의 "fr" 같은 두 글자 코드는 ISO 639 표준인 "Codes for the Representation of Names of Languages언어명 표현 코드"의 일부다. 이 언어를 나타내는 두 글자와 국가별 용어를 보여주는 ISO 3166-1 표준인 "Codes for the Representation of Names of Countries and Their Subdivision국가와 행정구역 표현 코드"에서 나온 태그를 하이픈으로 함께 조합하면 다음과 같다.

```
# 파일명: ex037.ttl

@prefix :     <http://www.learningsparql.com/ns/demo#> .
@prefix rdfs: <http://www.w3.org/2000/01/rdf-schema#> .
```

```
:sideDish42 rdfs:label "french fries"@en-US .
:sideDish42 rdfs:label "chips"@en-GB .

:sideDish43 rdfs:label "chips"@en-US .
:sideDish43 rdfs:label "crisps"@en-GB .
```

RDF 스키마RDF Schema(RDFS) 네임스페이스의 `label` 술어는 RDF의 가장 중요한 속성이었다. 1장에서 트리플의 주어 자체로 많은 정보를 전달하는 경우가 드물다고 배웠다(예, `:sideDish42`). 주어의 역할은 고유 식별자이지 무언가를 기술하지 않기 때문이다. 주어를 기술하기 위해 함께 사용되는 것은 목적어와 술어다.

이와 같은 이유로 RDF의 모범 사례는 인간 독자가 주어를 나타내는 게 무엇인지 더 쉽게 볼 수 있도록 `rdfs:label` 값에 자원을 할당하는 것이다. 예로 팀 버너슬리의 FOAF 파일에서 팀 버너슬리를 나타내는 *http://www.w3.org/People/Berners-Lee/card#i*를 사용한다. 하지만 팀 버너슬리의 FOAF 파일에도 다음과 같은 트리플이 있다.

```
# 파일명: ex038.ttl

<http://www.w3.org/People/Berners-Lee/card#i>
<http://www.w3.org/2000/01/rdf-schema#label>
"Tim Berners-Lee" .
```

`rdfs:label`마다 언어 태그가 있되 여러 `rdfs:label`을 사용하는 것은 일반적인 관례다. 위키피디아 정보상자에서 추출된 RDF의 디비디피아 모음집에는 *http://dbpedia.org/resource/Switzerland* 자원에 대한 `rdfs:label`이 열다섯 개가 있다. 다음은 네 개의 레이블을 자원에 할당한 트리플을 보여주며, 동일한 주어와 술어에 대한 모든 목적어인 네 개의 값을 보여주기 위해 쉼표 구분자를 사용하고 있다.

```
# 파일명: ex039.ttl

@prefix rdfs: <http://www.w3.org/2000/01/rdf-schema#> .

<http://dbpedia.org/resource/Switzerland> rdfs:label "Switzerland"@en,
  "Suiza"@es, "Sveitsi"@fi, "Suisse"@fr .
```

> RDF 애플리케이션이 질의에 대한 응답에서 정보를 검색할 때 가능하다면 난해한 URI 대신에 종종 관련 자원과 밀접한 `rdfs:label` 값을 검색하자. 이 방식이 더 보편적이다.

어휘, 분류체계taxonomy, 텍소노미, 시소러스thesauruses를 정의하는 RDF 기반 W3C SKOS 표준은 `rdfs:label` 속성의 더 전문화된 버전인 선호 레이블인 `skos:prefLabel` 속성과 대안 레이블인 `skos:altLabel`을 포함해서 제공한다. 유엔식량농업기구UN Food and Agriculture Organization의 농업, 임업, 어업, 식품 관련 영역을 위한 SKOS 시소러스의 단일 개념에는 하나 이상의 `skos:prefLabel` 값과 수십 개의 `skos:altLabel` 값, 영어부터 이란어, 태국어까지 망라한 모든 개별 언어 태그가 할당되었을 수도 있다.

> RDF 스키마 어휘는 `rdfs:label` 속성과 더불어 보통 자원에 대한 더 긴 기술을 저장하는 `rdfs:comment` 속성을 제공한다. 자원을 어떻게 사용할 수 있는지 기술하는 `rdfs:comment` 속성을 사용하면 자원(이나 속성)의 데이터를 더 쉽게 쓸 수 있게 만든다. 이것은 소스 코드를 더 효율적으로 사용할 수 있도록 프로그램의 소스 코드에 주석을 추가하여 프로그램이 동작하는 방법에 대한 이해를 돕는 것과 같다.

공백 노드가 유용한 이유

9페이지의 "더 현실적인 데이터와 다중 트리플 일치"에서 그래프로 알려진 RDF 데이터 집합을 알아보았다. 트리플 집합에서 주어와 목적어 자원을 나타내는 그래프의 노드와, 술어를 나타내는 노드를 연결하는 선을 시각적으로 그려볼 수 있다. 거의 모든 노드가 자원이나 리터럴 객체, 문자열이나 다른 타입 값을 나타내는 URI로 구성된 이름을 갖는다.

잠깐만! "거의" 모든 노드? 이름이 없는 노드를 어떤 목적으로 쓸까? 예제를 살펴보기로 하자. 우선 공백 노드blank node가 없는 트리플 집합을 준비한 후, 공백 노드가 이 트리플 집합을 더 좋게 구성하는 데 어떻게 도와주는지 보자.

다음은 가짜 주소록에 있는 어떤 사람의 항목을 나타내는 몇 가지 트리플을 보여준다.

```
# 파일명: ex040.ttl

@prefix ab:  <http://learningsparql.com/ns/addressbook#> .

ab:i0432 ab:firstName      "Richard" ;
         ab:lastName       "Mutt" ;
         ab:postalCode     "49345" ;
```

```
        ab:city          "Springfield" ;
        ab:homeTel       "(229) 276-5135" ;
        ab:streetAddress "32 Main St." ;
        ab:region        "Connecticut" ;
        ab:email         "richard49@hotmail.com" .
```

다음 그림 2-1은 이 데이터의 그래프 그림이다. 이 그래프 그림에서 각 주어나 목적어 값은 레이블이 지정된 노드고, 술어는 이런 노드 간의 관계를 보여주기 위해 노드를 연결한, 레이블이 지정된 호arc다.

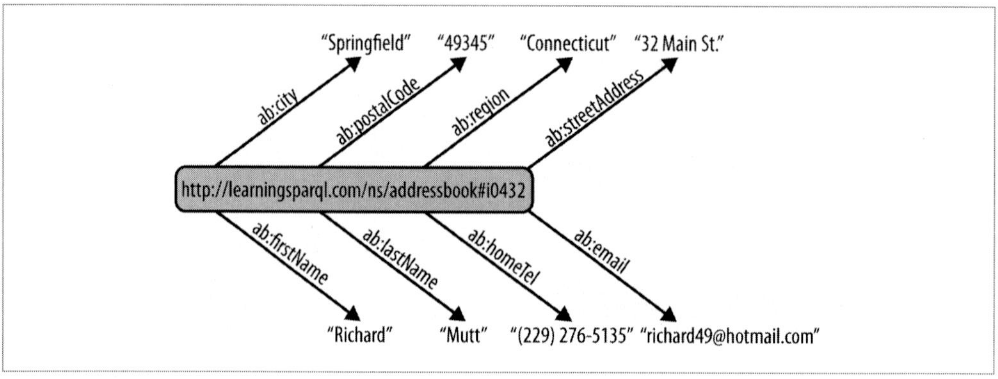

[그림 2-1] 주소록 항목인 ab:i0432의 그래프

노드 순서는 RDF에서 중요하지 않다고 배웠다. Richard의 메일 주소 정보는 Richard에 대한 다른 정보 사이에 흩어져 있으므로 찾기가 약간 어렵다. ex040.ttl의 주소록 항목은 데이터 모델링 용어로 말하자면 아주 평면적flat이고, Richard에 대한 값을 나열할 뿐 이런 값에 대한 구조는 없다.

다음 버전은 새로운 술어인 `ab:address`를 갖는다. 하지만 이 술어의 값은 낯선 네임스페이스 접두사인 밑줄underscore이다. 이 값은 자체적으로 Richard의 주소의 개별 구성요소를 차례대로 기술한 값을 갖는다.

```
# 파일명: ex041.ttl

@prefix ab:  <http://learningsparql.com/ns/addressbook#> .

ab:i0432 ab:firstName     "Richard" ;
```

```
        ab:lastName       "Mutt" ;
        ab:homeTel        "(229) 276-5135" ;
        ab:email          "richard49@hotmail.com" ;
        ab:address        _:b1 .

_:b1    ab:postalCode     "49345" ;
        ab:city           "Springfield" ;
        ab:streetAddress  "32 Main St." ;
        ab:region         "Connecticut" .
```

밑줄 접두사는 공백 노드나 비노드bnode로 알려진 노드의 특수한 종류임을 의미한다. 이 밑줄 접두사는 항상 식별되지 않음을 의미하며, 그저 유일한 목적은 몇몇 다른 값을 함께 묶는 것이다. 데이터 집합의 다른 부분에서 이 트리플을 묶은 것을 참조하는 데 필요한 b1은 지역 이름을 사용한 자리 표시자placeholder일 뿐이다. 이 데이터를 읽는 RDF 소프트웨어가 b1 값을 무시할 수 있어도 Richard(혹은 더 기술적으로는 ab:i0432 자원)는 네 개의 다른 값을 가리키는 ab:address를 갖는다는 점을 기억해야 한다.

다음 그림 2-2는 ex041.ttl 데이터의 그래프를 보여준다. 이 그림에서 ab:address 값을 나타내는 노드에 이름이 없다. 이 노드는 공백이므로 식별성을 갖지 않기 때문이다. 이것은 RDF 파서가 ex041.ttl 데이터 집합에 있는 모든 다른 주어와 술어 이름에 신경을 쓰는 반면에 목적어 이름이자 _:의 다음인 b1에 의미를 두지 않되 b1에 연결된 노드만 기억함을 보여준다. 따라서 ex041.ttl의 b1은 해당 데이터의 버전에서 노드에 대한 임시적인 지역 이름일 뿐이다. RDF 기반 애플리케이션이 해당 데이터를 복사할 때 이 데이터의 새로운 버전에서는 해당 이름이 b1가 아닐 수도 있다. 하지만 이 애플리케이션은 각 공백 노드 간의 모든 동일한 연결을 보존할 책임을 진다.

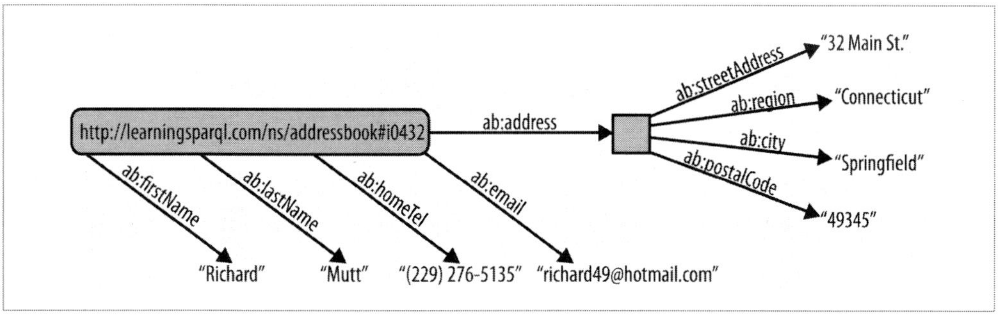

[그림 2-2] 우편번호 데이터를 함께 묶는 공백 노드 사용

> 터틀과 SPARQL은 공백 노드를 나타내는 밑줄 접두사와 함께 접두사가 붙은 이름 대신에 대괄호square braces 쌍([ ])을 가끔 사용한다.

이 예제에서 `_:b1` 공백 노드는 한 트리플의 목적어이자 여러 다른 트리플의 주어다. 이런 현상은 RDF와 SPARQL에서 흔한데, 관계를 맺기 위해 공백 노드를 사용하기 때문이다. 예로 앞의 ex041.ttl 샘플 데이터처럼 구조화된 주소록 데이터가 있다면 값이 "Richard"인 `ab:firstName`과 "Mutt"인 `ab:lastName`을 갖는 주소록 항목에서 `ab:address` 노드의 `ab:streetAddress` 값을 요청해 Richard의 도로명 주소street address를 찾는 SPARQL 질의를 사용할 수 있다. `ab:address` 노드는 참조하는 데 사용할 수 있는 URI를 갖지 않는다. 그러나 질의에는 이 URI가 필요하지 않다. 그 이유는 값이 "Richard"인 `ab:firstName`과 "Mutt"인 `ab:lastName`를 갖는 항목에서 주소 값을 원한다고 말할 수 있기 때문이다.

명명된 그래프

명명된 그래프named graph는 트리플을 함께 묶는 또 다른 방법이다. 트리플 집합에 이름을 할당할 때 당연히 그 이름은 URI다. 따라서 RDF는 URI로 식별할 수 있는 모든 것에 메타데이터를 할당가능하기 때문에 트리플 집합에 메타데이터를 할당할 수 있다. 예로 트리플 저장소 내 주어진 트리플 집합이 특정 시간의 특정 소스에 있거나 특정 집합을 다른 집합으로 대치해야 한다고 말할 수 있다.

초기 RDF 명세에서 명명된 그래프를 다루지 않았지만, 명명된 그래프는 분명 가치가 있다. 그러므로 나중의 명세 특히 SPARQL 명세에서 명명된 그래프를 다뤘다. 3장과 6장에서 트리플 모음집의 명명된 하위집합에 질의하고 갱신하는 방법을 살펴본다.

어휘 재사용과 생성: RDF 스키마와 OWL

모든 자원과 속성에 대한 새로운 URI를 만들 수 있지만, 기존 URI를 사용하면 다른 데이터와 연결하기가 더 쉬워지므로 더 많은 일을 할 수 있다. FOAF와 더블린 코어 같은 여러 기존 어휘의 속성을 사용한 예제를 이미 살펴봤다. 기존 어휘의 속성을 사용하고 싶다면 이런 어휘는 무엇이고 어떤 형식을 취해야 할까?

보통 RDF 스키마와 OWL 표준을 사용해 어휘를 저장한다. 이런 표준 중 하나를 사용하는 어휘는 SPARQL 질의를 작성하고 질의 시 데이터 집합에서 활용할 수 있는 속성이 무엇인지 궁금한 사람에게 좋은 참조를 제공한다. 덧붙이자면 선언된 어휘 용어에 대한 메타데이터를 정의부에 종종 추가한다. 따라서 어휘를 배우기가 더 쉬워지므로 질의에서 어휘를 더 효과적으로 활용할 수 있다.

이전에 `rdfs:label`과 `rdfs:comment` 속성을 설명할 때 W3C RDF 스키마 명세를 언급했다. 이 명세의 전체 제목은 "RDF Vocabulary Description Language: RDF Schema[RDF 어휘 기술 언어: RDF 스키마]"로, 어휘를 기술하는 방법을 제공한다. 짐작했듯이 이런 어휘를 RDF로 기술하므로 SPARQL 질의 시 데이터 자체로 이 메타데이터에 접근할 수 있다.

더블린 코어의 RDF 스키마 어휘 기술에서 발췌한 몇 가지 트리플은 다음과 같으며, 팀 버너스리와 URI인 *urn:ibsn:006251587X*로 나타낸 책 간의 관계를 설명하기 위해 "creator" 용어를 기술하고 있다.

```
# 파일명: ex042.ttl

@prefix dc:   <http://purl.org/dc/elements/1.1/> .
@prefix rdf:  <http://www.w3.org/1999/02/22-rdf-syntax-ns#> .
@prefix rdfs: <http://www.w3.org/2000/01/rdf-schema#> .

dc:creator
      rdf:type rdf:Property ;
      # a rdf:Property ;
      rdfs:comment "An entity primarily responsible for making the resource."@en-US ;
      rdfs:label "Creator"@en-US .
```

마지막 두 트리플은 미국 영어로 작성했음을 보여주는 언어 태그를 갖는 두 `rdfs:comment`와 `rdfs:label` 속성으로 *http://purl.org/dc/elements/1.1/creator* 속성을 기술한다(사물을 식별하는 용어의 적절한 명확성이 필요하다는 점을 입증하기 위해 아일랜드에서 훨씬 더 유명한 더블린 코어가 아닌 오하이오 주의 더블린에서 더블린 코어를 개발했다).

ex042.ttl의 첫 번째 트리플은 이전에 보지도 못했던 `rdf:type` 속성을 사용해서 `dc:creator`가 속성임을 알려준다(터틀, N3과 SPARQL은 트리플에서 특정 타입이라고 선언하는 `rdf:type`을 대신해 "a" 단어를 사용하는 지름길을 제공한다. ex042.ttl의 주석 처리된 라인에서 보여줬듯이 a는 `rdf:type`과 동일함을 의미한다). `rdf:type`은 실제로 `dc:creator`가 `rdf:Property` 클래스의 멤버임을 알려준다. 그러나 쉬운 영어인 a로도 `dc:creator`가 속성임을 알려줄 수 있다. 이런 이유로 주석 처리된 버전을 더 쉽게 읽을 수 있다.

> SPARQL 질의에서는 반드시 소문자 "a"를 사용해야 한다. SPARQL에서 a만 대소문자로 구분한다.

> 모든 RDF 명세에서 속성을 사용하기 전에 선언해야 한다고 언급하는 부분이 없다. 그러나 ex042.ttl의 `dc:creator`에서 사용했던 `rdfs:comment`와 `rdfs:label`처럼 속성을 선언하면 메타데이터를 해당 속성에 할당하는 장점을 제공한다. 따라서 작성자가 의도했던 이런 속성을 자세하게 배워서 사용할 수 있다. 다른 속성과 클래스 간의 관계를 지정한 새로운 속성을 선언하면 SPARQL 엔진 같은 처리기가 이 속성의 값을 훨씬 더 많이 처리한다.

자체가 어휘인 RDF 스키마는 사실을 선언하는 트리플을 갖는 스키마다(예로 더블린 코어 스키마에서 발췌한 `dc:creator`가 속성이듯이 `rdfs:label`과 `rdfs:comment`도 속성이다).

속성 식별 외에 RDF 스키마로 자원의 새로운 클래스를 정의할 수 있다. 예로 다음은 주소록 데이터의 `ab:Musican`과 `ab:MusicalInstrument` 클래스를 어떻게 선언할 수 있는지 보여준다.

```
# 파일명: ex043.ttl

@prefix ab:   <http://learningsparql.com/ns/addressbook#> .
@prefix rdf:  <http://www.w3.org/1999/02/22-rdf-syntax-ns#> .
@prefix rdfs: <http://www.w3.org/2000/01/rdf-schema#> .

ab:Musician
      rdf:type rdfs:Class ;
      rdfs:label "Musician" ;
      rdfs:comment "Someone who plays a musical instrument" .

ab:MusicalInstrument
      a rdfs:Class ;
      rdfs:label "musical instrument" .
```

(`ab:MusicalIntrument` 경우 `rdfs:comment`을 넣지 않았다. `rdfs:label` 값으로 충분하다고 생각했기 때문이다.)

클래스를 선언할 때 할당할 수 있는 메타데이터가 더 많다. 클래스 선언 즉, 예로 다른 클래스의 하위클래스를 선언할 때 메타데이터를 더 많이 할당할 수 있다. 하지만 앞의 메타데이터만으로 RDFS의 아주 멋진 다른 기능을 볼 수 있다. 다음은 선언했던 ab:playsIntrument 속성이다.

```
# 파일명: ex044.ttl

@prefix ab:   <http://learningsparql.com/ns/addressbook#> .
@prefix rdf:  <http://www.w3.org/1999/02/22-rdf-syntax-ns#> .
@prefix rdfs: <http://www.w3.org/2000/01/rdf-schema#> .

ab:playsInstrument
      rdf:type rdf:Property ;
      rdfs:comment "Identifies the instrument that someone plays" ;
      rdfs:label "plays instrument" ;
      rdfs:domain ab:Musician ;
      rdfs:range ab:MusicalInstrument .
```

rdfs:domain 속성은 트리플에서 ab:playsInstrument 속성을 사용하면 이 트리플의 주어가 ab:Musican임을 의미한다. rdfs:range 속성은 그런 트리플의 목적어가 ab:MusicalInstrument 임을 의미한다.*

다음과 같이 ex044.ttl 주소록 예제의 끝에 하나의 트리플을 추가해보자.

```
# 파일명: ex045.ttl

@prefix ab:   <http://learningsparql.com/ns/addressbook#> .

ab:i0432 ab:firstName     "Richard" ;
         ab:lastName      "Mutt" ;
         ab:postalCode    "49345" ;
         ab:city          "Springfield" ;
         ab:homeTel       "(229) 276-5135" ;
         ab:streetAddress "32 Main St." ;
         ab:region        "Connecticut" ;
```

* 쉽게 말하자면 rdfs:domain은 주어의 클래스인 ab:Musician이고, rdfs:range는 목적어의 클래스인 ab:MusicalInstrument를 의미한다. – 옮긴이

```
        ab:email           "richard49@hotmail.com" ;
        ab:playsInstrument ab:vacuumCleaner .
```

전통적인 객체 지향 사고에서 "Musican 클래스의 멤버는 playInstrument 속성을 갖는다."라고 말하면 Musician 클래스의 멤버는 playInstrument 값을 가져야 함을 의미한다. RDFS와 OWL는 반대 방향으로 접근한다. ex044.ttl의 마지막 두 트리플은 무엇이 ab:playsIntrument 값을 갖는다면 ab:Musican 클래스의 멤버고, ab:playsIntrument 값이 ab:MusicalInstrument 클래스의 값이라고 알려준다.

ex045.ttl의 끝에 보여줬던 새로운 트리플을 일단 추가하면 RDFS 인지형 SPARQL 엔진RDF-aware SPARQL engine은, Richard Mutt(혹은 더 정확히 말하면 ab:i0432)가 현재 ab:Musician 클래스의 멤버임을 인지한다. ab:playsInstrument는 ab:Musican을 갖기 때문이다. ab:MusicalInstrument의 범위에 ab:playsInstrument가 있기 때문에 현재의 ab:vacuumCleaner는 ab:MusicalInstrument 클래스의 멤버다. 이전에 없었을지라도 말이다.

RDFS 인지형 SPARQL 엔진에게 앞에서 언급한 주소록 데이터에서 음악가의 성과 이름을 달라고 말하면 Richard Mutt를 나열한다. 그럼에도 불구하고 나열한 이 데이터에는 ab:Musican 클래스의 멤버라고 말하는 트리플이 없다. 객체 지향 시스템을 사용한다면 새로운 음악가 인스턴스를 선언한 후 Richard에 대한 모든 세부사항을 할당한다. RDF 기반 표준을 사용해서 하나의 속성에 기존 ab:i0432 자원에 대한 메타데이터를 할당한다. 그러면 이 자원은 이전에 멤버가 아니었지만 ab:Musican 클래스의 멤버가 된다.

> "RDFS 인지형" SPARQL 엔진은 아마도 OWL 엔진이 될 것이다. OWL은 RDFS 기반으로 만들어졌다. RDFS를 지원하지만 최소한 OWL의 일부를 지원하지 않는 소프트웨어가 적다.

RDF 자원 기능은 클래스 멤버가 데이터 값에 기반을 둔다. 이 기능 덕분에 의학 검색과 정보 기관 같은 분야에서 RDF 기술이 인기를 끌었다. 연구자는 구조가 약간 드러난 데이터를 모은 후에 구조가 어떻게 되는지 밝혀낼 수 있다. 즉, 자원이 어떤 클래스의 멤버인지, 자원과 클래스가 어떤 관계인지 알아낼 수 있다.

RDF를 사용하면 (객체 지향 시스템과 달리) 클래스를 다른 클래스의 하위클래스로, 속성을 다른 속성의 하위속성으로 정의할 수 있다. 따라서 정보를 검색하기 위해 SPARQL를 사용할 수 있는 방법의 가능성이 넓어진다. 예로 ab:Musican이 foaf:Person의 하위클래스였고,

ex.004.ttl과 ex045.ttl 데이터를 포함한 데이터 집합에서 모든 `foaf:Person`의 전화번호를 RDFS 인지형 처리기에게 질의 요청했다면 처리기는 Richard의 전화번호를 제공한다. Muiscan 클래스인 Richard가 Person 클래스이기 때문이다. 9장에서 이에 대한 예제를 몇 가지 살펴본다.

W3C의 Web Ontology Language[웹 온톨로지 언어]는 OWL로 줄여 쓰기도 한다. "WOL" 보다 발음하기가 더 쉽기 때문이다. OWL은 온톨로지를 정의할 수 있도록 RDFS 기반으로 만들어졌다. 어휘의 형식적 정의[formal definition]인 온톨로지를 이용하면 복잡한 구조는 물론 어휘 용어와 정의한 클래스의 멤버 간 관계를 새로 정의할 수 있다. 온톨로지는 과학 연구 분야 같은 매우 특정한 영역을 자주 기술하므로 여러 기관의 과학자가 데이터를 더 쉽게 공유할 수 있다.

> OWL로 정의한 온톨로지는 트리플의 또 다른 모음집일 뿐이다. OWL 자체는 OWL 온톨로지다. OWL 인지형 소프트웨어가 관찰하는 클래스와 속성을 선언한다. 따라서 OWL 인지형 소프트웨어는 이 클래스와 속성을 사용하는 데이터에서 추론할 수 있다.

많은 RDF 개발자는 메타데이터를 트리플에 추가하기 위해 크고 복잡한 온톨로지를 정의하는 대신에 OWL의 몇 가지 클래스와 속성을 사용한다. 예로 다음의 데이터 집합에서 `ab:i9771` 자원 즉, Cindy Marshall에 대한 정보가 얼마나 많이 있다고 생각하는가?

```
# 파일명: ex046.ttl

@prefix ab:   <http://learningsparql.com/ns/addressbook#> .
@prefix rdf:  <http://www.w3.org/1999/02/22-rdf-syntax-ns#> .
@prefix rdfs: <http://www.w3.org/2000/01/rdf-schema#> .
@prefix owl:  <http://www.w3.org/2002/07/owl#> .

ab:i0432
   ab:firstName      "Richard" ;
   ab:lastName       "Mutt" ;
   ab:spouse         ab:i9771 .

ab:i8301
   ab:firstName      "Craig" ;
   ab:lastName       "Ellis" ;
   ab:patient        ab:i9771 .
```

```
ab:i9771
   ab:firstName       "Cindy" ;
   ab:lastName        "Marshall" .

ab:spouse
   rdf:type owl:SymmetricProperty ;
   rdfs:comment "Identifies someone's spouse" .

ab:patient
   rdf:type rdf:Property ;
   rdfs:comment "Identifies a doctor's patient" .

ab:doctor
   rdf:type rdf:Property ;
   rdfs:comment "Identifies a doctor treating the named resource" ;
   owl:inverseOf ab:patient .
```

성과 이름만 포함한 것 같지만 OWL 인지형 처리기는 더 많이 알고 있다. 그 이유는 이 데이터 집합에서 정의된 ab:spouse 속성은 대칭이므로 ab:i0432 자원은 ab:i9771(Cindy)의 ab:spouse 값을 갖기 때문이다. 이때 OWL 처리기는 ab:i9771 자원이 Cindy의 배우자인 ab:i0432 자원을 가짐을 알고 있고, 또한 ab:patient 속성이 ab:doctor 속성의 역이면 ab:i1083 자원이 ab:i9771의 값을 가지므로 ab:i9771 자원이 ab:i8301 자원의 ab:doctor 값을 가짐을 알고 있다. 지금 Cindy의 배우자와 의사가 누구인지 알고 있으며, 데이터 집합에 명시적으로 이런 사실이 포함되어 있지 않을지라도 말이다.

클래스와 속성이 많고, 이 클래스와 속성 간의 관계를 정의하고 수정할 때는 RDFS 혹은 OWL 모델의 RDF/XML이나 터틀 구문으로 직접 처리하는 대신에 원하는 것을 지정해 클릭한 후 드래그해서 대화상자를 채우는 그래픽 도구를 사용하는 편이 더 쉽다. 잘 알려진 오픈소스 도구는 스탠포드 대학교에서 개발했던 프로테지Protégé다. 가장 인기있는 상용 도구는 탑브래이드 컴포저TopBraid Composer다(탑브래이드 컴포저의 공개 버전에서 원하는 모든 모델링을 하고, 데이터를 대상으로 SPARQL 질의를 수행할 수 있다. 상용 버전은 애플리케이션을 개발해 배포하는 기능이 추가되어 있다). 이런 도구는 구문을 살펴보는 시간을 크게 줄여줄 뿐만 아니라 표준 구문을 사용해서 작업을 저장할 수도 있다.

OWL는 속성과 클래스 관계를 정의하는 많은 다른 방법을 제공하므로 처리기가 기존 집합에서 새로운 정보를 추론할 수 있다. 앞의 예제는 몇 가지 장점을 얻기 위해 OWL가 많이 필요 없음을 보여준다. 작은 데이터 집합(Richard, Craig, Cindy에 대한 정보)에 메타데이터(예, 앞의 `ab:spouse`, `ab:patient`, `ab:doctor` 속성)만 아주 약간만 추가함으로써 이 데이터 집합에서 원래 넣었던 것보다 더 많이 얻었다. 이것은 시맨틱 웹 기술의 훌륭한 성과 중 하나다.

> OWL 2는 초기 OWL 표준에 여러 프로파일 즉, 애플리케이션의 특정 종류에 특화된 OWL의 하위집합을 도입한 것이다. 이런 프로파일을 구현해서 사용하는 게 모든 OWL을 한꺼번에 처리하려고 시도하는 것과 비교하면 더 쉽다. OWL로 몇몇 데이터를 모델링할 생각이라면 OWL 2 RL, OWL 2 QL, OWL 2 EL을 요구사항에 맞는 출발점으로 삼아서 조사하자. 특히 애플리케이션을 확장할 필요가 있다면 이런 프로파일이 특정 영역을 위한 대규모 시스템 구현을 더 쉽게 해주기 때문이다.

모든 W3C 시맨틱 웹 표준 중에서 OWL는 "시맨틱 웹"에 "의미론"을 넣는 핵심이다. "의미론"이라는 용어는 단어에 숨겨진 의미로 가끔 정의된다. 시맨틱 웹 기술의 가치를 의심하는 사람들은 단어의 모든 의미를 기계가 읽어 저장하는 방법이 성공할 수 있는지에 대해 의문을 제기하고 있다. 그러나 앞에서 봤듯이 단어의 모든 의미를 주어진 데이터 집합에 저장할 필요는 없다. 예로, "배우자"가 대칭적인 용어임을 단순히 아는 것만으로 Cindy의 배우자 신원을 찾을 수 있었으며, 그 신원이 데이터 집합의 일부가 아니더라도 가능했다. 9장에서 RDFS와 OWL에 대해 자세히 알아본다.

링크드 데이터

링크드 데이터의 개념은 시맨틱 웹보다 더 최신이지만, 가끔 시맨틱 웹이 링크드 데이터에 숨겨진 아이디어를 토대로 만들어진 것으로 생각하는 게 더 쉽다. 링크드 데이터는 명세가 아니라, 웹상의 데이터를 공유하기 쉽게 만드는 데이터 구조를 제공하는 모범 사례 집합이다. 그러므로 데이터 중심의 애플리케이션을 구축하기 위해 RDFS, OWL, SPARQL 같은 시맨틱 웹 기술을 사용할 수 있다.

팀 버너슬리는 2006년에 링크드 데이터의 네 가지 원칙을 다음과 같이 내놓았다(각 원칙을 굵게 표시한 후 의견을 달았다).

1. **모든 사물의 이름을 URI로 사용한다.** URI는 사물을 고유하게 식별하므로 사물 간의 연결을 확인하는 가장 좋은 방법이다.

2. **사람이 사물의 이름을 찾을 수 있도록 HTTP URI를 사용한다.** ftp:, mailto: 혹은 특정 단체에서 만든 접두사로 시작하는 URI를 본 적이 있을 것이다. 하지만 이런 URI를 사용하면 상호운용성interoperability이 줄어든다. 결국 가장 중요한 건 상호운용성이다.

3. **누군가가 URI를 찾았을 때 표준(RDF*, SPARQL)을 활용하는 유용한 정보를 제공한다.** 그냥 이름일 수 있는 URI는 실제로 웹 페이지의 주소가 아니다. 이 원칙은 URI에 무언가를 넣어도 좋다고 말할 수도 있으며, HTML 웹 페이지나 다른 것이 될 수도 있다. 무엇이든 간에 기계가 읽을 수 있는 방법(예로 SPARQL 질의로 읽을 수 있음)으로 용어 목록과 이런 용어에 대한 정보, 관계를 설명하도록 널리 알려진 표준 RDFS와 OWL를 사용해야 한다. 이런 이유로 자원에 대한 것을 RDFS나 OWL로 선언해 자원을 식별하는 URI를 유도한다면 애플리케이션에 큰 도움이 된다("RDF*"의 별표는 표준인 RDF와 RDFS 모두를 가리킴을 의미한다).

4. **다른 URI에 대한 연결을 포함하므로 더 많은 사물을 발견할 수 있다.** 초기 HTML 페이지에서 다른 페이지로 연결하는 요소가 없었다고 상상해보라. 웹이 아니었을 것이다. 다양한 RDF 어휘는 이 HTML 연결 요소를 넘어 "이 데이터(혹은 이 데이터의 요소)는 웹상의 다른 자원과 특정한 관계를 갖는다."라고 말하는 또 다른 속성을 제공한다. 애플리케이션이 이런 연결을 따라갈 수 있다면 흥미로운 새로운 일을 할 수 있다.

팀 버너슬리는 2010년 워싱턴 D.C.에서 열린 정부 2.0 엑스포의 연설에서 링크드 데이터를 비기술적으로 꽤 소개했으며, 웹상의 데이터를 공유하기 위해 별을 수여하는 것을 정부에 제안했다. 웹상의 데이터를 유형과 관계없이 공유한다면 적어도 별 하나를 받는다. 형식에 상관없이 기계가 읽을 수 있는 형식(팩스 스캔과 반대임)으로 된 것을 공유하면 두 개의 별을 받는다. 마이크로 엑셀 스프레드시트 대신에 CSVcomma seperated values 와 같은 비독점적인 포맷을 사용해서 웹상에서 공유하면 세 개의 별을 받는다. 다른 데이터와 더 쉽게 상호 참조할 수 있도록 URL로 식별했던 개념을 링크드 데이터 형식으로 넣으면 네 개의 별을 받는다(많은 기술 담당자가 "URI"를 사용하겠지만, 그날에 참석했던 기술 담당자에게는 옛 용어인 "URL"에 많이 친숙했을 거라고 확신한다). 정부가 데이터를 또 다른 데이터에 연결 즉, 데이터와 관련된 링크를 제공하고, 특히 데이터에 URI를 사용한 경우에는 만점인 다섯 개의 별을 받는다.

팀 버너스리가 연설을 했을 당시에는 미국과 영국 정부가 웹상에서 활용할 수 있는 데이터를 이제 만들기 시작하던 시기였다. 활용 가능한 모든 공개 데이터가 RDF라면 SPARQL 기반 애플리케이션이 좋을 것이다. 하지만 예산이 적고 기술 전문성이 부족한 정부 기관의 요구가 많을 수 있다.

어떤 이에게는 이게 제한이 아닌 기회일 수 있다. 렌셀러 폴리테크닉 대학교Rensselaer Polytechnic Institute의 짐 헨들러Jim Hendler 교수와 TWCTetherless World Constellation 그룹은 미국의 Data.gov 프로젝트를 통해 발견한 많은 단순 데이터를 RDF로 변환했다. RDF 데이터를 기반으로 시맨틱 웹 애플리케이션을 구축하기 위해서였다. 미국 CIOChief Information Officer, 최고 정보 책임자인 비벡 쿤드라Vivek Kundra는 이 작업을 목격한 후에 짐 헨들러 교수를 Data.gov의 "인터넷 웹 전문가"로 임명했다.

"링크드 오픈 데이터Linked Open Data" 용어도 인기를 얻고 있다. 자유롭게 쓸 수 있는 공개 데이터양이 증가하는 현상은 멋진 일이다. 다만 외부 세계의 이런 웹 페이지에 굳이 접근하지 않아도 회사 방화벽 안에 있는 웹 서버와 웹 페이지로 직원 간의 정보 공유에 아주 훌륭할 수 있음을 기억하자. 링크드 데이터 기술은 방화벽 안의 조직 운영에도 큰 도움이 될 수 있으며, 내부 사일로silos의 데이터를 공유하기가 더 쉽게 해준다.

SPARQL의 과거, 현재, 미래

RDF는 데이터를 모델링하고 저장하는 멋진 방법을 제공하고, 링크드 데이터 인프라는 활용할 수 있는 엄청난 데이터를 제공한다. 데이터 중심의 애플리케이션을 구축할 수 있도록 트리플을 프로그래밍 언어의 데이터 구조에 적재하는 프로그래밍 라이브러리가 생겨났다. 이 덕분에 관계형 데이터베이스와 XML 세계에서 봤듯이 코드를 컴파일할 필요가 없어 사람들(기술 분야에서 종사하는 시간제part-time 개발자 포함)은 더 편리한 간단한 질의 언어로 애플리케이션을 빠르게 구현할 수 있다.

RDF는 1999년에 표준이 되었다. 2004년 당시 업계, 학계, 개인 프로젝트로 개발됐던 질의 언어가 12개 이상이었다(사실 N3의 하위집합인 터틀에서 생략됐던 N3의 한 기능은 질의 언어였다). 그 해 W3C는 RDF Data Access Working Group(DAWG)을 구성했다.

RDF DAWG는 사용 사례를 수집한 후, 2004년 말에 SPARQL 질의 명세의 첫 초안draft을 공개했다. 2008년 초에 질의 언어, 프로토콜, XML 형식인 질의 결과가 공식 W3C 명세인 권고안이 되었다.

그때까지는 SPARQL 구현부가 이미 존재했었다. 일단 1.0 표준이 공식이었으므로, 이 표준을 지원하기 위해 초기 질의 언어를 최대한 많이 적용했다. 트리플 저장소는 SPARQL 지원을 추가했고, ARQ 같은 많은 독립형 도구가 나왔다. 웹을 통해 전달되는 SPARQL 질의를 받은 후 선택한 형식인 결과를 반환하는 SPARQL 접점이 나타나기 시작했다.

SPARQL의 조기 사용은 SPARQL을 개선하는 방법에 대한 새로운 아이디어로 이어졌다. RDF DAWG의 헌장이 2009년에 만기됨에 따라 W3C은 RDF DAWG를 대신하는 새로운 워킹 그룹Working Group을 만들었다. SPARQL Working Group은 2009년 말에 SPARQL 1.1의 첫 초안을 공개했고, 새로운 기능의 구현부가 곧 생기기 시작했다. 2012년 말에 (여러 새로운 명세를 포함한) 작업이 완료됐고, 몇 가지 검토 단계를 거친 후, 2013년 3월 1.1 명세는 W3C 권고안이 되었다.

SPARQL 명세

SPARQL 1.0에는 세 가지 명세 문서가 있다.

- **RDF를 위한 SPARQL 질의 언어**SPARQL Query Language for RDF는 질의 자체의 구문을 다루고 있다. “SPARQL”의 “QL”은 대부분의 시간을 보내는 곳이다. 1장과 3장에서 질의 언어 사용을 다루며, SPARQL 1.1에 추가된 새로운 내용을 포함한다.
- **RDF를 위한 SPARQL 프로토콜**SPARQL Protocol for RDF은 프로그램이 SPARQL 질의 처리 서비스에 SPAQRL 질의를 전달하는 방법과 서비스가 결과를 반환하는 방법을 지정한다. 이 명세는 데이터 집합을 대상으로 실행할 질의(와 SPARQL 갱신 요청)를 작성하는 사용자보다는 SPARQL 소프트웨어 구현자를 더 중요시한다.
- **XML 형식인 SPARQL 질의 결과**SPARQL Query Result XML Format는 질의 처리기가 결과를 반환할 때 사용하는 단순 XML 형식을 기술하고 있다. 처리기에 질의를 보낼 때 이 XML 형식을 요청하면 원하는 결과로 변환하기 위해 XSLT나 다른 XML 도구를 사용할 수 있다. 이

책의 8장에서 자세히 알아본다.

앞의 세 가지를 개정(질의 결과의 XML 형식 명세인 경우 주목할 만한 변경 사항이 없음)한 결과인 SPARQL 1.1에는 다음과 같이 여덟 개의 권고안이 추가됐다.

- **개요**Overview 문서는 11개의 권고안과 각 권고안의 역할을 기술하고 있다.
- **연합 질의**Federated Query 명세는 여러 소스에서 단일 질의로 데이터를 검색할 수 있는 방법을 기술하고 있다. 분산 환경을 이용하는 애플리케이션 구축이 훨씬 더 쉬운데, 이 책의 133페이지에 있는 3장의 "연합 질의: 하나의 질의로 여러 데이터 집합 검색"에서 그 방법을 설명한다.
- **갱신**Update 명세는 SPARQL 1.0과 1.1의 주요 차이점이다. SPARQL은 데이터 집합에 데이터를 추가하고, 물론 데이터를 대치하고 삭제할 수 있는 질의 언어이기 때문이다. 이 책의 6장에서 이 명세의 핵심 기능을 설명한다.
- **서비스 기술**Service Description 명세는 클라이언트 프로그램이 지원하는 기능이 무엇인지 SPARQL 엔진에 정확하게 요청하는 방법을 기술하고 있다.
- **JSON 형식인 질의 결과**Query Result JSON format 명세는 XML 형식인 질의 결과와 동일한 JSON을 기술하고 있다. 이 책의 8장에서 JSON 형식인 질의 결과를 더 설명한다.
- **CSV와 TSV 형식인 질의 결과**Query Result CSV and TSV format 명세는 CSV와 TSVtab seperated comma 형식인 질의 결과와 동일한 JSON을 기술하고 있다. 이 책의 8장에서도 CSV와 TSV 형식인 질의 결과를 더 설명한다.
- **그래프 저장소 HTTP 프로토콜**Graph Store HTTP Protocol 명세는 클라이언트와 SPARQL 처리기 간의 그래프 혹은 트리플 집합과 관한 통신을 위해 REST과 비슷한 API을 이용한 SPARQL 확장을 기술하고 있다. 예로 "데이터 집합에 그래프를 추가하라"나 "데이터 집합에서 그래프인 *http://my/fine/graph*를 삭제하라"고 말하는 HTTP 방법을 제공한다. 이 책의 381페이지에 있는 10장의 "SPARQL과 HTTP"에서 그래프 저장소 HTTP 프로토콜을 설명한다.
- **함의 체제**Entailment Regimes 명세는 SPARQL 처리기가 함의를 수행할 때 SPARQL 처리기가 고려해야 할 정보를 결정하는 기준을 기술하고 있다. 함의란 무엇인가? A가 B를 함의하고 A가 참이면 B가 참임을 알고 있다. A가 사실의 복잡한 집합일 때는 OWL 인지형 SPARQL 처리기처럼 B가 참인지 여부를 발견하는 것을 돕는 기술이 있으면 편리하다. 함의를 수행할 때 정확히 어떤 추가 정보를 고려해야 하는지에 대한 혼란이 생겨난

다. 이 명세는 고려할 정보 집합과 이런 집합을 언제 고려할지를 설명한다.

*http://www.w3.org/TR/*에서 SPARQL 명세(모든 다른 W3C 표준과 초안 포함)를 찾을 수 있다.

요약

2장에서 배운 내용은 다음과 같다.

- 시맨틱 웹이란 무엇인가?
- URI는 왜 시맨틱 웹의 기초인가? URI와 URL 및 IRI 간의 관계, 네임스페이스의 역할은 무엇인가?
- RDF를 어떻게 저장하고, RDF 데이터에서 문자열 리터럴의 데이터 타입과 언어(예, 스페인어, 독일어, 멕시코식 스페인어, 호주 영어)를 어떻게 식별할 수 있는가?
- 공백 노드와 명명된 그래프이란 무엇이고, 데이터 정렬과 추적 방법에 추가할 수 있는 유연성이란 무엇인가?
- 기술한 데이터에서 더 많이 얻을 수 있도록 RDFS와 OWL 명세로 속성과 클래스를 어떻게 정의하고, 또한 이런 속성과 클래스에 대한 메타데이터를 어떻게 정의하는가?
- 링크드 데이터는 어떻게 해서 시맨틱 웹 애플리케이션이 구축할 수 있는 데이터 공유에 대한 모범 사례의 인기 있는 집합이 되었는가? 활용 가능해지는 데이터의 종류는 무엇인가?
- SPARQL의 역사와 SPARQL 표준을 구성하는 명세

Chapter

3 SPARQL 질의에 깊게 들어가기

1장에서는 SPARQL을 작성하고 실행하는 법을 처음 배웠다. 지금부터 SPARQL 질의 언어의 더 강력한 기능을 더 깊게 파고든다.

"더 읽기 쉬운 질의 결과"(59페이지)

URI는 사물 인식과 연결에 중요하다. 하지만 애플리케이션에서 질의 결과를 표시할 때 사용자는 다수의 웹 주소 같은 정보 대신에 읽기 쉬운 정보를 보고 싶어한다.

"존재하지 않을 수도 있는 데이터"(67페이지)

1장에서 특정 패턴과 일치하는 데이터를 요청하는 방법을 알아보기 시작했다. 특정 조건과 일치하거나 불일치할 수 있는 데이터를 요청할 수 있다면 질의가 더 유연해진다. 이는 특히 친숙하지 않은 데이터를 탐색할 때 유용하다.

"특정 조건을 만족하지 않는 데이터 찾기"(73페이지)

SPARQL의 대부분은 특정 패턴에 맞는 데이터를 검색하는 것이다. 특정 패턴에 맞지 않는 데이터가 있을 경우, 예를 들어 삭제하려면 어떻게 할까?

"데이터에서 추가 검색"(76페이지)

SPARQL은 특정 트리플 집합과 연결될 수도 있는 추가 트리플을 요청하는 몇 가지 간단한 방법을 제공한다.

"중복된 출력 제거"(86페이지)

어떤 패턴에 맞는 트리플을 찾으면 SPARQL 질의 엔진은 특정 값의 여러 인스턴스를 찾은 후, 언급하지 않는 한 모든 트리플을 보여준다.

"여러 검색 조건 조합"(89페이지)

하나의 질의에서 특정 패턴에 맞는 데이터와 다른 패턴에 맞는 데이터를 SPARQL로 요청할 수 있다. 패턴의 두 집합 중 하나를 만족하는 데이터를 요청할 수도 있다.

"조건에 기반을 둔 데이터 필터링"(94페이지)

정규 표현식을 포함할 수도 있는 불리언 조건을 지정해서 결과 집합에 더 중점을 둘 수 있다.

"결과를 특정 개수로 조회"(98페이지)

질의로 생각보다 더 많은 결과를 조회하면 반환 결과를 특정 개수로 제한할 수 있다.

"명명된 그래프 질의"(101페이지)

데이터 집합의 트리플이 명명된 그래프로 구성될 때 하나 이상의 그래프에서 특정 그래프를 검색 조건의 일부로 사용할 수 있다.

"질의 안의 질의"(110페이지)

하위질의subquery를 사용하면 복잡한 질의를 더 쉽게 관리할 수 있는 질의로 쪼개기 위해 질의 내부에 질의를 추가할 수 있다.

"값을 조합하고 변수에 할당하기"(111페이지)

SPARQL 1.1로 질의와 애플리케이션이 검색된 데이터로 하는 작업에 대한 훨씬 더 높은 유연성을 갖도록 변수를 사용하는 방법을 더 수월하게 제어한다.

"질의에서 값 도표 생성"(115페이지)

SPARQL 1.1로 필터 조건으로 사용할 값 도표table of values를 생성할 수 있다.

"정렬, 집계, 최댓값과 최솟값 찾기"(121페이지)

찾아낸 데이터를 그냥 나열만 하는 게 아니다. 이런 데이터를 정렬하고, 총계[total], 소계[sub-total], 평균, 전체 데이터 집합을 얻을 수 있으며, 정렬된 데이터 그룹에 대한 다른 집계 값도 찾을 수 있다.

"원격 SPARQL 서비스에 질의"(130페이지)

하드 디스크에 있는 단일 데이터 파일에 질의를 실행할 수 있다. 이뿐만 아니라 컴퓨터에서 접근 가능한, 전 세계의 다른 데이터 집합에 질의를 실행할 수도 있다.

"연합 질의: 하나의 질의로 여러 데이터 집합 검색"(133페이지)

로컬과 원격에서 단일 질의로 여러 소스에서 데이터를 요청한 후, 합친 결과를 받을 수 있다.

더 읽기 쉬운 질의 결과

9페이지에 있는 1장의 "더 현실적인 데이터와 다중 트리플 일치"에서 다음과 같이 주소록 데이터에서 전화번호가 (229) 276-5135인 사람을 요청하는 질의를 살펴봤다.

```
# 파일명: ex008.rq

PREFIX ab:   <http://learningsparql.com/ns/addressbook#>

SELECT ?person
WHERE
{  ?person ab:homeTel "(229) 276-5135" . }
```

다음과 같은 데이터에 실행해보자.

```
# 파일명: ex012.ttl

@prefix ab: <http://learningsparql.com/ns/addressbook#> .
@prefix d:  <http://learningsparql.com/ns/data#> .

d:i0432 ab:firstName    "Richard" .
d:i0432 ab:lastName     "Mutt" .
d:i0432 ab:homeTel      "(229) 276-5135" .
d:i0432 ab:email        "richard49@hotmail.com" .
```

```
d:i9771 ab:firstName   "Cindy" .
d:i9771 ab:lastName    "Marshall" .
d:i9771 ab:homeTel     "(245) 646-5488" .
d:i9771 ab:email       "cindym@gmail.com" .

d:i8301 ab:firstName   "Craig" .
d:i8301 ab:lastName    "Ellis" .
d:i8301 ab:email       "craigellis@yahoo.com" .
d:i8301 ab:email       "c.ellis@usairwaysgroup.com" .
```

결과는 다음과 같다.

```
----------------------------------------------
| person                                     |
==============================================
| <http://learningsparql.com/ns/data#i0432>  |
----------------------------------------------
```

이 결과는 별로 도움이 되지 않는다. 그러니 다음과 같이 전화번호로 사람의 성과 이름을 요청해보자.

```
# 파일명: ex017.rq

PREFIX ab: <http://learningsparql.com/ns/addressbook#>

SELECT ?first ?last
WHERE
{
  ?person ab:homeTel   "(229) 276-5135" .
  ?person ab:firstName ?first .
  ?person ab:lastName  ?last .
}
```

훨씬 더 읽기 쉬운 답을 얻었다.

```
-----------------------
| first     | last    |
=======================
| "Richard" | "Mutt"  |
-----------------------
```

참고하자면 세미콜론은 SPARQL에서 동일함을 의미하고, 터틀에서는 "여기에 이 트리플의 주어와 함께 할 또 다른 술어와 주어가 여기에 온다"를 의미한다. 이 약어를 사용하면 다음과 같은 질의가 앞 질의와 정확하게 똑같이 작동한다.

```
# 파일명: ex047.rq

PREFIX ab: <http://learningsparql.com/ns/addressbook#>

SELECT ?first ?last
WHERE
{
  ?person ab:homeTel "(229) 276-5135" ;
          ab:firstName ?first ;
          ab:lastName ?last .
}
```

> 대부분은 아니어도 많은 SPARQL 질의는 동일한 주어를 언급하는 여러 트리플 패턴을 포함한다. 따라서 동일한 주어와 관련된 트리플을 나열하기 위한 약어인 세미콜론은 매우 흔하다.

SPARQL 질의가 종종 일부 데이터 그리고 이 데이터와 연결된, 사람이 읽을 수 있는 정보를 찾으면 사람이 읽을 수 있는 데이터만 반환한다. 주소록 샘플 데이터인 경우 사람이 읽을 수 있는 데이터는 각 항목과 관련된 `ab:firstName`과 `ab:lastName` 값이다. 여러 데이터 집합은 읽을 수 있는 대안이자 URI와 관련된 속성을 서로 다르게 가질 수도 있다. 하지만 첫 번째 RDF 명세가 나온 이후로 이런 대안을 위한 `rdfs:label` 속성이 특히 인기가 있었다.

> URI 형식인 데이터를 질의로 검색할 때 이런 URI와 관련된 `rdfs:label` 값을 검색하는 것도 좋은 생각이다.

디비피디아가 제공하는 레이블 사용

1장의 예제를 통해 팀발랜드가 제작한 앨범 및 이 앨범과 관련된 음악가를 나열하는 질의를 살펴봤다. 이 질의는 실제로 이런 앨범과 음악가를 나타내는 URI를 나열했기 때문에 겨우 알아볼 수 있었다. 대신 다음과 같이 이런 URI와 관련된 `rdfs:label` 값을 검색한 후, SELECT로 나열한다면 더 쉽게 읽을 수 있다.

```
# 파일명: ex048.rq

PREFIX d: <http://dbpedia.org/ontology/>

SELECT ?artistName ?albumName
WHERE
{
  ?album d:producer :Timbaland .
  ?album d:musicalArtist ?artist .
  ?album rdfs:label ?albumName .
  ?artist rdfs:label ?artistName .
}
```

> 앞서 살펴본 여러 질의와 데이터 파일처럼 앞 질의에서도 접두사인 `d:`를 사용한다. 하지만 여기서는 서로 다른 네임스페이스인 URI를 나타냄에 주목하자. 이와 같이 주어진 접두사가 당연히 특정한 URI를 나타낸다고 생각하지 말자. 항상 접두사 선언을 확인하길 바란다. 왜냐하면 RDF(와 XML) 소프트웨어는 접두사 선언을 확인하도록 요구하기 때문이다. 덧붙이자면 질의의 윗부분에 모든 접두사를 먼저 선언해야 한다. `:Timbaland`의 `:`이 선언되지 않는 것처럼 보이지만, 앞 질의를 입력했던 곳인 디비피디아 양식을 보면 `:`에 대한 선언이 있음을 볼 수 있다.

알고 보면 각 음악가와 앨범 이름은 저마다 서로 다른 언어 태그가 할당된 여러 개의 `rdfs:label`를 갖는다. 예로 영어면 "en"이고 독일어면 "de"(Deutsch)이다(이 앨범 제목은 여전히 영어다. 각 국가에서 영어로 발표했기 때문이다). 디비피디아의 SNORQL 인터페이스에서 앞 질의를 입력하면 모든 조합을 되돌려준다. 예로 그림 3-1에서 보듯이 미시 에일롯Missy Eliot의 "Back in the Day예전처럼"과 관련된 결과를 여러 개 보여주는 것부터 시작한다.

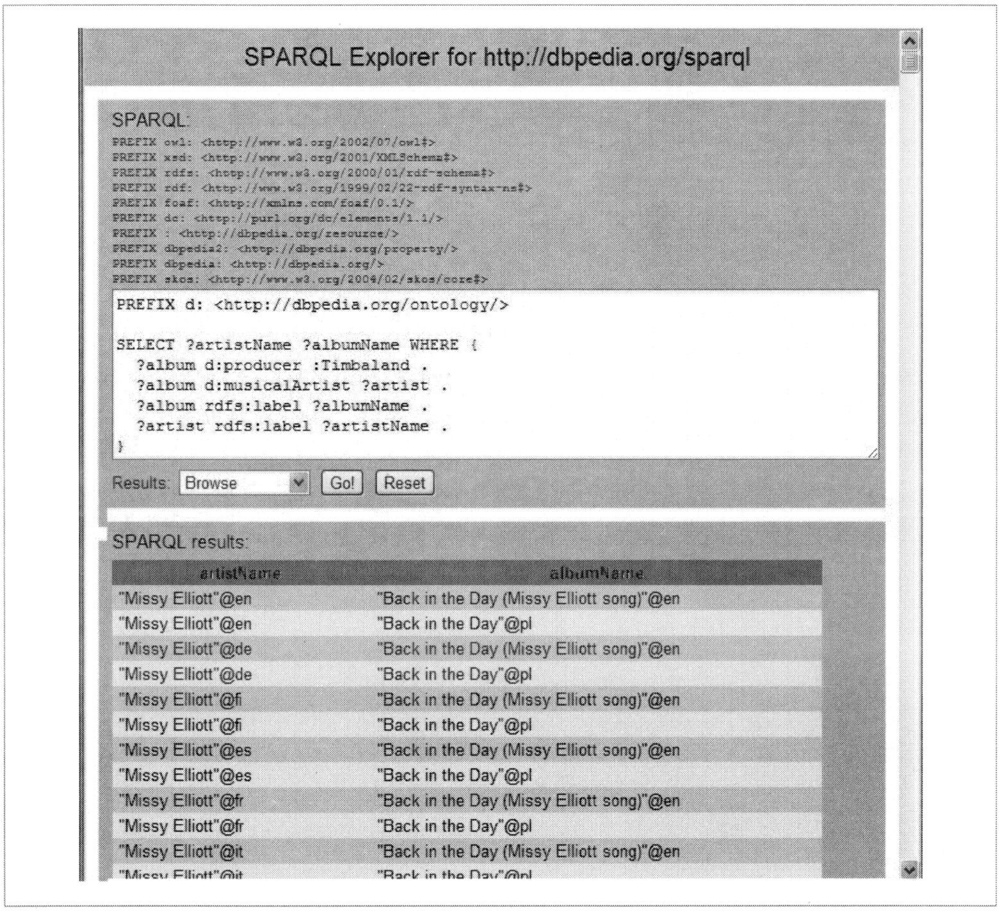

[그림 3-1] 팀발랜드의 앨범에 대한 질의 결과의 시작 부분

FILTER 키워드를 사용하면 영어로 된 음악가 레이블과 앨범 이름을 자유롭게 지정할 수 있다. 94페이지에 있는 "조건에 기반을 둔 데이터 필터링"에서 FILTER 키워드에 대해 자세히 알아본다.

```
# 파일명: ex049.rq

PREFIX d: <http://dbpedia.org/ontology/>

SELECT ?artistName ?albumName
WHERE
{
```

```
    ?album d:producer :Timbaland .
    ?album d:musicalArtist ?artist .
    ?album rdfs:label ?albumName .
    ?artist rdfs:label ?artistName .
    FILTER ( lang(?artistName) = "en" )
    FILTER ( lang(?albumName) = "en" )
}
```

결과는 다음 그림 3-2와 같다.

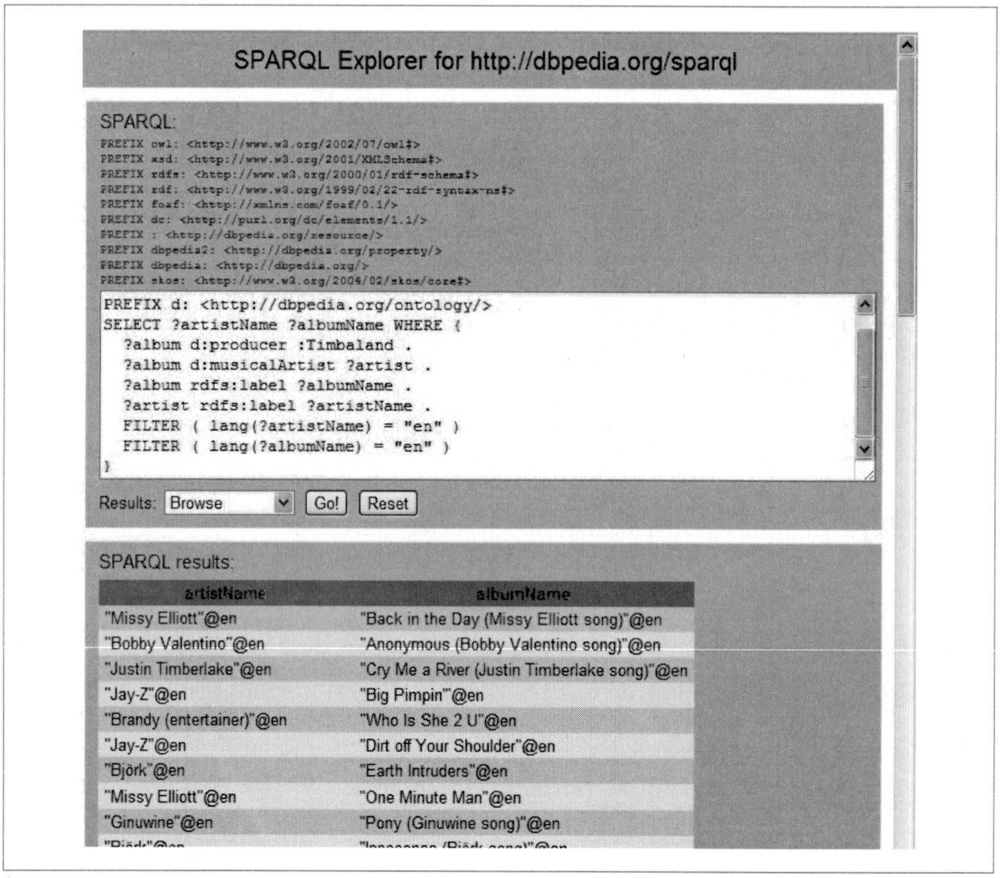

[그림 3-2] 영어 데이터로 한정된, 팀발랜드가 제작한 앨범

스키마와 온톨로지에서 레이블 얻기

RDF 스키마와 OWL 온톨로지는 용어와 관련된 모든 종류의 메타데이터와 용어 간의 관계를 제공할 수 있다. 이 중 가장 간단하면서도 아주 유용한 정보 집합은 이런 온톨로지를 정의한 용어와 관련된 `rdfs:label` 속성이다.

> RDF 스키마와 OWL 온톨로지 자체는 트리플의 모음집이므로 데이터 집합이 `rdfs:label` 속성과 관련된 온톨로지를 갖는다고 가정해보자. 이런 경우 데이터 집합에 온톨로지와 함께 질의한다면 데이터에서 더 많이 얻도록 도와줄 수 있다. 바로 이것이 메타데이터의 용도다.

> 트리플의 주어나 목적어로 사용되는 자원은 종종 주어나 목적어와 관련된 메타데이터를 갖는다. 하지만 술어도 자원임을 기억하라. 술어는 RDF 스키마나 OWL 온톨로지에서 술어와 관련된 가치 있는 메타데이터를 자주 갖는다.

다음은 FOAF 어휘를 이용해 표현한 Richard Mutt에 대한 데이터의 일부다. 속성 이름은 그리 애매하지 않지만 아주 분명하지도 않다.

```
# 파일명: ex050.ttl

@prefix foaf: <http://xmlns.com/foaf/0.1/> .

<http://www.learningsparql.com/ns/demo#i93234>
        foaf:nick "Dick" ;
        foaf:givenname "Richard" ;
        foaf:mbox "richard49@hotmail.com" ;
        foaf:surname "Mutt" ;
        foaf:workplaceHomepage <http://www.philamuseum.org/> ;
        foaf:aimChatID "bridesbachelor" .
```

데이터에 FOAF 온톨로지와 함께 질의해서 속성과 관련된 레이블을 요청할 수 있으며, 그렇게 하면 데이터를 더 쉽게 읽는다. ARQ는 이름이 index.rdf인 파일에 저장된 FOAF 온톨로지와 함께 여러 개의 `--data` 인자를 받을 수 있다. 다음 질의는 index.rdf의 트리플과 ex050.ttl을 조합한 것에 ex052.rq 질의를 실행한다.

```
arq --data ex050.ttl --data index.rdf --query ex052.rq
```

다음은 ex052.rq 질의다. 첫 번째 트리플 패턴은 모든 트리플을 요청한다. 이 트리플 패턴의 세 부분은 변수이기 때문이다. 두 번째 트리플 패턴은 첫 번째 트리플 패턴의 `?property` 값과 관련된 `rdfs:label` 값을 `?propertyLabel` 변수에 바인딩한다. SELECT 목록은 이런 `?propertyLabel` 값과 `?value` 값을 요청한다. 단, `?propertyLabel` 값은 속성을 나타내는 URI가 아니다.

```
# 파일명: ex052.rq

PREFIX foaf: <http://xmlns.com/foaf/0.1/>
PREFIX rdfs: <http://www.w3.org/2000/01/rdf-schema#>

SELECT ?propertyLabel ?value
WHERE
{
  ?s ?property ?value .
  ?property rdfs:label ?propertyLabel .
}
```

> `?property` 변수는 첫 번째 트리플의 술어 위치와 두 번째 트리플의 주어 위치에 있다. 다른 트리플 패턴의 상이한 위치에 동일한 변수를 넣는 것은 알고 있는 데이터 간의 흥미로운 연결을 찾는 흔한 방법이며, 알고 싶지 않은 데이터도 마찬가지다.
>
> 이 또한 질의에서 트리플의 그래프가 실제로 트리플의 목록이 아니라 연결된 노드의 그래프라는 사실을 장점으로 활용할 수 있는 방법이다. 주어진 자원은 항상 주어나 술어 혹은 목적어일 필요가 없다. 서로 다른 트리플에서 이런 역할 중 두 가지 이상을 할 수 있다. 앞 예제에서 `?property`를 사용한 ex052.rq처럼 질의의 트리플 패턴에서 서로 다른 위치에 동일한 변수를 넣으면 이런 연결을 만드는 자원을 찾을 수 있다.

앞에서 보여준 Richard Mutt 데이터와 FOAF 온톨로지를 조합한 것에 ex052.rq 질의를 실행한 결과는 정말로 엉망인 데이터 자체와 비교했을 때 훨씬 더 읽기가 쉽다.

```
---------------------------------------------------------
| propertyLabel          | value                         |
=========================================================
| "personal mailbox"     | "richard49@hotmail.com"       |
| "nickname"             | "Dick"                        |
| "Surname"              | "Mutt"                        |
| "Given name"           | "Richard"                     |
| "workplace homepage"   | <http://www.philamuseum.org/> |
| "AIM chat ID"          | "bridesbachelor"              |
---------------------------------------------------------
```

rdfs:comment는 다른 인기가 있는 속성이며, 특히 RDFS나 OWL을 사용해 용어를 정의하는 표준이다. 따라서 자원이 rdfs:comment 값을 갖는지 확인하는 것이 해당 자원에 대해 자세히 알아보는 데 도움이 될 수 있다.

rdfs:label 속성 말고도 레이블의 종류는 다양하다. W3C SKOS^Simple Knowledge Organization System, 단순 지식 구성 체계^ 표준은 분류체계와 시소러스를 표현하기 위해 설계된 OWL 온톨로지다. skos:prefLabel 속성 이름은 특정 개념에 대한 선호 레이블^preferred label^이고, skos:altLabel 속성은 대체 레이블^alternative label^을 의미한다. 두 속성은 SKOS 온톨로지에서 rdfs:label의 하위속성, 즉 더 전문화된 버전으로 선언되어 있다.

skos:prefLabel과 skos:altLabel 속성 같은 도메인 특화 표준의 공통적인 일부는 rdfs:label처럼 더 일반적인 표준에 근거를 둔다. 이런 일반 표준과 연계하면 프로그램이 특화된 버전을 모를 수 있어도 데이터를 유용하게 만든다.

존재하지 않을 수도 있는 데이터

주소록 데이터 집합에 Richard의 별명과 Craig의 직장 전화번호를 추가해서 늘려보자.

```
# 파일명:     ex054.ttl
@prefix ab: <http://learningsparql.com/ns/addressbook#> .
@prefix d:  <http://learningsparql.com/ns/data#> .
```

```
d:i0432 ab:firstName   "Richard" .
d:i0432 ab:lastName    "Mutt" .
d:i0432 ab:homeTel     "(229) 276-5135" .
d:i0432 ab:nick        "Dick" .
d:i0432 ab:email       "richard49@hotmail.com" .

d:i9771 ab:firstName   "Cindy" .
d:i9771 ab:lastName    "Marshall" .
d:i9771 ab:homeTel     "(245) 646-5488" .
d:i9771 ab:email       "cindym@gmail.com" .

d:i8301 ab:firstName   "Craig" .
d:i8301 ab:lastName    "Ellis" .
d:i8301 ab:workTel     "(245) 315-5486" .
d:i8301 ab:email       "craigellis@yahoo.com" .
d:i8301 ab:email       "c.ellis@usairwaysgroup.com" .
```

다음과 같이 성, 이름, 직장 전화번호를 요청하는 질의를 수행한다.

```
# 파일명: ex055.rq

PREFIX ab: <http://learningsparql.com/ns/addressbook#>

SELECT ?first ?last ?workTel
WHERE
{
  ?s ab:firstName ?first ;
     ab:lastName ?last ;
     ab:workTel ?workTel .
}
```

Craig에 대한 정보를 얻지만, Richard에 대한 정보는 얻지 못한다.

```
----------------------------------------
| first   | last    | workTel          |
========================================
| "Craig" | "Ellis" | "(245) 315-5486" |
----------------------------------------
```

왜 그럴까? 패턴의 트리플이 하나의 단위로 작동하기 때문이다. SPARQL 명세에서 이 단위를 그래프 패턴graph pattern으로 표현하고 있다. 이 그래프 패턴은 `ab:firstName` 값, `ab:lastName` 값, `ab:workTel` 값을 갖는 사람을 요청하므로, 여기에 해당하는 사람은 Craig뿐이다.

OPTIONAL 그래프 패턴(그래프 패턴은 중괄호 안에 있는 하나 이상의 트리플임을 기억하라)에서 직장 전화번호에 대한 트리플 패턴을 넣어서 "이 값이 있다면 내게 보여주세요"라고 질의할 수 있다.

```
# 파일명: ex057.rq

PREFIX ab: <http://learningsparql.com/ns/addressbook#>

SELECT ?first ?last ?workTel
WHERE
{
  ?s ab:firstName ?first ;
     ab:lastName ?last .
  OPTIONAL
  { ?s ab:workTel ?workTel . }
}
```

ex054.ttl에 이 질의를 실행하면 결과에 모든 사람의 성과 이름, Craig의 직장 전화번호가 포함된다.

```
----------------------------------------------
| first     | last       | workTel          |
==============================================
| "Craig"   | "Ellis"    | "(245) 315-5486" |
| "Cindy"   | "Marshall" |                  |
| "Richard" | "Mutt"     |                  |
----------------------------------------------
```

관계형 데이터베이스 개발자라면 이 질의가 외부 조인outer join의 개념과 비슷하다는 점을 알아차릴 것이다. 외부 조인의 개념을 적용한 SQL 질의는 다른 테이블의 대응하는 데이터가 한 테이블에 존재하지 않을지라도 두 개 이상의 테이블에서 연결된 데이터를 나열한다.

Richard는 ab:nick 속성에 저장된 별명 값을 갖지만 다른 사람은 아니다. 다음과 같이 아까 추가한 OPTIONAL 그래프 패턴 안에 트리플 패턴을 넣은 후 요청하면 어떻게 될까?

```
# 파일명: ex059.rq

PREFIX ab: <http://learningsparql.com/ns/addressbook#>

SELECT ?first ?last ?workTel ?nick
WHERE
{
  ?s ab:firstName ?first ;
     ab:lastName ?last .
  OPTIONAL
  {
    ?s ab:workTel ?workTel ;
       ab:nick ?nick .
  }
}
```

모든 사람의 성과 이름을 얻는다. 하지만 Richard의 별명과 Craig의 직장 전화번호가 있었음에도 불구하고 다음과 같이 별명이나 직장 전화번호가 전부 나오지 않는다.

```
---------------------------------------------
| first     | last       | workTel | nick |
=============================================
| "Craig"   | "Ellis"    |         |      |
| "Cindy"   | "Marshall" |         |      |
| "Richard" | "Mutt"     |         |      |
---------------------------------------------
```

왜 그럴까? OPTIONAL 그래프 패턴은 그냥 패턴이다. 이 패턴에 맞는 주어가 데이터에 없을 뿐이다. 즉, 별명과 직장 전화번호를 모두 갖는 주어가 없다. 다음과 같이 선택적인 별명과 직장 전화번호를 OPTIONAL 그래프 패턴으로 따로 만들면 질의 처리기는 두 OPTIONAL 그래프 패턴을 개별적으로 살펴본다.

```
# 파일명: ex061.rq

PREFIX ab: <http://learningsparql.com/ns/addressbook#>

SELECT ?first ?last ?workTel ?nick
```

```
WHERE
{
  ?s ab:firstName ?first ;
     ab:lastName ?last .
  OPTIONAL { ?s ab:workTel ?workTel . }
  OPTIONAL { ?s ab:nick ?nick . }
}
```

그러면 처리기가 데이터에서 이런 값의 하나 이상을 갖는 사람을 검색한다.

```
---------------------------------------------------------
| first     | last       | workTel          | nick   |
=========================================================
| "Craig"   | "Ellis"    | "(245) 315-5486" |        |
| "Cindy"   | "Marshall" |                  |        |
| "Richard" | "Mutt"     |                  | "Dick" |
---------------------------------------------------------
```

질의 처리기는 OPTIONAL 그래프 패턴을 본 순서대로 OPTIONAL 그래프 패턴에서 트리플 패턴과 일치시키려고matching 하므로 약간의 간단한 트릭을 수행할 수 있다. 예로 모든 사람의 성과 이름을 원하지만 별칭이 존재하면 별칭 사용을 선호한다고 하자. 이런 경우 이름을 원하지 않는다. 샘플 데이터인 경우 "Dick"이지 "Mutt" 성의 이름을 나타내는 "Richard"가 아니다.

다음 질의는 ab:lastName 값으로 주어를 먼저 찾은 후 선택적인 ab:nick 값이 있는지 여부를 확인한다. 찾았다면 ab:nick 값을 ?first 변수에 바인딩한다. 아니라면 ab:firstName 값을 ?first 변수에 바인딩한다.

```
# 파일명: ex063.rq

PREFIX ab: <http://learningsparql.com/ns/addressbook#>

SELECT ?first ?last
WHERE
{
  ?s ab:lastName ?last .
  OPTIONAL { ?s ab:nick ?first . }
  OPTIONAL { ?s ab:firstName ?first . }
}
```

> OPTIONAL 그래프 패턴 순서는 중요하다.

예로 질의 처리기가 앞의 ex541.ttl 샘플 데이터에서 네 번째 트리플을 찾았다고 하자. 그러면 `?s`는 `d:i0432`를 담고, `?first`는 "Dick"을 담는다. 다음 OPTIONAL 그래프 패턴으로 이동해서 `d:i0432`의 주어(왜냐하면 `?s`이 바인딩 되었기 때문임), `ab:firstName`의 술어와 "`Dick`"의 목적어로 트리플을 찾는다. 그 이유는 `?first`이 바인딩되었기 때문이다. 트리플은 찾지 못할 것이다. 하지만 `?first`와 `?last` 값을 가졌고, 마지막 트리플 패턴이 선택적이므로 다음과 같이 세 라인의 데이터를 출력한다.

```
--------------------------
| first     | last       |
==========================
| "Craig"   | "Ellis"    |
| "Cindy"   | "Marshall" |
| "Dick"    | "Mutt"     |
--------------------------
```

주소록에서 나머지 두 사람의 경우 `ab:nick` 값을 갖지 않기 때문에 첫 번째 OPTIONAL 그래프 패턴으로는 아무런 일도 일어나지 않는다. 따라서 `ab:firstName` 값을 `?first` 변수에 바인딩한다. 질의를 마치면 원하는 모든 사람의 이름을 갖는다.

> OPTIONAL 키워드는 특히 친숙하지 않은 새로운 데이터 집합 탐색에 도움이 된다. 예로 특정 속성 값을 특정 자원에 할당한다면 이런 타입의 모든 자원은 할당된 그 속성을 가지지 않을 수 있음을 기억하자. OPTIONAL 부분 안에 트리플 패턴을 넣으면 값이 없을 경우의 관련 데이터 검색을 방해하지 않은 채 값을 검색할 수 있다.

> 큰 데이터 집합에 질의할 때 OPTIONAL 그래프 패턴을 남용하면 질의가 느려질 수 있다. 이에 대한 자세한 내용은 283페이지에 있는 "잘 써도 본전을 건질까 말까 한 OPTIONAL"에서 참조하자.

특정 조건을 만족하지 않는 데이터 찾기

지금쯤이면 직장 전화번호를 갖는 사람이 있는 주소록 데이터 집합인 ex054.ttl에서 모든 사람의 성, 이름, 직장 전화번호를 나열하는 방법을 명확히 알고 있어야 한다. 67페이지에 있는 "존재하지 않을 수도 있는 데이터"에서 ex005.rq 질의로 했던 것처럼 동일한 주어를 갖는 ab:firstName, ab:lastName, ab:workTel 값을 요청하면 된다.

```
# 파일명: ex055.rq

PREFIX ab: <http://learningsparql.com/ns/addressbook#>

SELECT ?first ?last ?workTel
WHERE
{
  ?s ab:firstName ?first ;
     ab:lastName ?last ;
     ab:workTel ?workTel .
}
```

직장 전화번호가 없는 모든 사람을 나열하고 싶다면? 방금 모든 사람의 성, 이름, 작업 전화번호를 나열하는 방법을 배웠다. 다만, 해당 사람이 전부 이런 값을 갖는다는 전제로 한다. 직장 전화번호가 없는 모든 사람을 나열하기 위한 SPARQL 1.0 방법은 이런 값에 기반을 둔다. SPARQL 1.1은 두 가지 선택사항을 제공하며, 두 가지 모두 더 간단하다.

첫 번째 예제는 SPARQL 1.0으로 이 작업을 할 수 있는 유일한 방법이다. 질의로 각 사람의 성과 이름, 직장 전화번호를 요청하며, 각 사람이 전부 이런 값을 갖는다고 가정한다. 하지만 SPARQL 1.0에는 검색한 트리플의 하위집합을 전달하는 필터가 있다.

```
# 파일명: ex065.rq

PREFIX ab: <http://learningsparql.com/ns/addressbook#>

SELECT ?first ?last
WHERE
{
  ?s ab:firstName ?first ;
     ab:lastName ?last .
```

```
  OPTIONAL { ?s ab:workTel ?workNum . }
  FILTER (!bound(?workNum))
}
```

61페이지의 "디비피디아가 제공하는 레이블 사용"에서 특정 언어 태그가 할당된 음악가와 앨범의 레이블만 검색하는 FILTER 사용법을 배웠다. 앞 질의는 FILTER 구문이 전달해야 하는 것을 결정하는 불리언boolean `bound()` 함수를 사용한다. 이 함수는 파라미터로 전달하는 변수가 바인딩된 것이면(즉, 값을 할당했다면) `true`를 반환하고, 아니라면 `false`를 반환한다.

여러 다른 프로그래밍 언어와 같이 느낌표exclamation point는 "not" 연산자다. 따라서 `!bound(?workNum)`은 `?workNum` 변수가 바인딩되지 않으면 true를 반환한다. 데이터 집합인 ex054.ttl에 `!bound(?workNum)`을 사용한 ex065.rq 질의를 실행하면 `?workNum` 변수에 할당하기 위해 `ab:workTel` 값을 갖지 않았던 모든 사람의 성과 이름을 전달한다.

```
-------------------------
| first     | last      |
=========================
| "Cindy"   | "Marshall" |
| "Richard" | "Mutt"     |
-------------------------
```

1.1 알림

원하지 않는 데이터를 필터링하는 SPARQL 1.1 선택사항은 두 가지다. SPARQL 1.1 처리기에서 1.0 방식이 잘 작동하긴 하지만, 이 선택사항의 구문이 SPARQL 1.0 방식보다 더 간단하다.

`!bound()` 트릭에 대한 SPARQL 1.1의 두 대안은 더 직관적이다. 첫 번째 대안인 FILTER NOT EXISTS는 지정한 그래프 패턴이 존재하지 않으면 불리언 값인 true를 반환하는 FILTER 조건이다. 다음과 같이 질의가 `ab:firstName`과 `ab:lastName` 값을 갖는 주어를 찾는다면 동일한 주어와 술어인 `ab:workTel`를 갖는 트리플이 존재하지 않을 경우에만 전달한다.

```
# 파일명: ex067.rq

PREFIX ab: <http://learningsparql.com/ns/addressbook#>

SELECT ?first ?last
WHERE
```

```
{
  ?s ab:firstName ?first ;
     ab:lastName ?last .
  FILTER NOT EXISTS { ?s ab:workTel ?workNum }
}
```

두 번째 대안인 SPARQL 1.1 방법은 MINUS 키워드를 사용해 `ab:workTel` 값을 갖지 않는 사람의 성과 이름을 찾는 것이다. 다음 질의는 `ab:firstName`과 `ab:lastName`을 갖는 모든 주어를 찾지만, `ab:workTel` 값을 갖는 주어를 빼는 MINUS 키워드를 사용한다.

```
# 파일명: ex068.rq

PREFIX ab: <http://learningsparql.com/ns/addressbook#>

SELECT ?first ?last
WHERE
{
  ?s ab:firstName ?first ;
     ab:lastName ?last .
  MINUS { ?s ab:workTel ?workNum }
}
```

직장 전화번호가 없는 모든 사람을 나열하는 이런 두 SPARQL 1.1 방식은 SPARQL 1.0의 `!bound()` 트릭과 동일한 결과를 보여준다. 대부분의 경우에서 두 방식이 동일하게 동작함을 볼 수 있다.

> FILTER NOT EXISTS와 MINUS가 서로 다른 결과를 보여주는 몇 가지 드문 사례[edge case]가 있다. SPARQL 1.1 질의 권고안의 "Relationship and different between NOT EXISTS and MINUS[NOT EXIST와 MINUS 간의 관계와 차이점]"절에 있는 세부사항을 참고하자.

데이터에서 추가 검색

지금까지 질의한 모든 데이터로 단순한 도표를 구성할 수 있다. 이 샘플 데이터의 다음 버전은 새로운 데이터를 추가한 것이다. 이때 관계형 데이터베이스에 모두 저장됐다면 두 테이블에 들어가 있다. 즉, 한 테이블에는 제공된 강좌 데이터가 있고, 다른 테이블에는 강좌 수강자 데이터가 있다.

```
# 파일명: ex069.ttl

@prefix ab: <http://learningsparql.com/ns/addressbook#> .
@prefix d:  <http://learningsparql.com/ns/data#> .

# 사람

d:i0432 ab:firstName  "Richard" ;
        ab:lastName   "Mutt" ;
        ab:email      "richard49@hotmail.com" .

d:i9771 ab:firstName  "Cindy" ;
        ab:lastName   "Marshall" ;
        ab:email      "cindym@gmail.com" .

d:i8301 ab:firstName  "Craig" ;
        ab:lastName   "Ellis" ;
        ab:email      "c.ellis@usairwaysgroup.com" .

# 강좌

d:course34 ab:courseTitle "Modeling Data with OWL" .
d:course71 ab:courseTitle "Enhancing Websites with RDFa" .
d:course59 ab:courseTitle "Using SPARQL with non-RDF Data" .
d:course85 ab:courseTitle "Updating Data with SPARQL" .

# 강좌 수강자

d:i8301 ab:takingCourse d:course59 .
d:i9771 ab:takingCourse d:course34 .
d:i0432 ab:takingCourse d:course85 .
d:i0432 ab:takingCourse d:course59 .
d:i9771 ab:takingCourse d:course59 .
```

관계형 데이터베이스에서 테이블 간 상호 참조를 할 수 있도록 각 테이블의 행[row]마다 해당 테이블의 고유 식별자가 필요하다. 예를 들어 강좌 수강자와 해당 강좌의 이름을 찾는 것이다. RDF 데이터는 이런 고유 식별자를 내장하고 있다. 각 트리플의 주어는 자원의 고유 식별자다. 이런 이유로 사람과 강좌 데이터의 RDF 버전에서 각 트리플의 사람에 대한 주어는 사람의 고유 식별자(예, `i0432`)고, 각 트리플의 강좌에 대한 목적어는 강좌의 고유 식별자(예, `d:course34`)다. 관계형 데이터베이스 개발자가 "조인"이나 여러 "테이블"에 있는 데이터 조합이라고 부르는 것의 SPARQL 버전은 다음과 같이 아주 단순하다.

```
# 파일명: ex070.rq

PREFIX ab: <http://learningsparql.com/ns/addressbook#>

SELECT ?last ?first ?courseName
WHERE
{
  ?s ab:firstName ?first ;
     ab:lastName ?last ;
     ab:takingCourse ?course .
  ?course ab:courseTitle ?courseName .
}
```

이 질의는 한 번도 본 적이 없던 SPARQL의 사소한 것을 사용하지만 전혀 새로울 게 없다. ex048.rq에서 처음 배운 기술은 팀발랜드가 제작한 앨범 이름을 찾을 때 한 트리플 패턴의 목적어 위치에 있되 다른 트리플 패턴의 주어 위치에 있는 동일한 변수를 사용하는 것이었다. ex070.rq에서 질의 처리기가 학생이 수강중인 강좌를 찾을 때 강좌를 식별하는 URI를 `?course` 변수에 할당한 후, 강좌의 `ab:courseTitle`를 찾아서 `?courseName` 변수에 할당한다. 이것은 SPARQL로 서로 다른 데이터 집합을 연결하는 매우 흔한 방법이다.

> RDF 트리플의 목적어는 리터럴 문자열 값이나 URI일 수 있다. 문자열 값은 더 쉽게 읽을 수 있는 반면에 URI는 데이터를 다른 데이터와 연결하기가 더 용이하다. ex069.ttl 데이터의 마지막 두 트리플은 강좌를 URI로 참조하고, ex070.rq 질의는 더 읽기 쉬운 `ab:courseTitle` 값을 찾아 출력하기 위해 이 URI를 사용한다. RDF 데이터를 생성할 때 질의가 자원에 대한 표현을 더 쉽게 읽기 위해 사용하는 `rdfs:label` 값(혹은 앞에서 사용했던 `ab:courseTitle` 값처럼 더 특화된 것)을 URI에 제공할 수 있다.

관계형 데이터베이스처럼 누가 강좌를 수강했는지에 관한 정보는 사람 ID와 강좌 ID를 연결하고, ex070.rq 질의는 이런 ID를 더 읽기 쉬운 레이블에 연결한다. 아래는 Cindy와 Richard는 두 강좌를 수강하고, Craig는 한 강좌를 수강함을 보여준다.

```
------------------------------------------------------------
| last       | first     | courseName                       |
============================================================
| "Ellis"    | "Craig"   | "Using SPARQL with non-RDF Data" |
| "Marshall" | "Cindy"   | "Using SPARQL with non-RDF Data" |
| "Marshall" | "Cindy"   | "Modeling Data with OWL"         |
| "Mutt"     | "Richard" | "Using SPARQL with non-RDF Data" |
| "Mutt"     | "Richard" | "Updating Data with SPARQL"      |
------------------------------------------------------------
```

사람, 수강 가능한 강좌, 수강자에 대한 ex069.ttl 데이터 집합의 트리플을 하나의 파일 대신에 세 개의 파일로 분리한다면 ex070.rq 질의에서 달라진 점이 무엇일까? **절대로 없다. 즉, 그대로다.** 이 데이터의 파일 이름이 ex072.ttl, ex073.ttl, ex368.ttl이라고 가정하고 명령행에서 ARQ 호출할 때는 약간 다르다. 세 개의 데이터 파일을 지정해야 하기 때문이다. 다만, 질의 자체를 전혀 바꿀 필요가 없다.

```
arq --query ex070.rq --data ex072.ttl --data ex073.ttl --data ex368.ttl
```

이 예제에서 질의했던 데이터는 인위적으로 연결하기 위한 작은 여러 데이터 집합이다. 일반적인 관계형 데이터베이스에는 수백 개 또는 수천 개 이상의 행으로 구성된 테이블이 두 개 이상이 있으며, 이들 행은 SQL 질의와 연결할 수 있다. 하지만 이런 테이블은 동일한 데이터베이스의 일부로 함께 정의되어야 한다. RDF와 SPARQL의 큰 강점은 데이터 집합에서 다른 데이터 집합의 자원 URI와 연결할 수 있는 자원 URI이 있는 한, 서로의 작업을 알지 못하는 사람이 저마다 구성한 여러 곳의 데이터 집합에 작업할 수 있다는 것이다. 이 때문에 데이터의 사람, 장소, 사물, 관계를 나타내는 기존 URI를 사용하는 편이 매우 바람직하다. 해당 데이터를 다른 데이터와 쉽게 연결할 수 있기 때문이다(데이터가 잘 정렬되지 않았을 경우 일부 값을 변형하는 몇 가지 함수를 호출하기만 하면 이 데이터를 더 잘 정렬할 수 있다).

SPARQL 질의가 데이터에서 더 찾아보도록 알려주는 다른 방법은 속성 경로property path를 사용하는 것이다. 트리플 패턴의 술어 부분에 약간의 속성 경로를 추가하기만 하면 찾기 위한 패턴을 더 광범위하게 표현할 수 있다.

1.1 알림

SPARQL 1.1에 속성 경로가 새로 추가됐다.

속성 경로의 강력함을 쉽게 이해하도록 몇 가지 예제를 살펴본다. Richard Mutt가 이번 샘플 데이터인 일류 학술지에 논문 A를 게재했다고 가정하자. 이후 Cindy Marshall은 Richard의 논문 A를 인용한 논문 B를 게재했다. Craig Ellis는 집필한 "논문 C"에서도 논문 A를 인용했다. 시간이 흐르면서 다른 사람들이 Richard, Cindy, Craig를 인용한 논문을 썼으며, 다음 그림 3-3과 같이 인용 패턴이 만들어졌다.

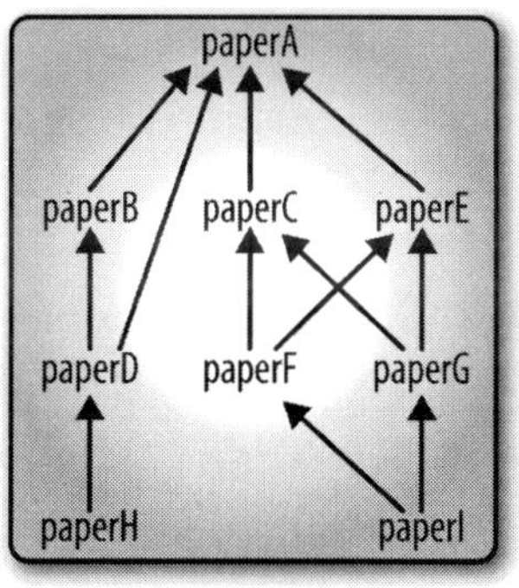

[그림 3-3] 어떤 논문이 ex074.ttl 데이터의 어느 논문을 인용했는가

ex074.ttl 데이터 집합은 인용된 논문에 대한 데이터를 갖는다. 인용 패턴에 대한 흥미로운 부분을 아주 간단한 몇 가지 질의로 찾을 수 있는 속성 경로가 어떤지 살펴보자. 예제를 짧게 하려고 저자 이름을 생략한다.

```
# 파일명: ex074.ttl

@prefix dc: <http://purl.org/dc/elements/1.1/> .
@prefix rdfs: <http://www.w3.org/2000/01/rdf-schema#> .
@prefix c: <http://learningsparql.com/ns/citations#> .
@prefix : <http://learningsparql.com/ns/papers#> .
```

```
:paperA dc:title "Paper A" .

:paperB rdfs:label "Paper B" ;
        c:cites :paperA .

:paperC c:cites :paperA .

:paperD c:cites :paperA , :paperB .

:paperE c:cites :paperA .

:paperF c:cites :paperC , :paperE .

:paperG c:cites :paperC , :paperE .

:paperH c:cites :paperD .

:paperI c:cites :paperF , :paperG .
```

터틀과 SPARQL의 콤마는 "다음 트리플은 목적어만 나오며, 마지막 트리플과 동일한 주어와 술어를 갖는다."를 의미함을 상기하자. 따라서 ex074.ttl의 첫 번째 콤마는 {:paperD c:cites :paperA}의 다음 트리플은 {:paperD c:cites :paperB}임을 의미한다.

우선 :paperA의 제목은 dc:title 속성을 나타내고, :paperB는 rdfs:label 속성을 나타냄에 주목하자. 이 데이터는 아마도 논문 제목을 식별하기 위해 서로 다른 변환을 사용했던 두 소스의 데이터를 병합한 결과일 것이다. 이건 문제가 없다. 다음과 같이 단순 질의는 하나의 트리플 패턴으로 둘 중 하나를 ?title에 바인딩할 수 있기 때문이다.

```
# 파일명: ex075.rq

PREFIX dc: <http://purl.org/dc/elements/1.1/>
PREFIX rdfs: <http://www.w3.org/2000/01/rdf-schema#>
PREFIX : <http://learningsparql.com/ns/papers#>

SELECT ?s ?title
WHERE { ?s (dc:title | rdfs:label) ?title . }
```

> ex075.rq 질의의 괄호는 질의의 동작에 영향을 주지 않는 대신에 조금 더 읽기 쉽게 해준다.

인용 데이터에 이 질의를 실행한 후의 결과는 특별히 흥미롭지 않다. 하지만 SPARQL 1.0의 UNION 키워드(89페이지의 "여러 검색 조건 조합"에서 배움)를 쓰느라 더 복잡해진 질의 대신에 아주 간단한 질의로 수행하는 방법을 보여준다는 점에서 가치가 있다. 또한 분명하게 정렬되지 않은 속성 이름을 갖는 데이터를 대상으로 작업하는 멋진 전략을 보여준다.

```
-----------------------
| s        | title     |
=======================
| :paperB  | "Paper B" |
| :paperA  | "Paper A" |
-----------------------
```

논문 A를 인용한 논문을 요청하는 일은 SPARQL에 대해 이미 알고 있다면 상당히 쉽다. 다음 질의는 이런 작업을 해서 논문 B, C, D, E 등을 알려준다.

```
# 파일명: ex077.rq

PREFIX : <http://learningsparql.com/ns/papers#>
PREFIX c: <http://learningsparql.com/ns/citations#>

SELECT ?s
WHERE { ?s c:cites :paperA . }
```

펄Perl과 그렙grep 같은 프로그래밍 언어와 유틸리티의 정규표현식에 친숙할 수 있는 여러 기호(예, ex075 질의의 파이프 기호)를 사용하면 속성 경로를 통해 "계속 더 많이 찾아라"라는 식으로 말할 수 있다. 다음과 같이 가장 최근에 실행한 질의에 플러스 기호를 간단히 추가하면 질의 처리기는 논문 A를 인용한 논문을 찾고, 찾은 그 논문을 인용한 논문을 찾고, 또 그 찾은 그 논문을 인용한 논문을 찾는 등 해당 논문을 인용한 논문이 더 이상 나오지 않을 때까지 계속 찾는다.

```
# 파일명: ex078.rq

PREFIX : <http://learningsparql.com/ns/papers#>
```

```
PREFIX c: <http://learningsparql.com/ns/citations#>

SELECT ?s
WHERE { ?s c:cites+ :paperA . }
```

이 질의를 실행한 결과는 논문 A가 얼마나 영향력이 있는지 보여준다.

```
-----------
| s         |
===========
| :paperE |
| :paperG |
| :paperI |
| :paperF |
| :paperD |
| :paperH |
| :paperC |
| :paperB |
-----------
```

플러스 기호는 정규표현식처럼 "하나 이상"을 의미한다. 별표 대신에 사용할 수 있다. 이 경우 "0개 이상의 링크"를 의미한다. 다음과 같이 정확히 세 개의 링크가 있는 논문을 요청하는 속성 경로(즉, 요청한 논문은 논문 A를 인용한 논문을 인용한 논문을 인용한 논문임)를 사용하는 것처럼 훨씬 더 구체적으로 할 수도 있다.

```
# 파일명: ex082.rq

PREFIX : <http://learningsparql.com/ns/papers#>
PREFIX c: <http://learningsparql.com/ns/citations#>

SELECT ?s
WHERE { ?s c:cites/c:cites/c:cites :paperA . }
```

이것은 속성 경로가 왜 경로paths라고 불리는지 보여준다. 슬래시로 분리한 일련의 단계를 배치하기 위해 속성 경로를 사용할 수 있으며, XML의 XPath 표현식과 유사하거나 리눅스 혹은 윈도우에서 디렉토리 경로명을 지정하는 방식과 비슷하다.

결과에 몇 번 반복된 것이 있다. 논문 I부터 논문 A까지의 세 연결을 찾는 네 가지 방법이 있기 때문이다.

```
-----------
| s         |
===========
| :paperI |
| :paperI |
| :paperI |
| :paperI |
| :paperH |
-----------
```

역속성 경로inverse property path로 트리플의 술어로 기술된 관계를 뒤집을 수도 있다. 예로 다음 질의는 ex077.rq 질의처럼 동일한 작업을 하며, 논문 A를 인용한 논문을 나열한다.

```
# 파일명: ex083.rq

PREFIX : <http://learningsparql.com/ns/papers#>
PREFIX c: <http://learningsparql.com/ns/citations#>

SELECT ?s
WHERE { :paperA ^c:cites ?s }
```

ex077.rq과 달리 이 질의에서 트리플 패턴의 주어 위치에 `:paperA`를 넣고, 목적어 위치에 ?변수를 넣었다. 논문 A를 인용한 논문을 여전히 찾을 뿐 반대로 하는 게 아니다. `c:cites` 속성의 시작 부분에 있는 ^ 연산자는 이 속성의 역을 원한다고 질의 처리기에 알려주기 때문이다. 지금까지 역속성 경로 연산자로 이런 일만 가능했지만, 이번에는 여러 순서로 자세하게 지정할 수 있다. 또한 경로의 개별 단계에 SPARQL의 속성 경로를 사용할 수 있으며, 이때 ^ 연산자로 흥미롭고도 새로운 일을 할 수 있다.

예로 다음 질의는 논문 F가 인용한 논문을 인용한 모든 논문을 요청한다. 달리 말하면 "어떤 논문이 논문 F가 인용한 논문을 인용했는가?"라는 질문을 하는 것이다.

```
# 파일명: ex084.rq

PREFIX : <http://learningsparql.com/ns/papers#>
PREFIX c: <http://learningsparql.com/ns/citations#>

SELECT ?s
WHERE
{
```

```
  ?s c:cites/^c:cites :paperF .
  FILTER(?s != :paperF)
}
```

(FILTER 조건은 결과에서 :paperF를 제거한다. :paperF가 인용한 논문을 인용한 논문 중의 하나인 :paperF를 알려주는 결과는 필요 없기 때문이다.) 답은 논문 G다. 이전 그림 3-3의 도해를 보면 이해할 수 있다.

```
-----------
| s       |
===========
| :paperG |
| :paperG |
-----------
```

:paperF가 인용한 두 논문을 인용했기 때문에 두 번 나열한다.

논문 인용망citation network은 속성 경로를 사용하는 한 방법이다. 소셜 네트워킹social networking, 사회 연결망이나 컴퓨터 네트워킹computer networking, 컴퓨터 통신망 혹은 모든 종류의 네트워킹을 생각해 보면, 속성 경로가 모든 종류의 데이터 집합에서 패턴을 요청하는 몇 가지 새로운 방법을 제공함을 볼 수 있다.

공백 노드로 검색

2장에서 공백 노드는 영구적인 식별성이 없음에도 불구하고 다른 값을 함께 묶기 위해 공백 노드를 사용할 수 있음을 알아보았다. 예로 다음 데이터 집합에서 접두사가 붙인 이름인 ab:i0432로 나타낸 사람은 _:b1의 주소 값을 갖는다. 밑줄은 콜론 뒤의 부분이 대수롭지 않음을 알려준다. 중요한 점은 _:b1과 동일한 자원이 ab:streetAddress 값인 “49345”, ab:city 값인 “Springfield”, ab:streetAddress 값인 “32 Main St”, ab:region 값인 “Connecticut”를 갖는다는 것이다. 달리 말하면 Richard의 주소는 다음과 같은 값을 갖는다.

```
# 파일명: ex041.ttl

@prefix ab: <http://learningsparql.com/ns/addressbook#> .

ab:i0432 ab:firstName      "Richard" ;
```

```
        ab:lastName        "Mutt" ;
        ab:homeTel         "(229) 276-5135" ;
        ab:email           "richard49@hotmail.com" ;
        ab:address         _:b1 .

  _:b1  ab:postalCode      "49345" ;
        ab:city            "Springfield" ;
        ab:streetAddress   "32 Main St." ;
        ab:region          "Connecticut" .
```

ab:address 값을 요청하는 간단한 질의는 다음과 같다.

```
# 파일명: ex086.rq

PREFIX ab: <http://learningsparql.com/ns/addressbook#>

SELECT ?addressVal
WHERE { ?s ab:address ?addressVal }
```

이 결과는 공백 노드에 대해 기억해야 할 중요한 사항을 강조한다. 바로, 공백 노드에 이름을 아무나 할당하는 것은 임시적이지만, 처리기가 연결된 노드를 기억하는 한 임시적인 이름에 대해 걱정할 필요가 없다는 점이다. 이번 경우 다음과 같이 출력의 이름(_:b0)은 입력의 이름(_b:1)과 다르다.

```
--------------
| addressVal |
==============
| _:b0       |
--------------
```

공백 노드를 참조하는 실제 질의에서 트리플 간의 연결을 공백 노드로 참조하는 변수를 사용했고(전에 여러 다른 트리플 주어를 가졌던 것처럼), 최종 질의 결과에서는 이런 변수의 값을 요청하지 않을 뿐이다. 즉, SELECT 목록에서 공백 노드를 나타낸 변수 이름을 포함하지 않는다. 예로 다음과 같다.

```
# 파일명: ex088.rq

PREFIX ab: <http://learningsparql.com/ns/addressbook#>
```

```
SELECT ?firstName ?lastName ?streetAddress ?city ?region ?postalCode
WHERE
{
  ?s ab:firstName ?firstName ;
     ab:lastName ?lastName ;
     ab:address ?address .

   ?address ab:postalCode ?postalCode ;
            ab:city ?city ;
            ab:streetAddress ?streetAddress ;
            ab:region ?region .
}
```

공백 노드를 참조하지 않는 질의와 비교해보면 이 질의는 특이한 게 없고, 동일한 ex041.ttl 데이터 집합에 실행한 결과도 다를 바 없다.

```
-------------------------------------------------------------------------------
| firstName | lastName | streetAddress | city          | region        | postalCode |
===============================================================================
| "Richard" | "Mutt"   | "32 Main St." | "Springfield" | "Connecticut" | "49345"    |
-------------------------------------------------------------------------------
```

요약하면 RDF 데이터에서 다른 어느 노드를 참조하는 변수를 사용할 수 있는 것처럼 공백 노드를 참조하는 변수를 사용할 수 있다. 그렇게 하는 것이 다른 노드 간의 관계를 찾을 때 유용하다. 다만, 공백 노드를 참조하는 변수의 값을 요구할 이유가 없다.

중복된 출력 제거

SQL에서 했던 것처럼 DISTINCT 키워드로 SPARQL 처리기에게 "중복된 답을 보여주지 마세요"라고 말할 수 있다. 예로 다음 질의는 DISTINCT 키워드 없이 데이터 집합에서 모든 트리플의 술어를 보여준다.

```
# 파일명: ex090.rq

SELECT ?p
WHERE
```

```
{ ?s ?p ?o . }
```

이전에 봤던 ex069.ttl 데이터 집합에 앞 질의를 실행한 실행 결과는 다음과 같으며, 수강 중인 사람과 강좌를 나열한다.

```
-------------------------------------------------------------
| p                                                         |
=============================================================
| <http://learningsparql.com/ns/addressbook#courseTitle>    |
| <http://learningsparql.com/ns/addressbook#courseTitle>    |
| <http://learningsparql.com/ns/addressbook#courseTitle>    |
| <http://learningsparql.com/ns/addressbook#takingCourse>   |
| <http://learningsparql.com/ns/addressbook#email>          |
| <http://learningsparql.com/ns/addressbook#lastName>       |
| <http://learningsparql.com/ns/addressbook#firstName>      |
| <http://learningsparql.com/ns/addressbook#takingCourse>   |
| <http://learningsparql.com/ns/addressbook#takingCourse>   |
| <http://learningsparql.com/ns/addressbook#email>          |
| <http://learningsparql.com/ns/addressbook#lastName>       |
| <http://learningsparql.com/ns/addressbook#firstName>      |
| <http://learningsparql.com/ns/addressbook#takingCourse>   |
| <http://learningsparql.com/ns/addressbook#takingCourse>   |
| <http://learningsparql.com/ns/addressbook#email>          |
| <http://learningsparql.com/ns/addressbook#lastName>       |
| <http://learningsparql.com/ns/addressbook#firstName>      |
| <http://learningsparql.com/ns/addressbook#courseTitle>    |
-------------------------------------------------------------
```

이건 아주 유용한 질의가 아니다. 특히 데이터 집합이 몇 개의 트리플보다 더 크다면 말이다. 출력에는 잡동사니가 많다. 하지만 다음과 같이 DISTINCT 키워드를 사용하면 매우 유용한 질의다. 사실 DISTNICT 키워드가 없는 질의는 새로운 데이터 집합에 종종 실행한 것이며, 찾으려는 데이터가 어떤 종류인지 알려주기 때문이다.

```
# 파일명: ex092.rq

SELECT DISTINCT ?p
WHERE
{ ?s ?p ?o . }
```

동일한 데이터 집합에 ex092.rq를 실행한 후의 출력은 다음과 같다.

```
--------------------------------------------------------------
| p                                                          |
==============================================================
| <http://www.w3.org/2000/01/rdf-schema#label>               |
| <http://learningsparql.com/ns/addressbook#takingCourse>    |
| <http://learningsparql.com/ns/addressbook#email>           |
| <http://learningsparql.com/ns/addressbook#lastName>        |
| <http://learningsparql.com/ns/addressbook#firstName>       |
--------------------------------------------------------------
```

이 질의의 결과는 지나치게 단순한 작은 스키마처럼 생겼다. 이 데이터 집합에서 추적되는 데이터가 무엇인지 알려주기 때문이다. 누군가가 데이터에 대한 스키마를 신중하게 고급 설계했는지 아니면 통합 스키마 없이 임시 방편으로 축적한 데이터인지 여부에 따라 데이터를 탐색할 때처럼 일련의 질의를 안내할 수 있다. ex069.ttl은 아주 크지 않다. DISTINCT 키워드는 더 현실적인 규모인 데이터 집합을 대상으로 해야 더 명확하다.

강좌를 수강 중인 학생이 있는 동일한 데이터에 어떻게 요청할까? 다음과 같이 `ab:takingCourse`가 목적어인 모든 트리플을 대상으로 DISTINCT 키워드 없는 질의를 수행해 학생의 성과 이름을 나열한다.

```
# 파일명: ex094.rq

PREFIX ab: <http://learningsparql.com/ns/addressbook#>

SELECT DISTINCT ?first ?last
WHERE
{
  ?s ab:takingCourse ?class ;
     ab:firstName ?first ;
     ab:lastName ?last .
}
```

다음과 같이 다섯 개의 트리플 중 두 트리플의 주어는 `d:i9771`고, 다른 두 트리플의 주어는 `d:i0432`다. 이 질의에서 DISTINCT 키워드가 없으므로 Cindy Marshall과 Richard Mutt는 각각 두 번 나타난다.

```
---------------------------
| first     | last        |
===========================
| "Craig"   | "Ellis"     |
| "Cindy"   | "Marshall"  |
| "Cindy"   | "Marshall"  |
| "Richard" | "Mutt"      |
| "Richard" | "Mutt"      |
---------------------------
```

이 질의에서 DISTINCT 키워드를 사용하면 강좌를 수강하는 각 사람을 반복 없이 나열한다.

```
---------------------------
| first     | last        |
===========================
| "Craig"   | "Ellis"     |
| "Cindy"   | "Marshall"  |
| "Richard" | "Mutt"      |
---------------------------
```

DISTINCT 키워드는 질의 구조에 복잡도를 추가하지 않는다. 종종 이 키워드를 생각하지 않은 채 질의를 작성한다면 결과에서 반복된 값을 보게 된다. 그러면 더 처리할 수 있는 결과를 얻도록 SELECT 키워드 다음에 DISTINCT 키워드를 추가한다.

여러 검색 조건 조합

SPARQL의 UINON 키워드로 여러 다른 그래프 패턴을 지정한 후, 이런 그래프 패턴 중 아무나 맞는 모든 데이터 조합을 요청할 수 있다. 그림 3-4를 1장에서 처음 시작하는 그림 1-1과 비교해보자.

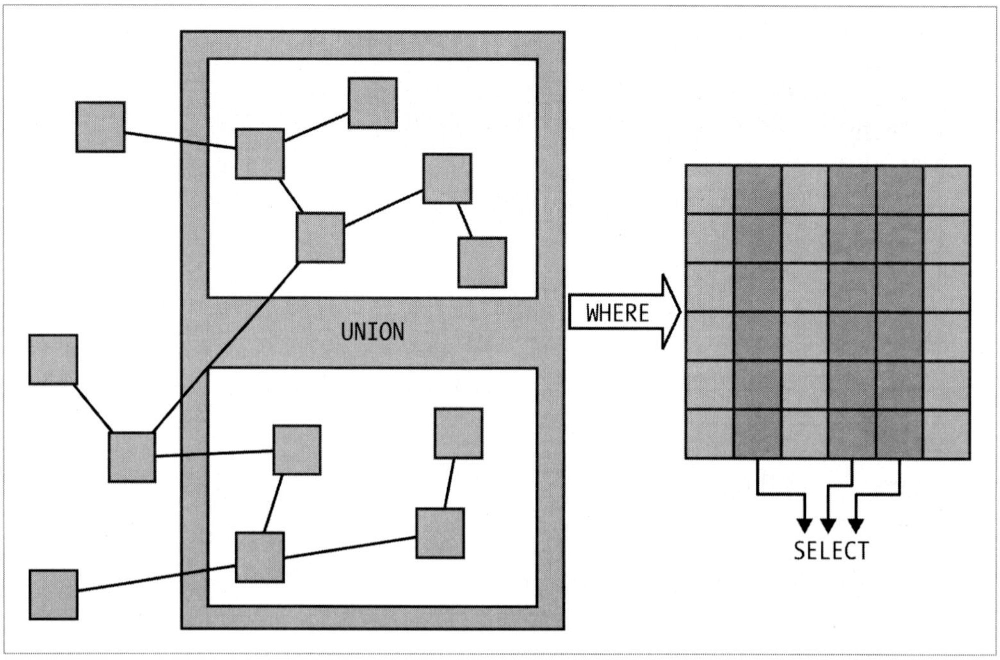

[그림 3-4] UNION 키워드를 사용한 후의 WHERE 절에서 데이터의 두 집합을 얻음

예로 사람, 강좌, 강좌 수강자를 나열한 ex069.ttl 데이터에 다음 질의를 수행해 사람과 강좌를 열거할 수 있다.

```
# 파일명: ex098.rq

PREFIX ab: <http://learningsparql.com/ns/addressbook#>
PREFIX d:  <http://learningsparql.com/ns/data#>

SELECT *
WHERE
{
  { ?person ab:firstName ?first ; ab:lastName ?last . }

  UNION

  { ?course ab:courseTitle ?courseName . }

}
```

결과에는 이름을 채운 변수와 강좌를 채운 변수 등으로 구성된 열이 있다.

```
--------------------------------------------------------------------------------
| person  | first     | last       | course        | courseName                    |
================================================================================
| d:i8301 | "Craig"   | "Ellis"    |               |                               |
| d:i9771 | "Cindy"   | "Marshall" |               |                               |
| d:i0432 | "Richard" | "Mutt"     |               |                               |
|         |           |            | d:course85    | "Updating Data with SPARQL"   |
|         |           |            | d:course59    | "Using SPARQL with non-RDF Data" |
|         |           |            | d:course71    | "Enhancing Websites with RDFa" |
|         |           |            | d:course34    | "Modeling Data with OWL"      |
--------------------------------------------------------------------------------
```

이 예제는 특별히 유용하지 않지만, 트리플 집합 간의 연결을 지정하지 않은 상태에서 UNION을 사용한 질의로 두 트리플 집합을 가져올 수 있는 방법을 보여준다.

> ex098.rq 질의에서 사용하지 않는 d: 접두사를 선언한 이유가 있는가? 질의 결과에서 보듯이 특정 SPARQL 처리기는 결과에서 데이터를 더 쉽게 읽을 수 있도록 모든 소스에 대한 전체 URI를 쓰는 대신에 선언된 접두사를 사용하기 때문이다. 이번 경우에는 이 페이지에 맞추기가 더 쉽다.

다음 예제는 약간 더 유용하다. 데이터의 두 겹치는 집합을 검색하기 위해 UNION을 사용한다. 샘플 주소록 데이터에 연주자가 연주하는 악기에 대한 정보가 들어있다고 상상하자. 호른 연주자의 성, 이름, 악기명을 검색하길 원한다.

```
# 파일명: ex100.ttl

@prefix ab: <http://learningsparql.com/ns/addressbook#> .
@prefix d:  <http://learningsparql.com/ns/data#> ..

d:i0432 ab:firstName    "Richard" ;
        ab:lastName     "Mutt" ;
        ab:instrument   "sax" ;
        ab:instrument   "clarinet" .

d:i9771 ab:firstName    "Cindy" ;
        ab:lastName     "Marshall" ;
```

```
        ab:instrument   "drums" .

d:i8301 ab:firstName    "Craig" ;
        ab:lastName     "Ellis" ;
        ab:instrument   "trumpet" .
```

다음 ex101.rq 질의에는 성, 이름, 모든 트럼펫 연주자의 악기명, 모든 색소폰 연주자에 대한 동일한 정보를 검색하기 위한 그래프 패턴이 있다.

```
# 파일명: ex101.rq

PREFIX ab: <http://learningsparql.com/ns/addressbook#>

SELECT ?first ?last ?instrument
WHERE
{
  { ?person ab:firstName ?first ;
            ab:lastName ?last ;
            ab:instrument "trumpet" ;
            ab:instrument ?instrument .
  }

  UNION

  { ?person ab:firstName ?first ;
            ab:lastName ?last ;
            ab:instrument "sax" ;
            ab:instrument ?instrument .
  }
}
```

각 그래프의 악기명을 알고 있음에도 불구하고 악기명을 요청하기 위해 ?instrument 변수를 왜 사용하는가? 그 이유는 ?instrument 변수에 바인딩한 후, 출력에서 각 호른 연주자의 이름 옆에 특정 악기명이 나타나도록 ?instrument 변수를 사용하기 때문이다.

다음 결과는 악기를 연주하는 사람을 보여준다. 색소폰이나 트럼펫을 연주하는 사람마다 연주하는 모든 악기를 보여준다. 또한 색소폰 연주자인 Richard가 클라리넷도 연주함을 보여준다. 마지막 트리플 패턴과 일치하기 때문이다.

```
--------------------------------------
| first     | last    | instrument  |
======================================
| "Craig"   | "Ellis" | "trumpet"   |
| "Richard" | "Mutt"  | "clarinet"  |
| "Richard" | "Mutt"  | "sax"       |
--------------------------------------
```

이 질의에는 불필요한 중복이 있다. 더 작은 그래프 패턴으로 통일하기 위해 UNION 키워드를 사용해 해결할 수 있다. 다음과 같이 이 질의의 공통된 두 그래프 패턴 아래에서 UNION 키워드를 사용한 것을 추가한다.

```
# 파일명: ex103.rq

PREFIX ab: <http://learningsparql.com/ns/addressbook#>

SELECT ?first ?last ?instrument
WHERE
{
    ?person ab:firstName ?first ;
            ab:lastName ?last ;
            ab:instrument ?instrument .

    { ?person ab:instrument "sax" . }

    UNION

    { ?person ab:instrument "trumpet" . }

}
```

이런 예제에서 두 그래프 패턴만 통일하기 위해 UNION 키워드를 사용했지만, 다른 그래프 패턴과 연결하려는 각 그래프 패턴 앞에 원하는 만큼 UNION 키워드를 반복해서 연결할 수 있다.

조건에 기반을 둔 데이터 필터링

1장에서 다음과 같은 질의를 봤다. 가장 유연하면서도 가능한 트리플 패턴이다. 모든 세 가지 위치에서 변수가 있기 때문에, 데이터 집합의 기본 그래프(즉, 모든 데이터 집합의 그래프는 명명된 그래프에 없다. 101페이지의 "명명된 그래프에 질의"에서 명명된 그래프에 대해 알아본다)에 존재할 수 있는 모든 트리플은 해당 데이터 집합과 일치한다. 하지만 여기서는 하나의 트리플만 검색됐다. 그 이유는 목적어에 "yahoo" 문자열이 있는 트리플만 원하는 FILTER 표현식을 지정했기 때문이다.

```
# 파일명: ex021.rq

PREFIX ab: <http://learningsparql.com/ns/addressbook#>

SELECT *
WHERE
{
  ?s ?p ?o .
  FILTER (regex(?o, "yahoo","i"))
}
```

FILTER는 단일 인자만 취한다. 불리언 값을 반환하는 이 FILTER 표현식을 원하는 곳에 넣으면 복잡해질 수 있다. 앞의 FILTER 표현식에서 5장에서 알아볼 `regex()` 함수를 호출한다. ex021.rq 질의에서 `?o` 값이 문자열인 "yahoo"를 갖는지 여부를 "i"와 함께 확인한다. 이때 "i"는 질의가 대문자인지 구분자인지에 관심이 없음을 보여주는 "insensitive"를 의미한다.

FILTER 인자는 매우 간단할 수도 있다. 예로 다음과 같이 몇 가지 상품의 가격과 원산지를 추적하는 일부 데이터를 가졌다고 해보자.

```
# 파일명: ex104.ttl

@prefix dm: <http://learningsparql.com/ns/demo#> .
@prefix d:  <http://learningsparql.com/ns/data#> .

d:item432 dm:cost 8 ;
          dm:location <http://dbpedia.org/resource/Boston> .
d:item857 dm:cost 12 ;
          dm:location <http://dbpedia.org/resource/Montreal> .
```

```
d:item693 dm:cost 10 ;
          dm:location "Heidelberg" .
d:item126 dm:cost 5 ;
          dm:location <http://dbpedia.org/resource/Lisbon> .
```

FILTER 인자는 함수 호출일 필요가 없다. 다음 질의에서 보듯이 간단한 비교가 될 수 있으며, 물론 불리언 값을 반환한다.

```
# 파일명: ex105.rq

PREFIX dm: <http://learningsparql.com/ns/demo#>

SELECT ?s ?cost
WHERE
{
  ?s dm:cost ?cost .
  FILTER (?cost < 10)
}
```

이 질의는 가격이 10보다 작은 상품을 가져온다.

```
-----------------------------------------------------------
| s                                               | cost |
===========================================================
| <http://learningsparql.com/ns/data#item126>    | 5    |
| <http://learningsparql.com/ns/data#item432>    | 8    |
-----------------------------------------------------------
```

출력의 두 ?s 값은 접두사가 있는, 접두사가 붙은 이름이 아닌 전체 URI다. 질의 처리기는 입력 데이터에서 d: 접두사를 알지 못하기 때문이다. 질의 처리기가 이 데이터를 처리하기 전에 RDF 파서가 입력 데이터에서 읽을 때 이런 접두사를 적절한 네임스페이스 URI와 매핑하지만, 질의에서 이런 URI에 대한 접두사를 정의하지 못한다.

FILTER도 데이터 정제에 도움이 될 수 있다. 예로 트리플의 목적어가 문자열이나 URI일 수 있는데, URI가 더 낫다. 트리플이 다른 트리플과 연결하기 위해 URI를 사용할 수 있기 때문이다. 앞의 상품의 원산지 데이터는 대부분의 원산지 값에 대한 URI를 갖지만 전부는 아니다.

다음 질의는 URI가 아닌 것을 나열한다. SPARQL의 `isURI()` 함수는 인자가 올바른 URI이면 불리언인 true를 반환한다. 느낌표는 "not" 연산자 역할을 한다. 따라서 표현식인 `!(isURI(?city))`는 `?city` 값이 올바른 URI가 아니면 `true`를 반환한다.

```
# 파일명: ex107.rq

PREFIX dm: <http://learningsparql.com/ns/demo#>

SELECT ?s ?city
WHERE
{
  ?s dm:location ?city .
  FILTER (!(isURI(?city)))
}
```

다음 결과는 정제가 조금 더 필요한 데이터를 보여준다.

```
-------------------------------------------------------------
| s                                            | city        |
=============================================================
| <http://learningsparql.com/ns/data#item693>  | "Heidelberg" |
-------------------------------------------------------------
```

61페이지의 "디비피디아가 제공하는 레이블 사용"에서 봤듯이 FILTER도 여러 언어로 된 값을 저장한 데이터에서 특정 언어로 된 값을 가져오는 데 정말 좋다.

1.1 알림

SPARQL 함수에 대해 더 알수록 FILTER 키워드로 더 많이 할 수 있다. 따라서 SPARQL 1.1에서 사용할 수 있는 새로운 함수는 FILTER의 강력한 힘을 훨씬 더 확장한다.

SPARQL 1.1의 새로운 IN로 질의의 일부인 열거형 목록enumerated list을 사용할 수 있다. 예로 다음 질의는 원산지 값이 `db:Montreal`과 `db:Lisbon` 중 하나인 데이터를 요청한다.

```
# 파일명: ex109.rq

PREFIX dm:  <http://learningsparql.com/ns/demo#>
PREFIX db: <http://dbpedia.org/resource/>

SELECT ?s ?cost ?location
WHERE
{
  ?s dm:location ?location ;
     dm:cost ?cost .
   FILTER (?location IN (db:Montreal, db:Lisbon)) .
}
```

이 목록에는 IN 키워드 뒤의 괄호 안에 두 값만 있다. 하지만 원하는 값을 많이 넣을 수 있다. 다음은 ex104.ttl 데이터 집합에 ex109.rq를 실행한 결과다.

```
---------------------------------------------------------------------
| s                                           | cost | location     |
=====================================================================
| <http://learningsparql.com/ns/data#item857> | 12   | db:Montreal  |
| <http://learningsparql.com/ns/data#item126> | 5    | db:Lisbon    |
---------------------------------------------------------------------
```

이 목록은 접두사가 붙은 이름일 필요가 없으며, 따옴표로 묶은 문자열이나 데이터의 다른 종류일 수 있다. 예로 다음과 같이 데이터를 대상으로 가격 값을 사용해 질의할 수 있다.

```
# 파일명: ex111.rq

PREFIX dm: <http://learningsparql.com/ns/demo#>
PREFIX db: <http://dbpedia.org/resource/>

SELECT ?s ?cost ?location
WHERE
{
  ?s dm:location ?location ;
     dm:cost ?cost .
   FILTER (?cost IN (8, 12, 10)) .
}
```

IN 앞에 NOT 키워드를 추가할 수도 있다.

```
# 파일명: ex112.rq

PREFIX dm: <http://learningsparql.com/ns/demo#>
PREFIX db: <http://dbpedia.org/resource/>

SELECT ?s ?cost ?location
WHERE
{
  ?s dm:location ?location ;
     dm:cost ?cost .
  FILTER (?location NOT IN (db:Montreal, db:Lisbon)) .
}
```

그러면 IN 키워드 뒤에 있는 목록이 ?location에 없는 모든 데이터를 얻는다.

```
---------------------------------------------------------------------
| s                                         | cost | location       |
=====================================================================
| <http://learningsparql.com/ns/data#item693> | 10   | "Heidelberg" |
| <http://learningsparql.com/ns/data#item432> | 8    | db:Boston    |
---------------------------------------------------------------------
```

결과를 특정 개수로 조회

디비피디아의 SNORQL 질의 양식에 다음과 같은 질의를 보낸다면 너무 많은 것을 요청하게 된다.

```
# 파일명: ex114.rq

SELECT ?label
WHERE
{ ?s rdfs:label ?label . }
```

약간 간단한 질의다(이 질의에서 rdfs: 접두사를 선언하지 않은 것은 문제가 되지 않는다. SNORQL 양식을 사용해 입력하는 디비피디아 질의의 경우 미리 선언되어 있다). 하지만 상당한 rdfs:label 값(아마도 수백만 개)이 있는 디비피디아에 이 질의로 전부 요청하고 있다. 이

때 시간이 초과돼 모든 값을 얻지 못하거나 제한된 개수의 값만 얻는다.

LIMIT 키워드로 제한을 직접 설정할 수 있다. 다음과 같이 작은 데이터 집합으로 시도해보자.

```
# 파일명: ex115.ttl

@prefix d:     <http://learningsparql.com/ns/data#> .
@prefix rdfs: <http://www.w3.org/2000/01/rdf-schema#> .

d:one   rdfs:label "one" .
d:two   rdfs:label "two" .
d:three rdfs:label "three" .
d:four  rdfs:label "four" .
d:five  rdfs:label "five" .
d:six   rdfs:label "six" .
```

다음 질의는 보여준 트리플과 일치하는 트리플 개수가 얼마든 상관없이 두 건 이하의 결과만 원한다고 SPARQL 처리기에게 알려준다.

```
# 파일명: ex116.rq

PREFIX rdfs: <http://www.w3.org/2000/01/rdf-schema#>

SELECT ?label
WHERE
{ ?s rdfs:label ?label . }
LIMIT 2
```

LIMIT 키워드는 중괄호 밖에 있다. 따라서 중괄호 안에 있지 않음에 주의하자.

앞 샘플 데이터에서 봤듯이 순서 없이 저장된 트리플 집합이므로 이 질의는 결과의 첫 두 개를 검색하지 않았다. 하지만 여기서는 역순으로 마지막 두 트리플에서 값을 얻었다.

```
----------
| label  |
==========
| "six"  |
| "five" |
----------
```

> 121페이지의 "정렬, 집계, 최댓값과 최솟값 찾기"에서 보겠지만, SPARQL 처리기에 데이터를 정렬하라고 알려줄 때 LIMIT는 정렬된 데이터의 결과의 첫 번째를 검색한다.

OFFSET 키워드는 반환할 결과의 일부를 고르기 전에 주어진 결과 개수를 건너뛰라고 SPARQL 처리기에게 알려준다. 다음 질의는 OFFSET 키워드 없이 나와서 알고 있는 여섯 개의 결과 중 세 개를 건너뛰라고 알려준다.

```
# 파일명: ex118.rq

PREFIX rdfs: <http://www.w3.org/2000/01/rdf-schema#>

SELECT ?label
WHERE
{ ?s rdfs:label ?label . }
OFFSET 3
```

다음과 같이 세 개의 결과를 얻는다.

```
----------
| label   |
==========
| "three" |
| "two"   |
| "one"   |
----------
```

LIMIT 키워드처럼 질의 엔진에 결과를 정렬하라고 알려주지 않으면 반환한 결과가 분명히 무작위로 보일 것이다. OFFSET은 실제로 더 큰 모음집에서 트리플을 한 웅큼씩 여러 번 가져오기 위해 꽤 자주 LIMIT와 함께 사용된다. 예로 다음 질의는 이전 질의에 LIMIT 키워드를 추가한 것이다.

```
# 파일명: ex120.rq

PREFIX rdfs: <http://www.w3.org/2000/01/rdf-schema#>

SELECT ?label
WHERE
```

```
{ ?s rdfs:label ?label . }
OFFSET 3
LIMIT 1
```

동일한 입력을 대상으로 실행하면 질의가 요청한 하나의 값만 얻는다.

```
----------
| label   |
==========
| "three" |
----------
```

LIMIT와 OFFSET을 모두 사용할 때 ORDER BY를 함께 쓰지 않으면 일관성이 있는 결과를 기대하지 말아야 한다.

명명된 그래프 질의

더 쉽게 관리하려고 이름을 할당한 트리플 집합을 데이터 집합에 포함할 수 있다(명명된 그래프에 관한 더 많은 정보를 보려면 2장의 44페이지에 있는 "명명된 그래프" 절을 참조하자). 예를 들어 주어진 트리플 집합이 특정 날짜의 특정 소스에서 나왔다면 다음에 일괄 처리할 때는 동일한 소스에서 나온 트리플 집합으로 대체해야 한다. 단일 이름으로 집합을 참조하는 기능을 이용하면 이게 가능하다. 6장에서 이런 대체에 대해 더 알아본다. 여기서는 질의에서 그래프 이름을 사용하는 방법을 알아본다.

하지만 우선 1장에서 알아보았던 내용을 검토해보자. 질의 처리기에 질의 자체와 별개로 질의 대상인 데이터가 무엇인지 알려주는 대신에(예, ARQ 명령행에 데이터 파일의 이름을 포함하는 것) 질의 자체의 FROM 키워드 오른쪽에 질의 대상인 데이터를 지정할 수 있다고 배웠다. FROM 키워드를 사용하면 트리플의 그래프를 원하는 개수만큼 질의에 지정할 수 있다.

예로 이전에 사용했던 ex069.ttl 파일에 새로운 학생을 추가한 또 다른 데이터 파일인 ex122.ttl이 있다고 하자. 이전의 ex069.ttl 파일에는 3명의 학생, 제공된 4개의 강좌, 수강자 관련 데이터가 있었다. 반면 이번 ex122.ttl 파일에는 추가된 두 학생에 대한 데이터가 들어 있다.

```
# 파일명: ex122.ttl

@prefix ab: <http://learningsparql.com/ns/addressbook#> .
@prefix d:  <http://learningsparql.com/ns/data#> .

d:i5433 ab:firstName    "Katherine" ;
        ab:lastName     "Duncan" ;
        ab:email        "katherine.duncan@elpaso.com" .

d:i2194 ab:firstName    "Bradley" ;
        ab:lastName     "Perry" ;
        ab:email        "bradley.perry@corning.com" .
```

다음 질의는 FROM 키워드를 사용해, 기존 ex069.ttl 파일과 신규 ex122.ttl 파일 모두에서 데이터를 찾는다.

```
# 파일명: ex123.rq

PREFIX ab: <http://learningsparql.com/ns/addressbook#>

SELECT ?email
FROM <ex069.ttl>
FROM <ex122.ttl>
WHERE
{ ?s ab:email ?email . }
```

ex069.ttl 데이터 집합에는 세 개의 이메일 주소가 있고, ex122.ttl 데이터 집합에는 두 개의 이메일 주소가 있다. 따라서 이 질의는 총 다섯 개를 반환한다.

```
---------------------------------
| email                         |
=================================
| "bradley.perry@corning.com"   |
| "katherine.duncan@elpaso.com" |
| "c.ellis@usairwaysgroup.com"  |
| "cindym@gmail.com"            |
| "richard49@hotmail.com"       |
---------------------------------
```

이 방법(혹은 ARQ의 명령행에서 했던 것처럼 질의의 바깥에서 지정)으로 지정한 데이터 집합 전부를 함께 더해서 구성한 것을 **기본 그래프**default graph라고 한다. 명명된 그래프의 일부가 아닌 기본 그래프는 질의가 접근하기가 용이한 모든 트리플을 가리킨다. 참고로 지금까지 이 책에서 지금까지 봤던 게 기본 그래프다.

FROM이 "질의할 기본 데이터 집합에 다음 그래프의 트리플을 추가하라"라고 말하는 수단이라면, FROM NAMED는 "특정 그래프의 데이터에 질의할 것이다. 하지만 기본 그래프에 이 데이터를 추가하지 않는다. 이 그래프의 데이터를 원할 때 이름을 언급하겠다"라고 말하는 수단이다. SPARQL 처리기는 그래프 이름과 그래프의 쌍을 기억한다. 곧 보겠지만 쌍의 목록을 질의할 수도 있다.

> 물론 RDF와 SPARQL에 대해 이야기를 하기 때문에 명명된 그래프의 이름은 URI다.

이런 이름을 할당하는 기능은 트리플 저장소의 중요한 특징이다. 데이터 집합을 추가하고, 갱신하고, 제거할 수 있기 때문에 추가, 갱신, 제거 대상인 집합을 식별할 수 있어야 한다. 인기 있는 RDF 직렬화 형식인 RDF 파일이 디스크에 있을 때, 이 RDF 파일에서 현재 특정 명명된 그래프에 속하는 트리플의 하위집합을 식별하는 표준적인 방법이 없다. 따라서 2장에서는 명명된 그래프에 질의하는 것을 보여주기 위해 파일 위치에 대한 URI를 명명된 그래프의 이름으로 사용하는 ARQ 규약을 활용했다. 6장에서는 트리플 저장소에서 명명된 그래프를 생성하고 삭제하는 표준 SPARQL 1.1 방법과 트리플 저장소에서 트리플을 추가하고 삭제하는 방법을 보게 된다.

이전에 ex122.ttl 파일에 새로운 학생에 대한 데이터가 있음을 살펴봤다. 다음은 제공된 새로운 강좌에 대한 데이터가 있는 ex125.ttl이다.

```
# 파일명: ex125.ttl

@prefix ab: <http://learningsparql.com/ns/addressbook#> .
@prefix d: <http://learningsparql.com/ns/data#> .

ab:course42 ab:courseTitle "Combining Public and Private RDF Data" .
ab:course24 ab:courseTitle "Using Named Graphs" .
```

다음 질의에서 명명된 그래프의 이름은 상대 URI[relative URI]다. 따라서 ARQ가 *<ex125.ttl>*을 보면 질의 파일을 저장한 곳인 디렉토리에서 ex125.ttl 파일을 찾는다. www.learningsparql.com의 examples 디렉토리에 이 파일의 복사본을 저장했다면 질의에서 *<http://www.learningsparql.com/examples/ex125.ttl>*를 명명된 그래프로 참조한다. ARQ는 이 위치에서 파일의 트리플을 검색한 후 사용한다.

> ARQ는 그래프 이름을 실제 파일에 대한 지시자[pointer]로 취급한다. 사용자가 지정한 그래프 이름을 트리플 집합과 매핑한 트리플 저장소는 트리플 집합을 찾기 위해 이런 매핑을 사용한다.

> 5장의 198페이지에 있는 "노드 타입 변환 함수"에서는 BASE 키워드 사용법을 알아본다. BASE 키워드를 사용하면 질의 처리기가 상대 URI를 주소분해[resolve] 할 때 더 세밀하게 제어할 수 있다.

다음 질의는 학생, 강좌, 수강자에 대한 초기 ex069.ttl 데이터를 기본 그래프에 적재한 후, 새로운 강좌에 대한 데이터가 있는 ex125.ttl 파일과 새로운 학생에 대한 데이터가 있는 ex122.ttl 파일을 질의에서 참조하는 기본 그래프로 지정한다.

```
# 파일명: ex126.rq

PREFIX ab: <http://learningsparql.com/ns/addressbook#>

SELECT ?lname ?courseName
FROM <ex069.ttl>
FROM NAMED <ex125.ttl>
FROM NAMED <ex122.ttl> # 불필요

WHERE
{
  { ?student ab:lastName ?lname }
  UNION
  { GRAPH <ex125.ttl> { ?course ab:courseTitle ?courseName } }
}
```

FROM NAMED 절 외에도 새로운 키워드가 있다. 바로 GRAPH다. 질의가 특정 명명된 그래프에서 데이터를 참조하기 위해 GRAPH를 사용한다. 다음은 이 질의를 실행한 후의 결과다.

```
------------------------------------------------------------
| lname      | courseName                                  |
============================================================
| "Ellis"    |                                             |
| "Marshall" |                                             |
| "Mutt"     |                                             |
|            | "Using Named Graphs"                        |
|            | "Combining Public and Private RDF Data"     |
------------------------------------------------------------
```

질의는 지정한 데이터에서 트리플의 두 집합을 가져온다. 이 집합들은 각각 기본 그래프의 `ab:lastName`가 술어인 트리플과 ex125.ttl의 `ab:courseTitle`이 술어인 트리플이다. 트리플의 조합된 집합에서 그 다음에는 `?lname`과 `?courseName` 값을 선택한다. 결과에서 주목해야 하는 사항 두 가지가 있다.

- 기본 그래프의 트리플을 제공하는 ex069.ttl 파일에 `?course ab:courseTitle ?courseName` 패턴과 일치하는 트리플이 있음에도 불구하고 출력에 없었다. 질의는 명명된 그래프인 `<ex125.ttl>`에서 `?course ab:courseTitle ?courseName` 패턴과 일치한 트리플만 요청했고, 기본 그래프에서 `?student ab:lastName ?lname`과 일치한 트리플만 요청했기 때문이다.
- 명명된 그래프인 ex122.ttl에 `?student ab:lastName ?lname` 패턴과 일치하는 트리플이 있다. 하지만 출력에서 이런 데이터가 나타나지 않았다. 이런 트리플을 `FROM <ex122.ttl>` 표현식으로 기본 그래프에 추가하지 않았기 때문이다. 이 `FROM NAMED <ex122.ttl>` 표현식은 본질적으로 "이름이 〈ex122.ttl〉인 그래프를 사용할 것이다"라고 알려준다. 하지만 질의는 이 표현식을 실제로 사용하지 않았다. 질의에 `GRAPH <ex125.ttl>`가 있지만, `GRAPH <ex122.ttl>`이 없다. 이게 질의 안에 "불필요"라는 주석을 달았던 이유다. 명명된 그래프를 실제로 사용하지 않는 한 FROM NAMED가 트리플을 제공하지 않음을 보여주기 위해 FROM NAMED 〈ex122.ttl〉를 추가했을 뿐이다.

ex126.rq 질의이 GRAPH 키워드 옆에는 특정 명명된 그래프가 있다. 하지만 SPARQL 처리기가 패턴에 맞는 그래프를 찾을 수 있도록 명명된 그래프 대신에 변수를 사용할 수 있다. 다음 질의는 `?s ?p ?o` 패턴(이것은 모든 트리플이 됨)과 일치하는 트리플을 알고 있는 명명된 그래프를 전부 확인한 후, 이런 그래프의 이름을 요청한다.

```
# 파일명: ex128.rq

PREFIX ab: <http://learningsparql.com/ns/addressbook#>

SELECT ?g
FROM NAMED <ex125.ttl>
FROM NAMED <ex122.ttl>
WHERE
{
  GRAPH ?g { ?s ?p ?o }
}
```

다음과 같이 ex122.ttl이 6번, ex125.ttl이 2번 나열했다. SPARQL 처리기가 `?s ?p ?o` 패턴과 일치시키기 위해 이런 파일에서 찾았던 각 트리플에 대한 결과를 행으로 설정했기 때문이다.

```
----------------
| g            |
================
| <ex122.ttl>  |
| <ex122.ttl>  |
| <ex122.ttl>  |
| <ex122.ttl>  |
| <ex122.ttl>  |
| <ex122.ttl>  |
| <ex125.ttl>  |
| <ex125.ttl>  |
----------------
```

이 질의의 SELECT 다음에 DISTINCT 키워드를 추가하면 각 그래프 이름을 한 번만 나열한다.

> ex128.rq는 질의는 기본 그래프 없이 질의 대상인 명명된 그래프만 지정했다. 기본 그래프를 대상으로 질의했다면 결과에 기본 그래프의 트리플이 나타나지 않는다. 왜냐하면 GRAPH 키워드는 명명된 그래프에서만 그래프 패턴으로 트리플을 찾음을 의미하기 때문이다.

GRAPH 키워드 옆에 변수를 사용하는 더 현실적인 예제를 살펴보자. GRAPH 키워드 옆에 그래프 이름을 실제로 지정하지 않은 채 기본 그래프와 모든 명명된 그래프에서 모든 ab:courseTitle 값의 UNION을 검색하라고 SPARQL 처리기에게 알려주는 변수를 사용할 수 있다.

```
# 파일명: ex130.rq

PREFIX ab: <http://learningsparql.com/ns/addressbook#>

SELECT ?courseName
FROM <ex069.ttl>
FROM NAMED <ex125.ttl>
FROM NAMED <ex122.ttl>
WHERE
{
  { ?course ab:courseTitle ?courseName }

  UNION

  {GRAPH ?g { ?course ab:courseTitle ?courseName } }

}
```

이 질의로 ex069.ttl에서 네 개의 ab:classTitle을 찾았고, ex125.ttl에서 두 개의 ab:classTitle을 찾았다.

```
--------------------------------------------
| courseName                               |
============================================
| "Updating Data with SPARQL"              |
| "Using SPARQL with non-RDF Data"         |
| "Enhancing Websites with RDFa"           |
| "Modeling Data with OWL"                 |
| "Using Named Graphs"                     |
| "Combining Public and Private RDF Data"  |
--------------------------------------------
```

그래프 이름은 URI이기 때문에 트리플의 주어나 목적어 중 하나를 그래프 이름으로 사용할 수 있다. 그래프 이름이 무언가의 메타데이터 값이 될 수 있음을 의미하므로 훨씬 더 흥미롭다.

예로 다음과 같이 이미지인 *http://www.somepublisher.com/img/f43240.jpg*는 소유자의 메타데이터를 보관하는 트리플 저장소에 있는 메타데이터를 가진다고 말할 수 있다. 이 메타데이터는 명명된 그래프인 *http://www.somepublisher.com/ns/m43240*에 있는 트리플이다.

```
# 파일명: ex132.ttl

@prefix images: <http://www.somepublisher.com/img/> .
@prefix isi: <http://www.isi.edu/ikcap/Wingse/fileOntology.owl#> .

images:f43240.jpg isi:hasMetadata <http://www.somepublisher.com/ns/m43240> .
```

명명된 그래프인 *http://www.somepublisher.com/ns/m43240*는 다음과 같은 트리플을 가질 수 있다.

```
# 파일명: ex133.ttl

@prefix images: <http://www.somepublisher.com/img/> .
@prefix dc: <http://purl.org/dc/elements/1.1/> .

images:f43240.jpg dc:creator "Richard Mutt" ;
                  dc:title "Fountain" ;
                  dc:format "jpeg" .
```

> 이 예제를 위한 적절한 술어를 찾기 위해 스우글Swoogle의 어휘 디렉토리를 뒤진 끝에 *http://www.isi.edu/ikcap/Wingse/fileOntology.owl* 어휘의 `hasMetaData` 속성을 발견했다. 상용 애플리케이션을 개발하는 중이라면 다른 후보 어휘를 좀 더 찾은 후, 사용할 속성이 있는 어휘를 선택하기 전에 그 후보 어휘의 인기를 평가했을 것이다.

그래프 이름도 메타데이터 자체를 가질 수도 있다. 다음 데이터 집합은 앞 예제에서 사용했던 두 명명된 그래프에 대한 더블린 코어의 날짜와 제작자를 포함한다.

```
# 파일명: ex134.ttl

@prefix dc: <http://purl.org/dc/elements/1.1/> .

<ex125.ttl> dc:date "2011-09-23" ;
            dc:creator "Richard Mutt" .
```

```
<ex122.ttl> dc:date "2011-09-24" ;
            dc:creator "Richard Mutt" .
```

다음 질의는 `dc:date`에 할당된 값인 "2011-09-24"를 갖는 명명된 그래프의 모든 이메일 주소를 요청한다.

```
# 파일명: ex135.rq

PREFIX ab: <http://learningsparql.com/ns/addressbook#>
PREFIX dc: <http://purl.org/dc/elements/1.1/>

SELECT ?graph ?email
FROM <ex134.ttl>
FROM NAMED <ex125.ttl>
FROM NAMED <ex122.ttl>
WHERE
{
  ?graph dc:date "2011-09-24" .
  { GRAPH ?graph { ?s ab:email ?email } }
}
```

이전에 질의에서 특정 명명된 그래프의 데이터를 참조하기 위해 GRAPH 키워드를 사용한다고 말했다. 또한 FROM NAMED은 GRAPH 키워드가 참조할 수도 있는 명명된 그래프를 식별한다고 배웠다. 하지만 첫 FROM NAMED 절에서 식별하지 못했던 명명된 그래프를 참조하기 위해 GRAPH 키워드를 사용하는 질의를 어디선가에 봤을 수도 있다. 어떻게 이런 일이 가능할까?

> 특히 트리플 저장소의 일부나 SPARQL 접점과 같은 일부 SPARQL 처리기에는 몇몇 미리 정의된 명명된 그래프predefined named graph가 있다. 이런 그래프를 사용하면 GRAPH 키워드로 명명된 그래프를 추론하기 전에 FROM NAMED 절을 식별할 필요가 없다.

오픈소스 세사메Sesame 트리플 저장소는 기본 그래프와 수반되는 명명된 그래프를 세사메가 레파지토리repository라고 하는 곳에 저장한다. 레파지토리에서 GRAPH 키워드로 명명된 그래프를 참조하면 세사메는 FROM NAMED 절로 제일 먼저 식별할 필요없이 이 그래프가 무엇을 말하는 건지 알게 된다. 다른 트리플 저장소와 SPARQL 접점은 다르게 처리할 수도 있다. 왜냐하면 W3C SPARQL 권고안은 SPARQL이 FROM NAMED 절의 바깥에서 알아야 하는 명명된 그래프의 범위를 설명하지 않기 때문이다.

간단한 질의로 SPARQL 처리기가 아는 명명된 그래프를 물어보자.

```
# 파일명: ex136.rq

SELECT DISTINCT ?g
WHERE
{
  GRAPH ?g {?s ?p ?o }
}
```

이 질의에 대한 응답을 제공하지 못했던 처리기를 본 적이 있다. 그렇긴 해도 다른 질의에 언급됐던 특정 명명된 그래프를 아는 것처럼 보였다. 따라서 결과가 나타나지 않더라도 너무 실망하지 말자. 새로운 SPARQL 처리기나 데이터 소스를 살펴볼 때 도움이 되는, 더 괜찮은 일반적인 질의로 취급하면 된다.

질의 안의 질의

질의 안의 질의는 하위질의로 알려졌다. 이 SPARQL 기능을 사용하면 복잡한 질의를 더 쉽게 관리할 수 있는 부분으로 쪼갤 수 있고, 여러 질의의 정보를 단일 응답 집합answer set으로 결합할 수 있다.

> **1.1 알림**
>
> SPARQL 1.1에 하위질의가 새로 추가됐다.

각 하위질의는 중괄호로 둘러싸야 한다. ex069.ttl 데이터 파일에 테스트할 수 있는 다음 질의는 성을 검색하는 하위질의와 강좌 제목을 검색하는 하위질의, 그리고 이 두 하위질의로 각각 검색한 `?lastName`과 `?courseName` 값을 모두 SELECT 문으로 요청하는 주 질의main query로 구성되어 있다.

```
# 파일명: ex137.rq

PREFIX ab: <http://learningsparql.com/ns/addressbook#>

SELECT ?lastName ?courseName
WHERE
{
  {
    SELECT ?lastName
    WHERE { ?student ab:lastName ?lastName . }
  }

  {
    SELECT ?courseName
    WHERE { ?course ab:courseTitle ?courseName . }
  }

}
```

이 예제는 확실히 인위적이다. 이 질의로 만든 결과(모든 가능한 `?lastName`과 `?courseName`의 쌍)가 아주 유용하지 않기 때문이다. 다음 절에서 더 생산적인 하위질의 예제 몇 가지를 살펴보자.

값을 조합하고 변수에 할당하기

일단 SPARQL 질의로 데이터 집합에서 값을 가져왔으면 일치와 함수 호출을 수행하는 표현식에서 이런 값을 사용할 수 있다. 이렇게 하면 질의가 데이터를 더 효과적으로 사용할 수 있다.

> **1.1 알림**
>
> 새로운 값을 계산하기 위한 표현식 사용과 3장에서 기술했던 변형은 모두 SPARQL 1.1의 기능이다.

표현식을 만드는 실험을 하기 위해 경비 보고서 데이터를 예로 들어보자.

```
# 파일명: ex138.ttl

@prefix e: <http://learningsparql.com/ns/expenses#> .
@prefix d: <http://learningsparql.com/ns/data#> .

d:m40392 e:description "breakfast" ;
         e:date "2011-10-14T08:53" ;
         e:amount 6.53 .

d:m40393 e:description "lunch" ;
         e:date "2011-10-14T13:19" ;
         e:amount 11.13 .

d:m40394 e:description "dinner" ;
         e:date "2011-10-14T19:04" ;
         e:amount 28.30 .
```

숫자 값에 따옴표를 뺐다면 SPARQL 처리기에게 이 숫자 값을 문자열이 아닌 숫자로 취급하라고 알려주는 것이다. 5장에서 좀 더 자세하게 설명한다.

다음 질의의 WHERE 절은 ex138.ttl 데이터 집합을 통한 값을 ?meal, ?description, ?amount 변수에 끼운다. 반면에 SELECT 절은 이런 변수 외에 ?amount를 이용한 또 다른 변수들을 표시한다.

```
# 파일명: ex139.rq

PREFIX e: <http://learningsparql.com/ns/expenses#>

SELECT ?description ?amount ((?amount * .2) AS ?tip)
       ((?amount + ?tip) AS ?total)
WHERE
{
  ?meal e:description ?description ;
        e:amount ?amount .
}
```

먼저 출력을 살펴보면 어떻게 나왔는지 이해하기가 더 쉽다.

```
-----------------------------------------
| description | amount | tip   | total  |
=========================================
| "dinner"    | 28.30  | 5.660 | 33.960 |
| "lunch"     | 11.13  | 2.226 | 13.356 |
| "breakfast" | 6.53   | 1.306 | 7.836  |
-----------------------------------------
```

SELECT 절의 첫 라인에는 ?description과 ?amount 값이 표시된다. 또한 이 라인에서는 ?amount 값과 0.2를 곱한 결과를 검색 결과의 세 번째 열에 보여준 ?tip 변수에 저장하기 위해 AS 키워드를 사용한다. SELECT 절의 두 번째 라인에는 ?amount와 ?tip 값을 함께 더한 결과를 질의 결과의 네 번째에 나타난 ?total 변수에 저장한다.

5장에서 보겠지만 SPARQL 1.0은 데이터 값을 조작하는 몇 가지 함수를 지원한다. SPARQL 1.1에는 훨씬 더 많은 함수가 추가됐다. 동일한 ex138.ttl 데이터를 이용하는 다음 질의는 비용 내역[cost description]의 첫 세 문자를 대문자로 만들기 위해 두 개의 문자열 함수를 사용한다.

```
# 파일명: ex141.rq

PREFIX e: <http://learningsparql.com/ns/expenses#>

SELECT (UCASE(SUBSTR(?description,1,3))
       as ?mealCode) ?amount
WHERE
{
  ?meal e:description ?description ;
        e:amount ?amount .
}
```

결과에는 ?mealCode 값과 ?amount 값에 대한 열이 있다.

```
----------------------
| mealCode | amount  |
======================
| "DIN"    | 28.30   |
| "LUN"    | 11.13   |
| "BRE"    | 6.53    |
----------------------
```

SELECT 절의 여러 변수를 갖고 복잡한 계산을 수행할 경우 꽤 긴 SELECT 문을 만들어야 한다. 그래서 ex139.rq 질의인 경우 계산한 값을 ?total 변수에 저장할 때 표현식 계산expression calculation 부분을 새로운 라인으로 옮겼어야 했다. ex139.rq 질의를 수정한 버전인 다음 질의에서 보듯이 표현식 계산을 하위질의에 옮겼으며, 동일한 결과를 얻는다. 이와 같이 하위질의를 활용하면 질의의 시작 부분인 주 SELECT 문을 간단하게 만들 수 있다.

```
# 파일명: ex143.rq

PREFIX e: <http://learningsparql.com/ns/expenses#>

SELECT ?mealCode ?amount
WHERE
{
  {
    SELECT ?meal (UCASE(SUBSTR(?description,1,3)) as ?mealCode)
    WHERE { ?meal e:description ?description . }
  }

  {
    SELECT ?meal ?amount
    WHERE { ?meal e:amount ?amount . }
  }
}
```

주 SELECT 절의 표현식 계산을 더 멀리 옮기는 가장 보편적인 방법은 BIND 키워드를 사용하는 것이다. BIND 키워드는 SPARQL 1.1 표준이 지원하는 가장 간결한 대안이다. 코드의 한 라인에서 표현식 값을 새로운 변수에 할당할 수 있기 때문이다. 다음 예제는 최근의 두 질의처럼 동일한 결과를 만든다.

```
# 파일명: ex144.rq

PREFIX e: <http://learningsparql.com/ns/expenses#>

SELECT ?mealCode ?amount
WHERE
{
  ?meal e:description ?description ;
        e:amount ?amount .
  BIND (UCASE(SUBSTR(?description,1,3)) as ?mealCode)
}
```

질의에서 값 도표 생성

질의 결과를 필터링할 때 새로운 선택사항을 제공하는 값 도표를 SPARQL의 VALUES 키워드로 만들 수 있다.

> **1.1 알림**
>
> SPARQL 1.1에 VALUES 키워드가 새로 추가됐다.

전달하는 모든 입력(만약에 명령행에서 ARQ를 사용한다면 ARQ가 --data 파라미터를 포함시키지 않았다고 불평하는 한이 있더라도 어쨌든 전달해야 함)을 무시하는 다음 질의는 값 도표를 만들 수 있는 방법을 보여준다. 이번 예제는 접두사가 붙은 이름과 리터럴 값으로 값 도표를 채운다. 이때 원하는 모든 종류의 RDF 값을 사용할 수 있다.

```
# 파일명: ex492.rq

PREFIX dm: <http://learningsparql.com/ns/demo#>

SELECT *
WHERE { }
   VALUES (?color ?direction) {
   ( dm:red  "north" )
   ( dm:blue  "west" )
}
```

결과는 다음과 같다.

```
------------------------
| color    | direction |
========================
| dm:red   | "north"   |
| dm:blue  | "west"    |
------------------------
```

이 결과에는 특별히 놀라운 게 없다. 하지만 SPARQL 질의로 2차원 도표를 생성하는 일이 얼마나 간단한지 보여준다. 질의에 추가할 수 있는 VALUES를 더 알아보기 위해 앞 절에서 봤던 데이터 집합과 비슷한 경비 보고서expense report 데이터 집합을 사용한다. 다만, 이번에는 3일간의 식사에 한정한다.

```
# 파일명: ex145.ttl

@prefix e: <http://learningsparql.com/ns/expenses#> .
@prefix d: <http://learningsparql.com/ns/data#> .

d:m40392 e:description "breakfast" ;
         e:date "2011-10-14" ;
         e:amount 6.53 .

d:m40393 e:description "lunch" ;
         e:date "2011-10-14" ;
         e:amount 11.13 .

d:m40394 e:description "dinner" ;
         e:date "2011-10-14" ;
         e:amount 28.30 .

d:m40395 e:description "breakfast" ;
         e:date "2011-10-15" ;
         e:amount 4.32 .

d:m40396 e:description "lunch" ;
         e:date "2011-10-15" ;
         e:amount 9.45 .

d:m40397 e:description "dinner" ;
         e:date "2011-10-15" ;
         e:amount 31.45 .

d:m40398 e:description "breakfast" ;
         e:date "2011-10-16" ;
         e:amount 6.65 .

d:m40399 e:description "lunch" ;
         e:date "2011-10-16" ;
         e:amount 10.00 .
```

```
d:m40400 e:description "dinner" ;
         e:date "2011-10-16" ;
         e:amount 25.05 .
```

VALUES 키워드를 시도하기 전 기준을 만들기 위해, VALUES 키워드 없이 모든 데이터 셋의 속성 값을 요청하는 간단한 질의부터 시작한다.

```
# 파일명: ex494.rq

PREFIX e: <http://learningsparql.com/ns/expenses#>

SELECT ?description ?date ?amount
WHERE
{
  ?meal e:description ?description ;
        e:date ?date ;
        e:amount ?amount .
}
```

앞의 ex145.ttl 데이터 집합에 이 질의를 실행하면 모든 내역, 날짜, 금액 값을 나열한다.

```
-----------------------------------------
| description | date         | amount |
=========================================
| "dinner"    | "2011-10-16" | 25.05  |
| "lunch"     | "2011-10-16" | 10.00  |
| "breakfast" | "2011-10-16" | 6.65   |
| "dinner"    | "2011-10-15" | 31.45  |
| "lunch"     | "2011-10-15" | 9.45   |
| "breakfast" | "2011-10-15" | 4.32   |
| "dinner"    | "2011-10-14" | 28.30  |
| "lunch"     | "2011-10-14" | 11.13  |
| "breakfast" | "2011-10-14" | 6.53   |
-----------------------------------------
```

앞 질의에 VALUES 키워드를 추가한 다음 버전은 ?description 값인 “lunch”이나 “dinner”가 있는 결과에만 관심이 있음을 나타낸다.

```
# 파일명: ex496.rq

PREFIX e: <http://learningsparql.com/ns/expenses#>

SELECT ?description ?date ?amount
WHERE
{
  ?meal e:description ?description ;
        e:date ?date ;
        e:amount ?amount .
  VALUES ?description { "lunch" "dinner" }
}
```

이 경우에서 만들어지는 VALUES 데이터 구조는 1차원이지 2차원은 아니다. 이는 한 번에 단일 값을 변수에 할당만 하는 BIND 키워드의 기능과 비교해보면 아직도 한 단계 위에 있음을 보여준다.

동일한 식사 경비 데이터를 이용한 새로운 질의의 출력은 앞의 결과 행인 “breakfast”가 없는 출력과 비슷하다.

```
-----------------------------------------
| description | date         | amount |
=========================================
| "lunch"     | "2011-10-16" | 10.00  |
| "lunch"     | "2011-10-15" | 9.45   |
| "lunch"     | "2011-10-14" | 11.13  |
| "dinner"    | "2011-10-16" | 25.05  |
| "dinner"    | "2011-10-15" | 31.45  |
| "dinner"    | "2011-10-14" | 28.30  |
-----------------------------------------
```

이 질의의 VALUES 절은 SELECT 절의 가장 가까운 중괄호 위에 위치할 수도 있다. 그렇게 해도 결과에 영향을 주지 않을 것이다(그렇지만 GROUP BY 절과 연합 질의에서 VALUES 절을 사용하는 경우에는 항상 그런 건 아니다).

동일한 데이터를 이용한 다음 질의는 출력 결과를 필터링하기 위해 사용할 2차원 도표를 생성한다.

```
# 파일명: ex498.rq

PREFIX e: <http://learningsparql.com/ns/expenses#>

SELECT ?description ?date ?amount
WHERE
{
  ?meal e:description ?description ;
        e:date ?date ;
        e:amount ?amount .

  VALUES (?date ?description) {
         ("2011-10-15" "lunch")
         ("2011-10-16" "dinner")
   }

}
```

이 질의는 모든 식사 데이터를 검색한 후, ?data 값인 "2011-10-15"와 ?description 값인 "lunch" 또는 ?data 값인 "2011-10-15"와 ?description 값인 "dinner"가 있는 결과만 전달한다.

```
-----------------------------------------
| description | date         | amount |
=========================================
| "lunch"     | "2011-10-15" | 9.45   |
| "dinner"    | "2011-10-16" | 25.05  |
-----------------------------------------
```

데이터 도표를 만들기 위해 VALUES를 사용할 때는 값을 모든 위치의 변수에 할당하지 말아야 한다. 와일드카드 역할을 하는 UNDEF 키워드는 해당 위치에 올 수 있는 값을 받는다. 다음 질의는 ?date 값과 관계없이 ?description 값이 "lunch"인 모든 행을 요청하고, 또한 ?description 값과 관계없이 ?date 값이 "2011-10-16"인 모든 행을 요청하도록 앞 질의를 변경한 것이다.

```
# 파일명: ex500.rq

PREFIX e: <http://learningsparql.com/ns/expenses#>
```

```
SELECT ?description ?date ?amount
WHERE
{
  ?meal e:description ?description ;
        e:date ?date ;
        e:amount ?amount .

  VALUES (?date ?description) {
         (UNDEF "lunch")
         ("2011-10-16" UNDEF)
   }

}
```

이 질의의 출력에는 이전 질의보다 더 많은 행이 있다.

```
-----------------------------------------
| description | date         | amount  |
=========================================
| "lunch"     | "2011-10-16" | 10.00   |
| "lunch"     | "2011-10-15" | 9.45    |
| "lunch"     | "2011-10-14" | 11.13   |
| "dinner"    | "2011-10-16" | 25.05   |
| "lunch"     | "2011-10-16" | 10.00   |
| "breakfast" | "2011-10-16" | 6.65    |
-----------------------------------------
```

각 질의가 무엇을 했는지에 대한 설명을 살펴보면, 이런 질의 조건 대부분을 VALUE 키워드 없이 지정했다는 것을 떠올릴 수도 있다. 예로 ex496.rq 질의에서 1차원인 VALUES 설정을 바꾸는 유일한 방법은 FILTER와 IN을 사용하는 것이다. 맞는 말이다. 그럼에도 불구하고 소량의 데이터를 사용해 새로운 키워드를 사용하는 여러 가지 방법을 보여주려고 한 것이었다.

대용량 데이터로 작업하는 과정에서 특히 더 복잡한 필터링 조건을 써야 할 때가 있다. 이때 질의에 추가 코드가 거의 없는 VALUES를 사용할 경우 최종 검색 결과를 더 강력하게 제어할 수 있는 추가 계층인 결과 필터링을 제공한다.

정렬, 집계, 최댓값과 최솟값 찾기

데이터를 더 많이 활용하기 위해 SPARQL로 데이터를 정렬하고 내장 함수를 사용할 수 있다. 이런 기능을 실험하기 위해 앞 절에서 봤던 경비 보고서 데이터를 확장해보자.

```
# 파일명: ex145.ttl

@prefix e: <http://learningsparql.com/ns/expenses#> .
@prefix d: <http://learningsparql.com/ns/data#> .

d:m40392 e:description "breakfast" ;
         e:date "2011-10-14" ;
         e:amount 6.53 .

d:m40393 e:description "lunch" ;
         e:date "2011-10-14" ;
         e:amount 11.13 .

d:m40394 e:description "dinner" ;
         e:date "2011-10-14" ;
         e:amount 28.30 .

d:m40395 e:description "breakfast" ;
         e:date "2011-10-15" ;
         e:amount 4.32 .

d:m40396 e:description "lunch" ;
         e:date "2011-10-15" ;
         e:amount 9.45 .

d:m40397 e:description "dinner" ;
         e:date "2011-10-15" ;
         e:amount 31.45 .

d:m40398 e:description "breakfast" ;
         e:date "2011-10-16" ;
         e:amount 6.65 .
```

```
d:m40399 e:description "lunch" ;
         e:date "2011-10-16" ;
         e:amount 10.00 .

d:m40400 e:description "dinner" ;
         e:date "2011-10-16" ;
         e:amount 25.05 .
```

데이터 정렬

SPARQL는 데이터를 정렬하는 ORDER BY 구phrase를 사용한다. SQL 사용자라면 이것이 친숙해 보일 것이다. 다음 질의는 ?amount 변수에 바인딩한 값으로 데이터를 정렬한다.

```
# 파일명: ex146.rq

PREFIX e: <http://learningsparql.com/ns/expenses#>

SELECT ?description ?date ?amount
WHERE
{
  ?meal e:description ?description ;
        e:date ?date ;
        e:amount ?amount .
}

ORDER BY ?amount
```

앞의 경비 보고서 데이터를 사용한 결과는 가장 작은 ?amount 값부터 가장 큰 ?amount 값까지 정렬한 경비 데이터를 보여준다.

```
-----------------------------------------
| description | date         | amount |
=========================================
| "breakfast" | "2011-10-15" | 4.32   |
| "breakfast" | "2011-10-14" | 6.53   |
| "breakfast" | "2011-10-16" | 6.65   |
| "lunch"     | "2011-10-15" | 9.45   |
| "lunch"     | "2011-10-16" | 10.00  |
```

```
| "lunch"      | "2011-10-14"  | 11.13    |
| "dinner"     | "2011-10-16"  | 25.05    |
| "dinner"     | "2011-10-14"  | 28.30    |
| "dinner"     | "2011-10-15"  | 31.45    |
--------------------------------------------
```

경비 보고서 데이터를 내림차순으로 정렬하기 위해 DESC() 함수에서 정렬 키를 감싼다.

```
# 파일명: ex148.rq

PREFIX e: <http://learningsparql.com/ns/expenses#>

SELECT ?description ?date ?amount
WHERE
{
  ?meal e:description ?description ;
        e:date ?date ;
        e:amount ?amount .
}

ORDER BY DESC(?amount)
```

> 37페이지의 "데이터 타입 지정"에서 터틀 트리플의 목적어가 따옴표가 없는 숫자일 때 처리기는 소수점 포함 여부에 따라 정수나 소수decimal로 취급한다고 배웠다. 다음 예제에서 보겠지만 정렬 키워드가 숫자로 정렬함을 알게 되면 이 숫자를 문자열이 아닌 금액으로 간주한다.

여러 키로 정렬하려면 키 값 이름을 공백으로 분리한다. 다음 예제는 경비 보고서 데이터를 알파벳으로 내역을 정렬한 후, 금액으로 정렬해서 가장 큰 금액부터 가장 작은 금액까지 보여준다.

```
# 파일명: ex149.rq

PREFIX e: <http://learningsparql.com/ns/expenses#>

SELECT ?description ?date ?amount
WHERE
{
```

```
  ?meal e:description ?description ;
        e:date ?date ;
        e:amount ?amount .
}

ORDER BY ?description DESC(?amount)
```

다음 결과는 각 식사 범주를 알파벳 순으로 나열한 내역 값과 내림차순으로 정렬한 금액을 보여준다.

```
-----------------------------------------
| description  | date         | amount  |
=========================================
| "breakfast"  | "2011-10-16" | 6.65    |
| "breakfast"  | "2011-10-14" | 6.53    |
| "breakfast"  | "2011-10-15" | 4.32    |
| "dinner"     | "2011-10-15" | 31.45   |
| "dinner"     | "2011-10-14" | 28.30   |
| "dinner"     | "2011-10-16" | 25.05   |
| "lunch"      | "2011-10-14" | 11.13   |
| "lunch"      | "2011-10-16" | 10.00   |
| "lunch"      | "2011-10-15" | 9.45    |
-----------------------------------------
```

최솟값, 최댓값, 계수, 평균값

SPARQL 1.0로 데이터 집합에서 가장 작거나 가장 큰 값, 혹은 알파벳순으로 처음 값이나 마지막 값인 데이터를 검색할 때는 LIMIT 키워드를 사용한다. 이 키워드는 데이터를 정렬한 후 처음 나타나는 값만 가져온다(98페이지의 "결과를 특정 개수로 조회"에서 이를 설명했다). 예로 ex148.rq 질의는 내림차순으로 정렬한 경비 보고서 데이터에서 가장 큰 금액 값과 가장 작은 금액 값을 요청한다. 다음과 같이 이 질의에 LIMIT SOARQL 처리기에 이런 값 중 첫 번째 값만 반환하도록 알려주는 1을 추가한다.

```
# 파일명: ex151.rq

PREFIX e: <http://learningsparql.com/ns/expenses#>
```

```
SELECT ?description ?date ?amount
WHERE
{
  ?meal e:description ?description ;
        e:date ?date ;
        e:amount ?amount .
}

ORDER BY DESC(?amount)
LIMIT 1
```

앞 질의를 실행하면 가장 비싼 식사를 보여준다.

```
-------------------------------------------
| description | date         | amount |
===========================================
| "dinner"    | "2011-10-15" | 31.45  |
-------------------------------------------
```

정렬키를 감싼 DESC() 함수가 없는 질의는 가장 싼 식사에 대한 데이터를 표시한다. 그 이유는 오름차순으로 정렬한 데이터에서 첫 번째였기 때문이다.

MAX() 함수를 사용하면 훨씬 더 단순한 질의로 가장 큰 금액을 찾을 수 있다.

1.1 알림

이 절에서 기술했던 MAX() 함수와 나머지 함수는 SPARQL 1.1에 새로 추가됐다.

다음은 간단한 예제다.

```
# 파일명: ex153.rq

PREFIX e: <http://learningsparql.com/ns/expenses#>

SELECT (MAX(?amount) as ?maxAmount)
WHERE { ?meal e:amount ?amount . }
```

이 질의의 SELECT 절은 amount 변수에 바인딩된 최대값을 ?maxAmount 변수에 저장한다. 질의 엔진은 다음과 같이 반환한다.

```
---------------
| maxAmount   |
===============
| 31.45       |
---------------
```

MAX() 함수로 식별한 최대 금액과 관련된 내역과 날짜 값을 찾으려면 다음과 같이 하위질의에서 최대값을 찾은 후, 이 최대값과 관련된 데이터를 요청해야 한다.

```
# 파일명: ex155.rq

PREFIX e: <http://learningsparql.com/ns/expenses#>

SELECT ?description ?date ?maxAmount
WHERE
{
  {
    SELECT (MAX(?amount) as ?maxAmount)
    WHERE { ?meal e:amount ?amount . }
  }
  {
    ?meal e:description ?description ;
          e:date ?date ;
          e:amount ?maxAmount .
  }
}
```

SPARQL 1.0의 ORDER BY과 LIMIT 1 트릭은 실제로 더 간단하다. 곧 보겠지만 MAX() 함수(짝은 가장 작은 값을 찾는 MIN() 함수임)는 다른 상황에서 편리하다.

ex153.rq 질의의 MAX()를 다른 새로운 함수로 대체하면 SPARQL 1.0에 없는 흥미로운 작업을 할 수 있다. 예로 다음 질의는 경비 보고서 데이터에서 모든 식사의 평균 비용을 찾는다.

```
# 파일명: ex156.rq

PREFIX e: <http://learningsparql.com/ns/expenses#>

SELECT (AVG(?amount) as ?avgAmount)
WHERE { ?meal e:amount ?amount . }
```

ARQ은 다른 SPARQL 처리기로는 불가능한, 꽤 많은 소수점을 갖는 평균값을 계산한다.

```
--------------------------------
| avgAmount                    |
================================
| 14.764444444444444444444444  |
--------------------------------
```

동일한 곳에서 SUM() 함수를 사용하면 값을 합친다. COUNT() 함수는 변수에 바인딩된 값이 몇 개인지 센다. 달리 말하면 검색했던 e:amount 값이 몇 개인지 센다.

흥미로운 함수가 하나 더 있다. 바로 변수에 바인딩된 모든 값을 공백이나 선택사항인 두 번째 인자에 지정한 구분자로 분리한 후, 합치는 GROUP_CONCAT()이다. 다음 질의는 모든 금액 값을 쉼표로 분리한 후 ?amountList 변수에 저장한다.

```
# 파일명: ex158.rq

PREFIX e: <http://learningsparql.com/ns/expenses#>

SELECT (GROUP_CONCAT(?amount; SEPARATOR = ",") AS ?amountList)
WHERE { ?meal e:amount ?amount . }
```

다음과 같은 결과(ARQ가 기본 출력 형식으로 표시하기 위해 추가한 헤더와 테두리 문자를 뺀 것임)는 스프레드시트로 가져오기가 쉽다.

```
------------------------------------------------------------
| amountList                                               |
============================================================
| "25.05,10.00,6.65,31.45,9.45,4.32,28.30,11.13,6.53"      |
------------------------------------------------------------
```

데이터를 그룹화하고, 그룹 안에서 집계 값 찾기

SQL에서 물려받은 SPARQL의 또 다른 기능은 GROUP BY 키워드 구다. 각 그룹에 대한 하위 총합subtotal 계산 같은 집계 기능을 수행하기 위해 GROUP BY 키워드 구로 데이터 집합을 그룹화할 수 있다. 예로 다음 질의는 ?description 값으로 결과를 그룹화(즉, 경비 보고서 데이터의 조식 값, 중식 값, 석식 값을 각각 그룹화)한 후, 각 그룹의 ?amount 값을 합하라고 SPARQL 처리기에 알려준다.

```
# 파일명: ex160.rq

PREFIX e: <http://learningsparql.com/ns/expenses#>

SELECT ?description (SUM(?amount) AS ?mealTotal)
WHERE
{
  ?meal e:description ?description ;
        e:amount ?amount .
}
GROUP BY ?description
```

ex145.ttl 데이터에 질의를 실행한 후의 결과는 다음과 같다.

```
----------------------------
| description  | mealTotal  |
============================
| "dinner"     | 84.80      |
| "lunch"      | 30.58      |
| "breakfast"  | 17.50      |
----------------------------
```

질의에서 SUM() 함수를 AVG(), MAX(), COUNT() 함수로 대체하면 각 그룹의 평균값, 최소값, 최대값, 값의 개수를 제공한다.

새로운 데이트를 살펴보기 위해 COUNT()를 멋지게 사용하는 방법을 보여주는 다음 질의는 각 술어를 몇 번 사용했는지 알려준다.

```
# 파일명: ex162.rq

SELECT ?p (COUNT(?p) AS ?pTotal)
WHERE
{ ?s ?p ?o . }
GROUP BY ?p
```

매우 범용적인 질의인 ex162.rq는 네임스페이스를 선언하지 않았음에 주목하자.

경비 보고서 데이터는 각 식사를 기술한 트리플 개수가 동일하므로 매우 규칙적인 형식이다. 따라서 비용 보고서 데이터에 이 질의를 실행한 결과에는 특별히 흥미로운 게 없다. 다만, 어디까지나 질의가 제대로 작동함을 보여줄 뿐이다.

```
-----------------------------------------------------------------
| p                                                    | pTotal |
=================================================================
| <http://learningsparql.com/ns/expenses#date>        | 9      |
| <http://learningsparql.com/ns/expenses#description> | 9      |
| <http://learningsparql.com/ns/expenses#amount>      | 9      |
-----------------------------------------------------------------
```

보다 들쑥날쑥한 형태인 데이터를 살펴볼 때 이런 종류의 질의를 사용하면 더 효과적이다.

HAVING 키워드는 집계 값과 함께 사용되는 반면에 FILTER 키워드는 개별 값과 함께 사용된다. HAVING 키워드는 결과에 표시하려는 값을 제한하는 조건을 지정한다. 식사 비용을 합산하는 질의의 다음 버전에서 HAVING 키워드는 SPARQL 처리기에게 하위 총합이 20 이상에만 관심이 있음을 알려준다.

```
# 파일명: ex164.rq

PREFIX e: <http://learningsparql.com/ns/expenses#>

SELECT ?description (SUM(?amount) AS ?mealTotal)
WHERE
{
  ?meal e:description ?description ;
        e:amount ?amount .
}
GROUP BY ?description
HAVING (SUM(?amount) > 20)
```

결과는 다음과 같다.

```
----------------------------
| description | mealTotal |
============================
| "dinner"    | 84.80     |
| "lunch"     | 30.58     |
----------------------------
```

원격 SPARQL 서비스에 질의

FROM 키워드 옆에 질의 대상인 데이터 집합 이름을 지정하는 방법을 살펴봤다. 이 데이터 집합은 로컬 파일이나 원격 파일일 수 있다. 예로 다음 질의는 팀 버너슬리의 FOAF 파일에 있는 더블린 코어의 title을 요청한다.

```
# 파일명: ex166.rq

PREFIX dc: <http://purl.org/dc/elements/1.1/>

SELECT ?title
FROM <http://dig.csail.mit.edu/2008/webdav/timbl/foaf.rdf>
WHERE { ?s dc:title ?title .}
```

SERVICE 키워드는 원격 데이터에 질의하는 또 다른 방법이다. 하지만 어디선가에 있는 RDF 파일(또는 RDF 파일과 동일하게 제공하는 서비스)을 지정하는 대신에 SPARQL 접점을 지정한다. 일반적인 SPARQL 질의나 하위질의를 사용할 경우 어딘가에 있는 로컬이나 원격에서 데이터를 검색한 후, 이 데이터에 질의를 적용한다. 반면에 SERVICE 키워드를 사용한다면 "이 질의를 실행한 후에 결과를 되돌려 보내도록 해당 질의를 특정 SPARQL 접점 서비스에 보내라"고 할 수 있다. SERVICE는 알면 더 좋은 훌륭한 키워드다. 활용 가능한 SPARQL 접점이 아주 많고, 애플리케이션에 SPARQL 접점에 있는 데이터를 많이 추가할 수 있기 때문이다.

1.1 알림

SERVICE 키워드는 SPARQL 1.1에 새로 추가됐다.

SERVICE 키워드는 그래프 패턴이나 질의 전체를 접점에 전달할 수 있다. 다음은 전체 질의를 보내는 예제다.

```
# 파일명: ex167.rq

PREFIX cat:    <http://dbpedia.org/resource/Category:>
PREFIX skos:   <http://www.w3.org/2004/02/skos/core#>
PREFIX rdfs:   <http://www.w3.org/2000/01/rdf-schema#>
PREFIX owl:    <http://www.w3.org/2002/07/owl#>
```

```
PREFIX foaf:    <http://xmlns.com/foaf/0.1/>

SELECT ?p ?o
WHERE
{
  SERVICE <http://DBpedia.org/sparql>
  { SELECT ?p ?o
    WHERE { <http://dbpedia.org/resource/Joseph_Hocking> ?p ?o . }
  }
}
```

ARQ는 여러분이 명령행이나 FROM 문 중 하나에서 질의 대상인 어떤 데이터를 지정할 거라고 예상한다. 앞 질의는 질의 대상인 어떤 데이터를 지정하는 것으로 보일 수 있지만, 사실은 아니다. 대신 실제로 질의를 보낼 접점을 지정한다. 어느 쪽이든 명령행에서 ARQ를 사용해 실행하려면 데이터 파일을 `--data` 인자와 함께 지정해야 한다. 하지만 ARQ는 정작 이 데이터 파일을 처리하지 않는다. ARQ가 아닌 다른 SPARQL 처리기라면 그렇게 하지 않을 수도 있다.

앞 질의는 아주 간단하다. 주어인 *http://depedia.org/resource/Joseph_Hocking*를 갖는 모든 디비피디아의 술어와 목적어를 요청하는 것뿐이다. 다음과 같은 출력을 생성한다.

```
-------------------------------------------------------------------|
| p              | o                                                |
===================================================================|
| owl:sameAs     | <http://rdf.freebase.com/ns/guid.9202a8c...>    |
| rdfs:comment   | "Joseph Hocking (November 7, 1860–.March ..."@en |
| skos:subject   | cat:Cornish_writers                              |
| skos:subject   | cat:English_Methodist_clergy                     |
| skos:subject   | cat:19th-century_Methodist_clergy                |
| skos:subject   | cat:People_from_St_Stephen-in-Brannel            |
| skos:subject   | cat:1860_births                                  |
| skos:subject   | cat:1937_deaths                                  |
| skos:subject   | cat:English_novelists                            |
| rdfs:label     | "Joseph Hocking"@en                              |
| foaf:page      | <http://en.wikipedia.org/wiki/Joseph_Hocking>    |
-------------------------------------------------------------------
```

이 결과의 데이터양은 많지 않다. 일부러 애매한 사람을 골라서 요청했기 때문이다. 이외에 페이지에 더 쉽게 맞추기 위해 '…' 가 있는 두 곳에서 데이터를 잘라냈다. 영국 소설가이자 총리인 조셉 호킹Joseph Hocking을 기술한 rdfs:comment 값은 실제로 전체 단락이다.

보통 전체 질의를 원격 서비스에 전달하기 위해 SERVICE를 사용하는 대신에 질의가 관심이 있는 트리플을 나타내는 그래프 패턴을 보내기만 하면 외부 질의의 SELECT(혹은 CONSTRUCT나 다른 질의 형태)에 관심이 있는 값을 표시한다. 다음 질의는 앞 질의와 동일한 결과를 반환한다.

```
# 파일명: ex539.rq

PREFIX cat:     <http://dbpedia.org/resource/Category:>
PREFIX skos:    <http://www.w3.org/2004/02/skos/core#>
PREFIX rdfs:    <http://www.w3.org/2000/01/rdf-schema#>
PREFIX owl:     <http://www.w3.org/2002/07/owl#>
PREFIX foaf:    <http://xmlns.com/foaf/0.1/>

SELECT ?p ?o
WHERE
{
  SERVICE <http://DBpedia.org/sparql>
  { <http://dbpedia.org/resource/Joseph_Hocking> ?p ?o . }
}
```

다음 질의는 구텐베르크 프로젝트Project Gutenberg의 공개 전자책 모음집과 관련된 독일 메타데이터 모음집에, 동일한 영국 소설가에 대한 비슷한 요청을 보낸다.

```
# 파일명: ex170.rq

PREFIX rdf:   <http://www.w3.org/1999/02/22-rdf-syntax-ns#>
PREFIX rdfs:  <http://www.w3.org/2000/01/rdf-schema#>
PREFIX gp:    <http://wifo5-04.informatik.uni-mannheim.de/gutendata/resource/people/>

SELECT ?p ?o
WHERE
{
  SERVICE <http://wifo5-04.informatik.uni-mannheim.de/gutendata/sparql>
  { gp:Hocking_Joseph ?p ?o . }
}
```

결과는 다음과 같다.

```
-----------------------------------------------------------------------
| p                                   | o                              |
=======================================================================
| rdfs:label                          | "Hocking, Joseph"              |
| <http://xmlns.com/foaf/0.1/name>    | "Hocking, Joseph"              |
| rdf:type                            | <http://xmlns.com/foaf/0.1/Person> |
-----------------------------------------------------------------------
```

많은 데이터는 아니다. 하지만 gp:Hocking_Joseph가 목적어인 모든 트리플의 주어와 술어를 요청해 다시 정렬하면 주어이자 소설을 나타내는 URI인 트리플을 찾는다. 이 소설의 저자 값인 gp:Hocking_Joseph을 따라가면 소설 자체와 이 소설에 대한 다른 메타데이터 관련 링크를 볼 수 있다. 검색한 데이터를 따라가면서 저작물에 접근하는 이 기능은 더 잘 알려진 저자와 저작권이 소멸된 저작물에 동일한 기술을 적용할 때 훨씬 더 흥미롭다. 문학에 관심이 있다면 저작권이 소멸된 저작물은 링크드 데이터 클라우드의 매력적인 코너다.

질의 대상인 흥미로운 트리플 집합을 제공하는 소스가 많이 있다. 다만 원격 서비스를 사용한다면 접점이 아주 멀리 있지 않아도 되고, 심지어 트리플을 저장할 필요가 없음을 기억하자.* 설정하기 매우 쉽고 많이 건드려볼 수 있는 오픈소스인 D2RQ 인터페이스에서 관계형 데이터베이스에 질의하기 위해 SPARQL을 사용할 수 있다.** 이것은 일반 사용자 혹은 방화벽 안에서 인가된 사용자가 SPARQL 질의를 사용할 수 있는 관계형 데이터베이스를 설정할 수 있음을 의미한다. 방화벽 안에 인가된 사용자는 조직 내부에서 사일로silo 안에 숨겨져 있는 데이터에 더 쉽게 접근하고, 이런 방식으로 저장된 데이터를 SERVICE 키워드로 얻을 수 있으므로 RDF 기술이 점점 더 인기를 얻고 있다.

연합 질의: 하나의 질의로 여러 데이터 집합 검색

SERVICE 키워드를 사용해서 다른 질의 안에 하위질의를 넣을 수 있다. 여러 데이터 집합에서 데이터를 검색하는 단일 질의를 작성한 후 실행하기 위해 배워야 할 내용을 이미 알고 있다.

* 원격 서비스로 접속하는 접점은 거리와 상관없으며 로컬도 된다. 원격 서비스 대상인 접점을 조회 전용으로 사용할 경우 트리플을 저장할 필요가 없다. - 옮긴이
* D2RQ는 오픈소스이고, SPQARQL을 사용해서 관계형 데이터베이스에서 데이터를 조회할 수 있다. - 옮긴이

바로 각 집합에 대한 하위질의를 만들면 된다는 것이다(110페이지의 "질의 안의 질의"에서 하위질의에 대한 자세한 내용 참조). 다음 질의는 130페이지의 "원격 SPARQL 서비스에 질의"에서 살펴본 두 예제를 조합한 것이다. 다만, 각 하위질의 안에서 변수 이름이 유일하도록 변경했다.

```
# 파일명: ex172.rq

PREFIX cat:   <http://dbpedia.org/resource/Category:>
PREFIX foaf:  <http://xmlns.com/foaf/0.1/>
PREFIX gp:    <http://wifo5-04.informatik.uni-mannheim.de/gutendata/resource/people/>
PREFIX owl:   <http://www.w3.org/2002/07/owl#>
PREFIX rdf:   <http://www.w3.org/1999/02/22-rdf-syntax-ns#>
PREFIX rdfs:  <http://www.w3.org/2000/01/rdf-schema#>
PREFIX skos:  <http://www.w3.org/2004/02/skos/core#>

SELECT ?dbpProperty ?dbpValue ?gutenProperty ?gutenValue
WHERE
{
  SERVICE <http://DBpedia.org/sparql>
  {
    <http://dbpedia.org/resource/Joseph_Hocking> ?dbpProperty ?dbpValue .
  }
  SERVICE <http://wifo5-04.informatik.uni-mannheim.de/gutendata/sparql>
  {
    gp:Hocking_Joseph ?gutenProperty ?gutenValue .
  }
}
```

결과는 그림 3-5(다시 말하지만, 데이터를 잘라낸 '…' 부분이 있음)와 같다. 이 결과는 예상한 것과 상당히 다를 것이다.

> 질의는 SPARQL 접점에서 데이터를 검색하기 위해 SERVICE 키워드를 사용했다. 기억해두자.

앞 절에서 두 하위질의를 따로 실행하면 각각 11개와 3개의 행인 결과를 제공한다. 반면 두 하위질의를 조합한 이 연합 질의는 33개의 행을 제공한다. 따라서 무슨 일이 일어났는지 추측

```
---------------------------------------------------------------------------------------------------------------
| dbpProperty  | dbpValue                                       | gutenProperty | gutenValue          |
===============================================================================================================
| owl:sameAs   | <http://rdf.freebase.com/ns/guid.9202a8c...>   | rdfs:label    | "Hocking, Joseph" |
| owl:sameAs   | <http://rdf.freebase.com/ns/guid.9202a8c...>   | foaf:name     | "Hocking, Joseph" |
| owl:sameAs   | <http://rdf.freebase.com/ns/guid.9202a8c...>   | rdf:type      | foaf:Person       |
| rdfs:comment | "Joseph Hocking (November 7, 1860-March ..."@en | rdfs:label    | "Hocking, Joseph" |
| rdfs:comment | "Joseph Hocking (November 7, 1860-March ..."@en | foaf:name     | "Hocking, Joseph" |
| rdfs:comment | "Joseph Hocking (November 7, 1860-March ..."@en | rdf:type      | foaf:Person       |
| skos:subject | cat:Cornish_writers                            | rdfs:label    | "Hocking, Joseph" |
| skos:subject | cat:Cornish_writers                            | foaf:name     | "Hocking, Joseph" |
| skos:subject | cat:Cornish_writers                            | rdf:type      | foaf:Person       |
| skos:subject | cat:English_Methodist_clergy                   | rdfs:label    | "Hocking, Joseph" |
| skos:subject | cat:English_Methodist_clergy                   | foaf:name     | "Hocking, Joseph" |
| skos:subject | cat:English_Methodist_clergy                   | rdf:type      | foaf:Person       |
| skos:subject | cat:19th-century_Methodist_clergy              | rdfs:label    | "Hocking, Joseph" |
| skos:subject | cat:19th-century_Methodist_clergy              | foaf:name     | "Hocking, Joseph" |
| skos:subject | cat:19th-century_Methodist_clergy              | rdf:type      | foaf:Person       |
| skos:subject | cat:People_from_St_Stephen-in-Brannel          | rdfs:label    | "Hocking, Joseph" |
| skos:subject | cat:People_from_St_Stephen-in-Brannel          | foaf:name     | "Hocking, Joseph" |
| skos:subject | cat:People_from_St_Stephen-in-Brannel          | rdf:type      | foaf:Person       |
| skos:subject | cat:1860_births                                | rdfs:label    | "Hocking, Joseph" |
| skos:subject | cat:1860_births                                | foaf:name     | "Hocking, Joseph" |
| skos:subject | cat:1860_births                                | rdf:type      | foaf:Person       |
| skos:subject | cat:1937_deaths                                | rdfs:label    | "Hocking, Joseph" |
| skos:subject | cat:1937_deaths                                | foaf:name     | "Hocking, Joseph" |
| skos:subject | cat:1937_deaths                                | rdf:type      | foaf:Person       |
| skos:subject | cat:English_novelists                          | rdfs:label    | "Hocking, Joseph" |
| skos:subject | cat:English_novelists                          | foaf:name     | "Hocking, Joseph" |
| skos:subject | cat:English_novelists                          | rdf:type      | foaf:Person       |
| rdfs:label   | "Joseph Hocking"@en                            | rdfs:label    | "Hocking, Joseph" |
| rdfs:label   | "Joseph Hocking"@en                            | foaf:name     | "Hocking, Joseph" |
| rdfs:label   | "Joseph Hocking"@en                            | rdf:type      | foaf:Person       |
| foaf:page    | <http://en.wikipedia.org/wiki/Joseph_Hocking>  | rdfs:label    | "Hocking, Joseph" |
| foaf:page    | <http://en.wikipedia.org/wiki/Joseph_Hocking>  | foaf:name     | "Hocking, Joseph" |
| foaf:page    | <http://en.wikipedia.org/wiki/Joseph_Hocking>  | rdf:type      | foaf:Person       |
---------------------------------------------------------------------------------------------------------------
```

[그림 3-5] ex172.rq 질의의 결과

할 수 있다. 결과는 교차곱cross-product 즉, 첫 번째 질의 내 각 행의 두 값과 두 번째 질의 내 각 행의 두 값을 모두 조합한 것이다.

이런 두 트리플 집합의 교차곱은 특별히 유용하지 않다. 하지만 추후 4장에서 서로 다른 소스의 여러 집합을 나중에 재사용하기 위해 쉽게 묶을 수 있는 방법을 배울 것이다.

> 연합 질의는 두 개 이상의 하위질의를 가질 수 있다. 다만 한 소스에 하위질의를 하고, 그 다음에는 다른 소스에 하위질의를 하고, 그보다 더 하위질의를 한다고 질의 처리기에게 알려주면 처리 시간이 오래 걸릴 수 있다는 점을 기억하자.

1.1 알림

SERVICE 키워드를 사용해서 하위질의를 구성한다면, 연합 질의 실행을 지원하는 SPARQL 1.1이 필요하다.

가장 유명한 무료 공개 SPARQL 접점은 자원 봉사자의 결실이다. 따라서 하루 24시간 내내 모든 질의에 반드시 응답한다는 법이 없다. 한 번에 둘 이상의 무료 서비스에 질의하면 질의를 성공적으로 실행하지 못할 가능성이 늘어난다.

전체 원격 데이터 집합을 통해 찾은 값이 또 다른 원격 데이터 집합에서 똑같이 발견될 수도 있다. 이런 경우 두 개(혹은 그 이상)의 데이터 집합이 요청을 합리적으로 처리하는 규모임을 절대적으로 확신하지 않는 한 연합 질의를 작성하지 말아야 한다. 디비피디아, 링크드 영화 데이터베이스Linked Movie Database, 구텐베르크 프로젝트 메타데이터, 그 외에 대부분의 다른 공개 SPARQL 접점은 이런 종류의 요청을 판단하기엔 너무나 버거우며, 요청을 완전히 수행하기도 전에 시간이 지나버릴 것이다. 이런 질의에 LIMIT와 OFFSET 키워드를 추가한다면 공개 PARQL 접점에 대한 질의 요청량을 줄이는 데 도움이 될 수 있다.

요약

3장에서 배운 내용은 다음과 같다.

- URI 대신에 자원의 자연 언어 표현을 보여줌으로써 질의 결과를 더 읽을 수 있게 해주는 `rdfs:label` 속성
- 특정 변수와 일치하지 않아 전체 그래프 패턴이 실패할 수 있고 아닐 수 있는 데이터를 검색하기 위한 유연성을 질의에 제공하는 OPTIONAL 키워드
- 한 트리플 패턴의 목적어 위치와 또 다른 트리플 패턴의 주어 위치에 있는 동일한 변수로 연결된 트리플을 찾는 데 도움이 되는 방법, 속성 경로를 이용한 짧은 질의로 데이터 망network of data을 요청하는 방법
- 공백 노드로 트리플을 함께 그룹화하는 방법
- 질의 결과에서 중복된 데이터를 제거하는 DISTINCT 키워드

- 서로 다른 여러 데이터 집합을 탐색하기 위해 여러 그래프 패턴을 지정한 후, 질의 결과에서 이를 조합하는 UNION 키워드
- 데이터가 충족해야 하는 불리언 조건에 기반을 두고 결과를 잘라내는 FILTER 키워드, 질의 처리기가 검색한 결과에서 LIMIT 키워드를 사용해 특정 개수로 자르는 방법, 결과의 특정 개수를 건너뛰는 OFFSET 키워드, 특정 명명된 그래프에서만 데이터를 검색하는 방법
- 새로운 값을 계산하는 표현식을 사용하는 방법, BIND 키워드로 표현식 사용을 간결화하는 방법
- VALUES 키워드를 써서 필터 조건으로 사용할 값 도표를 만드는 방법
- ORDER BY로 오름차순이나 내림차순으로 데이터를 정렬하는 방법, ORDER BY와 LIMIT 키워드를 조합해서 가장 큰 값과 가장 작은 값을 요청하는 방법, `MAX()`, `AVG()`, `SUM()`, 그외 다른 집계 함수로 데이터를 훨씬 더 많이 다루는 방법, 그룹 안에서 집계 값을 찾기 위해 특정 값으로 데이터를 그룹화하는 방법
- 하위질의를 만드는 방법
- 값을 변수에 할당하는 방법
- 질의하기 위해 원격 SPARQL 접점을 지정하는 SERVICE 키워드
- 연합 질의를 수행하기 위해 SERVICE 키워드를 사용하는 여러 하위질의를 조합하는 방법

Chapter

4 데이터 복사, 생성, 변환과 나쁜 데이터 찾기

3장에서는 데이터 집합에서 트리플을 가져와서 해당 트리플의 값을 표시하는 많은 방법을 기술했다. 4장에서는 3장의 이런 값을 표시하는 방법 외에 다음과 같이 훨씬 더 많이 할 수 있는 다른 방법을 자세하게 알아본다.

"질의 형태: SELECT, DESCRIBE, ASK, CONSTRUCT"(140페이지)

SPARQL에서는 그래프 패턴으로 데이터 집합에서 트리플을 가져오는 방법이 거의 비슷하며, 여러 가지 방법을 이미 알고 있다. SELECT 외에 추출된 이런 트리플로 무엇을 하려는지를 나타내기 위해 사용할 수 있는 키워드는 세 개가 더 있다.

"데이터 복사"(141페이지)

이것은 여러 소스에서 특정 주제에 대한 데이터를 집계하려는 것일 수도 있고, 애플리케이션이 데이터를 기반으로 더 빠르고 안정적으로 작업할 수 있도록 로컬에 데이터를 저장하려는 것일 수도 있다.

"새로운 데이터 생성"(147페이지)

3장에서 배운 그래픽 패턴 로직의 종류를 실행하다보면 다른 데이터로 저장할 수 있다는 새로운 사실을 간혹 알게 된다. 기존 데이터에서 새로운 데이터를 생성하는 기능은 SPARQL과 RDF 기술의 가장 흥미로운 측면이다.

“데이터 변환”(153페이지)

애플리케이션은 특정 모델에 맞는 데이터를 기대한다. 만약에 해당 모델에 거의 맞지 않는 데이터를 보유했다면 가장 적합한 트리플로 쉽게 변환할 수도 있다. 대상 모델이 확정된 표준이라면 데이터를 변환해 다른 데이터 및 애플리케이션과 통합하는 새로운 기회를 얻을 수도 있다.

“나쁜 데이터 찾기”(158페이지)

만약에 보고 싶지 않은 데이터의 종류를 기술할 수 있다면 이런 데이터를 찾을 수 있다. 여러 소스에서 데이터를 수집할 때 애플리케이션이 더 잘 사용할 수 있도록 나쁜 데이터를 찾는 기능(과 데이터를 변환하는 기능)을 사용해 데이터를 조작하므로 대단히 유용할 수 있다. 이런 기술을 적절한 데이터 타입 사용 같은 제약 조건 검사와 함께 사용하면 데이터 집합이 비즈니스 규칙에 부합하는지 여부를 확인할 수도 있다.

“자원을 기술하도록 요청하기”(171페이지)

특정 URI로 나타낸 자원의 정보를 SPARQL의 DESCRIBE 연산으로 요청할 수 있다.

1.1 알림

4장에서 기술하는 일반적인 방법은 SPARQL 1.0 뿐만 아니라 1.1도 가능하다. 다만, 몇 가지 예제는 SPARQL 1.1에서만 가능한 BIND 키워드와 함수를 이용한다.

질의 형태: SELECT, DESCRIBE, ASK, CONSTRUCT

SPARQL의 가장 인기가 있는 동사는 SQL과 마찬가지로 SELECT다. SELECT를 이용하면 단일 전화번호든, 1월에 채용된 직원의 성, 이름, 전화번호를 성으로 정렬한 목록이든 관계없이 모음집에서 원하는 데이터를 요청할 수 있다. ARQ 같은 SPARQL 처리기는 전형적으로 SPARQL 질의 결과를 선택한 각 변수 이름에 대한 열 및 행과 열로 구성된 테이블로 보여준다. SPARQL API는 프로그래밍 언어에 적합하되 API의 기초가 되는 데이터 구조에 데이터를 적재한다.

SPARQL에서 SELECT는 잘 알려진 질의 형태다. 이밖에 세 가지가 더 있다.

- CONSTRUCT는 트리플을 반환한다. 데이터 소스에서 트리플을 변경하지 않고도 해당 트리플을 직접 가져오거나 새로운 트리플을 생성하기 위해 기존 트리플을 가져와서 사용할 수 있다. CONSTRUCT를 이용하면 RDF 데이터 복사, 생성, 변환할 수 있고, 특정 비즈니스 규칙을 따르지 않는 데이터를 더 쉽게 식별할 수 있다.
- ASK는 주어진 그래프 패턴이 특정 데이터 집합의 트리플 집합을 기술하는지 여부를 질의 처리기에 요청한다. 그러면 질의 처리기가 불리언 값인 true나 false를 반환한다. 따라서 데이터가 참 혹은 거짓이어야 하는 조건에 대한 비즈니스 규칙 표현에 가장 유용하다. 데이터 처리 파이프라인의 품질 관리를 자동화하기 위해 이런 규칙 집합을 사용할 수 있다.
- DESCRIBE는 특정 자원을 기술한 트리플을 요청한다. SPARQL 명세를 보면 명명된 자원의 기술을 보낼 트리플을 결정하는 것을 질의 처리기에 맡긴다고 했다. 이로 인해 DESCRIBE 질의가 일관성 없게 구현됐고, 따라서 인기가 별로 없다. 하지만 그래도 DESCRIBE는 쓸 만한 가치가 있다.

4장의 대부분에서는 CONSTRUCT 질의 형태에 대한 사용법을 찾아볼 수 있도록 폭넓게 다룬다. 또한 예제를 통해 ASK를 사용하는 방법을 몇 가지 살펴보며, DESCRIBE도 사용해보려고 한다.

데이터 복사

CONSTRUCT 키워드로 트리플을 생성할 수 있다. 생성한 트리플은 입력에서 트리플의 복사본을 추출할 수 있다. 다음과 같이 1장의 Craig Ellis에 관한 모든 정보가 있는 데이터 집합에 질의한다고 가정하자.

```
# 파일명: ex012.ttl

@prefix ab: <http://learningsparql.com/ns/addressbook#> .
@prefix d:  <http://learningsparql.com/ns/data#> .

d:i0432 ab:firstName   "Richard" .
d:i0432 ab:lastName    "Mutt" .
```

```
d:i0432 ab:homeTel     "(229) 276-5135" .
d:i0432 ab:email       "richard49@hotmail.com" .

d:i9771 ab:firstName   "Cindy" .
d:i9771 ab:lastName    "Marshall" .
d:i9771 ab:homeTel     "(245) 646-5488" .
d:i9771 ab:email       "cindym@gmail.com" .

d:i8301 ab:firstName   "Craig" .
d:i8301 ab:lastName    "Ellis" .
d:i8301 ab:email       "craigellis@yahoo.com" .
d:i8301 ab:email       "c.ellis@usairwaysgroup.com" .
```

다음 SELECT 질의는 간단하다. `ab:firstName`의 값인 "Craig"와 `ab:lastName`의 값인 "Ellis"를 갖는 동일한 주어가 있는 모든 트리플의 주어, 술어, 목적어를 원한다.

```
# 파일명: ex174.rq

PREFIX ab: <http://learningsparql.com/ns/addressbook#>
PREFIX d:  <http://learningsparql.com/ns/data#>

SELECT ?person ?p ?o
WHERE
{
  ?person ab:firstName "Craig" ;
          ab:lastName "Ellis" ;
          ?p ?o .
}
```

주어, 술어, 목적어를 `?person`, `?p`, `?o` 변수에 저장한다. ARQ는 이런 값을 각 변수에 대한 열과 함께 반환한다.

```
-------------------------------------------------------------
| person  | p            | o                                |
=============================================================
| d:i8301 | ab:email     | "c.ellis@usairwaysgroup.com"     |
| d:i8301 | ab:email     | "craigellis@yahoo.com"           |
| d:i8301 | ab:lastName  | "Ellis"                          |
| d:i8301 | ab:firstName | "Craig"                          |
-------------------------------------------------------------
```

앞 질의와 동일한 CONSTRUCT 버전은 WHERE 절 이하와 똑같은 그래프 패턴을 갖는다. 하지만 세 변수에 바인딩된 각 값 집합을 생성하는 트리플을 지정한다.

```
# 파일명: ex176.rq

PREFIX ab: <http://learningsparql.com/ns/addressbook#>
PREFIX d:  <http://learningsparql.com/ns/data#>

CONSTRUCT
{ ?person ?p ?o . }

WHERE
{
  ?person ab:firstName "Craig" ;
          ab:lastName "Ellis" ;
          ?p ?o .
}
```

무엇을 생성할지 기술하는 트리플 패턴 집합(ex176.rq의 트리플 패턴은 딱 하나임) 자체는 그래프 패턴이다. 따라서 중괄호로 감싸야 함을 잊지 말자.

SPARQL 질의 처리기는 CONSTRUCT 질의에 의한 데이터를 각 명명된 변수에 대한 열이 있는 형식화된 보고서가 아닌 실제 트리플로 반환한다. 이런 트리플의 형식은 사용하는 처리기에 따라 달라진다. ARQ는 이런 트리플을 어디서 많이 본 적이 있는 터틀 텍스트로 반환한다. 다음은 ARQ가 ex012.ttl 데이터에 ex176.rq 질의를 실행해서 반환한 결과다.

```
@prefix d:   <http://learningsparql.com/ns/data#> .
@prefix ab:  <http://learningsparql.com/ns/addressbook#> .

d:i8301
      ab:email       "c.ellis@usairwaysgroup.com" ;
      ab:email       "craigellis@yahoo.com" ;
      ab:firstName   "Craig" ;
      ab:lastName    "Ellis" .
```

특별히 흥미로운 게 없어 보인다. 하지만 하나 이상의 원격 소스에서 데이터를 취합하는 기술을 사용한다면 더 재밌어진다. 다음은 3장의 ex172.rq 질의를 변형한 질의이며, 이번에는 두

SPARQL 접점에서 Joseph Hocking에 대한 트리플을 가져온다.

```
# 파일명: ex178.rq

PREFIX cat:  <http://dbpedia.org/resource/Category:>
PREFIX foaf: <http://xmlns.com/foaf/0.1/>
PREFIX gp:   <http://wifo5-04.informatik.uni-mannheim.de/gutendata/resource/people/>
PREFIX owl:  <http://www.w3.org/2002/07/owl#>
PREFIX rdf:  <http://www.w3.org/1999/02/22-rdf-syntax-ns#>
PREFIX rdfs: <http://www.w3.org/2000/01/rdf-schema#>
PREFIX skos: <http://www.w3.org/2004/02/skos/core#>

CONSTRUCT
{
  <http://dbpedia.org/resource/Joseph_Hocking> ?dbpProperty ?dbpValue .
  gp:Hocking_Joseph ?gutenProperty ?gutenValue .
}

WHERE
{
  SERVICE <http://DBpedia.org/sparql>
  {
    <http://dbpedia.org/resource/Joseph_Hocking> ?dbpProperty ?dbpValue .
  }

  SERVICE <http://wifo5-04.informatik.uni-mannheim.de/gutendata/sparql>
  {
    gp:Hocking_Joseph ?gutenProperty ?gutenValue .
  }

}
```

> 앞 질의의 CONSTRUCT 그래프 패턴은 두 트리플 패턴을 갖는다. 트리플 패턴을 원하는 만큼 가질 수 있다.

다음 결과("…"는 Hocking을 기술한 단락을 잘라낸 곳임)는 두 소스에서 가져온 Hocking에 대한 트리플을 나타낸다.

```
@prefix rdfs:       <http://www.w3.org/2000/01/rdf-schema#> .
@prefix cat:        <http://dbpedia.org/resource/Category:> .
@prefix foaf:       <http://xmlns.com/foaf/0.1/> .
@prefix owl:        <http://www.w3.org/2002/07/owl#> .
@prefix rdf:        <http://www.w3.org/1999/02/22-rdf-syntax-ns#> .
@prefix skos:       <http://www.w3.org/2004/02/skos/core#> .
@prefix gp:         <http://wifo5-04.informatik.uni-mannheim.de/gutendata/
                    resource/people/> .

<http://dbpedia.org/resource/Joseph_Hocking>
   rdfs:comment     "Joseph Hocking (November 7, 1860–March 4, 1937) was ..."@en ;
   rdfs:label       "Joseph Hocking"@en ;
   owl:sameAs       <http://rdf.freebase.com/ns/guid.9202a8c04000641f800000000ab14b75> ;
   skos:subject     <http://dbpedia.org/resource/Category:People_from_St_Stephen-
                     in-Brannel> ;
   skos:subject     <http://dbpedia.org/resource/Category:1860_births> ;
   skos:subject     <http://dbpedia.org/resource/Category:English_novelists> ;
   skos:subject     <http://dbpedia.org/resource/Category:Cornish_writers> ;
   skos:subject     <http://dbpedia.org/resource/Category:19th-century_Methodist_clergy> ;
   skos:subject     <http://dbpedia.org/resource/Category:1937_deaths> ;
   skos:subject     <http://dbpedia.org/resource/Category:English_Methodist_clergy> ;
   foaf:page        <http://en.wikipedia.org/wiki/Joseph_Hocking> .

gp:Hocking_Joseph
  rdf:type          foaf:Person ;
  rdfs:label        "Hocking, Joseph" ;
  foaf:name         "Hocking, Joseph" .
```

특정 명명된 그래프에서 모든 트리플을 요청하기 위해 GRAPH 키워드를 사용할 수도 있다.

```
# 파일명: ex180.rq

PREFIX ab: <http://learningsparql.com/ns/addressbook#>

CONSTRUCT
{ ?course ab:courseTitle ?courseName . }
FROM NAMED <ex125.ttl>
FROM NAMED <ex122.ttl>
```

```
WHERE
{
  GRAPH <ex125.ttl> { ?course ab:courseTitle ?courseName }
}
```

앞 질의의 결과는 본질적으로 ex125.ttl 그래프의 데이터 복제본이다. 왜냐하면 ab:course가 술어인 트리플이 모두 있기 때문이다.

```
@prefix ab:  <http://learningsparql.com/ns/addressbook#> .

ab:course24
      ab:courseTitle "Using Named Graphs" .

ab:course42
      ab:courseTitle "Combining Public and Private RDF Data" .
```

앞 질의는 꽤 인위적인 예제다. 그 이유는 두 그래프를 명명한 후, 한 그래프에 모든 트리플을 요청하는 것이 별다른 의미가 없기 때문이다. 특히 ARQ 명령행 유틸리티라면 더 그렇다. 앞 질의의 명명된 그래프는 기존 디스크 파일에 해당한다. 이미 갖고 있는 그래프의 복사본을 생성하기 때문이다. 하지만 트리플 저장소를 사용해서 작업할 때 트리플을 하드 디스크의 파일에 저장하는 것보다 훨씬 더 많이 넣을 수 있다. 따라서 특정 명명된 그래프에서 모든 트리플을 가져오는 기능을 평가하는 편이 더 좋을 것이다.

3장의 질의에서 NAMED 키워드 없이 FROM 키워드의 오른쪽에 질의할 데이터 집합을 지정할 수 있다고 배웠다. CONSTRUCT 질의도 마찬가지다. 다음 질의는 프리베이스 커뮤니티 데이터베이스[Freebase community database]에서 Joseph Hocking과 관련된 모든 트리플을 탐색해서 출력한다.

```
# 파일명: ex182.rq

CONSTRUCT
{ ?s ?p ?o }
FROM <http://rdf.freebase.com/rdf/en.joseph_hocking>
WHERE
{ ?s ?p ?o }
```

WHERE 키워드 다음에 넣은 그래프 패턴으로 4장에서 배운 모든 기술을 사용할 수 있다. 하지만 CONSTRUCT 키워드를 사용할 경우 변수 이름 목록을 넣는 대신에 구성하려는 트리플을 보여주는 그래프를 CONSTRUCT 키워드 다음에 넣는다. CONSTRUCT 키워드로 구성한 이런 트리플의 가장 단순한 경우라면 하나 이상의 소스 데이터 집합에서 추출한 트리플의 복사본과 똑같다.

> CONSTRUCT 절 다음에 그래프 패턴이 없다면 SPARQL은 WHERE 절에 보여준 그래프 패턴과 동일하다고 가정한다. 이렇게 하면 트리플을 단순히 똑같게 입력해야 하는 번거로움을 덜 수 있다. 예로 다음 질의는 앞 질의와 동일하게 작동한다.
>
> ```
> # 파일명: ex540.rq
>
> CONSTRUCT
> FROM <http://rdf.freebase.com/rdf/en.joseph_hocking>
> WHERE
> { ?s ?p ?o }
> ```

새로운 데이터 생성

앞의 ex178.rq 질의에서 봤듯이 CONSTRUCT 질의에서 생성할 트리플은 모든 변수로 구성될 필요가 없다. 원한다면 WHERE 키워드 다음의 빈 그래프 패턴empty graph pattern을 사용해서 전부 하드 코딩한 값으로 구성된 하나 이상의 트리플을 생성할 수 있다.

```
# 파일명: ex184.rq

PREFIX dc: <http://purl.org/dc/elements/1.1/>
CONSTRUCT
{
  <http://learningsparql.com/ns/data/book312> dc:title "Jabez Easterbrook" .
}
WHERE
{}
```

하지만 데이터 집합에서 검색한 값을 재정렬하고 조합할 때야말로 CONSTRUCT 질의의 진정한 힘을 엿볼 수 있다. 예로 ex012.ttl의 전화번호가 있는 모든 사람 데이터를 복사하는 동안에 전화번호의 2~4번째 문자가 지역 번호라는 사실이 확실하다면, 다음과 같은 질의에서 새로운 areaCode 속성을 만들어 활용할 수 있다.

```
# 파일명: ex185.rq

PREFIX ab: <http://learningsparql.com/ns/addressbook#>

CONSTRUCT
{
  ?person ?p ?o ;
          ab:areaCode ?areaCode .
}
WHERE
{
  ?person ab:homeTel ?phone ;
          ?p ?o .
   BIND (SUBSTR(?phone,2,3) as ?areaCode)
}
```

> WHERE 키워드 다음의 {?person ?p ?o} 트리플 패턴은 {?person ab: homeTel ?phone} 트리플 패턴이 없음에도 불구하고 ab:homeTel 값을 포함한 모든 트리플을 반환했다. ab:homeTel 트리플 패턴을 포함한 WHERE 절은 BIND 문이 ?phone 변수 값을 지역 번호 계산에 사용할 수 있도록 ?phone 변수에 전화번호 값 저장을 허용한다.

ex012.ttl의 데이터에 이 질의를 실행한 결과는 전화번호가 있는 모든 사람 데이터 집합에서 두 사람과 관련된 모든 트리플을 보여준다.

```
@prefix d:   <http://learningsparql.com/ns/data#> .
@prefix ab:  <http://learningsparql.com/ns/addressbook#> .

d:i9771
      ab:areaCode    "245" ;
      ab:email       "cindym@gmail.com" ;
      ab:firstName   "Cindy" ;
      ab:homeTel     "(245) 646-5488" ;
      ab:lastName    "Marshall" .
```

```
d:i0432
      ab:areaCode    "229" ;
      ab:email       "richard49@hotmail.com" ;
      ab:firstName   "Richard" ;
      ab:homeTel     "(229) 276-5135" ;
      ab:lastName    "Mutt" .
```

> 5장에서 SUBSTR() 같은 함수를 자세하게 알아본다. CONSTRUCT 질의를 만들 때처럼 질의에서 사용하는 방법을 아는 함수가 많을수록 생성할 수 있는 데이터 종류가 많아진다는 점을 기억하자.

지역 번호 값을 계산하기 위해 SUBSTR() 함수를 사용했다. 그렇지만 기존 데이터에서 새로운 데이터를 추론하기 위해 함수를 꼭 사용할 필요는 없다. SPARQL 질의에서 데이터 간의 관계를 찾은 후, 이런 관계를 분명하게 나타내는 새로운 트리플을 생성하는 CONSTRUCT 절을 흔히 사용하기도 한다. 다음 예제에서는 여러 사람의 성별 및 부모 관계와 관련된 데이터를 사용한다.

```
# 파일명: ex187.ttl

@prefix d:   <http://learningsparql.com/ns/data#> .
@prefix ab:  <http://learningsparql.com/ns/addressbook#> .

d:jane  ab:hasParent d:gene .
d:gene  ab:hasParent d:pat ;
        ab:gender    d:female .
d:joan  ab:hasParent d:pat ;
        ab:gender    d:female .
d:pat   ab:gender    d:male .
d:mike  ab:hasParent d:joan .
```

첫 번째 질의는 아버지가 있는 부모를 찾기 위해 이 데이터를 사용한다. 그러면 부모의 부모가 할아버지라는 사실을 보여준다. SPARQL 용어로 말하자면 우선 ?patient 변수에 식별자가 저장될 사람인 ?p을 ab:hasParent 관계로 찾은 후, d:male의 값이 ab:gender인 사람과의 관계가 ab:hasParent인 ?parent 사람을 찾는다. 그런 사람을 찾으면 ?p 사람과 ?g간의 관계가 ab: Grandfather라고 알려주는 트리플을 출력한다.

```
# 파일명: ex188.rq

@prefix d:   <http://learningsparql.com/ns/data#> .
@prefix ab:  <http://learningsparql.com/ns/addressbook#> .

CONSTRUCT
{ ?p ab:hasGrandfather ?g . }
WHERE
{
  ?p ab:hasParent ?parent .
  ?parent ab:hasParent ?g .
  ?g ab:gender d:male .
}
```

이 질의는 ex187.ttl 데이터 집합에서 다른 사람과 관계가 `ab:grandParent`인 사람에 관한 두 트리플을 생성한다.

```
@prefix d:   <http://learningsparql.com/ns/data#> .
@prefix ab:  <http://learningsparql.com/ns/addressbook#> .

d:mike
      ab:hasGrandfather d:pat .

d:jane
      ab:hasGrandfather d:pat .
```

다음과 같이 또 다른 질의는 동일한 데이터로 고모에 관한 트리플을 생성한다.

```
# 파일명: ex190.rq

PREFIX ab:  <http://learningsparql.com/ns/addressbook#>
PREFIX d:   <http://learningsparql.com/ns/data#>

CONSTRUCT
{ ?p ab:hasAunt ?aunt . }
WHERE
{
  ?p ab:hasParent ?parent .
  ?parent ab:hasParent ?g .
```

```
    ?aunt ab:hasParent ?g ;
    ab:gender d:female .

    FILTER (?parent != ?aunt)
  }
```

이 질의는 부모의 여동생인 고모를 그냥 물어볼 수 없다. 데이터 집합에서 여동생과 관련된 명시적인 데이터가 없기 때문이다. 따라서 다음과 같이 고모를 찾아 출력한다.

1. 그 전에 ?p의 조부모를 찾는다.
2. 또한 같은 조부모(?g에 저장됨)가 부모인 ?p의 부모와 다른 사람을 찾는다(서로 다름을 보장하는 FILTER 문을 사용함).
3. 질의는 d:female의 값이 ab:gender인 사람이 있다면 ?p의 고모가 되는 사람에 관한 트리플을 출력한다.

```
@prefix d:   <http://learningsparql.com/ns/data#> .
@prefix ab:  <http://learningsparql.com/ns/addressbook#> .

d:mike
      ab:hasAunt d:gene .

d:jane
      ab:hasAunt d:joan .
```

이런 질의는 정말로 새로운 정보를 생성할까? 관계형 데이터베이스 개발자라면 곧바로 이것이 불가능하다고 지적할 것이다. 실제로 질의는 암시적인 정보를 받아 분명하게 만든다. 관계형 데이터베이스 설계에서 데이터 중복 조사를 수반하는 정규화normalization로 알려진 과정의 대부분은 필요에 따라 동적으로 계산할 수도 있는 데이터 저장을 포함한다. 예를 들면 마지막 두 질의로 할아버지와 고모 관계를 출력하는 것이다.

하지만 관계형 데이터베이스는 애초에 테두리를 친 고립된 세계다. 이 관계형 데이터베이스의 데이터는 거기서 그냥 데이터일 뿐이다. 서로 다른 데이터베이스에서 테이블 행 간의 새로운 관계를 찾을 수 있도록 두 관계형 데이터베이스를 조합하는 것은 생각보다 훨씬 더 쉽지 않다.

RDF 기술을 사용하는 애플리케이션에서 두 데이터 집합을 조합하는 건 매우 흔하다. 쉬운 데이터 집계는 RDF의 가장 큰 장점이다. 데이터 조합, 패턴 찾기, 찾았던 것에 대한 새로운 데이터 저장은 약학과 지능형 검색처럼 RDF 기술을 사용하는 많은 분야에서 인기가 있다.

44페이지의 "어휘 재사용과 생성: RDF 스키마와 OWL"에서 특정 클래스의 멤버가 되는 자원을 선언해서 사람에게 이 자원을 어떻게 상세하게 알려줄 수 있는지 알아봤다. 클래스와 관련된 메타데이터일 수 있기 때문이다.

9장에서 이를 자세하게 알아본다. 지금은 최근 질의를 조금 수정해서 어떻게 하면 `?aunt` 변수와 일치하는 자원이 고모임을 훨씬 더 분명히 만들 수 있는지 살펴보자. 고모가 특정 클래스의 멤버라고 알려주는 트리플을 추가한다.

```
# 파일명: ex192.rq

PREFIX ab:   <http://learningsparql.com/ns/addressbook#>
PREFIX d:    <http://learningsparql.com/ns/data#>
PREFIX rdf:  <http://www.w3.org/1999/02/22-rdf-syntax-ns#>

CONSTRUCT
{
  ?aunt rdf:type ab:Aunt .
  ?p ab:hasAunt ?aunt .
}

WHERE
{
  ?p ab:hasParent ?parent .
  ?parent ab:hasParent ?g .
  ?aunt ab:hasParent ?g ;
        ab:gender d:female .

  FILTER (?parent != ?aunt)
}
```

> 클래스의 멤버인 자원 식별은 좋은 사례다. 왜냐하면 데이터에 대한 정보를 더 쉽게 추론할 수 있기 때문이다.

선언하지 않았던 클래스의 멤버를 자원으로 만드는 것은 오류가 아니다. 하지만 딱히 의미가 없다. 앞 질의에서 만들었던 트리플인 경우 다음과 같이 고모가 클래스임을 선언하고 이 클래스에 최소한 조금이라도 메타데이터를 추가한 온톨로지의 트리플과 함께 사용해야 한다.

```
# 파일명: ex193.ttl

@prefix rdf:  <http://www.w3.org/1999/02/22-rdf-syntax-ns#> .
@prefix rdfs: <http://www.w3.org/2000/01/rdf-schema#> .
@prefix ab:   <http://learningsparql.com/ns/addressbook#> .
@prefix owl:  <http://www.w3.org/2002/07/owl#> .

ab:Aunt rdf:type owl:Class ;
        rdfs:comment "The sister of one of the resource's parents." .
```

> 클래스도 rdfs:Class 클래스의 멤버 혹은 rdfs:Class의 하위클래스subclass인 owl:Class의 멤버다. "ab:Aunt는 owl:Class 클래스의 멤버다"라고 알려주는 트리플과 "?aunt는 ab:Aunt 클래스의 멤버다"라고 알려주는 트리플이 서로 비슷함에 주목하자.

rdf:, rdfs:, owl: 접두사 선언을 포함하는 것을 기억하기만 하면 ex192.rq 질의의 CONSTRUCT 키워드 이후에 나오는 그래프 패턴에 앞 ex193.ttl의 두 트리플을 넣는 것을 굳이 막지 않는다. 그러면 ?aunt가 ab:Aunt 클래스의 멤버라고 알려주는 트리플을 만든 후의 이 질의는 이런 트리플을 생성한다. 그렇긴 해도 사실 자원이 특정 클래스의 멤버라고 알려주면 아마도 그렇게 할 것이다. 왜냐하면 다른 데서 해당 클래스를 이미 선언했기 때문이다.

데이터 변환

CONSTRUCT 질의는 데이터 집합에서 추출한 정보에 기반을 두고 새로운 트리플을 생성할 수 있다. 따라서 다른 네임스페이스의 속성을 사용하는 데이터를 다른 네임스페이스의 속성을 사용하는 데이터로 변환할 때 가장 유용하다. CONSTRUCT 질의를 사용하면 어느 곳에서나 데이터를 가져와 시스템에서 사용할 수 있도록 변환할 수 있다.

CONSTRUCT는 일반적으로 한 스키마나 온톨로지를 사용하는 데이터를 다른 것을 사용하는 데이터로 변환한다. 하지만 가끔 특정 스키마를 사용하지 않는 입력 데이터일 경우 다른 스키마의 한 술어 집합으로 바꾸기도 한다. 그렇지만 이상적으로 대상 형식target format에 대한 스키마가 존재한다. 이런 이유로 데이터의 새로운 버전은 알려진 스키마를 사용하도록 종종 변환된다. 그러므로 다른 데이터와 조합이 더 쉽다.

다음 예제를 살펴보자. 1장에 보여줬던 ex012.ttl 데이터 파일을 사용한다.

```
# 파일명: ex012.ttl

@prefix ab: <http://learningsparql.com/ns/addressbook#> .
@prefix d:  <http://learningsparql.com/ns/data#> .

d:i0432 ab:firstName   "Richard" .
d:i0432 ab:lastName    "Mutt" .
d:i0432 ab:homeTel     "(229) 276-5135" .
d:i0432 ab:email       "richard49@hotmail.com" .

d:i9771 ab:firstName   "Cindy" .
d:i9771 ab:lastName    "Marshall" .
d:i9771 ab:homeTel     "(245) 646-5488" .
d:i9771 ab:email       "cindym@gmail.com" .

d:i8301 ab:firstName   "Craig" .
d:i8301 ab:lastName    "Ellis" .
d:i8301 ab:email       "craigellis@yahoo.com" .
d:i8301 ab:email       "c.ellis@usairwaysgroup.com" .
```

여러 주소록 애플리케이션은 FOAF 온톨로지 또는 명함 정보를 모델링하는 표준 파일 형식인 vCard 모델인 W3C 온톨로지를 사용해서 이 주소록 데이터를 저장하는 편이 더 좋다. 다음 질의는 주소록 데이터를 vCard RDF로 변환한다.

```
# 파일명: ex194.rq

PREFIX ab:  <http://learningsparql.com/ns/addressbook#>
PREFIX v:   <http://www.w3.org/2006/vcard/ns#>

CONSTRUCT
{
 ?s v:given-name  ?firstName ;
    v:family-name ?lastName ;
    v:email       ?email ;
```

```
    v:homeTel      ?homeTel .
}
WHERE
{
 ?s ab:firstName  ?firstName ;
    ab:lastName   ?lastName ;
    ab:email      ?email .
    OPTIONAL
    { ?s ab:homeTel ?homeTel . }
}
```

3장의 67페이지에 있는 "존재하지 않을 수도 있는 데이터"에서 OPTIONAL 키워드를 알아보았다. 여기서는 CONSTRUCT 질의는 SELECT 질의와 동일한 목적으로 제공한다. 즉, 그래프 패턴의 일치하지 않은 부분이 나머지 패턴에서 일치하는 것을 막음을 나타낸다. 앞 질의에서는 입력 소스에 `ab:homeTel` 값이 없고 `ab:firstName`, `ab:lastName`, `ab:email` 값이 있을지라도 여전히 마지막 네 개의 트리플이 필요하다.

ARQ는 ex012.ttl 데이터에 ex194.rq 질의를 적용하면 다음과 같이 출력한다.

```
@prefix v:  <http://www.w3.org/2006/vcard/ns#> .
@prefix d:  <http://learningsparql.com/ns/data#> .
@prefix ab: <http://learningsparql.com/ns/addressbook#> .

d:i9771
        v:email         "cindym@gmail.com" ;
        v:family-name   "Marshall" ;
        v:given-name    "Cindy" ;
        v:homeTel       "(245) 646-5488" .

d:i0432
        v:email         "richard49@hotmail.com" ;
        v:family-name   "Mutt" ;
        v:given-name    "Richard" ;
        v:homeTel       "(229) 276-5135" .

d:i8301
        v:email         "c.ellis@usairwaysgroup.com" ;
        v:email         "craigellis@yahoo.com" ;
```

```
        v:family-name    "Ellis" ;
        v:given-name     "Craig" .
```

> ab:email을 v:email로 혹은 ab:homeTel을 v:homeTel로 변환하는 것은 별로 달라진 게 없어 보일 수도 있다. 하지만 접두사를 나타내는 URI를 상기하자. 예로 v:email의 경우 수많은 RDF 소프트웨어는 *http://www.w3.org/2006/vcard/ns#email*을 인식한다. 반면에 집필했던 이 책에서는 *http://learning-sparql.com/ns/addressbook#email*을 알지 못한다. 바로 이것이 큰 차이점이다.

데이터 변환은 데이터를 더 쉽게 조합하기 위한, 자원 URI 정규화[normalization•]를 의미하기도 한다. 예로 영국 작가 데이터 집합이 있고, Joseph Hocking을 나타내는 URI인 *http://learningsparql.com/ns/data#HockingJoseph*을 사용한다고 가정하자. ex178.rq의 CONSTRUCT 질의를 변형한 다음 질의는 디비피디아와 구텐베르크 프로젝트 메타데이터 모두에서 Joseph Hocking과 관련된 트리플을 가져오며, 트리플을 정확하게 복사하지 않는다. 대신에 Joseph Hocking을 나타내는 URI를 구성한 모든 트리플의 주어로 사용한다.

```
# 파일명: ex196.rq

PREFIX cat:  <http://dbpedia.org/resource/Category:>
PREFIX foaf: <http://xmlns.com/foaf/0.1/>
PREFIX gp:   <http://wifo5-04.informatik.uni-mannheim.de/gutendata/resource/people/>
PREFIX owl:  <http://www.w3.org/2002/07/owl#>
PREFIX rdf:  <http://www.w3.org/1999/02/22-rdf-syntax-ns#>
PREFIX rdfs: <http://www.w3.org/2000/01/rdf-schema#>
PREFIX skos: <http://www.w3.org/2004/02/skos/core#>
PREFIX d:    <http://learningsparql.com/ns/data#>
CONSTRUCT
{
  d:HockingJoseph ?dbpProperty ?dbpValue ;
                  ?gutenProperty ?gutenValue .
}
WHERE
{
```

• 정규화는 데이터를 일정한 규칙에 따라 변형해서 사용하기 쉽게 바꾸는 일을 의미한다. – 옮긴이

```
  SERVICE <http://DBpedia.org/sparql>
  {
    <http://dbpedia.org/resource/Joseph_Hocking> ?dbpProperty ?dbpValue .
  }

  SERVICE <http://wifo5-04.informatik.uni-mannheim.de/gutendata/sparql>
  {
    gp:Hocking_Joseph ?gutenProperty ?gutenValue .
  }

}
```

> WHERE 그래프 패턴과 터틀 데이터의 트리플 패턴과 마찬가지로 CONSTRUCT 그래프 패턴 역시 트리플을 더 간결하게 만들기 위해 세미콜론과 쉼표를 사용할 수 있다.

이 질의를 실행한 결과에는 두 소스에서 생성했던 *http://learningsparql.com/ns/data#HockingJoseph*과 관련된 트리플이 있다.

```
@prefix rdfs:  <http://www.w3.org/2000/01/rdf-schema#> .
@prefix cat:   <http://dbpedia.org/resource/Category:> .
@prefix d:     <http://learningsparql.com/ns/data#> .
@prefix foaf:  <http://xmlns.com/foaf/0.1/> .
@prefix owl:   <http://www.w3.org/2002/07/owl#> .
@prefix rdf:   <http://www.w3.org/1999/02/22-rdf-syntax-ns#> .
@prefix skos:  <http://www.w3.org/2004/02/skos/core#> .
@prefix gp:    <http://wifo5-04.informatik.uni-mannheim.de/gutendata/resource/
               people/> .

d:HockingJoseph
  rdf:type      foaf:Person ;
  rdfs:comment  "Joseph Hocking (November 7, 1860–March 4, 1937) was..."@en ;
  rdfs:label    "Hocking, Joseph" ;
  rdfs:label    "Joseph Hocking"@en ;
  owl:sameAs    <http://rdf.freebase.com/ns/guid.9202a...> ;
  skos:subject  <http://dbpedia.org/resource/Category:People_from_St_Stephen-in-
                Brannel> ;
```

```
skos:subject  <http://dbpedia.org/resource/Category:1860_births> ;
skos:subject  <http://dbpedia.org/resource/Category:English_novelists> ;
skos:subject  <http://dbpedia.org/resource/Category:Cornish_writers> ;
skos:subject  <http://dbpedia.org/resource/Category:19th-century_Methodist_clergy> ;
skos:subject  <http://dbpedia.org/resource/Category:1937_deaths> ;
skos:subject  <http://dbpedia.org/resource/Category:English_Methodist_clergy> ;
foaf:name     "Hocking, Joseph" ;
foaf:page     <http://en.wikipedia.org/wiki/Joseph_Hocking> .
```

(ex196.rq로 검색한 데이터에 있는 *http://dbpedia.org/resource/Joseph_Hocking*와 *http://wifo5-04.informatik.uni-mannheim.de/gutendata/resource/people/Hocking_Joseph*처럼) 여러 데이터 집합에서 동일한 자원을 나타내는 URI를 서로 다르게 사용하는 상황에서 데이터를 집계하고 동일한 사물을 참조하는 사실을 기록하고 싶다면 URI를 변경하는 것보다 더 좋은 방법이 있다. 이 방법은 앞 질의로 디비피디아에서 검색했던 트리플에서 본 `owl:sameAs` 술어다(덧붙여 여러 소스에서 트리플을 수집할 때 어디서 이 트리플을 언제 얻었는지 기록하고 싶을 수도 있다. 이때 명명된 그래프가 유용하며, 기록한 정보를 이 그래프와 관련된 메타데이터로 할당할 수 있다). 특히 이 경우의 URI 변경은 일부 데이터를 가공하기 위해 CONSTRUCT를 사용할 수 있는 방법을 보여주는 또 다른 예제다.

나쁜 데이터 찾기

관계형 데이터베이스 개발, XML, 그밖에 정보 기술 영역에서 스키마는 데이터 구조와 관련된 규칙 및 데이터 품질과 더 효율적인 시스템을 보장하는 타입 집합이다. 이런 스키마 중 하나가 수량 값이 정수라고 말하면 수량 값이 3.5나 "hello"는 정수가 될 수 없음을 알 수 있다. 이런 이유로 개발자는 이상한 데이터가 처리를 중단시킬까봐 걱정할 필요 없이 데이터를 처리하는 애플리케이션을 작성할 수 있다. 예로 프로그램이 수량에서 1을 뺀 값이 "hello"가 된다면 낭패일 수 있다. 적절한 스키마를 준수하는 데이터라면 개발자는 낭패를 볼 이런 가능성을 회피하는 코드를 작성할 필요 없는 데이터를 사용할 수 있다.

RDF 기반 애플리케이션은 다른 방식을 취한다. 처리 애플리케이션이 데이터를 가정할 수 있도록 데이터가 들어 맞는 템플릿을 제공하는 대신에 RDF 스키마와 OWL 온톨로지를 활용해 메타데이터를 더 추가한다. 예로 `d:id432` 자원이 `d:product3973` 클래스의 멤버고, 이 클래스의 `rdfs:label` 값이 "strawberries"이되 하위클래스의 `rdfs:label` 값이 "fruit"임을 알고 있을 때 `d:product3973`도 "fruit" 클래스의 멤버임을 알 수 있다.

이건 훌륭하다. 다만, 애플리케이션이 예상하지 못한 값 때문에 로직이 깨지는 것을 걱정하지 않도록 만들어야 할 것이다. 이런 경우를 고려해 트리플과 관련된 규칙을 정의한 후, 데이터 집합이 이 규칙에 부합하는지 여부를 확인하려고 한다. 그렇다면 어떻게 해야 할까? OWL은 이를 위한 몇 가지 방법을 제공하나 꽤 복잡할 수 있고, OWL 인지형 처리기가 필요하다. SPARQL을 사용해서 이런 제약 조건을 정의하는 게 점점 더 보편화되고 있다. 따라서 더 광범위한 소프트웨어(즉, 모든 SPARQL 처리기)는 간결한 제약 조건을 정의해 이런 규칙을 구현할 수 있다.

하나 더 말하자면 비즈니스 규칙을 정의할 수 있는 이런 기술은 관계형 데이터베이스 개발의 영역인 SQL 범위를 완전히 넘어선다. 또한 스키마트론[Schematron] 언어가 규칙 정의에 기여했음에도 불구하고 전통적인 XML 스키마 범위 밖에 있다.

SPARQL로 규칙 정의

오류를 찾아내기 위해 필요한 일부 샘플 데이터가 있어야 하므로 3장의 ex104.ttl 데이터 파일에 몇 가지를 추가해 다음과 같이 변형했다. 애플리케이션이 많은 양의 비슷한 데이터를 사용한다고 가정하자. 다만, 애플리케이션에 넣기 전에 몇 가지 규칙에 부합하는 데이터를 확인하고 싶다.

```
# 파일명: ex198.ttl

@prefix dm:  <http://learningsparql.com/ns/demo#> .
@prefix d:   <http://learningsparql.com/ns/data#> .

d:item432 dm:cost 8.50 ;
          dm:amount 14 ;
          dm:approval d:emp079 ;
          dm:location <http://dbpedia.org/resource/Boston> .

d:item201 dm:cost 9.25 ;
```

```
          dm:amount 12 ;
          dm:approval d:emp092 ;
          dm:location <http://dbpedia.org/resource/Ghent> .

d:item857 dm:cost 12 ;
          dm:amount 10 ;
          dm:location <http://dbpedia.org/resource/Montreal> .

d:item693 dm:cost 10.25 ;
          dm:amount 1.5 ;
          dm:location "Heidelberg" .

d:item126 dm:cost 5.05 ;
          dm:amount 4 ;
          dm:location <http://dbpedia.org/resource/Lisbon> .

d:emp092  dm:jobGrade 1 .
d:emp041  dm:jobGrade 3 .
d:emp079  dm:jobGrade 5 .
```

앞 데이터 집합이 다음과 같은 규칙을 어떻게 어기는지 보여준다.

- 모든 `dm:location` 값은 URI여야 한다. 이 데이터를 다른 관련 데이터와 연결하려고 하기 때문이다. `d:item693` 항목의 `dm:location` 값은 "Heidelberg"이므로 URI가 아닌 문자열이다.
- 모든 `dm:amount` 값은 정수여야 한다. 앞 `d:item693`의 `dm:amount` 값은 1.5이므로 애플리케이션에 보내길 원하지 않는다.
- 비즈니스 규칙이 데이터 확인 규칙보다 더 많으므로 총 비용이 100 이하라면 `dm:approval` 값을 선택사항으로 고려해야 한다. 100보다 더 많으면 직급이 4 이상인 직원이 승인해야 한다. `d:item432` 항목의 물품이 14고, 비용이 8.5이면 100보다 많다. 하지만 직급이 5인 누군가가 승인한다. 그건 맞다. `d:item126`에 승인 목록이 없지만 총 비용은 20.20이므로 승인할 필요가 없다. 하지만 `d:item201`의 비용은 100을 초과한 데다가 승인한 직원의 직급이 1이고, `d:item875`도 비용이 100 이상인 데다가 승인한 직원이 전혀 없다. 따라서 이런 것을 잡아내려고 한다.

ASK 질의 형태는 지정한 데이터 집합에서 주어진 그래프 패턴으로 일치할 수 있는지 여부를 요청한다. 그렇기 때문에 규칙을 깨뜨리는 무엇인가와 관련된 그래프를 정의함으로써 "이 데이터는 규칙 위반을 포함하는가?"라고 묻는 질의를 작성할 수 있다. 3장의 94페이지에 있는 "조건에 기반을 둔 데이터 필터링"에서 모든 `dm:location` 값을 나열한 ex107rq 질의에서 봤듯이 URI가 유효하지 않았다. 입력 데이터 집합에서 이 문제가 존재하는지 여부를 확인하도록 다음과 같이 ASK 질의로 약간 변경했다.

```
# 파일명: ex199.rq

PREFIX dm: <http://learningsparql.com/ns/demo#>

ASK WHERE
{
  ?s dm:location ?city .
  FILTER (!(isURI(?city)))
}
```

ARQ는 다음과 같이 응답한다.

```
Ask => YES
```

다른 SPARQL 엔진은 `xsd:boolean`인 true 값을 반환할 수도 있다. 특정 언어로 만든 SPARQL 처리기 인터페이스를 사용하는 중이라면 아마도 언어의 불리언 참 값을 표현한 결과를 반환할 것이다.

5장에서 자세히 알아볼 `datatype()` 함수를 사용하면 비슷한 질의로 `xsd:integer` 타입이 아닌 `dm:amount` 값이 들어 있는 입력 데이터 집합에서 자원이 있는지 여부를 요청할 수 있다.

```
# 파일명: ex201.rq

PREFIX dm:   <http://learningsparql.com/ns/demo#>
PREFIX xsd:  <http://www.w3.org/2001/XMLSchema#>

ASK WHERE
{
  ?item dm:amount ?amount .
  FILTER ((datatype(?amount)) != xsd:integer)
}
```

이 패턴과 일치하는 `d:item693` 자원의 `dm:amount` 값은 1이다. 따라서 ARQ는 이 질의에 대한 응답을 Ask => Yes로 반환한다.

약간 더 복잡한 질의로 필수 물품 승인과 관련된 비즈니스 규칙에 부합하는지 확인할 필요가 있다. 하지만 이 질의는 이미 아는 기술을 조합한 것이다. 즉, 구매 승인은 모든 조건을 요구하지 않기 때문에 OPTIONAL 그래프 패턴을 사용하고, 비용과 수량을 곱해 계산한 ?totalCost을 경계 값인 100과 비교할 수 있는 BIND 키워드를 사용한다. 또한 ?totalCost 값이 100을 초과하거나 ?grade에 바인딩된 값(구매를 승인하는 직원 등급을 할당 받은 직원이 존재하지 않을 경우 발생)이 없거나 ?grade 값이 5미만 인지 나타내기 위해 괄호와 불리언 &&와 || 연산자를 사용한다.

```
# 파일명: ex202.rq

PREFIX dm:  <http://learningsparql.com/ns/demo#>

ASK WHERE
{
  ?item dm:cost ?cost ;
        dm:amount ?amount .
  OPTIONAL
  {
    ?item dm:approval ?approvingEmployee .
    ?approvingEmployee dm:jobGrade ?grade .
  }

  BIND (?cost * ?amount AS ?totalCost) .
  FILTER ((?totalCost > 100) &&
         ( (!(bound(?grade)) || (?grade < 5 ) )))
}
```

물론 ARQ는 이 질의에 대한 응답을 Ask => Yes를 반환한다.

앞과 같이 40개의 SPARQL 규칙으로 데이터 집합을 확인하고 있었다면 디스크에서 데이터 집합을 읽고, ARQ로 질의를 수행하고, 40개의 결과를 확인하는 3단계 과정을 반복하고 싶지 않을 것이다. ARQ에 숨겨진 제나[Jena] API 같은 SPARQL 처리기 API를 사용하거나 개발 프레임워크 제품을 사용할 때는 질의로 표현한 큰 일괄 규칙 집합으로 데이터 집합을 효율적으로 확인하는 다른 옵션을 찾을 수 있다.

어긴 규칙과 관련된 데이터 생성

가끔 SPARQL 규칙 집합에 부합하는지 아닌지 여부를 알려주는 무언가를 설정하는 것이 편하다. 그렇긴 하지만 자원의 데이터가 규칙을 자주 어긴다면 규칙을 깨는 자원이 무엇인지 알고 싶을 것이다.

RDF 기반 애플리케이션이 특정 규칙을 어기는 데이터를 확인한다면 어디서 문제를 찾았고, 이 정보를 어떻게 나타내는지 알 수 있을까? 당연히 트리플을 이용하면 된다. ex199.rq를 수정한 다음 질의는 새로운 네임스페이스 선언 포함과 CONSTRUCT 절을 ASK 키워드로 대치한 것만 제외하면 원본과 동일하다. CONSTRUCT 질의에 질의가 문제를 찾았을 때 생성하는 두 트리플의 패턴이 있다.

```
# 파일명: ex203.rq

PREFIX dm:   <http://learningsparql.com/ns/demo#>
PREFIX rdfs: <http://www.w3.org/2000/01/rdf-schema#>

CONSTRUCT
{
  ?s dm:problem dm:prob29 .
  dm:prob29 rdfs:label "Location value must be a URI." .
}

WHERE
{
  ?s dm:location ?city .
  FILTER (!(isURI(?city)))
}
```

RDF로 무언가(이번 경우 입력 데이터에서 찾은 문제)를 기술할 때 기술한 사물의 식별자가 있어야 한다. `dm:location` 값이 URI가 되지 않는 문제에 `dm:prob29` 식별자를 할당했다. 이런 문제를 마음대로 지정할 수 있다. 올바르게 기술한 문제를 URI에 포함하려고 하는 대신에 고전 RDF 방식을 사용했다. 즉, CONSTRUCT 문으로 생성한 두 번째 트리플의 `rdfs:label` 값에 문제에 관한 짧은 기술을 할당했다(이와 관련된 자세한 내용은 59페이지의 "더 읽기 쉬운 질의 결과"를 참조하자).

ex198.ttl 데이터 집합에 앞 질의인 ex203.rq를 실행한다는 것은 나쁜 `dm:location` 값이 어디선가에 있는지 여부를 그냥 요청하는 게 아니다. 어떤 자원에 문제가 있고, 그 문제가 무엇인지 요청하는 것이다. ex203.rq 질의를 실행하면 이런 정보를 다음과 같이 제공한다.

```
@prefix rdfs:    <http://www.w3.org/2000/01/rdf-schema#> .
@prefix d:       <http://learningsparql.com/ns/data#> .
@prefix dm:      <http://learningsparql.com/ns/demo#> .

dm:prob29
      rdfs:label   "Location value must be a URI." .

d:item693
      dm:problem   dm:prob29 .
```

이 출력은 (Heidelberg가 구매한) `d:item693` 자원에 이름이 붙인 문제가 있음을 알려준다.

> 169페이지의 "기존 SPARQL 규칙 어휘 사용"에서 보겠지만, 문제를 인지하기 위해 적절하게 모델링한 어휘는 잠재적인 문제와 관련된 클래스와 관련 속성을 선언한다. CONSTRUCT 질의는 매번 이런 문제를 찾아서 이 문제 클래스의 새로운 인스턴스를 선언하고, 관련 속성 값을 설정한다. 협업 애플리케이션은 데이터를 사용해 무엇을 찾아야 하는지 알아내는 모델을 사용할 수 있다.

ex201.rq를 수정한 다음 질의인 ex205.rq는 ex199.rq를 수정한 ex203.rq 질의와 비슷하며, ASK 키워드를 CONSTRUCT 절로 바꾼 것이다. 이 CONSTRUCT 절에는 특정 타입의 문제를 찾을 때마다 생성하는 두 트리플의 그래프 패턴이 있다.

```
# 파일명: ex205.rq

PREFIX rdfs: <http://www.w3.org/2000/01/rdf-schema#>
PREFIX dm:   <http://learningsparql.com/ns/demo#>
PREFIX xsd:  <http://www.w3.org/2001/XMLSchema#>

CONSTRUCT
{
  ?item dm:problem dm:prob32 .
  dm:prob32 rdfs:label "Amount must be an integer." .
}
```

```
WHERE
{
  ?item dm:amount ?amount .
  FILTER ((datatype(?amount)) != xsd:integer)
}
```

이 질의를 실행하면 문제와 문제를 기술한 자원을 보여준다.

```
@prefix rdfs:    <http://www.w3.org/2000/01/rdf-schema#> .
@prefix d:       <http://learningsparql.com/ns/data#> .
@prefix dm:      <http://learningsparql.com/ns/demo#> .
@prefix xsd:     <http://www.w3.org/2001/XMLSchema#> .

dm:prob32
      rdfs:label   "Amount must be an integer." .

d:item693
      dm:problem   dm:prob32 .
```

결국 ASK 제약조건을 확인하는 이 질의는 다음과 같이 100을 초과하는 비용을 승인하는 규칙을 어기는 자원을 알려주도록 수정됐다.

```
# 파일명: ex207.rq

PREFIX dm:    <http://learningsparql.com/ns/demo#>
PREFIX rdfs:  <http://www.w3.org/2000/01/rdf-schema#>

CONSTRUCT
{
  ?item dm:problem dm:prob44 .
  dm:prob44 rdfs:label "Expenditures over 100 require grade 5 approval." .
}

WHERE
{
  ?item dm:cost ?cost ;
        dm:amount ?amount .
  OPTIONAL
  {
```

```
        ?item dm:approval ?approvingEmployee .
        ?approvingEmployee dm:jobGrade ?grade .
    }

    BIND (?cost * ?amount AS ?totalCost) .
    FILTER ((?totalCost > 100) &&
           ( (!(bound(?grade)) || (?grade < 5 ) )))
}
```

결과는 다음과 같다.

```
@prefix rdfs:<http://www.w3.org/2000/01/rdf-schema#> .
@prefix d:   <http://learningsparql.com/ns/data#> .
@prefix dm:  <http://learningsparql.com/ns/demo#> .

dm:prob44
      rdfs:label   "Expenditures over 100 require grade 5 approval." .

d:item857
      dm:problem   dm:prob44 .

d:item201
      dm:problem   dm:prob44 .
```

한 번에 세 가지 문제를 모두 확인하기 위해 다음과 같이 세 질의를 UNION 키워드를 사용해서 한 질의로 조합했다. 구성된 질의 사이의 연결을 만들기 위해 잠재적인 문제가 있는 자원의 URI를 저장하는 변수를 여러 개 사용했다. 또한 문제를 찾았는지 여부를 알려주는 출력에서 나타날 문제와 관련된 모든 트리플을 보여줄 목적으로 `dm.probXX` 문제를 기술한 레이블을 추가했다. 하드코드된 트리플은 일치된 패턴과 관련된 아무런 의존성이 없기 때문이다. 하지만 문제와 관련된 구성된 트리플은 문제를 찾았을 때만 나타난다(즉, SPARQL 엔진이 규칙 위반 조건을 충족하는 트리플을 찾으면 변수에 적절하게 바인딩된다).

```
# 파일명 ex209.rq

PREFIX rdfs: <http://www.w3.org/2000/01/rdf-schema#>
PREFIX dm:   <http://learningsparql.com/ns/demo#>
PREFIX xsd:  <http://www.w3.org/2001/XMLSchema#>

CONSTRUCT
```

```
{
  ?prob32item dm:problem dm:prob32 .
  dm:prob32 rdfs:label "Amount must be an integer." .

  ?prob29item dm:problem dm:prob29 .
  dm:prob29 rdfs:label "Location value must be a URI." .

  ?prob44item dm:problem dm:prob44 .
  dm:prob44 rdfs:label "Expenditures over 100 require grade 5 approval." .

  dm:probXX rdfs:label "This is a dummy problem." .
}

WHERE
{
  {
    ?prob32item dm:amount ?amount .
    FILTER ((datatype(?amount)) != xsd:integer)
  }

  UNION

  {
    ?prob29item dm:location ?city .
    FILTER (!(isURI(?city)))
  }

  UNION

  {
    ?prob44item dm:cost ?cost ;
                dm:amount ?amount .
    OPTIONAL
    {
      ?item dm:approval ?approvingEmployee .
      ?approvingEmployee dm:jobGrade ?grade .
    }

    BIND (?cost * ?amount AS ?totalCost) .
```

```
        FILTER ((?totalCost > 100) &&
                ( (!(bound(?grade)) || (?grade < 5 ) )))
    }

}
```

결과는 다음과 같다.

```
@prefix rdfs:    <http://www.w3.org/2000/01/rdf-schema#> .
@prefix d:       <http://learningsparql.com/ns/data#> .
@prefix dm:      <http://learningsparql.com/ns/demo#> .
@prefix xsd:     <http://www.w3.org/2001/XMLSchema#> .

dm:prob44
      rdfs:label   "Expenditures over 100 require grade 5 approval." .

d:item432
      dm:problem   dm:prob44 .

dm:probXX
      rdfs:label   "This is a dummy problem." .

dm:prob29
      rdfs:label   "Location value must be a URI." .

dm:prob32
      rdfs:label   "Amount must be an integer." .

d:item857
      dm:problem   dm:prob44 .

d:item201
      dm:problem   dm:prob44 .

d:item693
      dm:problem   dm:prob29 ;
      dm:problem   dm:prob32 .
```

> 여러 SPARQL 규칙을 하나의 질의로 조합하는 경우 아주 잘 확장되지 않는다. 그 이유는 규칙의 변수를 서로 유지하는 과정에서 오류가 발생할 소지가 더 커지기 때문이다. 적절한 규칙 확인 프레임워크는 규칙을 개별로 저장한 후 파이프라인으로 처리하는 방법을 제공하므로 여러 데이터 집합을 대상으로 할 경우 아마도 조합이 다양할 것이다.

기존 SPARQL 규칙 어휘 사용

이 책에서 이해하기 쉽게 설명하려면 필요한 게 어휘였던 관계로 가장 작은 어휘 버전을 직접 만들었다. 여러 애플리케이션의 경우 실제 주소록에서 vCard 속성을 사용했듯이 기존 어휘를 조사했다. 데이터 집합에서 제약조건 위반과 관련된 트리플 기반 오류 메시지를 생성하기 위해 사용할 수 있는 두 어휘는 스키마라마Schemarama와 SPIN이며, SPARQL 규칙과 제약조건 위반을 관리하는 소프트웨어를 쉽게 개발할 수 있도록 설계됐다. 둘 다 생성된 오류 메시지 트리플로 더 많은 작업을 할 수 있는 공개 소프트웨어를 각각 제공한다.

스키마라마 어휘를 사용해서 비URLnon-URI인 `dm:location` 값을 확인하는 ex203.rq 질의는 다음과 같다.

```
# 파일명: ex211.rq

PREFIX sch:  <http://purl.org/net/schemarama#>
PREFIX dm:   <http://learningsparql.com/ns/demo#>
PREFIX rdf:  <http://www.w3.org/1999/02/22-rdf-syntax-ns#>

CONSTRUCT
{
  [ ] rdf:type sch:Error;
        sch:message "location value should be a URI";
        sch:implicated ?s.
}
WHERE
{
  ?s dm:location ?city .
  FILTER (!(isURI(?city)))
}
```

> 이 질의는 밑줄 접두사 대신에 공백 노드를 표현하기 위해 대괄호 쌍을 사용한다. 앞서 2장에서 공백 노드를 배웠다. 이번 경우의 공백 노드는 데이터에서 찾은 오류 정보를 함께 그룹화한다.

CONSTRUCT 부분은 스키마라마 `Error` 클래스의 새로운 멤버를 두 속성과 함께 생성한다. 이 두 속성은 각각 오류 관련 메시지와 문제가 있는 자원을 보여주는 트리플이다. `Error` 클래스와 속성은 스키마라마 온톨로지의 일부다. 오픈소스 sparql-check 유틸리티는 실행할 규칙을 지시하는 SPARQL 규칙에서 스키마라마 온톨로지의 용어를 조사하는 규칙을 데이터 대상으로 확인한다(이 유틸리티의 기본 동작은 찾은 문제와 관련된 형식화된 보고서를 멋지게 출력하는 것이다).

SPIN 어휘를 이용한 동일한 규칙을 다음 질의로 나타낼 수 있다.

```
# 파일명: ex212.rq

PREFIX spin: <http://spinrdf.org/spin#>
PREFIX rdfs: <http://www.w3.org/2000/01/rdf-schema#>
PREFIX dm:   <http://learningsparql.com/ns/demo#>

CONSTRUCT
{
    _:b0 a spin:ConstraintViolation .
    _:b0 rdfs:comment "Location value must be a URI" .
    _:b0 spin:violationRoot ?this .

}
WHERE
{
   ?this dm:location ?city .
   FILTER (!isURI(?city)) .
}
```

스키마라마 온톨로지를 사용한 버전처럼 위반을 나타내는 클래스의 멤버를 생성한다. `spin:ConstraintViolation` 클래스의 새로운 멤버는 공백 노드인 주어, 문제를 기술한 속성과 문제가 있는 자원을 가리키는 속성을 나타낸다.

SPIN은 SPARQL Inferencing Notation의 약자이고, 표준으로 발전할 가능성이 있어 SPAIN 명세를 W3C에 제출했다. 현재 SPIN 규칙을 사용하는 프레임워크를 제공하는 공개 소프트웨어와 상용 소프트웨어를 활용할 수 있다.

> SPARQL은 질의한 결과인 데이터를 RDF로 저장만 하는 게 아님을 이미 봤다(10장의 378페이지에 있는 "SPARQL을 지원하는 미들웨어"에서 자세히 다룬다). 이것은 규칙을 준수하기 위해 데이터가 어떤 종류인지 확인하는 CONSTRUCT 질의를 작성할 수 있음을 의미한다. 적절한 인터페이스를 통해 관계형 데이터를 활용할 수 있는 것과 일맥상통한다. 꽤 가치가 있을 수도 있다. 많은 관계형 데이터가 어디든지 있기 때문이다!

자원을 기술하도록 요청하기

DESCRIBE 키워드는 특정 자원을 기술하라고 요청한다. SPARQL 1.1 명세에 따르면 "질의 서비스가 기술을 결정한다"이다. 달리 말하면 SPARQL 질의 처리기는 DESCRIBE 질의를 보내면 반환하려는 정보를 결정한다. 따라서 처리기마다 결과의 다른 종류를 얻을 수도 있다.

예로 다음 질의는 *http://learningsparql.com/ns/data#course59* 자원과 관련된 자원을 요청한다.

```
# 파일명: ex213.rq

DESCRIBE <http://learningsparql.com/ns/data#course59>
```

eEx069.ttl 파일의 데이터 집합에 자원이 주어인 한 트리플이 있고, 자원이 목적어인 트리플이 세 개가 있다. 이 데이터 집합에 질의를 실행하도록 ARQ에 요청하면 다음과 같은 응답을 얻는다.

```
@prefix d:      <http://learningsparql.com/ns/data#> .
@prefix ab:     <http://learningsparql.com/ns/addressbook#> .

d:course59
      ab:courseTitle "Using SPARQL with non-RDF Data" .
```

달리 말하면 자원이 주어인 트리플을 반환한다(ARQ의 DESCIBE 명세에 의하면 "ARQ는 도메인별 기술 처리기를 허용한다"이다).

반면에 디비피디아에 다음 질의를 보내면 주어나 목적어인 명명된 자원을 갖는 모든 트리플을 반환한다.

```
# filename: ex215.rq

DESCRIBE <http://dbpedia.org/resource/Joseph_Hocking>
```

DESCRIBE 질의는 꼭 단순할 필요가 없다. 여러 값을 변수에 바인딩한 후 질의 처리기가 이런 값을 기술하는 질의를 작성해 하나 이상의 자원 URI를 전달할 수 있다. 예로 ex069.ttl 파일을 대상으로 다음 질의를 ARQ로 실행하면 `d:course59`와 `d:course85`를 기술한다. 이것은 ARQ인 경우 자원이 주어인 모든 트리플을 반환함을 의미한다. `d:i0432`로 나타낸 사람인 Richard Mutt는 두 강좌를 수강했다. 그 이유는 질의로 다음과 같이 요청했기 때문이다.

```
# 파일명: ex216.rq

PREFIX d:    <http://learningsparql.com/ns/data#>
PREFIX ab:   <http://learningsparql.com/ns/addressbook#>

DESCRIBE ?course WHERE
{ d:i0432 ab:takingCourse ?course . }
```

DESCRIBE 질의로 어떻게 했는지 봤다면 동일한 기능을 만들 수 있으며, CONSTRUCT 질의로 더 잘 제어할 수 있다. 따라서 여러 애플리케이션 개발에서 DESCRIBE를 한 번도 사용하지 않았다. 그렇긴 해도 SPARQL 엔진을 확인할 때는 DESCRIBE 질의가 유용할 수 있으므로 이 질의를 한번 사용해보자.

요약

4장에서 배운 내용은 다음과 같다.

- SPARQL 질의의 접두사 선언 다음에 나오는 첫 번째 키워드를 질의 형태로 부르는 방법 SELECT 외에 다른 세 가지인 DESCRIBE, ASK, CONSTRUCT에 관해
- CONSTRUCT 질의로 데이터 집합의 기존 트리플을 복사하는 방법
- CONSTRUCT로 새로운 트리플을 생성하는 방법

- CONSTRUCT로 한 어휘를 사용하는 데이터를 다른 어휘를 쓰는 데이터로 변환하는 방법
- 지정한 규칙에 부합하지 않은 데이터를 식별할 때 ASK와 CONSTRUCT 질의를 사용하는 방법
- DESCRIBE 질의로 SPARQL 처리기에게 자원을 기술하라고 요청할 수 있는 방법, 처리기가 동일한 데이터 집합의 특정 자원에 대한 서로 다른 DESCRIBE 요청을 처리한 후의 응답은 차이가 있는가?

Chapter

5 데이터 타입과 함수

지금까지 SPARQL의 몇 가지 데이터 타입datatype과 함수 사용법을 배웠다. 이런 주제는 여러 장에서 반복해서 다룰 만하다. 질의는 데이터 타입에서 더 많은 가치를 얻으려고 함수를 자주 사용하기 때문이다. 5장에서는 SPARQL의 데이터 타입과 함수의 역할이 무엇인지, 이들이 지원하는 범위는 어디까지인지 전반적으로 살펴보자.

RDF는 정의된 타입 집합과 사용자정의된 타입 집합을 지원한다. SPARQL 질의에서 둘 다 사용할 수 있다.

함수를 사용하면 질의에서 입력 데이터에 대해 알 수 있고, 새로운 값을 만들 수 있고, 형식화된 데이터를 더 잘 제어할 수 있다. 이 절에서는 SPARQL 명세에 정의된 함수의 대부분을 살펴본다.

SPARQL은 개발이 더 쉽도록 새로운 함수를 자주 추가한다. 이 절에서는 이런 함수를 활용하는 방법과 제공하는 기능이 어떤 종류인지 살펴본다.

데이터 타입과 질의

"20022"는 수량, 워싱턴 DC 우편번호, 금융 서비스 메시지용 ISO 표준 중 어느 것을 나타낼까? "20022"가 정수임을 안다면 수량으로 표현할 가능성이 더 큼을 안다. 반면에, "20022"가 문자열임을 안다면 우편번호 혹은 ISO 표준의 식별자나 부품 번호 같은 식별자일 가능성이 더 크다.

시맨틱 웹이 나오기 전인 수십 년 전에는 시맨틱 정보를 기록하기 위한 일환으로 메타데이터를 데이터 타입으로 저장했다. 데이터 조각과 관련된 추가 정보를 알면 데이터로 무엇을 할 수 있는지 더 잘 알 수 있으므로 시스템을 더 효율적으로 구축할 수 있다.

프로그래밍 언어, 마크업 언어, 질의 언어는 저마다 다양한 데이터 타입 집합을 제공한다. W3C는 XML 스키마 명세를 개발할 당시, 요소 구조 지정과 관련해서 요소와 속성의 데이터 타입 지정을 분리했다. 사용자가 구조 부분과는 별도로 데이터 타입 명세를 사용하길 원할 때를 대비하기 위해서였다. "XML Schema Part 2 : Datatypes[RDF 스키마 제2부: 데이터 타입]"으로 알려졌으며, 줄여서 "XSD"라고도 부르는 데이터 타입 부분은 명세의 Part 1인 "Structure"보다 더 인기를 끌게 되었다. RDF는 Part 2를 사용한다. 참고로 W3C는 "RDF Concepts and Abstract Syntax Recommendation[RDF 개념과 추상 구문 권고안]"에서 "The datatype abstraction used in RDF is compatible with abstraction used in XML Schema Part 2: Datatypes[RDF에서 사용되는 데이터 타입 추상화는 XML 스키마 제2부에서 사용되는 추상화와 호환됩니다.]"라고 난해하게 표현했다.

RDF 그래프의 노드는 URI, 공백 노드, 리터럴 중 하나일 수 있다. 리터럴 값에 데이터 타입을 할당하면 타입화된 리터럴[typed literal]이라고 부르며, 할당하지 않으면 일반 리터럴[plain literal]이다.

> W3C에서는 현재 일반 리터럴의 개념을 잠재적으로 제거하고 `xsd:string`을 기본 데이터 타입으로 하자는 토론이 진행 중이다. 따라서 "this"와 "this"`^^xsd:string`은 동일함을 의미한다.

SPARQL 명세에 따르면 다음은 타입화된 리터럴을 지원하는 기본 데이터 타입이다.

- `xsd:integer`
- `xsd:decimal`
- `xsd:float`

- xsd:double
- xsd:string
- xsd:boolean
- xsd:dateTime

또한 이런 기본 타입에서 파생된 다른 타입을 활용할 수 있다. 가장 중요한 파생된 타입은 xsd:date다("XML Schema Part 2: Datatypes" 명세에 따르면 xsd:date도 기본 타입primitive type 이다). 이름에서 암시하듯이 xsd:dateTime와 같지만, 시간 값이 포함되지 않은 값이면 xsd:date를 사용할 수 있다. 예로 "1014-1013T12:15:00" 대신에 "2014-10-13"을 사용하는 것이다.

다음은 앞 데이터 예제를 RDF/XML으로 변환한 데이터 예제다.

```
# 파일명: ex033.ttl

@prefix xsd: <http://www.w3.org/2001/XMLSchema#> .
@prefix d:   <http://learningsparql.com/ns/data#> .
@prefix dm:  <http://learningsparql.com/ns/demo#> .

d:item342 dm:shipped     "2011-02-14"^^<http://www.w3.org/2001/XMLSchema#date> .
d:item342 dm:quantity    "4"^^xsd:integer .
d:item342 dm:invoiced    "false"^^xsd:boolean .
d:item342 dm:costPerItem "3.50"^^xsd:decimal .
```

다음은 2장의 RDF/XML인 동일한 데이터 예제다.

```
<!-- 파일명: ex035.rdf -->

<rdf:RDF xmlns:rdf="http://www.w3.org/1999/02/22-rdf-syntax-ns#"
         xmlns:dm="http://learningsparql.com/ns/demo#"
         xmlns:xsd="http://www.w3.org/2001/XMLSchema#">

  <rdf:Description rdf:about="http://learningsparql.com/ns/demo#item342">
    <dm:shipped
     rdf:datatype="http://www.w3.org/2001/XMLSchema#date">2011-02-14</dm:shipped>
    <dm:quantity
     rdf:datatype="http://www.w3.org/2001/XMLSchema#integer">4</dm:quantity>
```

```
    <dm:invoiced
     rdf:datatype="http://www.w3.org/2001/XMLSchema#boolean">false</dm:invoiced>
    <dm:costPerItem
     rdf:datatype="http://www.w3.org/2001/XMLSchema#decimal">3.50</dm:costPerItem>
  </rdf:Description>

</rdf:RDF>
```

2장에서 배운 데이터 타입화와 관련된 몇 가지를 검토해보자.

- 터틀에서는 두 캐럿(^) 기호 뒤에 타입 식별자를 보여준다.
- RDF/XML에서는 `rdf:datatype` 속성으로 저장한다.
- ex033.ttl 예제의 `dm:shipped` 값에서 보듯이 데이터 타입의 이름은 전체 URI일 수 있다.
- 접두사가 붙은 이름일 수도 있다. 이 접두사 이름은 `dm:quantity`, `dm:invoiced`, `dm:costPerItem` 값에 지정한 타입처럼 네임스페이스를 나타내는 URI에 있다.
- RDF 트리플에서는 `xsd:` 접두사를 다른 접두사처럼 데이터 타입으로 선언해야 한다.

터틀 리터럴에서 따옴표를 빼면 처리기는 이 리터럴 값이 단어인 "true"나 "false" 혹은 숫자일 경우 특정 데이터 타입으로 가정한다. 이런 이유로 다음과 같이 앞의 두 예제와 동일한 방법으로 해석한다.

```
# 파일명: ex034.ttl

@prefix d:  <http://learningsparql.com/ns/data#> .
@prefix dm: <http://learningsparql.com/ns/demo#> .

d:item342 dm:shipped     "2011-02-14"^^<http://www.w3.org/2001/XMLSchema#date> .
d:item342 dm:quantity    4 .
d:item342 dm:invoiced    true .
d:item342 dm:costPerItem 3.50 .
```

4장의 ex201.rq 질의는 데이터 타입을 표현하는 축약 방법을 어떻게 사용하는지 보여주는 흥미로운 예제다. FILTER 라인에서 `xsd:integer` 타입이 아닌 값을 조사했으며, ex198.ttl 데이터 파일에서는 `xsd:integer`로 명시적으로 식별한 타입인 값이 없었다.

```
# 파일명: ex201.rq

PREFIX dm:   <http://learningsparql.com/ns/demo#>
PREFIX xsd:  <http://www.w3.org/2001/XMLSchema#>

ASK WHERE
{
  ?item dm:amount ?amount .
  FILTER ((datatype(?amount)) != xsd:integer)
}
```

질의 엔진은 여전히 ?amount 값이 정수인지 아닌지 알고 있었다. 왜냐하면 따옴표로 감싸지 않되 마침표가 없는 일련의 숫자를 정수로 취급했기 때문이다.

SPARQL에서 데이터 타입을 활용할 때는 대부분 함수를 사용해야 한다. 이에 대해서는 다음 절에서 자세히 살펴본다. 그 전에 질의에서 타입화된 리터럴을 데이터 집합 내 여러 종류의 리터럴과 상호작용해 어떻게 표현하는지 알아보는 것이 좋다. 다음 데이터 집합을 대상으로 수행할 몇 가지 질의를 살펴보자.

```
# 파일명: ex217.ttl

@prefix d:   <http://learningsparql.com/ns/data#> .
@prefix dm:  <http://learningsparql.com/ns/demo#> .
@prefix xsd: <http://www.w3.org/2001/XMLSchema#> .
@prefix mt:  <http://learningsparql.com/ns/mytypesystem#> .

d:item1a dm:prop "1" .
d:item1b dm:prop "1"^^xsd:integer .
d:item1c dm:prop 1 .
d:item1d dm:prop 1.0e5 .
d:item2a dm:prop "two" .
d:item2b dm:prop "two"^^xsd:string .
d:item2c dm:prop "two"^^mt:potrzebies .
d:item2d dm:prop "two"@en .
```

다음 질의가 검색할 ex217.ttl의 항목이 무엇인지 생각해봤는가? (힌트 : ex033.ttl과 ex034.ttl을 다시 잘 보면 동일한 트리플을 나타냄을 주지해야 한다.)

```
# 파일명: ex218.rq

PREFIX d:    <http://learningsparql.com/ns/data#>
PREFIX dm:   <http://learningsparql.com/ns/demo#>

SELECT ?s
WHERE { ?s ?p 1 . }
```

d:item1b와 d:item1c를 추측했다면 정답이다.

```
------------
| s        |
============
| d:item1c |
| d:item1b |
------------
```

d:item1a 값은 문자열인 "1"이다. 이 질의 내 트리플 패턴의 목적어는 따옴표가 없어 정수를 나타내기 때문이다. d:item1b 값은 따옴표로 감쌌지만 두 캐럿 기호 뒤에 정수로 취급해야 함을 보여주는, 접두사가 붙은 이름인 xsd:integer가 있다.

ARQ로 다음 질의를 수행하면 d:item2a와 d:item2b를 반환한다. 두 트리플 중 한 트리플의 목적어가 xsd:string 타입을 포함하지만, 다른 트리플에 포함되지 않았다. 그럼에도 불구하고 모두 반환한다.

```
# 파일명: ex220.rq

PREFIX xsd:  <http://www.w3.org/2001/XMLSchema#>
PREFIX d:    <http://learningsparql.com/ns/data#>
PREFIX dm:   <http://learningsparql.com/ns/demo#>

SELECT ?s
WHERE { ?s ?p "two" . }
```

ARQ는 둘 다 "two"와 동일하게 취급한다. 그 이유는 메모리에 완전히 저장한 데이터로 작업할 때 ARQ를 뒷받침하는 제나 프레임워크는 타입화되지 않은 리터럴과 xsd:string으로 타입화된 값이 같다고 추론하기 때문이다(이는 최종 RDF 1.1 업그레이드를 위한 일부 기초를 제공하는 W3C의 "RDF Semantics" 권고안을 기반으로 한다. xsd:string을 기본 데이터 타입으로 취급하는 기준으로 더 광범위하게 공식화될 것이다). 푸세키Fuseki와 세사메에 내장된

SPARQL 처리기처럼 또 다른 SPARQL 처리기를 찾을 수 있다. 이런 처리기는 ex217.ttl에 ex220.rq로 질의할 때 추론하지 않으며, 트리플 패턴에서 보여준 값과 데이터 타입이 정확하게 일치한 단일 값을 반환한다.

다음 질의는 ARQ로 실행했을 때와 동일한 두 결과를 반환한다. 하지만 현재 SPARQL 처리기를 사용하면 트리플 패턴에서 보여준 값과 데이터 타입이 정확하게 일치한 단일 값을 반환할 수도 있다.

```
# 파일명: ex221.rq

PREFIX xsd: <http://www.w3.org/2001/XMLSchema#>
PREFIX d: <http://learningsparql.com/ns/data#>
PREFIX dm: <http://learningsparql.com/ns/demo#>

SELECT ?s
WHERE { ?s ?p "two"^^xsd:string . }
```

소수점과 지수를 표현하는 "e" 문자로 된 숫자(예, ex217.ttl의 100,000을 표현한 `1.0e5`)는 배정밀도 부동소수점으로 취급된다(`xsd:double`).

데이터 타입 이름의 URI나 URI의 접두사가 붙은 이름 버전 중 하나를 사용해서 명시적으로 지정한 타입으로 Ex217.ttl의 나머지 값을 검색해야 한다. 예로 다음 질의는 한 항목인 `d:item2c`를 검색한다.

```
# 파일명: ex222.rq

PREFIX d:  <http://learningsparql.com/ns/data#>
PREFIX mt: <http://learningsparql.com/ns/mytypesystem#>

SELECT ?s
WHERE { ?s ?p "two"^^mt:potrzebies . }
```

이 예제는 흥미롭다. 왜냐하면 ^^에 `xsd` 타입이 아닌 특정 타입인 값을 나타내기 때문이다. RDF로 사용자정의 데이터 타입을 필요에 따라 정의할 수 있으며, 앞 질의에서 보여줬듯이 SPARQL를 사용해서 사용자 정의 타입으로 질의할 수 있다(212페이지의 "음성 언어 태그 확인, 추가, 제거"에서 영어임을 보여주는 `@en` 태그를 갖는 `d:item2d`를 질의하는 방법을 알아본다).

> 유명한 컴퓨터 과학자인 도널드 커누스Donald Knuth는 무게와 측정의 포트르저비 시스템Potrzebie System of Weights and Measures을 개발했다. 1957년, 이 시스템을 매드 매거진Mad Magazine에 게재했을 당시 그는 도널드는 10대였기 때문에 규범적으로 고려하지는 않았다. 단일 포트르저비는 매드 매거진 26호의 두께다.

RDF에서 XSD가 아닌 타입을 쓰는 것은 어휘를 통제하는 SKOS 표준을 사용하는 데이터에는 가장 흔하다. SKOS의 `skos:notation` 속성 이름은 개념 식별자로서 수수께끼 같은 일련의 숫자로 표현한 여러 시소러스의 전통적인 값이다(예, "920"은 전 도서관에서 전기를 듀이 십진 분류법Dewey Decimal System으로 나타낸 것이다). 인간이 더 쉽게 읽을 수 있는, 개념의 `skos:prefLabel` 속성과는 다르다. 예로 유엔식량농업기구의 식량 생산 전문용어와 관련된 AGROVOC SKOS 시소러스는 ASFAAquatic Sciences and Fisheries Abstracts 시소러스에 있는 용어의 식별자를 저장하기 위해 `asfaCode`라고 하는 `skos:notation`의 하위 속성을 선언한다. "asf4523" 같은 값이 그냥 문자열이 아닌 특수한 타입임을 알도록 이 속성 값의 타입을 `ASFACode`라고 하는 특수한 데이터 타입으로 선언한다.

```
:asfaCode         rdfs:subPropertyOf    skos:notation
:an_agrovoc_uri   :asfaCode             "asf4523"^^:ASFACode
```

SPARQL 명세의 사용자정의 데이터 타입 예제는 `t:kilos`와 `t:liters`를 포함한다. 이런 예제의 `t:` 접두사는 예제의 목적을 위해 만든 것임을 의미하는 *http://example.org/types#* 네임스페이스를 가리킨다.

타입을 무시하고 그냥 "two" 값을 갖는 것을 전부 검색하고 싶다면 198페이지의 "노드 타입 변환 함수"에서 배울 `str()` 함수를 사용해서 모든 것을 문자열로 취급하도록 질의하라고 알려줄 수 있다.

```
# 파일명: ex223.rq

SELECT ?s
WHERE
{
  ?s ?p ?o .
  FILTER (str(?o) = "two")
}
```

문자열 표현

지금까지 이 책의 예제인 터틀 데이터 파일에서 배운 예제 문자열 데이터는 항상 겹따옴표double quotes로 "이렇게" 감쌌다. 터틀과 SPARQL에서 작은따옴표apostrophe나 홑따옴표single quotes로 '이렇게' 문자열을 감쌀 수도 있다.

> RDF/XML에서 문자 데이터의 문자열 표현은 일반 XML 규칙에 따른다. 문자 데이터를 태그 사이나 속성 값에 겹따옴표나 홑따옴표로 감싸서 보여준다.

터틀과 SPARQL에서 세 개의 겹따옴표로 문자열을 시작하고 끝내면 RDF 처리기는 긴 텍스트 블록에 유용한 캐리지 리턴carriage return을 보존한다(SPARQL에서 동일한 문자열에 홑따옴표를 사용할 수 있지만 터틀은 불가다). SPARQL나 터틀 문자열의 일부인 겹따옴표를 포함해야 한다면 역슬래시 문자로 회피할 수 있고, SPARQL에서는 홑따옴표로 동일하게 할 수 있다.

다음은 문자열을 표현하는 여러 가능한 방법을 보여준다.

```
# 파일명: ex224.ttl

@prefix d:    <http://learningsparql.com/ns/data#> .
@prefix rdfs: <http://www.w3.org/2000/01/rdf-schema#> .

d:item1 rdfs:label "sample string 1" .
d:item2 rdfs:label 'sample string 2' .
d:item3 rdfs:label 'These quotes are "ironic" quotes.' .
d:item4 rdfs:label "These too are \"ironic\" quotes." .
d:item5 rdfs:label "McDonald's is not my kind of place." .
d:item6 rdfs:label """this

has two carriage returns in the middle.""" .
```

다음 예제 질의는 데이터 집합에서 모든 주어와 목적어를 검색하고, SPARQL 처리기가 앞 샘플 데이터의 문자열을 해석하는 방법을 보여준다.

```
# 파일명: ex225.rq

PREFIX d: <http://learningsparql.com/ns/data#>
```

```
SELECT ?s ?o
WHERE { ?s ?p ?o }
```

ARQ는 출력하기 위한 문자열을 형식화할 때 문자열에 겹따옴표를 사용한다. 백슬래시를 회피 문자로 사용하고, 캐리지 리턴과 줄바꿈line feed을 \r와 \n으로 나타낸다. 다른 SPARQL 처리기는 다르게 처리할 수도 있다.

```
---------------------------------------------------------------------------
| s        | o                                                            |
===========================================================================
| d:item3  | "These quotes are \"ironic\" quotes."                        |
| d:item1  | "sample string 1"                                            |
| d:item6  | "this\r\n\r\nhas two carriage returns in the middle."        |
| d:item4  | "These too are \"ironic\" quotes."                           |
| d:item2  | "sample string 2"                                            |
| d:item5  | "McDonald's is not my kind of place."                        |
---------------------------------------------------------------------------
```

이 출력은 관계형 데이터베이스 테이블의 행을 생각나게 한다. 질의에서 ORDER BY 구로 정렬하지 않는 한 트리플 집합 순서는 그리 중요하지 않다(122페이지의 "데이터 정렬"에서 자세한 내용을 참고하자).

값 비교와 산술 수행

3장의 94페이지에 있는 "조건에 기반을 둔 데이터 필터링"에서 연산자 비교는 특정 조건에 기반을 두고 데이터를 검색하는 고전적인 방법임을 보여줬다. 조금 더 실험하기 위해 3장의 ex138.ttl 데이터 집합을 사용한다. 다만, `e:date` 값에 데이터 타입 메타데이터를 포함하도록 수정했고, `xsd:dateTime` 형식을 예상할 수 있게끔 초 숫자를 넣으려고 각 날짜-시간 값의 끝에 "00"을 덧붙였다.

```
# 파일명: ex227.ttl

@prefix e:   <http://learningsparql.com/ns/expenses#> .
@prefix d:   <http://learningsparql.com/ns/data#> .
@prefix xsd: <http://www.w3.org/2001/XMLSchema#> .
```

```
d:m40392 e:description "breakfast" ;
         e:date "2011-10-14T08:53:00"^^xsd:dateTime ;
         e:amount 6.53 .

d:m40393 e:description "lunch" ;
         e:date "2011-10-14T13:19:00"^^xsd:dateTime ;
         e:amount 11.13 .

d:m40394 e:description "dinner" ;
         e:date "2011-10-14T19:04:00"^^xsd:dateTime ;
         e:amount 28.30 .
```

첫 번째 질의는 e:amount 값이 20 미만인 항목이 있는 모든 데이터를 요청한다.

```
# 파일명: ex228.rq

PREFIX d:    <http://learningsparql.com/ns/data#>
PREFIX e:    <http://learningsparql.com/ns/expenses#>
PREFIX xsd:  <http://www.w3.org/2001/XMLSchema#>

SELECT ?s ?p ?o
WHERE {
   ?s e:amount ?amount;
      ?p ?o .
  FILTER (?amount < 20)
}
```

추측했듯이 d:m40393과 d:m40392 항목과 관련된 데이터를 얻는다.

```
-------------------------------------------------------------------
| s        | p             | o                                    |
===================================================================
| d:m40393 | e:amount      | 11.13                                |
| d:m40393 | e:date        | "2011-10-14T13:19:00"^^xsd:dateTime |
| d:m40393 | e:description | "lunch"                              |
| d:m40392 | e:amount      | 6.53                                 |
| d:m40392 | e:date        | "2011-10-14T08:53:00"^^xsd:dateTime |
| d:m40392 | e:description | "breakfast"                          |
-------------------------------------------------------------------
```

두 번째 질의는 2011년 10월 14일 점심 이후의 모든 식사를 요청한다.

```
# 파일명: ex230.rq

PREFIX d:   <http://learningsparql.com/ns/data#>
PREFIX e:   <http://learningsparql.com/ns/expenses#>
PREFIX xsd: <http://www.w3.org/2001/XMLSchema#>

SELECT ?s ?p ?o
WHERE {
  ?s e:date ?date;
     ?p ?o .
  FILTER (?date >= "2011-10-14T12:00:00"^^xsd:dateTime)
}
```

이 질의는 d:m40394와 d:40393 항목과 관련된 데이터를 검색한다.

```
---------------------------------------------------------------------
| s        | p             | o                                  |
=====================================================================
| d:m40394 | e:amount      | 28.30                              |
| d:m40394 | e:date        | "2011-10-14T19:04:00"^^xsd:dateTime |
| d:m40394 | e:description | "dinner"                           |
| d:m40393 | e:amount      | 11.13                              |
| d:m40393 | e:date        | "2011-10-14T13:19:00"^^xsd:dateTime |
| d:m40393 | e:description | "lunch"                            |
---------------------------------------------------------------------
```

111페이지의 "값을 조합하고 변수에 할당하기"에서 다음 질의에서 수행할 몇 가지 산술을 봤으며, 식사의 팁과 총액을 계산하기 위해 덧셈과 곱셈을 몇 번 수행한다.

```
# 파일명: ex139.rq

PREFIX e: <http://learningsparql.com/ns/expenses#>

SELECT ?description ?amount ((?amount * .2) AS ?tip)
       ((?amount + ?tip) AS ?total)
WHERE
{
  ?meal e:description ?description ;
```

```
        e:amount ?amount .
}
```

덧셈은 +, 뺄셈은 -, 곱셈은 *, 나눗셈은 /로 해서 함께 사용할 수 있다.

> 특히 이번 경우에서 표현식인 (?amount * .2)와 (?amount + ?tip)의 괄호는 불필요하다. 괄호가 없어도 동일한 질의 결과를 얻는다. 하지만 많은 수학 표현식을 사용할 경우 괄호가 있으면 무엇인지 더 쉽게 파악할 수 있다. 또한 ((?amount + ?tip) AS ?total)는 페이지에 맞춰 더 쉽게 보도록 별도의 라인에 배치했다. 이것은 ?description과 ?amount 같은 SELECT 목록 부분이다. 공백 추가는 질의 실행에 아무런 영향이 없다.

산술 표현식은 ex139.rq를 수정한 다음 ex232.rq 질의에서 보듯이 새로운 값을 생성하는 BIND를 사용할 때 특히 유용하다. 이 ex232.rq 질의는 ex138.ttl 데이터 집합에 ex139.rq 질의를 실행한 후의 결과와 동일하게 만든다.

```
# 파일명: ex232.rq

PREFIX e: <http://learningsparql.com/ns/expenses#>

SELECT ?description ?amount ?tip ?total

WHERE {
  ?meal e:description ?description ;
        e:amount ?amount .
  BIND ((?amount * .2) AS ?tip)
  BIND ((?amount + ?tip) AS ?total)

}
```

여러 수치 타입을 사용해 명시적으로 지정한 값이 다양할지라도 산술을 수행할 때 여전히 이런 값을 함께 사용할 수 있다. 예로 5장의 초반부에 언급한 ex033.ttl 데이터 집합에는 xsd:integer로 지정한 dm:quantity 값과 xsd:decimal로 지정한 dm:costPerItem 값이 있다. 그렇지만 다음 질의는 이 값을 함께 곱한다.

```
# 파일명: ex233.rq

PREFIX dm:   <http://learningsparql.com/ns/demo#>
PREFIX d:    <http://learningsparql.com/ns/data#>
SELECT *

WHERE {
  ?item dm:quantity ?quantity;
        dm:costPerItem ?cost .
  BIND ( (?quantity * ?cost) as ?total )
}
```

ARQ에서는 ex033.ttl 데이터에 앞 질의를 실행해도 아무런 문제가 없다.

```
----------------------------------------
| item       | quantity | cost  | total |
========================================
| d:item342  | 4        | 3.50  | 14.00 |
----------------------------------------
```

함수

함수는 논리 프로그래밍, 수학, 문자열 조작, 특정 조건이 참인지 아닌지 여부 확인 같은 다양한 작업을 한다. 대부분의 SPARQL 1.0 함수는 이 마지막 범주에 포함된다. 그 이유는 SPARQL 1.1의 새로운 값을 변수에 할당하는 BIND 키워드 같은 함수가 없기 때문이며, 입력값을 조작해서 새로운 값을 반환하는 함수를 포함할 이유가 거의 없었기 때문이다.

이런 이유로 명세에서 원래의 1.0 함수 대부분을 값과 관련된 특정 질문에 답하는 "테스트 함수"라고 한다. FILTER 문을 사용한 곳에서는 질의가 검색한 것을 정확하게 더 잘 제어할 수 있다. 이런 함수의 대부분은 `regex()` 같은 불리언 함수이고, 나머지 SPARQL 1.0 함수는 데이터 타입이나 문자열에 할당할 수 있는 언어 태그 같이 전달되는 값과 관련된 질문에 불리언 답을 하지 않는다.

SPARQL 명세에서는 값을 테스트하는 내장 함수를 기술하고 있다. "SPARQL은 임의arbitrary 함수를 호출하는 기능을 제공하며, XPath 타입 변환casting 함수의 하위 집합을 포함한다." (여기서 "타입 변환"은 한 데이터 타입을 다른 데이터 타입으로 변환함을 뜻한다.) "임의 함수 호출"의 "임의"는 SPARQL 처리기는 포함하려는 구현부인 확장 함수를 제공할 수 있음을 의미한다.

> W3C의 XPath 언어는 XML 문서의 트리를 나타낸 노드 집합을 기술하는 방식을 제공한다. 예로 XPath 표현식은 현재 노드의 부모 노드를 앞선 모든 형제 노드를 참조할 수 있다. 따라서 XML 문서를 순회하는 XSLT 엔진 같은 처리기가 이런 노드에서 현재 작업 중인 노드를 처리하기 위해 값을 가져올 수 있다. 초기 1999년 XPath 권고안에서 경로 언어와 값으로 동작하는 몇 가지 함수를 정의했다. XPath 2.0은 훨씬 더 많은 함수를 정의했고, 최신 XQuery 명세에서 이 많은 함수를 참조했다. 따라서 W3C는 "XQuery 1.0 and XPath 2.0 Functions and Operators"를 자체 명세로 분리했다.

SPARQL 1.0 명세는 몇 가지 기본 함수 이름을 지정했고, SPARQL 1.1은 XPath 함수에 거의 모든 기반을 둔 광범위한 함수 선택을 제공한다(1.1 함수와 XPath 함수 이름은 항상 같지 않다. 예로 SPARQL 1.1 명세에서 `minutes()` 함수를 두고 "[XPath 함수]인 fn:minutes-from-dateTime에 대응한다"라고 알려주고 있다).

> SPARQL 명세에서 몇 가지 함수 이름을 모두 대문자, 일부는 소문자, 일부는 섞인 대소문자로 작성했기 때문에 뚜렷한 패턴이 없다. 이 책에서는 함수 이름을 명세에서 쓰던 방식과 동일한 방법으로 명명했다. 그럼에도 불구하고 SPARQL 처리기는 신경을 쓰지 않는다. 예로 문자열 자르기 함수를 `SUBSTR()`로 쓰든지 `substr()`로 쓰든지 차이가 없다.

논리 함수 프로그래밍

`IF()`와 `COALESCE()` 함수는 각각 하나 또는 하나 이상의 표현식을 평가한 후 찾은 결과에 기반을 둔 값을 반환한다. 두 함수로 논리 과정을 간단한 표현식으로 풀어낼 수 있다.

> **1.1 알림**
>
> 두 `IF()`와 `COALESCE()` 함수는 SPARQL 1.1의 새로운 기능이다.

IF() 함수는 세 인자를 취한다. 첫 번째 인자를 불리언인 true로 평가하면 이 함수는 두 번째 인자의 값을 반환하고, 아니라면 세 번째 인자를 반환한다.

다음은 입력 파일과 함께 실행할 수 있는 간단한 예제다(입력 데이터와 일치시키려고 하는 질의에는 아무런 패턴이 없기 때문에 입력을 무시한다).

```
# 파일명: ex235.rq

SELECT ?answer
WHERE
{
  BIND ((IF (2 > 3, "Two is bigger", "Three is bigger")) AS ?answer)
}
```

IF() 함수는 표현식인 2 > 3이 true인지 여부에 따라 "Two is bigger"나 "Three is bigger" 중 하나를 ?answer 변수에 바인딩한다. 결과는 놀라울 게 없다.

```
--------------------
| answer           |
====================
| "Three is bigger" |
--------------------
```

모든 세 파라미터는 얼마든지 복잡할 수 있다. 다음 예제는 5장의 후반부에 기술할 여러 다른 함수를 사용해 실제 작업을 한다. 3장의 ex104.ttl 샘플 데이터 집합에 있는 각 dm:location 값의 경우 이 값이 dm:Place 클래스의 인스턴스라고 알려주는 새로운 트리플을 생성하려고 한다.

```
# 파일명: ex104.ttl

@prefix dm: <http://learningsparql.com/ns/demo#> .
@prefix d:  <http://learningsparql.com/ns/data#> .

d:item432 dm:cost 8 ;
          dm:location <http://dbpedia.org/resource/Boston> .
d:item857 dm:cost 12 ;
          dm:location <http://dbpedia.org/resource/Montreal> .
d:item693 dm:cost 10 ;
          dm:location "Heidelberg" .
```

```
d:item126 dm:cost 5 ;
          dm:location <http://dbpedia.org/resource/Lisbon> .
```

> 인기가 있는 객체 지향 언어 규약에 따르면 `dm:Place` 같은 RDF 클래스 이름은 대문자로 시작하고, `dm:location` 같은 속성 이름은 소문자로 시작한다.

ex104.ttl 데이터 집합의 `dm:location` 값이 주어인 트리플을 생성한다면 앞 항목 중 세 항목만 효과가 있다. `dm:location` 값이 "Heidelberg"인 항목인 경우 효과가 없다. 왜냐하면 "Heidelberg"가 문자열이고, 트리플의 주어가 URI이어야 하기 때문이다. 이런 문제를 해결하기 위해 다음 질의에서 주어 값이 적절한 URI인지 여부를 확인해서 아니라면 문자열을 이용해 값을 생성한다.

```
# 파일명: ex237.rq

PREFIX dm:   <http://learningsparql.com/ns/demo#>
PREFIX rdf:  <http://www.w3.org/1999/02/22-rdf-syntax-ns#>

CONSTRUCT { ?locationURI rdf:type dm:Place . }
WHERE
{
  ?item dm:location ?locationValue .
  BIND (IF(isURI(?locationValue),
              ?locationValue,
              URI(CONCAT("http://learningsparql.com/ns/data#",
                        ENCODE_FOR_URI(?locationValue)))
          ) AS ?locationURI

       ) .
}
```

> 함수 표현식의 괄호와 파라미터를 구분하는 콤마 앞뒤에 공백을 원하는 대로 모두 넣을 수 있다. 이렇게 하면 복잡한 표현식을 읽기가 더 쉽다.

이 질의는 첫 번째 트리플 패턴의 각 `dm:location` 값을 `?locationValue` 변수에 바인딩한 후, `IF()` 함수의 결과를 `?locationURI` 변수에 바인딩한다. `IF()` 함수에는 세 파라미터가 있다.

1. 첫 번째 표현식은 ?locationValue가 적절한 URI인지 여부를 확인하기 위해 isURI() 함수를 사용한다. 다음 절에서 isURI() 함수를 자세히 알아본다.
2. 첫 번째 파라미터의 표현식이 true로 평가하면 ?locationValue는 생성할 트리플의 주어임을 안다. 따라서 IF() 함수의 두 번째 인자인 ?locationValue를 ?locationURI에 바인딩한다.
3. IF() 함수의 첫 번째 파라미터인 표현식이 false로 평가하면 함수는 세 번째 파라미터를 반환한다. 세 번째 파라미터인 표현식은 ?locationValue로 URI를 생성한다. ENCODE_FOR_URI() 함수는 URI의 경로 부분에서 문제를 유발할 수 있는 문자를 회피한다. 사실 ENCODE_FOR_URI() 함수에 "Heidelberg"를 넣을 필요가 없다. 하지만 "Los Angeles" 문자열이 들어오면 공백이 문제가 될 수 있다. ENCODE_FOR_URI()는 "Los Angeles" 문자열을 "Los%20Angeles"로 변환한다. CONCAT() 함수는 ENCODE_FOR_URI()가 반환한 값을 "http://learningsparql.com/ns/data#"와 결합한다. 그 다음의 URI() 함수는 문자열인 결합한 결과를 URI로 변환한다.

질의 결과에는 입력 문서가 주어인 트리플이 네 개 있다.

```
@prefix d:   <http://learningsparql.com/ns/data#> .
@prefix dm:  <http://learningsparql.com/ns/demo#> .
@prefix rdf: <http://www.w3.org/1999/02/22-rdf-syntax-ns#> .

<http://dbpedia.org/resource/Boston>
      rdf:type   dm:Place .

d:Heidelberg
      rdf:type   dm:Place .

<http://dbpedia.org/resource/Montreal>
      rdf:type   dm:Place .

<http://dbpedia.org/resource/Lisbon>
      rdf:type   dm:Place .
```

http://dbpedia.org/resource/ 네임스페이스가 아닌 *http://learningsparql.com/ns/data#* 네임스페이스에서 Heidelberg에 대한 URI를 생성했다. 새로운 URI는 다른 사람의 도메인을 중심으로 구축된 네임스페이스가 아닌, 제어할 수 있는 네임스페이스를 사용해야 하기 때문이다.

SPARQL 질의에서 사용하는 함수를 많이 안다면 IF() 함수 호출에 전달되는 인자 안에 모든 함수를 사용할 수 있다. 물론 그 인자에 IF() 함수 호출을 추가해 포함시킬 수도 있다.

> SPARQL에서 "논리곱AND"인 && 연산자와 "논리합OR"인 || 연산자를 사용해 불리언 값을 조합할 수 있다.

COLASECE() 함수는 SQL 세계에 뿌리를 둔다. 원하는 만큼의 많은 파라미터를 제공하면 오류가 없는 결과인 첫 번째 파라미터를 반환한다. 이것은 "이걸 시도해보라. 그렇게 해도 소용이 없다면, 또 그렇게 해도 소용이 없다면…"이라고 말할 수 있는 멋진 방식이다. SPARQL 질의에서 작동할 수도 있고 아닐 수도 있는 파라미터인 표현식은 들어온 데이터의 패턴이 올바른지에 따라 종종 변수에 바인딩되거나 바인딩되지 않을 수 있다.

예로 3장의 67페이지에 있는 "존재하지 않을 수도 있는 데이터"에서는 다음 데이터 집합에서 사람마다 ab:nick 값이 있으면 ab:nick 값을 얻고, 아니라면 대신에 ab:firstName 값을 얻는 OPTIONAL 키워드를 사용하는 방식을 살펴봤다.

```
# 파일명: ex054.ttl
@prefix ab: <http://learningsparql.com/ns/addressbook#> .
@prefix d:  <http://learningsparql.com/ns/data#> .

d:i0432 ab:firstName   "Richard" .
d:i0432 ab:lastName    "Mutt" .
d:i0432 ab:homeTel     "(229) 276-5135" .
d:i0432 ab:nick        "Dick" .
d:i0432 ab:email       "richard49@hotmail.com" .

d:i9771 ab:firstName   "Cindy" .
d:i9771 ab:lastName    "Marshall" .
d:i9771 ab:homeTel     "(245) 646-5488" .
d:i9771 ab:email       "cindym@gmail.com" .

d:i8301 ab:firstName   "Craig" .
d:i8301 ab:lastName    "Ellis" .
d:i8301 ab:workTel     "(245) 315-5486" .
d:i8301 ab:email       "craigellis@yahoo.com" .
d:i8301 ab:email       "c.ellis@usairwaysgroup.com" .
```

다음 질의는 ?first 변수를 ab:firstName 값에 바인딩한 후, ?nickname 변수가 있으면 ?nickname 변수를 ab:nick 값에 바인딩하려고 시도한다. 그러면 COALESCE() 함수는 바인딩이 가능하면 ?nickname 값을 반환하고, 아니라면 ?first 값을 반환한다.

```
# 파일명: ex239.rq

PREFIX ab: <http://learningsparql.com/ns/addressbook#>

SELECT ?firstName ?last
WHERE {
  ?s ab:lastName ?last;
     ab:firstName ?first .

  OPTIONAL {
     ?s ab:nick ?nickname .
  }
  BIND (COALESCE(?nickname,?first) AS ?firstName)
}
```

다음 결과는 d:i0432 자원을 보여준다. 질의는 ab:nick 값인 "Dick"을 찾아 사용했다. 각 다른 자원인 경우 ab:firstName을 사용했다. 왜냐하면 ab:nick 값을 갖지 않았기 때문이다.

```
---------------------------
| firstName  | last       |
===========================
| "Craig"    | "Ellis"    |
| "Cindy"    | "Marshall" |
| "Dick"     | "Mutt"     |
---------------------------
```

앞 예제는 COALESCE() 함수에 두 파라미터만 전달했다. 하지만 테스트를 할 목적이라면 얼마든지 더 추가할 수 있다. 또한 IF() 함수처럼 훨씬 더 복잡한 표현식을 파라미터로 전달할 수 있다.

노드 타입과 데이터 타입 확인 함수

어떤 함수는 일부 파라미터가 특정한 데이터 타입이라고 예상한다. 예로 가장 가까운 정수로 반올림하는 round() 함수에 문자열인 "hello"를 반올림하라고 요청할 수 없다. 애플리케이션은 데이터의 특정한 조각이 특정한 타입이라고 예상할 수도 있다. ex145.ttl 같은 비용 보고서 데이터에서 아침 식사에 쓴 총액을 합산한다면 각 e:amount 값이 "5 bucks[달러]" 같은 문자열이 아닌 실제 숫자임을 확실히 해두고 싶을 것이다.

SPARQL는 이런 종류의 데이터가 문제를 일으키지 않도록 표현식이 URI, 리터럴, 수치 리터럴, 공백 노드로 적합한지 여부를 확인하는 함수를 제공한다. 값의 타입이 리터럴이면 data() 함수로 타입이 무엇인지 알 수 있다. 4장의 158페이지에 있는 "나쁜 데이터 찾기"에서 기술했듯이 이런 함수는 계획하지 않았던 데이터를 식별하기 위해 만든 데이터 품질 규칙에서 특별히 가치가 있다.

> 특정 조건을 만족하는 트리플만 검색하는 질의를 원하는 경우, FILTER 문에도 노트 타입과 데이터 타입을 확인하는 함수가 유용하다.

이름이 "is"로 시작하는 함수(예, isNumeric())는 값이 특정 노드 타입이나 데이터 타입인지 여부를 확인한 후, 불리언인 true나 false 값을 반환한다. 다음과 같은 샘플 데이터에 이런 함수를 써보자.

```
# 파일명: ex241.ttl

@prefix dm:   <http://learningsparql.com/ns/demo#> .
@prefix rdfs: <http://www.w3.org/2000/01/rdf-schema#> .
@prefix d:    <http://learningsparql.com/ns/data#> .
@prefix xsd:  <http://www.w3.org/2001/XMLSchema#> .

d:id1 dm:location _:b1 .
d:id2 dm:location <http://dbpedia.org/resource/Montréal> .
d:id3 dm:amount 3 .
d:id4 dm:amount "4"^^xsd:integer .
d:id5 dm:amount 1.0e5 .
d:id6 rdfs:label "5 bucks" .
d:id7 dm:shipped true  .
```

이런 각 트리플의 목적어 값 타입을 확인하기 위해 다음 질의는 각 **isBlank()**, **isLiteral()**, **isNumberic()**, **isIRI()**, **isURI()** 함수가 반환하는 값을 할당할 변수를 여러 개 설정한다.

```
# 파일명: ex242.rq

PREFIX dbr: <http://dbpedia.org/resource/>
SELECT ?o ?blankTest ?literalTest ?numericTest ?IRITest ?URITest
WHERE
{
  ?s ?p ?o .
  BIND (isBlank(?o) as ?blankTest)
  BIND (isLiteral(?o) as ?literalTest)
  BIND (isNumeric(?o) as ?numericTest)
  BIND (isIRI(?o) as ?IRITest)
  BIND (isURI(?o) as ?URITest)
}
```

다음 결과는 이런 함수가 무엇을 하는지 보여주는 테이블이다.

```
-----------------------------------------------------------------------------
| o             | blankTest | literalTest | numericTest | IRITest | URITest |
=============================================================================
| 3             | false     | true        | true        | false   | false   |
| _:b0          | true      | false       | false       | false   | false   |
| "5 bucks"     | false     | true        | false       | false   | false   |
| 4             | false     | true        | true        | false   | false   |
| dbr:Montréal  | false     | false       | false       | true    | true    |
| true          | false     | true        | false       | false   | false   |
| 1.0e5         | false     | true        | true        | false   | false   |
-----------------------------------------------------------------------------
```

1.1 알림

앞서 보여준 함수 중 isNumeric()만 SPARQL 1.1에 새로 추가됐다.

결과에서 주목해야 할 몇 가지 흥미로운 사항은 다음과 같다.

- 숫자, 문자열, 키워드인 true와 false(모두 소문자로 썼음)는 모두 리터럴이다. URI와 공백노드만 리터럴이 아니다.
- isIRI()와 isURI() 간의 차이점이 없다. 둘 다 동의어로 제공된다. 그 이유는 "IRI"는 기술적으로 더 정확한 용어인 반면에 "URI"는 더 일반적으로 사용하는 용어이기 때문이다.

*http://dbpedia.org/resource/Montréal*는 악센트 문자 때문에 실제 URI가 아님에도 불구하고 `isIRI()`와 똑같이 `isURI()`도 `true`를 반환한다.

> 5장의 초반부인 189페이지의 "논리 함수 프로그래밍"의 예제를 살펴보자. 문자열을 URI로 변환해야 하는지 여부를 확인하기 위해 `isURI()`를 넣은 것을 볼 수 있다.

RDFS와 OWL은 특정 속성의 값이 주어진 타입이라고 알려주는 명시적인 방법을 제공하지 않는다. 하지만 지금은 확인할 수 있다. 즉, 4장에 기술한 SPARQL 규칙을 이용하는 `datatype()` 함수를 사용하는 것이다.

`datatype()` 함수는 전달한 파라미터의 데이터 타입을 식별하는 URI를 반환한다. 다음 질의는 읽어들인 각 트리플의 목적어의 데이터 타입을 알려준다.

```
# 파일명: ex244.rq

PREFIX dbr: <http://dbpedia.org/resource/>

SELECT ?o ?datatype
WHERE
{
  ?s ?p ?o .
  BIND (datatype(?o) as ?datatype)
}
```

ex241.ttl에 이 질의를 실행하면 다음과 같은 결과를 보여준다.

```
------------------------------------------------------------------
| o             | datatype                                       |
==================================================================
| 3             | <http://www.w3.org/2001/XMLSchema#integer>     |
| _:b0          |                                                |
| "5 bucks"     | <http://www.w3.org/2001/XMLSchema#string>      |
| 4             | <http://www.w3.org/2001/XMLSchema#integer>     |
| dbr:Montréal  |                                                |
| true          | <http://www.w3.org/2001/XMLSchema#boolean>     |
| 1.0e5         | <http://www.w3.org/2001/XMLSchema#double>      |
------------------------------------------------------------------
```

식별 가능한 데이터 타입을 할당한 각 값인 경우의 질의 결과는 “XML Schema Part 2: Datatypes” 명세에 기술된, 해당 데이터 타입에 대한 URI다. URI와 공백 노드인 경우 아무것도 보여주지 않는다.

변수를 확인하는 더 유용한 두 함수는 **bound()**와 **sameTerm()**이다. bound() 함수는 바인딩된 값을 갖는 변수인지 여부를 알려준다. 73페이지의 “특정 조건을 만족하지 않는 데이터 찾기”에서 bound() 함수를 사용하는 방법을 보여준 고전적인 예제를 찾을 수 있다. sameTerm() 함수는 두 용어가 동일한지 아닌지 여부를 알려주는 불리언 값을 반환한다. 7장에서 sameTerm() 함수를 사용하는 몇 가지 예제를 살펴본다.

> sameTerm() 함수는 두 인자가 동일한 값이 아닌, 동일한 용어라면 true를 반환한다. 따라서 sameTerm(4,4)는 true를 반환하는 반면에 sameTerm(4,4.0)은 그렇지 않다.

sameTerm() 함수는 URI를 저장한 두 변수를 서로 비교할 때 가장 유용하다. sameTerm(?var1,?var2) 같은 호출은 본질적으로 표현식인 (?var1 = ?var2)와 동일하다. (?var1 = ?var2)가 더 분명한 표현식이고 똑같은 일을 하는데도 왜 신경을 써야 할까? 사실 상당수 SPARQL 엔진의 sameTerm()이 더 효율적이기 때문이다. 따라서 질의를 약간 더 빠르게 실행한다.

노드 타입 변환 함수

SPARQL은 타입을 변환하는 함수를 제공한다. xsd:string와 xsd:integer처럼 “XML Schema Part 2: Datatypes”에 기술된 데이터 타입 간 변환 외에 RDF 노드 타입, 문자열과 URI 간의 변환도 가능하다. 이런 함수는 *문자열인 “5 bucks”를 정수로 타입 변환하는 기적을 수행할 수 없지만, “5”를 정수로 타입 변환할 수 있고, 문자열인 “http://www.learningsparql.com”을 URI로 변환할 수 있다.

3장에서, 트리플의 목적어는 URI나 리터럴 중 하나일 수 있음에도 불구하고, URI로 하는 게 더 좋다고 배웠다. 그 이유는 다른 트리플의 주어로 제공할 수 있기 때문이다. 동일한 URI는 어떤 트리플의 목적어이자 다른 트리플의 주어다. 이런 트리플을 연결해 추론하면 데이터에서 더 많은 것을 얻을 수 있다.

URI() 함수(**IRI()** 함수와 동의어고, 물론 isURI()도 isIRI()와 동의어임)를 사용해서 가능하다면 값을 URI로 변환할 수 있다. 다음 질의는 입력에서 복사한 트리플의 목적어를 URI() 버전으로 대치해서 출력한다.

```
# 파일명: ex246.rq

BASE <http://learningsparql.com/ns/demo#>

CONSTRUCT {?s ?p ?testURI.}
WHERE
{
  ?s ?p ?o .
  BIND (URI(?o) AS ?testURI)
}
```

어떻게 하는지 논의하기 전에 ex241.ttl 입력에 이 질의를 실행한 결과가 무엇인지 살펴보자.

```
@prefix rdfs:  <http://www.w3.org/2000/01/rdf-schema#> .
@prefix d:     <http://learningsparql.com/ns/data#> .
@prefix xsd:   <http://www.w3.org/2001/XMLSchema#> .
@prefix dm:    <http://learningsparql.com/ns/demo#> .

d:id2
      dm:location     <http://dbpedia.org/resource/Montr&#233;al> .

d:id1
      dm:location     <_:5d37e0ec:12fd6bd6a74:-7ffe> .

d:id6
      rdfs:label      <http://learningsparql.com/ns/5 bucks> .
```

무슨 일이 있었는지 살펴보자. SPARQL 1.1 명세에서 "단순 리터럴, xsd:string, IRI 외에 RDF 용어를 [IRI()나 URI() 함수에] 전달하면 오류가 난다"라고 언급하고 있음을 명심하자.

- d:id3와 d:id4 트리플의 목적어가 정수인 값이나 d:id7의 불리언 값을 URI로 변환할 수 없었다. 따라서 이런 트리플을 출력하지 않는다(이런 값은 리터럴이지만 단순한 리터럴이 아니다. 즉, 리터럴로 타입화한 값이다).
- d:id1의 공백 노드를 변환했다라… 음, 이건 정말 문제가 되지 않는다. 왜냐하면 공백 노

드는 리터럴이나 URI가 아니기 때문이다.

- `d:id2`의 URI는 바뀌지 않았다.
- 처리기는 문자열인 "5 bucks"를 URI로 취급하기 위해 상대 URI[relative URI]로 취급한다. 상대란 무엇인가? 질의의 시작 부분에서 BASE 키워드로 기저 URI[base URI]를 지정한다. 따라서 ARQ는 이 기저 URI를 사용한다. 만약에 지정하지 않았다면 ARQ는 기저 URI를 `file:///`를 사용하고, 디렉토리는 URI를 생성하는 질의 파일을 저장한 곳이다. 기저 URI에 "5 bucks"를 덧붙인 결과는 URI인 `http://learningsparql.com/ns/demo#5 bucks`라고 생각할 수도 있다. 그러나 명세에 따르면 "결과는 반드시 절대[absolute] URI여야 함"(그런 이유로 파운드 기호 사용을 배제함)이기 때문에 `URI()`와 `IRI()` 함수의 결과는 `http:// learningsparql.com/ns/5 bucks`로 나온다.

1.1 알림

`URI()`와 `IRI()`는 SPARQL 1.1에 새로 추가됐다.

URI인 *http://learningsparql.com/ns/5 bucks*는 공백이 있기 때문에 좋아하지 않는다. 다음과 같이 수정한 질의는 189페이지의 "논리 함수 프로그래밍"에서 배운, "5 bucks" 내 공백처럼 URI에 어울리지 않는 문자를 회피하는 `ENCODE_FOR_URI()` 함수를 사용한다. 그 다음에는 `URI()` 함수가 `ENCODE_FOR_URI()`의 결과를 URI로 변환한다.

```
# 파일명: ex248.rq

BASE <http://learningsparql.com/ns/demo#>

CONSTRUCT {?s ?p ?testURI.}
WHERE
{
  ?s ?p ?o .
  BIND (URI(ENCODE_FOR_URI(?o)) AS ?testURI)
}
```

데이터 타입이 리터럴이나 `xsd:string`이 아닌 값을 `ENCODE_FOR_URI()`에 전달하면 ARQ는 오류를 던진다. 그래서 이 오류를 확인하도록 테스트하기 위해 ex241.ttl 입력 데이터의 `d:id1`과 `d:id2`를 제거해 만든 대체 버전에 ex248.rq 질의를 실행한다.

```
# 파일명: ex249.ttl

@prefix dm:  <http://learningsparql.com/ns/demo#> .
@prefix rdfs: <http://www.w3.org/2000/01/rdf-schema#> .
@prefix d:   <http://learningsparql.com/ns/data#> .
@prefix xsd: <http://www.w3.org/2001/XMLSchema#> .

d:id3 dm:amount 3 .
d:id4 dm:amount "4"^^xsd:integer .
d:id5 dm:amount 1.0e5 .
d:id6 rdfs:label "5 bucks" .
d:id7 dm:shipped true  .
```

다음 결과에서 보듯이 수치 값과 불리언 값을 무시하고, 공백을 회피하는 대신에 퍼센트 기호를 붙이고 있다.

```
@prefix rdfs:   <http://www.w3.org/2000/01/rdf-schema#> .
@prefix d:      <http://learningsparql.com/ns/data#> .
@prefix xsd:    <http://www.w3.org/2001/XMLSchema#> .
@prefix dm:     <http://learningsparql.com/ns/demo#> .

d:id6
      rdfs:label       <http://learningsparql.com/ns/5%20bucks> .
```

> 값을 URI()나 IRI() 함수에 전달하기 전에 ENCODE_FOR_URI() 함수로 준비하면 좋다. 하지만 단순 리터럴과 xsd:string 값만 전달함을 보장해야 한다.

str() 함수는 전달한 인자의 문자열 표현을 반환한다(기술적으로 리터럴의 "어휘 형태lexical form"나 IRI의 "코드 포인트 표현codepoint representation"을 반환한다. 하지만 실용적인 목적이라면 str() 함수에 전달한 인자가 문자열 버전이라고 쉽게 생각하자).

다음 질의는 읽은 각 트리플의 목적어를 str() 함수에 전달한 후, 결과를 ?testStr 변수에 저장한다.

```
# 파일명: ex251.rq

PREFIX d:  <http://learningsparql.com/ns/data#>

SELECT ?s ?testStr
```

```
WHERE
{
  ?s ?p ?o .
  BIND (str(?o) AS ?testStr)
}
```

앞의 ex241.ttl 데이터 집합에 질의를 실행하면 다음과 같은 결과를 얻는다.

```
---------------------------------------------------
| s      | testStr                                |
===================================================
| d:id3  | "3"                                    |
| d:id1  |                                        |
| d:id6  | "5 bucks"                              |
| d:id4  | "4"                                    |
| d:id2  | "http://dbpedia.org/resource/Montréal" |
| d:id7  | "true"                                 |
| d:id5  | "1.0e5"                                |
---------------------------------------------------
```

꽤 직관적이다. 문자열 표현을 전달하면 반환하고 공백 노드이면 반환하지 않는다.

아주 간단하게 보이지만 매우 유용할 수 있다. 특히 221페이지의 "문자열 함수"에 기술한 함수로 조합할 때 더 그렇다. 예로 이전에 ex241.ttl의 대안인 ex249.ttl 데이터 집합을 만들었다. 왜냐하면 ENCODE_FOR_URI() 함수는 문자열 파라미터를 예상하지만 ex241.ttl 값의 일부가 문자열이 아니기에 str() 함수에 전달하면 오류가 발생하기 때문이다. 다음과 같이 ex251.rq를 수정한 질의는 문자열이 아닌 값이 오류를 유발하지 않도록 ENCODE_ FOR_URI()에 전달할 파라미터를 str() 함수로 감싼다.

```
# 파일명: ex253.rq

BASE <http://learningsparql.com/ns/demo#>

CONSTRUCT {?s ?p ?testURI.}
WHERE
{
  ?s ?p ?o .
  BIND (URI(ENCODE_FOR_URI(str(?o))) AS ?testURI)
}
```

ex241.ttl 데이터에 질의를 실행하면 처리기가 아마도 `d:id2` 트리플의 URI 값을 제외하고, `d:id1` 트리플의 공백 노드에는 아무 것도 안 하되 나머지 트리플을 처리함을 볼 수 있다.

```
@prefix rdfs:  <http://www.w3.org/2000/01/rdf-schema#> .
@prefix d:     <http://learningsparql.com/ns/data#> .
@prefix xsd:   <http://www.w3.org/2001/XMLSchema#> .
@prefix dm:    <http://learningsparql.com/ns/demo#> .

d:id5
      dm:amount       <http://learningsparql.com/ns/1.0e5> .

d:id3
      dm:amount       <http://learningsparql.com/ns/3> .

d:id2
      dm:location
<http://learningsparql.com/ns/demo#http%3A%2F%2Fdbpedia%2Eorg%2Fresource%2FMontr&#233;al> .

d:id4
      dm:amount       <http://learningsparql.com/ns/4> .

d:id6
      rdfs:label      <http://learningsparql.com/ns/5%20bucks> .

d:id7
      dm:shipped      <http://learningsparql.com/ns/true> .
```

URI는 왜 이렇게 됐을까? ex253.rq의 BIND 라인에 있는 URI인 *http://dbpedia.org/resource/Montréal*를 받아 실행한 세 가지 함수를 차례대로 살펴보자.

1. `str()` 함수는 인자를 문자열인 "http://dbpedia.org/resource/Montréal"로 변환했다.
2. 입력이 단순 리터럴이라고 기대하는 `ENCODE_FOR_URI()` 함수는 URI의 경로 부분에 사용한 문제를 유발하는 모든 문자를 회피했다. 즉, 이런 문자마다 퍼센트 기호 및 문자의 코드 포인트를 표현한 16진수 숫자로 변환했다. 이런 문자에는 콜론과 슬래시를 포함한다. 따라서 예를 들면 "http://"는 "http://3A%2F%2F"가 된다.
3. `URI()` 함수는 이 값이 일반 문자열이라고 생각했을 뿐, URI로 시작하는지 알 수 없었다. 따라서 ex246.rq가 문자열인 "5 bucks"에 했던 것처럼 질의의 시작 부분에 선언한 기저 URI.에 `ENCODE_FOR_URI()` 함수를 호출한 결과를 덧붙였다.

목적어 값이 이미 URI이라면 질의 처리기보고 이 목적어 값을 처리하지 말라고 알려줄 수 있을까? 앞서 배운 IF()와 isURI() 함수를 사용하면 된다.

```
# 파일명: ex255.rq

BASE <http://learningsparql.com/ns/demo#>

CONSTRUCT {?s ?p ?testURI.}
WHERE
{
  ?s ?p ?o .
  BIND( IF(isURI(?o),
           ?o,
           URI(ENCODE_FOR_URI(str(?o)))
          ) AS ?testURI
      )
}
```

이 질의에서 IF() 함수의 첫 번째 파라미터는 ?o가 URI인지 여부를 확인한다. URI가 맞다면 두 번째 파라미터이자 어느 함수도 바꾸지 않는 ?o를 반환하며, URI가 아니라면 세 번째 파라미터 즉, ex253.rq(물론 리터럴 입력에도 잘 작동함)에서 봤던 모든 변환을 수행해서 반환한다. 따라서 다음과 같이 ex214.ttl의 모든 데이터에 대한 타당한 출력을 얻는다.

```
@prefix rdfs:  <http://www.w3.org/2000/01/rdf-schema#> .
@prefix d:     <http://learningsparql.com/ns/data#> .
@prefix xsd:   <http://www.w3.org/2001/XMLSchema#> .
@prefix dm:    <http://learningsparql.com/ns/demo#> .

d:id5
      dm:amount       <http://learningsparql.com/ns/1.0e5> .

d:id3
      dm:amount       <http://learningsparql.com/ns/3> .

d:id2
      dm:location     <http://dbpedia.org/resource/Montr&#233;al> .

d:id4
      dm:amount       <http://learningsparql.com/ns/4> .
```

```
d:id6
      rdfs:label       <http://learningsparql.com/ns/5%20bucks> .

d:id7
      dm:shipped       <http://learningsparql.com/ns/true> .
```

데이터 타입 변환

타입화된 노드를 다른 노드로 변환할 때, 예를 들어 정수에서 문자열로 변환할 때 변환하려는 타입을 알고 있다면 변환하는 데 필요한 함수도 알고 있을 것이다. 그 이유는 타입 이름 때문이다. 따라서 다음 함수 목록을 익혀야 한다. 5장의 시작 부분에 있는 데이터 타입 목록을 여기에 복사하면서 괄호를 붙였다.

- xsd:integer()
- xsd:decimal()
- xsd:float()
- xsd:double()
- xsd:string()
- xsd:boolean()
- xsd:dateTime()

> SPARQL는 "XML Schema Part 2: Datatypes" 명세에 기술된 데이터 타입을 일관적으로 사용하기 위해 XPath 명세의 타입 변환 함수를 활용한다.

다음 질의로 ex241.ttl 파일에 있는 트리플의 목적어를 수치 타입으로 변환해보자.

```
# 파일명: ex257.rq

PREFIX dbr: <http://dbpedia.org/resource/>
PREFIX xsd: <http://www.w3.org/2001/XMLSchema#>

SELECT ?o ?integerTest ?decimalTest ?floatTest ?doubleTest
WHERE
```

```
{
  ?s ?p ?o .
  BIND (xsd:integer(?o) as ?integerTest)
  BIND (xsd:decimal(?o) as ?decimalTest)
  BIND (xsd:float(?o) as ?floatTest)
  BIND (xsd:double(?o) as ?doubleTest)
}
```

결과를 보면 크게 놀랄 건 없다. 공백 노드만 빼고 `Montréal` URI와 불리언 `true` 값만 변환할 수 있었다.

```
--------------------------------------------------------------------------------------
| o            |integerTest | decimalTest        | floatTest            | doubleTest    |
======================================================================================
| 3            | 3          | "3"^^xsd:decimal | "3"^^xsd:float       | "3"^^xsd:double|
| _:b0         |            |                  |                      |               |
| "5 bucks"    |            |                  |                      |               |
| 4            | 4          | "4"^^xsd:decimal | "4"^^xsd:float       | "4"^^xsd:double|
| dbr:Montréal |            |                  |                      |               |
| true         | 1          | 1.0              | "1.0E0"^^xsd:float | 1.0E0           |
| 1.0e5        |            |                  | "1.0e5"^^xsd:float | 1.0e5           |
--------------------------------------------------------------------------------------
```

출력에서 보듯이 ARQ는 대부분의 숫자를 따옴표로 감싼 문자열로 만든 후, ^^와 타입 지정자 type designator•와 함께 표현했다. `?integerTest`의 3과 4 값 및 `?doubleTest`의 1.0e5 값처럼 데이터 타입과 맞으면 그대로 표현했다. 하지만 이게 전부가 아님을 기억하자. 실제로 `3`과 `"3"^^xsd:decimal`은 똑같은 표현이고, `1.0e5`와 `"1.0e5"^^xsd:double`도 마찬가지다(실제로 `"1.0e5"^^<http://www.w3.org/2001/XMLSchema#double>`과 같다).

> SPARQL 1.1 질의 언어 명세에는 항상 허용하는 타입 변환(예, 정수에서 문자열로 변환)과 절대 금지인 타입 변환(예, 날짜/시간을 불리언으로 변환)을 보여주는 도표가 들어 있고, 변환이 "어휘 값에 의존한다"고 기술되어 있다. 앞 결과에서 보듯이 문자열인 "4"를 정수로 변환할 수 있지만, 문자열인 "four"를 변환할 수 없다.

• 이 책에서는 타입 지정자(type designator)와 타입 지시자(type indicator)를 혼용해서 쓰고 있으나 둘 다 동일한 의미임을 참고하자. - 옮긴이

> SPARQL 처리기마다 앞 질의의 마지막 목적어인 1.0e5를 다르게 처리함을 볼 수도 있다. 예를 들면 `xsd:decimal`(1.0e5)인 경우 ARQ 2.10으로 앞 질의를 실행하면 아무 것도 반환하지 않는다. 반면에 세사메 2.6.4는 10000을 반환한다.

나머지 세 개의 타입 변환 함수를 테스트하기 위해 다음과 같이 ex241.ttl 데이터 파일을 보강한 버전을 만들었고, `Montréal` 트리플을 제거했다. 왜냐하면 `xsd:string()`는 데이터 집합인 ex241.ttl에 ex251.rq를 실행할 때의 `str()`와 동일하게 수행하지만 `xsd:boolean()`와 `xsd:dateTime()`는 아무것도 할 수 없기 때문이다.

```
# 파일명: ex259.ttl

@prefix dm:   <http://learningsparql.com/ns/demo#> .
@prefix rdfs: <http://www.w3.org/2000/01/rdf-schema#> .
@prefix d:    <http://learningsparql.com/ns/data#> .
@prefix xsd: <http://www.w3.org/2001/XMLSchema#> .

d:id1 dm:location _:b1 .
d:id3 dm:amount 3 .
d:id4 dm:amount "4"^^xsd:integer .
d:id5 dm:amount 1.0e5 .
d:id6 rdfs:label "5 bucks" .
d:id7 dm:shipped true  .
d:id8 dm:shipped "true"  .
d:id9 dm:shipped "True"  .
d:id10 dm:shipDate "2011-11-12"  .
d:id11 dm:shipDate "2011-11-13T14:30:00"  .
d:id12 dm:shipDate "2011-11-14T14:30:00"^^xsd:dateTime  .
```

다음 질의는 각 트리플의 목적어를 문자열 값과 불리언 값으로 변환한다는 점만 빼면 앞 질의와 동일하다.

```
# 파일명: ex260.rq

PREFIX xsd: <http://www.w3.org/2001/XMLSchema#>

SELECT ?o ?stringTest ?boolTest
```

```
WHERE
{
  ?s ?p ?o .
  BIND (xsd:string(?o) as ?stringTest)
  BIND (xsd:boolean(?o) as ?boolTest)
}
```

다음 결과는 문자열 변환이 잘 됐지만, 공백 노드를 불리언으로 변환하는 것이 까다로움을 보여준다.

```
--------------------------------------------------------------------------------
| o                               | stringTest                          | boolTest|
================================================================================
| 3                               | "3"^^xsd:string                     | true   |
| "true"                          | "true"^^xsd:string                  | true   |
| "2011-11-14T14:30:00"^^xsd:dateTime | "2011-11-14T14:30:00"^^xsd:string |        |
| _:b0                            |                                     |        |
| "5 bucks"                       | "5 bucks"^^xsd:string               |        |
| "2011-11-12"                    | "2011-11-12"^^xsd:string            |        |
| 4                               | "4"^^xsd:string                     | true   |
| "True"                          | "True"^^xsd:string                  |        |
| true                            | "true"^^xsd:string                  | true   |
| "2011-11-13T14:30:00"           | "2011-11-13T14:30:00"^^xsd:string   |        |
| 1.0e5                           | "1.0e5"^^xsd:string                 | true   |
--------------------------------------------------------------------------------
```

d:id8 트리플의 소문자 문자열인 "true" 경우는 xsd:boolean 변환이 되지만, id:9 트리플의 "True" 경우 변환되지 않는다. 왜냐하면 대문자인 "T"가 있기 때문이다(이런 문자열을 불리언 값으로 변환해야 한다면 221페이지의 "문자열 함수"에 기술할 LCASE() 함수를 사용하면 된다). xsd:boolean() 함수는 숫자인 0을 불리언 값인 false로 변환하고, 모든 다른 숫자인 경우 앞에서 볼 수 있듯이 불리언 값인 true로 변환한다. 이것은 인기가 있는 여러 프로그래밍 언어의 일관된 방식이다.

다음 질의는 트리플의 목적어를 날짜/시간 값으로 변환하려는 타입 변환을 보여준다.

```
# 파일명: ex262.rq

PREFIX xsd: <http://www.w3.org/2001/XMLSchema#>
```

```
SELECT ?o ?dateTimeTest
WHERE
{
  ?s ?p ?o .
  BIND (xsd:dateTime(?o) as ?dateTimeTest)
}
```

ex259.ttl에 질의를 실행하면 다음과 같은 결과를 얻는다.

```
-----------------------------------------------------------------------------------
| o                                     | dateTimeTest                            |
===================================================================================
| 3                                     |                                         |
| "true"                                |                                         |
| "2011-11-14T14:30:00"^^xsd:dateTime   | "2011-11-14T14:30:00"^^xsd:dateTime     |
| _:b0                                  |                                         |
| "5 bucks"                             |                                         |
| "2011-11-12"                          |                                         |
| 4                                     |                                         |
| "True"                                |                                         |
| true                                  |                                         |
| "2011-11-13T14:30:00"                 | "2011-11-13T14:30:00"^^xsd:dateTime     |
| 1.0e5                                 |                                         |
-----------------------------------------------------------------------------------
```

출력에서는 d:id12 트리플의 값을 그냥 보여준다. 왜냐하면 xsd:dateTime 값이었기 때문이다. xsd:dateTime로 변환됐던 유일한 입력 값은 d:id11 트리플의 "2011-11-13T14:30:00"이다. xsd:dateTime() 함수가 기대했던 정확한 형식인 문자열이기 때문이다. xsd:dateTime() 함수는 "2011-11-12" 문자열을 xsd:dateTime 데이터 타입으로 변환할 수 없다. 하지만 "T00:00:00"을 덧붙이면 변환할 수 있다.

"STRing Data Type"을 의미하는 **STRDT()** 함수는 두 인자인 단순 리터럴로 지정된 값과 타입을 지정하는 URI로 타입화된 리터럴을 만든다.

> **1.1 알림**
>
> STRDT() 함수는 SPARQL 1.1에 새로 추가됐다.

어떻게 돌아가는지 대략적으로 알아보자. ex241.ttl 데이터에 다음 질의를 실행하면 무슨 일이 있는지 살펴보자.

```
# 파일명: ex264.rq

PREFIX dbr: <http://dbpedia.org/resource/>
PREFIX xsd: <http://www.w3.org/2001/XMLSchema#>

SELECT ?o ?decimalTest
WHERE
{
  ?s ?p ?o .
  BIND (STRDT(str(?o),xsd:decimal) as ?decimalTest)
}
```

이 질의의 출력에서 STRDT() 함수는 값의 문자열 표현에 데이터 타입 지시자[datatype indicator]인 xsd:decimal을 추가함을 보여주며, 이 문자열 표현이 타당한지 아닌지 판단한다.

```
---------------------------------------------------------------------------
| o             | decimalTest                                              |
===========================================================================
| 3             | "3"^^xsd:decimal                                         |
| _:b0          |                                                          |
| "5 bucks"     | "5 bucks"^^xsd:decimal                                   |
| 4             | "4"^^xsd:decimal                                         |
| dbr:Montréal  | "http://dbpedia.org/resource/Montreal"^^xsd:decimal      |
| true          | "true"^^xsd:decimal                                      |
| 1.0e5         | 1.0e5                                                    |
---------------------------------------------------------------------------
```

예로 "true"와 "5 bucks" 같은 문자열은 타당하지 않지만, STRDT()는 그냥 추가한다(ARQ는 이런 문자열 및 1.0e5와 URI인 경우 "Datatype format exception[데이터 타입 형식 예외]"이라는 경고 메시지를 뱉는다).

앞에 기술했던 변환 함수인 STRDT()의 실제 값은 유연하다. 관계형 데이터베이스 관리기에서 다음과 같은 데이터를 가져오는 RDF 인터페이스를 떠올려보자.

```
# 파일명: ex266.ttl

@prefix im:  <http://learningsparql.com/ns/importedData#> .
```

```
@prefix d:   <http://learningsparql.com/ns/data#> .

d:item1 im:product "kerosene" ;
        im:amount "14" ;
        im:units "liters" .

d:item2 im:product "double-knit polyester" ;
        im:amount "10" ;
        im:units "squareMeters" .

d:item3 im:product "gold-plated chain" ;
        im:amount "30" ;
        im:units "centimeters" .
```

수치 값은 단지 문자열이고, 각 수치 값과 관련된 단위 이름 간(예, "10"과 "squareMeters")의 유일한 연결성은 공통된 주어를 갖는 트리플의 목적어다. 이 수치 값을 *http://learningsparql.com/ns/demo#* 네임스페이스의 데이터 값으로 변환하고 싶다고 가정해보자. 이때 *http://learningsparql.com/ns/demo#* 네임스페이스에는 *http://learningsparql.com/ns/demo#*의 데이터 타입을 사용자정의한 데이터 타입이 있다. 다음 질의는 이 수치 값을 STRDT()를 사용해 변환한 후, 사용자정의 데이터 타입을 할당한다.

```
# 파일명: ex267.rq

PREFIX im:   <http://learningsparql.com/ns/importedData#>
PREFIX dm:   <http://learningsparql.com/ns/demo#>
PREFIX u:    <http://learningsparql.com/ns/units#>

CONSTRUCT { ?s dm:amount ?newAmount . }
WHERE
{
  ?s im:product ?prodName ;
     im:amount ?amount ;
     im:units ?units .

   BIND (STRDT(?amount,
               URI(CONCAT("http://learningsparql.com/ns/units#",?units)))
         AS ?newAmount)
}
```

다음 결과는 값에 할당한 사용자정의 데이터 타입을 보여준다.

```
@prefix d:      <http://learningsparql.com/ns/data#> .
@prefix u:      <http://learningsparql.com/ns/units#> .
@prefix dm:     <http://learningsparql.com/ns/demo#> .
@prefix im:     <http://learningsparql.com/ns/importedData#> .

d:item2
        dm:amount      "10"^^u:squareMeters .

d:item1
        dm:amount      "14"^^u:liters .

d:item3
        dm:amount      "30"^^u:centimeters .
```

CONCAT() 함수는 ?units 값을 단위 네임스페이스에 대한 URI의 문자열 버전과 연결한다. URI() 함수는 이 연결한 결과를 URI로 변환한다. STRDT() 함수는 수량 값에 대한 데이터 타입을 URI로 할당한다. 접두사인 u:를 단위 URI로 선언했기 때문에 ARQ는 이 접두사를 단위 지정자와 함께 출력한다.

이 절의 STRDT()와 다른 모든 함수를 194페이지의 "노드 타입과 데이터 타입 확인 함수"에서 배운 함수와 결합할 수도 있다. 이렇게 하면 데이터를 정제할 때 유용한 멋진 도구상자를 얻을 수 있다. 예로 링크드 데이터 클라우드Linked Data Cloud에서 트리플을 가져왔거나 스프레드시트, XML, 관계형 데이터베이스 데이터를 트리플로 변환하는 몇몇 유틸리티 프로그램을 사용했다고 가정해보자.

이런 트리플을 애플리케이션이 보길 기대하는, 타입과 속성이 있는 특정 구조에 맞게 재정렬하고 싶다면 이런 함수는 FILTER 문과 훨씬 더 강력한 기능인 SPARQL 규칙을 제공한다 (SPARQL 규칙을 자세히 보려면 158페이지의 "나쁜 데이터 찾기"를 참고하자).

음성 언어 태그 확인, 추가, 제거

2장의 39페이지에 있는 "언어 태그와 레이블로 RDF를 더 읽기 쉽게 만들기"에서 리터럴은 모국어를 비롯해 브라질인의 포르투갈어나 스위스인의 프랑스어처럼 국가의 언어 방언도 식별할 용도로 할당한 태그를 가질 수 있다고 배웠다. 이런 태그를 사용해서 여러 레이블과 다른 기술 정보를 자원에 할당한다. 그러면 선택한 언어로 기술할 수 있다. 디비피디아의 자원과 관련된 질의를 하면 동일한 속성에 대한 많은 값을 종종 반환한다. 왜냐하면 여러 언어에 된 답이 있기 때문이다. 예로 다음 그림 5-1은 자동차 제조사인 듀카티[Ducati]가 있는 도시의 `rdfs:label` 값을 검색하는 질의를 보여준다. 또한 영어, 독일어, 스페인어, 핀란드어, 그외 다른 언어로 된 이름이 있는 13개의 결과를 보여준다.

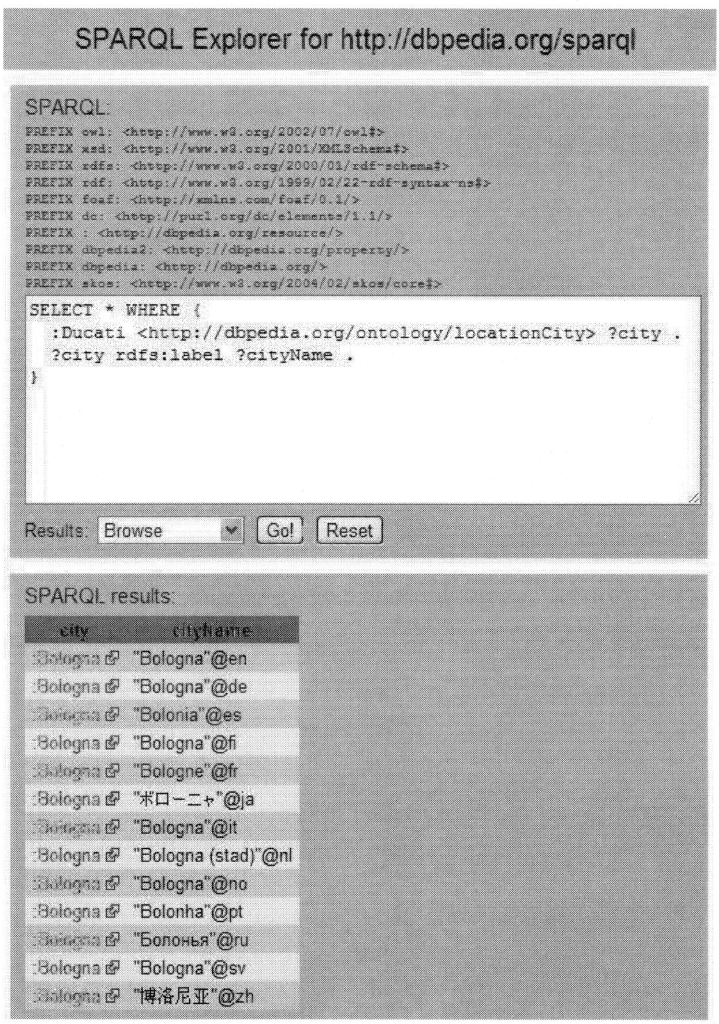

[그림 5-1] 디비피디아에 듀카티 위치를 질의하기 위한 SNORQL

만약에 하나의 언어로 된 레이블만 원한다면? **lang()** 함수는 리터럴에 붙여진 언어 태그를 반환한다. 따라서 특정 언어 태그로 원하는 값만 지정하도록 FILTER 문을 사용할 수 있다. 이번 경우에는 다음과 같이 영어 태그를 지정한다.

```
# 파일명: ex269.rq

 SELECT * WHERE {
  :Ducati <http://dbpedia.org/ontology/locationCity> ?city .
  ?city rdfs:label ?cityName .
  FILTER ( lang(?cityName) = "en" )
}
```

다른 예제를 살펴보자. 2장의 ex039.ttl 데이터 예제에는 자원인 *http://dbpedia.org/resource/Swizerland*에 대한 네 개의 rdfs:label이 있다.

```
# 파일명: ex039.ttl

@prefix rdfs: <http://www.w3.org/2000/01/rdf-schema#> .

<http://dbpedia.org/resource/Switzerland> rdfs:label "Switzerland"@en,
  "Suiza"@es, "Sveitsi"@fi, "Suisse"@fr .
```

다음 질의는 언어 태그를 갖는 모든 레이블을 검색한다.

```
# 파일명: ex270.rq

PREFIX rdfs: <http://www.w3.org/2000/01/rdf-schema#>

SELECT ?label
WHERE { ?s rdfs:label ?label .}
```

lang() 함수를 사용하는 FILTER 문을 추가한다. 이 함수는 원하는 언어 태그가 "en"을 갖는 값만 확인한다고 질의 엔진에게 알려준다.

```
# 파일명: ex271.rq

PREFIX rdfs: <http://www.w3.org/2000/01/rdf-schema#>

SELECT ?label
WHERE {
```

```
  ?s rdfs:label ?label .
  FILTER ( lang(?label) = "en" )
}
```

다음은 ex039.ttl 파일에 이 질의를 실행한 결과다.

```
--------------------
| label            |
====================
| "Switzerland"@en |
--------------------
```

결과에서 보여준 "@en"을 원하지 않는다면? 198페이지의 "노드 타입 변환 함수"에서 str() 함수는 인자로 전달된 문자열 표현을 반환한다고 배웠다. 이 str() 함수는 언어 태그를 제거할 수 있으므로 여기서는 매우 유용하다.

```
# 파일명: ex273.rq

PREFIX rdfs: <http://www.w3.org/2000/01/rdf-schema#>

SELECT ?strippedLabel
WHERE {
  ?s rdfs:label ?label .
  FILTER ( lang(?label) = "en" )
  BIND (str(?label) AS ?strippedLabel)
}
```

다음은 동일한 ex039.ttl 데이터에 ex273.rq를 실행한 결과다.

```
----------------
| strippedLabel |
==============
| "Switzerland" |
----------------
```

1.1 알림

BIND 키워드로 `rdfs:label` 값을 제거한 버전을 저장하고 검색할 때는 SPARQL 1.1 처리기가 필요하다.

2장에는 또 다른 데이터 파일이 있다. 이 파일에서는 용어가 미국 영어American English인지 영국 영어British English인지 보여주기 위해 국가 코드와 언어 코드를 조합했다.

```
# 파일명: ex037.ttl

@prefix :     <http://www.learningsparql.com/ns/demo#> .
@prefix rdfs: <http://www.w3.org/2000/01/rdf-schema#> .

:sideDish42 rdfs:label "french fries"@en-US .
:sideDish42 rdfs:label "chips"@en-GB .

:sideDish43 rdfs:label "chips"@en-US .
:sideDish43 rdfs:label "crisps"@en-GB .
```

영어로 된 **rdfs:label** 값을 찾기 위해 동일한 ex273.rq 질의를 이 파일에 실행한 후, 언어 태그를 제거하면 아무 것도 얻을 수 없다.

```
-----------------
| strippedLabel |
=================
-----------------
```

왜 그럴까? 이 질의는 **@en** 태그를 찾는 반면에 데이터는 **@en-US**와 **@en-GB** 태그를 갖는다. 이 질의의 FILTER가 **lang()**이 "en-GB"나 "en-US"를 반환하는 값을 찾았다면 그에 해당하는 값을 얻었을 것이다.

다행히도 SPARQL의 **langMatches()** 함수는 좀 더 유연함을 제공한다. 첫 번째 인자의 언어 태그와 두 번째의 값과 비교해서 언어가 일치하면 **true**를 반환한다. **langMatches()** 함수는 두 번째 인자에 언어의 특정 국가 변형을 지정하지 않으면 신경쓰지 않는다(또한 이 함수 인자가 국가 코드인지 여부 혹은 데이터 내 국가 코드가 대문자나 소문자인지 상관하지 않는다). 앞 ex273.rq 질의를 수정한 질의는 다음과 같이 모든 국가 코드를 무시한다.

```
# 파일명: ex276.rq

PREFIX rdfs: <http://www.w3.org/2000/01/rdf-schema#>

SELECT ?strippedLabel
WHERE {
  ?s rdfs:label ?label .
```

```
  FILTER ( langMatches(lang(?label),"en" ))
  BIND (str(?label) AS ?strippedLabel)
}
```

ex037.ttl 데이터에 실행하면 모든 영어 값을 얻는다.

```
-----------------
| strippedLabel |
=================
| "crisps"      |
| "chips"       |
| "chips"       |
| "french fries"|
-----------------
```

언어 값을 테스트할 때 langMatches()가 유연하므로 langMatches()가 lang() 보다 더 좋다. 예로 용어가 스페인어인지 여부를 테스트할 때 FILTER 조건에 표현식인 (lang(?someVal) = "es")를 사용하는 것보다 불리언 표현식인 langMatches(lang(?someVal),"es")를 사용하는 게 낫다.

어떤 데이터를 정제하는 중인데, 모든 rdfs:label 값에 언어 태그가 있는지 확실히 하고 싶어 언어 태그가 없는 rdfs:label 값을 나열하고 싶다고 가정해보자. langMatches() 함수는 와일드카드를 두 번째 인자로 받는 유연성이 있으므로, 언어 태그가 있거나 없는 값을 테스트하기 위해 langMatches() 함수를 사용할 수 있다. 다음 데이터 파일에는 rdfs:label 값이 세 개 있지만, 언어 태그는 두 개만 있다.

```
# 파일명: ex278.ttl

@prefix d:    <http://learningsparql.com/ns/data#> .
@prefix rdfs: <http://www.w3.org/2000/01/rdf-schema> .

d:item1 rdfs:label "dog" .
d:item2 rdfs:label "cat"@en .
d:item3 rdfs:label "turtle"@en-US .
```

다음 질의의 langMatches(lang(?label),"*") 표현식은 모든 ?label 값을 대상으로 언어 태그를 가지면 true를 반환하고 아니라면 false를 반환한다. langMatches(lang(?label),"*")

표현식을 감싼 !()는 불리언 값을 반전하므로 결국 보수가 된 필터 표현식은 언어 태그를 갖지 않는 ?label마다 true를 반환한다.

```
# 파일명: ex279.rq

PREFIX rdfs: <http://www.w3.org/2000/01/rdf-schema>

SELECT ?label
WHERE
{
  ?s rdfs:label ?label .
  FILTER (!(langMatches(lang(?label),"*")))
}
```

ex278.ttl 데이터에 이 질의를 실행하면 다음과 같이 언어 태그가 없는 값 하나만 나열한다.

```
---------
| label |
=========
| "dog" |
---------
```

지금까지 질의 검색 조건의 일부인 언어 코드를 사용하고, 언어 코드를 제거하는 방법을 알아보았다. 언어 태그를 문자열에 추가하고 싶다면 어떻게 할까? 언어 태그를 그냥 연결할 수 없다. 언어 태그는 메타데이터의 특수한 조각이지 몇 개의 문자를 추가한 문자열 값이 아니기 때문이다. 언어 태그를 문자열에 추가하려면 리터럴과 언어 태그를 나타내는 문자열을 인자로 취한 후, 언어 코드가 태그된 리터럴을 반환하는 **STRLANG()** 함수를 사용한다.

1.1 알림

STRLANG() 함수는 SPARQL 1.1에 새로 추가됐다.

어떤 유틸리티가 미국 용어와 영국 용어를 동일하게 지정한 스프레드시트를 다음과 같은 트리플로 변환했다고 상상하자.

```
# 파일명: ex281.ttl

@prefix rdfs: <http://www.w3.org/2000/01/rdf-schema#> .
```

```
@prefix dm:   <http://learningsparql.com/ns/demo#> .
@prefix d:    <http://learningsparql.com/ns/data#> .

d:cell1 dm:row 1 ;
        dm:column 1 ;
        rdfs:label "truck" .

d:cell2 dm:row 1 ;
        dm:column 2 ;
        rdfs:label "lorry" .

d:cell3 dm:row 2 ;
        dm:column 1 ;
        rdfs:label "apartment" .

d:cell4 dm:row 2 ;
        dm:column 2 ;
        rdfs:label "flat" .

d:cell5 dm:row 3 ;
        dm:column 1 ;
        rdfs:label "elevator" .

d:cell6 dm:row 3 ;
        dm:column 2 ;
        rdfs:label "lift" .
```

스프레드시트를 RDF로 변환하는 유틸리티를 쉽게 찾을 수 있다.

스프레드시트의 각 행에는 두 개의 열이 있다. 첫 번째 열에는 미국 용어, 두 번째 열에는 미국 용어에 대응하는 영국 용어가 있다. 다음 질의는 SKOS 분류체계를 사용해 이 스프레드시트를 변환한다. 그 이유는 RDF 트리플을 생성할 때 SELECT 질의가 아닌 CONSTRUCT 질의를 사용하기 때문이다. 행마다 열 1의 `rdfs:label` 값을 `?USTerm` 변수에 바인딩한다. 그러면 `STRLANG()` 함수가 값을 `@en-US`로 태그한 후, 결과인 `?taggedUSTerm` 변수에 넣는다. 이와 비슷한 로직 집합으로 동일한 행의 두 번째 열의 값을 사용해서 `?taggedGBTerm` 값을 만든다.

```
# 파일명: ex282.rq

PREFIX rdfs:  <http://www.w3.org/2000/01/rdf-schema#>
PREFIX dm:    <http://learningsparql.com/ns/demo#>
PREFIX skos:  <http://www.w3.org/2004/02/skos/core#>

CONSTRUCT
{  ?rowURI rdfs:type skos:Concept ;
          skos:prefLabel ?taggedUSTerm, ?taggedGBTerm . }

WHERE
{
  ?cell1 dm:row ?rownum ;
         dm:column 1 ;
         rdfs:label ?USTerm .

  BIND (STRLANG(?USTerm,"en-US") AS ?taggedUSTerm)

  ?cell2 dm:row ?rownum ;
         dm:column 2 ;
         rdfs:label ?GBTerm .

  BIND (STRLANG(?GBTerm,"en-GB") AS ?taggedGBTerm)

  BIND (URI(CONCAT("http://learningsparql.com/ns/terms#t",str(?rownum)))
        AS ?rowURI)
}
```

이 질의의 마지막 BIND 문은 ?rownum 값마다 생성하는 세 트리플의 주어 역할을 하는 URI를 만들기 위해 이전에 5장에서 배운 URI() 함수를 사용한다. 따라서 URI는 SKOS 개념을 나타내고, 미국 용어와 영국 용어를 각각 할당한 skos:prefLabel 값이 이 URI에 있음을 알려준다. 다음은 ex281.ttl 데이터에 이 질의를 실행한 결과다.

```
@prefix rdfs:    <http://www.w3.org/2000/01/rdf-schema#> .
@prefix d:       <http://learningsparql.com/ns/data#> .
@prefix dm:      <http://learningsparql.com/ns/demo#> .
@prefix skos:    <http://www.w3.org/2004/02/skos/core#> .

<http://learningsparql.com/ns/terms#t1>
```

```
    rdfs:type      skos:Concept ;
    skos:prefLabel  "truck"@en-US ;
    skos:prefLabel  "lorry"@en-GB .

<http://learningsparql.com/ns/terms#t2>
    rdfs:type      skos:Concept ;
    skos:prefLabel  "flat"@en-GB ;
    skos:prefLabel  "apartment"@en-US .

<http://learningsparql.com/ns/terms#t3>
    rdfs:type      skos:Concept ;
    skos:prefLabel  "elevator"@en-US ;
    skos:prefLabel  "lift"@en-GB .
```

물론 국가 지정을 포함하지 않은 언어 태그를 할당하기 위해 동일한 STRLANG() 함수를 사용할 수도 있다.

문자열 함수

SPARQL은 텍스트의 문자열을 찾고, 조작하는 몇 가지 기본 함수를 제공한다. 이 책에서 이런 몇 가지 기본 함수를 사용하지 않았다면 지금까지 오지 못했을 정도다. 따라서 이런 문자열 관련 함수에 많이 익숙할 것이다. 문자열 조작을 많이 한다면 SPARQL 구현부를 확인해서 확장판으로 추가된 문자열 함수를 제공하는지 보길 바란다.

> **1.1 알림**
>
> 이 절에서 나열한 regex()를 제외한 모든 함수는 SPARQL 1.1에 새로 추가됐다. 다만, 많은 함수(또는 함수의 어떤 버전)는 SPARQL 1.0 처리기의 인기 있는 확장판이었다.

이런 문자열 함수를 테스트하기 위해 다음과 같이 작은 데이터 파일을 사용한다.

```
# 파일명: ex284.ttl

@prefix rdfs: <http://www.w3.org/2000/01/rdf-schema> .
@prefix d:    <http://learningsparql.com/ns/data#> .
```

```
d:item1 rdfs:label "My String" .

d:item2 rdfs:label "123456" .
```

첫 질의는 STRLEN(), SUBSTR(), UCASE(), LCASE() 함수를 사용하는 방법을 보여준다.

```
# 파일명: ex285.rq

PREFIX rdfs: <http://www.w3.org/2000/01/rdf-schema>

SELECT ?label ?strlenTest ?substrTest ?ucaseTest ?lcaseTest
WHERE
{
  ?s rdfs:label ?label .
  BIND (STRLEN(?label) AS ?strlenTest)
  BIND (SUBSTR(?label,4,2) AS ?substrTest)
  BIND (UCASE(?label) AS ?ucaseTest)
  BIND (LCASE(?label) AS ?lcaseTest)
}
```

ARQ이 ex284.ttl 데이터 파일에 이 질의를 적용하면 다음과 같은 결과를 얻는다.

```
-------------------------------------------------------------------------
| label       | strlenTest | substrTest | ucaseTest   | lcaseTest   |
=========================================================================
| "123456"    | 6          | "45"       | "123456"    | "123456"    |
| "My String" | 9          | "St"       | "MY STRING" | "my string" |
-------------------------------------------------------------------------
```

결과의 첫 번째 열은 입력 문자열을 보여주고, 나머지 열은 각 함수가 두 입력 문자열을 처리한 것이 무엇인지 보여준다.

- **STREN()** 함수는 인자로 전달된 문자열의 길이를 반환한다.
- **SUBSTR()** 함수는 첫 번째 인자로 전달된 문자열의 부분 문자열substring을 반환한다. 두 번째 인자는 시작할 문자를 지정하고, 선택사항인 세 번째 인자는 반환할 문자 개수를 지정한다. 이번 예제에서는 **?label** 값의 네 번째 문자부터 시작하는 두 문자를 요청하기 위해 SUBSTR() 함수를 호출한다. "124356"이면 "45"고, "My String"이면 "St"다.
- **UCASE()** 함수는 입력을 숫자 자리numeric digit만 남겨두고 대문자로 변환한다.

- **LCASE()** 함수는 UCASE()와 비슷하지만 소문자로 변환한다.

다음 질의는 네 개의 함수인 STRSTARTS(), STRENDS(), CONTAINS(), regex()를 보여준다. 각 함수는 문자열이 특정 조건을 만족하는지 아닌지 여부를 알려주는 불리언 값을 반환한다.

```
# 파일명: ex287.rq

PREFIX rdfs: <http://www.w3.org/2000/01/rdf-schema>

SELECT ?label ?startsTest ?endsTest ?containsTest ?regexTest
WHERE
{
  ?s rdfs:label ?label .
  BIND (STRSTARTS(?label,"12") AS ?startsTest)
  BIND (STRENDS(?label,"ing") AS ?endsTest)
  BIND (CONTAINS(?label," ") AS ?containsTest)
  BIND (regex(?label,"\\d{3}") AS ?regexTest)
}
```

다음은 ex284.ttl 데이터 파일에 질의를 실행한 후의 결과다.

```
-------------------------------------------------------------------
| label       | startsTest | endsTest | containsTest | regexTest |
===================================================================
| "123456"    | true       | false    | false        | true      |
| "My String" | false      | true     | true         | false     |
-------------------------------------------------------------------
```

모든 함수는 불리언 함수이므로 문자열에서 찾은 것이 무엇인가에 따라 true나 false를 반환한다.

- **STRSTARTS()** 함수는 첫 인자인 문자열이 두 번째 인자인 문자열로 시작하는지 여부를 확인한다. 문자열인 "123456"이 "12"로 시작함을 발견했고, "My String"이 "12"로 시작하지 않아 발견하지 못했다.
- **STRENDS()** 함수는 첫 인자인 문자열이 두 번째 인자인 문자열로 끝나는지 여부를 확인한다. 문자열인 "123456"이 "ing"으로 끝나지 않아 발견하지 못했고, "My String"이 "ing"으로 끝남을 발견했다.
- **CONTAINS()** 함수는 두 번째 인자인 문자열에 첫 번째 문자열의 어디에 있는지 여부를 확

인한다. 단일 공백을 조사할 때 **CONTAINS()** 함수 호출하면 "My String"에서 단일 공백을 발견했지만, "123456"에서는 단일 공백을 발견하지 못했다.

- **regex()** 함수는 정규 표현식regular expression을 두 번째 인자로 지정할 수 있기 때문에 CONSTRAINS() 함수보다 더 유연한 버전이다. ex287.rq의 정규 표현식은 행의 세 자리 숫자를 표현하므로 "123456"에서 발견했지만 "My String"에서는 발견하지 못했다. 선택사항인 세 번째 인자의 "i"는 문자열을 검색할 때 함수에게 대소문자 차이를 무시하라고 알려준다. 다만, 숫자 자리를 검색할 때는 관련이 없다.

> regex() 함수는 첫 번째 인자가 xsd:string 값이나 언어 태그가 없는 단순 리터럴을 예상한다. 문자열을 전달함을 확인하기 위해 str() 함수를 사용하고 싶을 수도 있다. 이런 경우 예를 들어 regex(str(?someVar),"jpg")로 하면 된다.

"XML Schema Part 2: Datatypes" 명세에서 나온 정규 표현식을 지정할 때 언어를 사용한다. 펄Perl 프로그래밍 언어, 파일일 검색 유틸리티인 grep, 유닉스 기반 형제에서 사용하는 것과 거의 동일하다. 몇 가지 인기가 있는 정규 표현식의 특수 문자에는 임의 문자를 대신하는 와일드카드인 마침표, 숫자 자리를 나타내는 \d, 임의 공백 문자(스페이스 공백, 탭, 복귀, 캐리지 리턴이나 줄바꿈)를 나타내는 \s를 포함한다.

찾으려는 문자 개수를 지정할 때 몇몇 연산자를 사용할 수도 있다. 예로 점 뒤에 이런 일부 연산자를 더한다.

- .*는 0개 이상의 문자를 나타낸다.
- .+는 1개 이상의 문자를 나타낸다.
- .?는 0이나 1개의 문자를 나타낸다.
- .{4}는 4개의 문자를 정확히 나타낸다.

이런 연산자를 조합하고 일치시킬 수도 있다. 예를 들어 행에서 세 자리 자리를 찾기 위해 ex287.rq에서 \d{3}을 사용했다. "123456"은 세 자리 이상이긴 하지만, regex() 함수가 문자열이 "123"으로 시작함을 발견했다. 바로 이것이 찾으려던 것이었다.

> 실제로 \\d{3}을 정규 표현식으로 사용했다. 왜냐하면 정규 표현식 언어의 일부로 사용하는 백슬래시를 넣어 회피했기 때문이다.

앞에 보여준 문자는 정규 표현식에 사용할 수 있는 특수 문자의 완전한 범위는 결코 아니다. 문자는 더 복잡할 수 있겠지만 더 단순할 수도 있다. 예로 1장의 15페이지에 있는 "문자열 검색"에서는 대문자와 소문자가 조합된 문자열인 "yahoo"가 있는 트리플을 검색하는 질의로 트리플의 목적어를 찾았음을 배웠다.

```
# 파일명: ex021.rq

PREFIX ab: <http://learningsparql.com/ns/addressbook#>

SELECT *
WHERE
{
  ?s ?p ?o .
  FILTER (regex(?o, "yahoo","i"))
}
```

이 질의의 정규 표현식은 정규 표현식의 특수 문자 중 아무것도 사용하지 않았다. 특수 문자가 없어도 질의의 나머지로 지정한 데이터를 대상으로 대소문자를 구분하지 않는 검색을 할 수 있다. 이처럼 `regex()` 함수를 간단하고 편리하게 사용할 수 있다.

SPARQL 함수 중 이미 봤던 **ENCODE_FOR_URI()** 함수를 좀 더 자세하게 볼 가치가 있다. URI의 경로 부분에 사용되어 문제를 일으킬 수도 있는 문자열을 문자로 변환할 경우에는 이 문자열을 보통 퍼센트 기호와 그 다음의 문자를 나타내는 숫자를 16진수 코드 포인트로 변환한다. 이전에 사용했던 샘플 데이터 파일에 `ENCODE_FOR_URI()` 함수를 사용하면 어떻게 변환되는지 살펴보자.

```
# 파일명: ex289.ttl

@prefix rdfs: <http://www.w3.org/2000/01/rdf-schema> .
@prefix d:    <http://learningsparql.com/ns/data#> .

d:item1 rdfs:label "My String" .

d:item2 rdfs:label "http://www.learnsparql.com/cgi/func1&color=red" .
```

다음 질의는 각 `?label` 값을 인코딩한 버전을 반환한다.

```
# 파일명: ex290.rq

PREFIX rdfs: <http://www.w3.org/2000/01/rdf-schema>

SELECT ?encodeTest
WHERE
{
  ?s rdfs:label ?label .
  BIND (ENCODE_FOR_URI(?label) AS ?encodeTest)
}
```

ENCODE_FOR_URI() 함수는 "My String"의 공백을 %20으로 변환하고, 비슷한 인코딩을 사용해 URI의 모든 구두점 문자를 변환했다.

```
-----------------------------------------------------------------------
| encodeTest                                                          |
=======================================================================
| "http%3A%2F%2Fwww.learnsparql.com%2Fcgi%2Ffunc1%26color%3Dred" |
| "My%20String"                                                       |
-----------------------------------------------------------------------
```

10장에서 보겠지만 SPARQL 접점 같은 웹 서비스에 URI나 SPARQL 질의를 인자로 전달할 때 ENCODE_FOR_URI() 함수가 특히 유용하다.

수치 함수

수치 함수numeric function를 알아보기 전에 +, −, *, / 같은 모든 전형적인 연산자를 SPARQL 표현식에 사용할 수 있음을 잊지 말자. 3장의 127페이지에 있는 "데이터를 그룹화하고 그룹 안에서 집계 값 찾기"에서는 트리플의 수치 데이터를 효과적으로 활용할 수 있는 AVG(), MIN(), MAX(), SUM(), COUNT() 함수를 봤다.

SPARQL 명세에서도 abs(), round(), ceil(), floor() 함수를 반드시 지원하는 구현부를 명시했다. 문자열 함수처럼 확장 함수로 추가된 수치 함수를 제공하는지 보기 위해 SPARQL 구현부를 확인해볼 가치가 있다.

1.1 알림

SPARQL의 모든 수치 함수는 SPARQL 1.1에 새로 추가됐다.

이런 수치 함수를 테스트하기 위해 다음과 같은 샘플 데이터를 사용한다.

```
# 파일명: ex292.ttl

@prefix rdfs: <http://www.w3.org/2000/01/rdf-schema> .
@prefix d:    <http://learningsparql.com/ns/data#> .
@prefix dm:   <http://learningsparql.com/ns/demo#> .

d:item1 dm:amount 4 .
d:item2 dm:amount 3.2 .
d:item3 dm:amount 3.8 .
d:item4 dm:amount -4.2 .
d:item5 dm:amount -4.8 .
```

다음 질의는 앞에 나열한 네 개의 함수를 사용한다.

```
# 파일명: ex293.rq

PREFIX dm:  <http://learningsparql.com/ns/demo#>
PREFIX xsd: <http://www.w3.org/2001/XMLSchema#>

SELECT ?amount ?absTest ?roundTest ?ceilTest ?floorTest
WHERE
{
  ?s dm:amount ?amount .
  BIND (abs(?amount) AS ?absTest )
  BIND (round(?amount) AS ?roundTest )
  BIND (ceil(?amount) AS ?ceilTest )
  BIND (floor(?amount) AS ?floorTest )
}
```

ex292.ttl 데이터에 질의를 실행하면 다음과 같은 결과를 얻는다.

```
---------------------------------------------------------------------------------
| amount | absTest | roundTest          | ceilTest           | floorTest          |
=================================================================================
| -4.8   | 4.8     | "-5"^^xsd:decimal | "-4"^^xsd:decimal | "-5"^^xsd:decimal |
| -4.2   | 4.2     | "-4"^^xsd:decimal | "-4"^^xsd:decimal | "-5"^^xsd:decimal |
| 3.8    | 3.8     | "4"^^xsd:decimal  | "4"^^xsd:decimal  | "3"^^xsd:decimal  |
| 3.2    | 3.2     | "3"^^xsd:decimal  | "4"^^xsd:decimal  | "3"^^xsd:decimal  |
| 4      | 4       | 4                  | 4                  | 4                  |
---------------------------------------------------------------------------------
```

- **abs()** 함수는 전달된 인자의 절대 값을 반환하면서 입력의 -4.8과 -4.2를 양수로 변환한다.
- **round()** 함수는 값을 가장 가까운 정수whole number로 반올림한다.
- **ceil()** 함수는 "천장" 값을 반환한다. 인자가 분수이면 가장 가까운 정수를 올리고, 숫자 자체면 정수를 반환한다.
- **floor()** 함수는 인자가 분수이면 가장 가까운 정수로 내리고, 숫자 자체면 정수를 반환한다.

rand() 함수는 0부터 1사이의 배정밀도 숫자를 반환한다. 0을 반환할 수 있지만 1을 반환할 수 없다. 뭔가 다르게 반환하고 싶다면 원하는 값을 만드는 다른 수치 함수와 연산자를 사용할 수 있다. 예로 rand()의 값에 11을 곱한 후, floor() 값으로 취한 다음에 20을 더하면 20과 30 사이의 정수를 얻을 수 있다.

다음 질의는 이를 보여주기 위해 입력으로 전달된 모든 트리플의 두 숫자인 ?randTest1과 ?randTest2를 출력한다. ?randTest1 변수는 rand() 함수를 간단하게 호출한 후의 값을 갖는 반면에 ?randTest2 값은 20과 30 사이의 난수다.

```
# 파일명: ex295.rq

SELECT ?randTest1 ?randTest2
WHERE
{
  ?s ?p ?o .
  BIND (rand() AS ?randTest1)
  BIND (floor(rand()*11)+20 AS ?randTest2)
}
```

(이 질의는 실제로 입력 데이터를 사용하지 않음에 주목하자.) 5개의 트리플이 있는 ex292.ttl 데이터 파일에 이 질의를 실행하면 다음과 같이 난수random number의 5개 쌍을 얻는다.

```
-------------------------------------
| randTest1              | randTest2 |
=====================================
| 0.20209451122917443e0  | 29.0e0    |
| 0.04707018085243442e0  | 28.0e0    |
| 0.2190604769364065e0   | 25.0e0    |
| 0.5742086203122172e0   | 22.0e0    |
| 0.3674021731250735e0   | 21.0e0    |
-------------------------------------
```

바꾼 게 없이 곧바로 다시 실행하면 다음과 같이 서로 다른 숫자 집합을 얻는다.

```
-------------------------------------
| randTest1              | randTest2 |
=====================================
| 0.8665625585923823e0   | 24.0e0    |
| 0.21184532852211524e0  | 22.0e0    |
| 0.18848604673741176e0  | 25.0e0    |
| 0.9411502523245124e0   | 27.0e0    |
| 0.5816330932580108e0   | 25.0e0    |
-------------------------------------
```

rand() 함수는 CONSTRUCT 질의를 사용할 때 샘플 데이터를 생성하는 경우 유용할 수 있다.

날짜 함수와 시간 함수

> **1.1 알림**
>
> 날짜 함수와 시간 함수는 모두 SPARQL 1.1에 새로 추가됐다.

SPARQL은 날짜와 시간 데이터를 조작하는 여덟 개의 함수를 제공한다. 이런 함수는 xsd:dateTime으로 타입화된 리터럴과 함께 사용할 수 있다. 또한 이런 날짜 함수와 시간 함수는 xsd:dataTime으로 타입화된 리터럴을 모두 사용할 수 있다. 날짜 함수와 시간 함수의 목적에 맞춰 xsd:dateTime 데이터 타입에 기반을 둔 xsd:date과 xsd:time을 사용하는 리터럴을 각

각 쓸 수도 있다. 또한 SPARQL는 질의 시작할 때 날짜와 시간을 알려주는 `now()` 함수를 제공한다.

"XML Schema Part 2: Datatypes" 명세에 기반을 둔 SPARQL 데이터 타입을 살펴봤다. 이 명세의 날짜와 시간 데이터 타입은 ISO 8601 표준에 기반을 둔다. "2011년 10월 14일, 영국 그리니치 서쪽 5시간대 정오 12시October 14, 2011, at 12 noon five time zones west of Greenwich, England"를 (예, 뉴욕시)를 ISO 8601로 표현한 전체 날짜/시간 문자열은 "2011-10-14T12:00:00.000-05:00"이다. 날짜 자체를 `"2011-10-14"^^xsd:date` 혹은 시간 자체를 `"12:00:00,000-05:00"^^xsd:time`으로 표현할 수도 있다. 시간대와 밀리초를 보여주는 부분은 필요하지 않다. 그러므로 `"2011 -10-14T12:00:00"^^xsd:dateTime`에 회의 시작이나 비행기가 출발한다고 말한다면 오류를 범하지 않을 것이다.

`now()` 함수를 제외한 SPARQL의 모든 날짜 함수와 시간 함수는 날짜와 시간 값에서 특정한 일부를 가져오도록 설계됐다. 다음은 굿릴레이션 전자상거래 온톨로지GoodRelation ecommerce ontology를 이용한 작업을 위해 설계된 티켓 온톨로지Ticket ontology의 `starts` 속성을 사용하는 샘플 데이터다. 이 데이터를 이용해서 날짜 함수와 시간 함수를 어떻게 사용하는지 살펴보자.

```
# 파일명: ex298.ttl

@prefix xsd: <http://www.w3.org/2001/XMLSchema#> .
@prefix d:   <http://learningsparql.com/ns/data#> .
@prefix t:   <http://purl.org/tio/ns#> .

d:meeting1 t:starts "2011-10-14T12:30:00.000-05:00"^^xsd:dateTime .

d:meeting2 t:starts "2011-10-15T12:30:00"^^xsd:dateTime .
```

다음 질의는 회의 날짜와 시간의 일부를 가져온다.

```
# 파일명: ex299.rq

PREFIX d: <http://learningsparql.com/ns/data#>
PREFIX t: <http://purl.org/tio/ns#>

SELECT ?mtg ?yearTest ?monthTest ?dayTest ?hoursTest ?minutesTest
WHERE
{
  ?mtg t:starts ?startTime .
```

```
  BIND (year(?startTime) AS ?yearTest)
  BIND (month(?startTime) AS ?monthTest)
  BIND (day(?startTime) AS ?dayTest)
  BIND (hours(?startTime) AS ?hoursTest)
  BIND (minutes(?startTime) AS ?minutesTest)
}
```

다음 결과에서 보듯이 두 다른 ?hourTest 값을 제외하면 거의 예측 가능하다.

```
--------------------------------------------------------------------------
| mtg         | yearTest | monthTest  | dayTest | hoursTest | minutesTest |
==========================================================================
| d:meeting2  | 2011     | 10         | 15      | 12        | 30          |
| d:meeting1  | 2011     | 10         | 14      | 17        | 30          |
--------------------------------------------------------------------------
```

처리기는 그리니치 평균시Greenwich Mean Time를 기본 시간대라고 가정한다. 따라서 meeting1이 그리니치의 서쪽 5시간대 12시 30분에서 열리기 때문에 영국에서는 17시 30분이다.

seconds() 함수는 날짜-시간 값의 초 위치를 10진수로 반환한다. seconds() 함수를 간략하게 사용하는 다음 예제를 살펴보자. 먼저 날짜-시간 값의 시간대를 확인하는 두 함수인 time-zone()과 tz()를 살펴보자.

```
# 파일명: ex301.rq

PREFIX d: <http://learningsparql.com/ns/data#>
PREFIX t: <http://purl.org/tio/ns#>
PREFIX xsd: <http://www.w3.org/2001/XMLSchema#>

SELECT ?timezoneTest ?tzTest
WHERE
{
  ?mtg t:starts ?startTime .
  BIND (timezone(?startTime) AS ?timezoneTest)
  BIND (tz(?startTime) AS ?tzTest)
}
```

timezone() 함수는 xsd:dayTimeDuration으로 타입화된 날짜의 시간대를 반환하는 반면에 **tz()** 함수는 이 시간대의 단순 리터럴 버전을 반환한다. ex298.ttl 데이터에 ex301.rq를 실행하면 다음과 같은 결과를 얻는다.

```
------------------------------------------------------------
| mtg          | timezoneTest                     | tzTest   |
============================================================
| d:meeting2 |                                  | ""       |
| d:meeting1 | "-PT5H"^^xsd:dayTimeDuration | "-05:00" |
------------------------------------------------------------
```

d:meeting1 시간에서 시간대 값을 가져왔다. d:meeting2 시간에서 timezone() 값을 얻지 못했고, tz() 값은 비었다.

now() 함수는 현재 날짜와 시간을 반환한다. 더 구체적으로는 질의를 시작할 때의 날짜와 시간이다. 다음 질의는 먼저 해당 질의를 실행했던 날짜를 보여준 다음에 seconds() 함수를 호출해 현재 시간 부분을 보여준다. 이 질의는 입력을 무시하므로 원하는 입력 데이터 파일에 실행할 수 있다.

```
# 파일명: ex303.rq

PREFIX xsd: <http://www.w3.org/2001/XMLSchema#>

SELECT ?currentTime ?currentSeconds
WHERE
{
  BIND (now() AS ?currentTime)
  BIND (seconds(?currentTime) AS ?currentSeconds)
}
```

이 질의는 now() 함수 호출을 seconds() 함수의 인자로 사용할 수 있었다. 하지만 여기서는 now() 함수 호출한 후의 값을 바인딩한 변수를 사용했다. 어느 쪽이든 seconds() 함수는 ISO 8601 표준에 부합하는 xsd:dateTime 값을 인자로 예상한다. 이 질의를 실행한 후의 결과는 다음과 같다.

```
------------------------------------------------------------------
| currentTime                                  | currentSeconds |
==================================================================
| "2011-02-05T12:58:27.93-05:00"^^xsd:dateTime | 27.93          |
------------------------------------------------------------------
```

해시 함수

> **1.1 알림**
>
> 해시 함수hash function는 SPARQL 1.1에 새로 추가됐다.

SPARQL의 암호화 해시 함수는 텍스트의 문자열을 비트열bit string의 16진수 표현으로 변환한다. 이 16진수 표현은 입력 문자열을 코드화한 서명 역할을 할 수 있다. 예로 당신이 나에게 텍스트의 단락을 이메일로 보내면 특정 해시 함수를 적용한 결과인 텍스트를 별도의 이메일로 나에게 보내게 된다. 결과가 같은지 보기 위해 동일한 해시 함수를 적용해 단락을 직접 확인할 수 있다. 만약에 결과가 서로 다르다면 내가 받은 이메일이 당신이 보낸 이메일이 아니란 걸 알 수 있다.

사람의 공통 식별자인 이메일 주소는 FOAF 데이터에서 널리 사용된다. 하지만 사람들은 스팸을 무서워해서 FOAF 파일에 이메일 주소를 공개하는 것을 주저하고 있다. FOAF 어휘는 이메일 주소를 SHA-1 암호화 함수로 생성한 해시 문자열("메일상자")을 저장한 `foaf:mbox_sha1sum` 속성을 포함한다. 이렇게 하면 웹 수집기가 스팸용 메일 목록을 수확하는 곳에서 자신의 이메일 주소를 공개하지 않은 채 자신을 표현하는 유일한 값을 타당하게 얻는다. SHA-1 값은 160비트 서명 문자열을 나타낸다. 약간 더 오래된 MD5 알고리즘은 128비트 문자열을 사용한다(비트가 더 많을수록 보안이 더 많이 강화된다). SPARQL이 지원하는 다른 암호화 해시 알고리즘은 최근 SHA-2 알고리즘을 변형한 것이며, 이름이 숫자인 비트열 크기를 사용한다.

SPARQL은 다음과 같은 해시 함수를 지원한다.

- `MD5()`
- `SHA1()`
- `SHA224()`
- `SHA256()`
- `SHA384()`
- `SHA512()`

해시 함수를 보여주기 위해 1장과 4장에서 봤던 다음 데이터를 CONSTRUCT 질의를 사용해서 FOAF로 변환한다. 사생활을 더 보장하기 위해 전화번호를 복사하지 않으며, 이메일 주소를 foaf:mbox_sha1sum 값으로 대치하고자 한다.

```
# 파일명: ex012.ttl

@prefix ab: <http://learningsparql.com/ns/addressbook#> .
@prefix d:  <http://learningsparql.com/ns/data#> .

d:i0432 ab:firstName   "Richard" .
d:i0432 ab:lastName    "Mutt" .
d:i0432 ab:homeTel     "(229) 276-5135" .
d:i0432 ab:email       "richard49@hotmail.com" .

d:i9771 ab:firstName   "Cindy" .
d:i9771 ab:lastName    "Marshall" .
d:i9771 ab:homeTel     "(245) 646-5488" .
d:i9771 ab:email       "cindym@gmail.com" .

d:i8301 ab:firstName   "Craig" .
d:i8301 ab:lastName    "Ellis" .
d:i8301 ab:email       "craigellis@yahoo.com" .
d:i8301 ab:email       "c.ellis@usairwaysgroup.com" .
```

다음 질의는 foaf:mbox_sha1sum 값으로 사용하는 ?hashEmail 변수에 SHA1() 함수를 호출한 결과를 저장한다.

```
# 파일명: ex305.rq

PREFIX foaf: <http://xmlns.com/foaf/0.1/>
PREFIX ab: <http://learningsparql.com/ns/addressbook#>

CONSTRUCT {
  ?s foaf:givenName ?first ;
     foaf:familyName ?last ;
     foaf:mbox_sha1sum ?hashEmail .
}
WHERE
{
```

```
  ?s ab:firstName ?first ;
     ab:lastName ?last ;
     ab:email ?email .
  BIND (SHA1(?email) AS ?hashEmail )
}
```

ex012.ttl data에 이 질의를 실행한 결과는 다음과 같다.

```
@prefix d:       <http://learningsparql.com/ns/data#> .
@prefix foaf:    <http://xmlns.com/foaf/0.1/> .
@prefix ab:      <http://learningsparql.com/ns/addressbook#> .

d:i9771
      foaf:familyName   "Marshall" ;
      foaf:givenName   "Cindy" ;
      foaf:mbox_sha1sum   "821be6ab56326d7b08246f2cb9c0f68afe0156d9" .

d:i0432
      foaf:familyName   "Mutt" ;
      foaf:givenName   "Richard" ;
      foaf:mbox_sha1sum   "b7f191315aa6bb4a9ab56b02e334647c4b1104a0" .

d:i8301
      foaf:familyName   "Ellis" ;
      foaf:givenName   "Craig" ;
      foaf:mbox_sha1sum   "396d3e3aef87e0fecd3cbbdd2479eb3797d7af18" ;
      foaf:mbox_sha1sum   "faec1b07cf7c10e302544f22958c02c53844a4fa" .
```

누군가가 이런 트리플을 만들어 공개로 올렸다고 가정해보자. Richard Mutt의 이메일 주소를 알지만, 이 파일에 나열된 이메일 주소와 똑같은지 궁금하다. SPARQL 질의로 **SHA1()** 함수에 이메일 주소를 전달할 수 있다. 어떤 프로그래밍 언어로 쓰여진 짧은 프로그램에 이메일 주소를 전달할 수도 있다. 왜냐하면 SHA1 지원을 쉽게 찾기 때문이다. 예로 다음과 같이 작은 파이썬 프로그램으로 변환한다.

```
# 파일명: ex307.py

import hashlib
m = hashlib.sha1()
```

```
m.update("richard49@hotmail.com")
print m.hexdigest()
```

결과가 "b7f191315aa6bb4a9ab56b02e334647c4b1104a0"이면 동일한 Richard Mutt의 이메일 주소를 가졌음을 알게 된다.

확장 함수

대부분의 SPARQL 처리기 공급자는 SPARQL 명세가 요구한 함수 외에 다른 함수를 제공한다. 이렇게 하는 이유는 자신의 프로그램을 다른 공급자의 프로그램과 차별화하고, 독자적인 SPARQL 기반 애플리케이션 개발을 지원하고(즉, SPARQL이 제공하지 않는 함수가 필요하므로 SPARQL 구현부에 이런 함수를 추가함), SPARQL에 없지만 유용하다고 간주되는 함수에 대한 힌트를 SPARQL Working Group에 보내기 위한 것이다. SPARQL 1.1 명세는 워킹 그룹이 이런 힌트를 많이 수용했음을 보여준다. 5장에서 나열했던 모든 함수는 SPARQL 1.1에 새로 추가됐다. 1.1이 릴리스되기 전에는 이런 함수가 하나 이상의 SPARQL 처리기의 확장 함수extension function였다.

> 특정 SPARQL 처리기로 개발할 때는 확장 함수에 익숙해져야 한다. 확장 함수를 익히고 나면 질의의 강력함을 확대할 수 있고, 개발 시간을 줄일 수 있고, 심지어 실행 시간도 단축할 수 있다.

몇 가지 확장 함수는 특정 구현부와 더 긴밀하게 결합되기 때문에 많은 처리 효율성을 제공한다. 예로 버추소Virtuoso의 `bif:contains()` 함수는 이전에 5장에서 봤던 `CONTAINS()` 함수의 변형이다. 버추소를 사용한다면 훨씬 더 빠를 수 있다.

> 표준을 사용하는 애플리케이션이 확장 함수를 사용하면 표준을 벗어나므로 애플리케이션의 이식성이 더 저하됨을 기억하자.

> 확장 함수는 SPARQL 표준 밖에서 나왔기 때문에 네임스페이스가 어디에서 온 건지 확인해야 한다. 예로 ARQ의 확장 함수는 *http://jena.hpl.hp.com/ARQ/function#*에 있다. 따라서 ARQ의 `afn:localname`을 사용한다면 질의에서 `rdfs:`나 `dc:` 접두사를 선언했을 때처럼 `afn:` 접두사를 선언해야 한다.

다음 질의는 모든 트리플의 주어인 URI에서 로컬 이름과 네임스페이스 이름을 분리하기 위해 ARQ의 확장 함수인 afn:localname과 afn:namespace를 사용한다.

```
# 파일명: ex308.rq

PREFIX afn: <http://jena.hpl.hp.com/ARQ/function#>
PREFIX d:   <http://learningsparql.com/ns/data#>

SELECT DISTINCT ?s ?sLocalname ?sNamespace
WHERE
{
  ?s ?p ?o .
  BIND (afn:localname(?s) AS ?sLocalname )
  BIND (afn:namespace(?s) AS ?sNamespace )
}
```

앞에서 봤던 ex012.ttl 데이터 파일에 이 질의를 실행하면 다음과 같은 결과를 얻는다.

```
-----------------------------------------------------------------
| s       | sLocalname | sNamespace                               |
=================================================================
| d:i9771 | "i9771"    | "http://learningsparql.com/ns/data#"   |
| d:i0432 | "i0432"    | "http://learningsparql.com/ns/data#"   |
| d:i8301 | "i8301"    | "http://learningsparql.com/ns/data#"   |
-----------------------------------------------------------------
```

여러분의 SPARQL 처리기로 살펴보고 싶은 새로운 함수가 있다면 개발자에게 알려줘야 한다. 아마도 다른 사람도 이런 새로운 함수를 요청했을 것이므로, 개발자가 이 함수를 만드는 데 일조할 수 있을 것이다. 어쩌면 이런 함수가 SPARQL 1.2나 2.0에 포함될 정도로 인기가 있다는 사실을 입증할 수도 있다.

요약

5장에서 배운 내용은 다음과 같다.

- SPARQL이 기본적으로 지원하는 데이터 타입 및 질의에서 이런 데이터 타입과 사용자정의 데이터 타입을 모두 사용하는 방법

- 문자열을 표현하는 선택사항들
- SPARQL에서 산술을 하는 방법
- 프로그램 논리와 노드 타입, 데이터 타입 확인, 변환을 위한 SPARQL 1.1 함수
- 음성 언어 태그를 제어하는 SPARQL 1.1 함수
- SPARQL 1.1의 문자열, 숫자, 날짜, 시간, 해시 함수
- 질의에서 사용할 수 있는 확장 함수의 역할

Chapter

6 SPARQL을 이용한 데이터 갱신

데이터를 모음집에서 가져온 후, 원하는 방법으로 재정렬하고 상호 참조할 수 있다면 더 좋다. 하지만 RDF의 유연한 데이터 모델 중심으로 완전히 본격적인 애플리케이션을 구축하는 데 필요한 것은 표준 질의 언어로 모음집에 데이터를 추가하고, 데이터를 삭제하거나 갱신하는 방법이다. SPARQL 1.1 Update갱신 명세*에는 이런 일을 하기 위한 구문과 선택사항을 기술하고 있으며, 최근 SPARQL에 추가됐지만, 이미 여러 구현부를 지원하고 있다. 6장에서는 다양한 예제를 보여주기 위해 가장 단순한 SPARQL 갱신 명세의 구현부 중 하나인 푸세키Fuseki를 사용한다.

> SPARQL Update의 언어를 볼 수 있는 대부분의 구현부는 트리플 저장소에 내장될 것이다. 트리플 저장소는 본질적으로 데이터베이스 관리 프로그램(관계형 데이터베이스가 아닌 경우임)이므로 SPARQL 질의 언어로 데이터에 질의하고, SPARQL Update의 언어로 데이터를 관리해야 한다.

1.1 알림

SPARQL Update는 SPARQL 1.1에 새로 추가됐다. SPARQL 1.0은 데이터를 갱신하는 방법을 정의하지 않는다. 따라서 SPARQL을 지원하는 트리플 저장소는 원래부터 데이터를 갱신할 수 있는 자체 확장판에 의존한다. 옛 트리플 저장소에서 이 확장판을 볼 수 있다.

* W3C의 SPARQL 1.1 Update 명세를 기술한 문서를 자세하게 보려면 https://www.w3.org/TR/sparql11-update/를 참고하자. - 옮긴이

6장에서 배울 내용은 다음과 같다.

"푸세키로 시작하기"(240페이지)

SPAQL 갱신의 모든 핵심 부분을 시도하기에는 충분한 푸세키

"데이터 집합에 데이터 추가"(243페이지)

질의에 트리플을 지정해서 원격 소스의 트리플을 데이터 집합의 기본 그래프default graph에 추가하는 방법

"데이터 삭제"(250페이지)

기본 그래프의 데이터를 삭제하는 방법

"기존 데이터 변경"(254페이지)

데이터 집합의 기본 그래프의 기존 트리플을 대체하는 방법

"명명된 그래프"(261페이지)

명명된 그래프 생성, 트리플을 명명된 그래프에 추가하고 삭제, 트리플과 그래프 전체를 대체하는 방법

푸세키로 시작하기

푸세키는 제나Jena 프로젝트의 일부다. 푸세키 자체는 'SPARQL 서버'라고 하며, 웹 폼에 입력한 SPARQL 질의와 HTTP 요청으로 보낼 수도 있는 SPARQL 질의를 받는 웹 서버 트리플 스토어 역할을 한다고 기술되어 있다. 6장에서는 웹 폼을 사용한다. 381페이지의 "SPARQL과 HTTP"에서 HTTP 인터페이스 사용법을 알아본다.

> 집필 당시 푸세키의 최신 공식 릴리즈 버전은 0.2.6이다[*]. 푸세키의 기능 범위와 제공되는 문서가 이미 화려하다. 하지만 최신 버전을 사용한다면 6장에서 기술하는 내용과 몇 가지 차이점을 볼 수도 있다.

푸세키를 다운로드하려면 이름이 apache-jena-fuseki-*.zip 형식인 바이너리 ZIP 파일을 얻을 수 있는 제나 프로젝트 홈페이지의 DOWNLOAD 링크[**]로 이동하자. 일단 다운로드한 압축 파일을 해제하면 사용할 준비가 된다. 압축 해제한 곳에는 리눅스나 맥에서 실행할 수 있는 `fuseki-server`라고 하는 스크립트와 윈도우에서 실행할 수 있는 `fuseki-server.bat` 배치 파일이 들어 있다. 다음 명령어로 푸세키의 명령행 옵션과 관련된 사항을 찾을 수 있다.

```
fuseki-server --help
```

푸세키 서버를 시작하기 전에 설치판의 루트 디렉토리에서 `dataDir`라고 하는 하위 디렉토리를 생성하자. 그러면 윈도우나 리눅스 머신에서 푸세키를 서버로 시작하기 위해 다음과 같이 fuseki-server 스크립트를 여러 파라미터와 함께 실행한다.[***]

```
fuseki-server --update --loc=dataDir /myDataset
```

이 명령행은 다음과 같은 파라미터를 포함한다.

`--update`

  푸세키에게 저장된 데이터를 갱신하라고 알려준다. 이 파라미터가 없으면 기본값을 읽기 전용 모드로 지정한다.

`--loc=dataDir`

  TDB 데이터베이스에 데이터를 저장하라고 알려주며, 앞에서 생성했던 `dataDir` 디렉토리에 저장된다(RDF를 저장하기 위해 설계된 TDB는 제나 프로젝트의 또 다른 일부다). 푸세키를 종료한 후에도 하드 디스크에서 데이터를 유지하는 영구 데이터베이스가 된다.

* 2018년 6월 기준의 푸세키 버전은 3.7.0이다. 푸세키를 실행하는 방법은 이 책과 차이가 없지만, UI가 많이 개선됐다. 독자의 편의성을 위해 푸세키 버전의 3.7.0을 기준으로 6장의 푸세키 관련 내용을 수정했다. – 옮긴이
** https://jena.apache.org/download/ – 옮긴이
*** 푸세키를 재시작할 때는 fuseki-server --update로 실행하면 된다. – 옮긴이

`/myDataset`

슬래시로 반드시 시작해야 하는 데이터 집합의 경로 이름이다(이것은 푸세키의 세부사항으로서 SPARQL 명세와 무관하다).

이 책의 예제에서 `/myDataset`로 명명된 데이터 집합을 항상 사용한다. 가끔 다음 단계로 진행하기 전에 저장된 모든 데이터를 지우도록 지시한다. 이 책의 예제와 관련이 없는 애플리케이션을 구축할 때 다른 데이터 집합에 데이터를 저장하길 바란다.

서버를 시작하는 명령어를 입력했던 곳인 창에서 서버를 시작하면 몇 가지 상태 메시지가 주르륵 올라간다(나중에 푸세키 사용을 마치고 종료할 준비가 되면 창에서 `Ctrl + C`를 입력한다).

올라가는 시작 메시지가 멈추면 푸세키를 사용할 준비가 된다. 푸세키의 메인 화면을 보기 위해 브라우저의 주소창에 *http://localhost:3030/*을 입력하자.

푸세키를 3030이 아닌 다른 포트로 사용하고 싶다면 `--help`를 참조하자.*

메인 화면의 상단 메뉴에 있는 dataset을 클릭한다. dataset 화면은 데이터 집합을 선택하도록 유도한다. 푸세키를 시작했을 때 `/myDataset` 데이터 집합 하나만 생성했으므로 Dataset 옆의 선택 상자에는 `/myDataset` 데이터 집합만 있다.

다음 그림 6-1에서 볼 수 있듯이 dataset 화면의 query 탭은 6장의 나머지를 실험하는 곳인 질의 폼이다.

* 3030이 아닌 다른 포트로 하려면 port 옵션을 사용한다. 예로 명령행에서 fuseki-server --port=8080 --update --loc=dataDir/ myDataset로 실행하면 된다. - 옮긴이

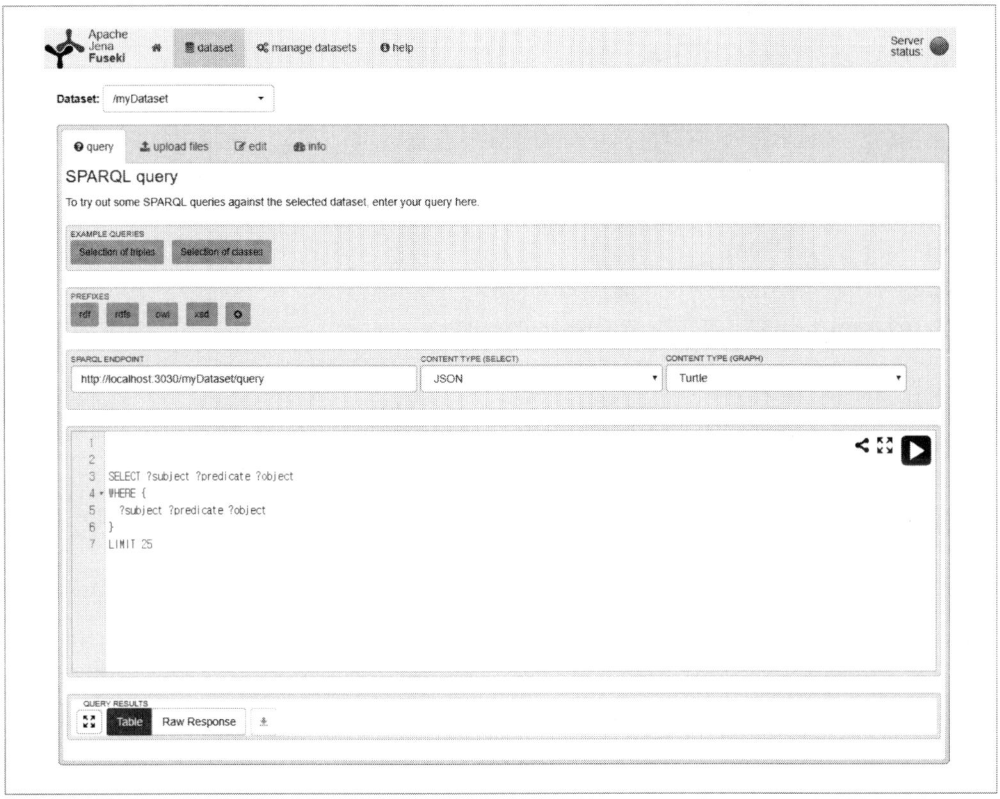

[그림 6-1] 푸세키의 query 탭 화면 내 질의 폼

데이터 집합에 데이터 추가

대부분의 트리플 저장소의 폼 기반 인터페이스는 폼을 채워 데이터를 적재하는 방식을 제공한다. SPARQL 갱신 요청을 이용하는 첫 몇 가지 실험을 할 일부 기본 데이터를 제공하기 위해 dataset의 upload files 탭을 사용해서 ex012.ttl을 적재한다. 샘플 데이터인 이 ex012.ttl는 이 책의 이전 장에 있었으므로 친숙할 것이다.

```
# 파일명: ex012.ttl

@prefix ab: <http://learningsparql.com/ns/addressbook#> .
@prefix d:  <http://learningsparql.com/ns/data#> .
```

```
d:i0432 ab:firstName   "Richard" .
d:i0432 ab:lastName    "Mutt" .
d:i0432 ab:homeTel     "(229) 276-5135" .
d:i0432 ab:email       "richard49@hotmail.com" .

d:i9771 ab:firstName   "Cindy" .
d:i9771 ab:lastName    "Marshall" .
d:i9771 ab:homeTel     "(245) 646-5488" .
d:i9771 ab:email       "cindym@gmail.com" .

d:i8301 ab:firstName   "Craig" .
d:i8301 ab:lastName    "Ellis" .
d:i8301 ab:email       "craigellis@yahoo.com" .
d:i8301 ab:email       "c.ellis@usairwaysgroup.com" .
```

upload files 탭의 select files 버튼을 클릭해서 ex012.ttl을 선택한다. Destination graph name 항목 값을 그대로 두고 upload now 버튼을 클릭한다. 푸세키는 이 데이터를 읽은 후, 트리플을 얼마나 읽었는지 보여주는 짧은 메시지를 하단에 표시한다.

```
Result : success 12 triples
```

query 탭을 클릭하면 질의 폼 페이지로 되돌아온다.

하단에 있는 SPARQL 질의를 입력하는 텍스트 상자에서 데이터 집합에 어떤 데이터가 있는지 확인하기 위해 다음과 같이 간단한 질의를 입력한다.

```
# 파일명: ex311.rq

SELECT *
WHERE
{ ?s ?p ?o }
```

시작 기호가 그려진 버튼을 클릭하면 푸세키는 다음과 같이 12개의 트리플을 표시한다.

S	P	O
<http://learningsparql.com/ns/data#i0432>	<http://learningsparql.com/ns/addressbook#firstName>	"Richard"
<http://learningsparql.com/ns/data#i0432>	<http://learningsparql.com/ns/addressbook#lastName>	"Mutt"
<http://learningsparql.com/ns/data#i0432>	<http://learningsparql.com/ns/addressbook#homeTel>	"(229) 276-5135"
<http://learningsparql.com/ns/data#i0432>	<http://learningsparql.com/ns/addressbook#email>	"richard49@hotmail.com"
<http://learningsparql.com/ns/data#i9771>	<http://learningsparql.com/ns/addressbook#firstName>	"Cindy"
<http://learningsparql.com/ns/data#i9771>	<http://learningsparql.com/ns/addressbook#lastName>	"Marshall"
<http://learningsparql.com/ns/data#i9771>	<http://learningsparql.com/ns/addressbook#homeTel>	"(245) 646-5488"
<http://learningsparql.com/ns/data#i9771>	<http://learningsparql.com/ns/addressbook#email>	"cindym@gmail.com"
<http://learningsparql.com/ns/data#i8301>	<http://learningsparql.com/ns/addressbook#firstName>	"Craig"
<http://learningsparql.com/ns/data#i8301>	<http://learningsparql.com/ns/addressbook#lastName>	"Ellis"
<http://learningsparql.com/ns/data#i8301>	<http://learningsparql.com/ns/addressbook#email>	"craigellis@yahoo.com"
<http://learningsparql.com/ns/data#i8301>	<http://learningsparql.com/ns/addressbook#email>	"c.ellis@usairwaysgroup.com"

query 탭의 하단에 있는 Query Result에서 결과를 테이블로 보여준다. 이 책에서는 결과를 이 책의 페이지에 맞춰 보여주도록 변환했으니 참고하자. 만약에 결과를 테이블이 아닌 특정 포맷으로 보고 싶다면 질의를 입력한 텍스트 상자 위에 있는 CONTENT TYPE(SELECT) 선택 상자에서 JSON, XML, CSV, TSV 중 하나를 선택한 후, 실행 기호가 그려진 버튼을 클릭한다. 결과가 나오면 Raw Response 버튼을 클릭하면 된다.

데이터 집합에서 데이터를 등록하고 삭제하는 방법을 알아보았기 때문에 여러 갱신 질의의 결과를 확인하기 위해 ex311 질의를 자주 사용한다. 따라서 이 질의는 ":모든 기본 그래프 트리플 나열"함을 가리킨다(원래 "모든 트리플 나열"하는 질의를 호출했지만, 261페이지의 "명명된 그래프"에서 명명된 그래프인지 아닌지 여부에 따라 실제로 모든 트리플을 나열하는 다른 질의를 사용한다).

이 데이터를 좀 갱신해보자. 두 트리플부터 추가한다. 한 트리플은 d:i18301의 ab:homeTel 값을 지정한 것이고, 다른 트리플은 ab:Person를 클래스라고 알려준다.

푸세키의 query 탭에서 SPARQL ENDPOINT 텍스트 상자 아래에 있는 http://localhost:3030/myDataset/query를 http://localhost:3030/myDataset/update로 수정한다. 그러면 질의 폼에서 다음과 같이 갱신 요청을 입력한 후 실행 기호가 그려진 버튼을 클릭한다.

```
# 파일명: ex312.ru

PREFIX rdfs:  <http://www.w3.org/2000/01/rdf-schema#>
PREFIX ab:    <http://learningsparql.com/ns/addressbook#>
PREFIX d:     <http://learningsparql.com/ns/data#>

INSERT DATA
{
  d:i8301 ab:homeTel "(718) 440-9821" .
  ab:Person a rdfs:Class .
}
```

SPARQL Update 명세에 따르면 SPARQL 갱신 요청을 저장한 파일의 확장자가 소문자인 .ru로 할 것을 권장하고 있다.

푸세키는 query 탭의 하단의 QURER RESULT 화면에서 성공적으로 갱신했음을 알려준다. 푸세키가 저장했던 데이터 즉, 원래의 12개의 트리플과 ex312.ru로 등록한 새로운 두 트리플을 지금 보려면 SPARQL ENDPOINT 텍스트 상자 아래에 있는 http://localhost:3030/myDataset/update를 http://localhost:3030/myDataset/query로 다시 수정한 후, 실행 기호가 그려진 버튼을 클릭한다.

> 저장한 데이터를 살펴보면 갱신 요청으로 등록했던 ab:Person과 관련된 트리플의 술어가 "a"임에도 불구하고 이 트리플이 술어가 <http://www.23.org/1999/02/22-rdf-syntax-ns#type>인 rdfs:Class가 됨을 볼 수 있다. 왜냐하면 "a"는 <http://www.23.org/1999/02/22-rdf-syntax-ns#type>의 약어이기 때문이다.

첫 갱신 요청의 구문을 아주 자세하게 살펴보기 전에 정확히 똑같은 일을 하는 다른 갱신 요청을 살펴보자.

```
# 파일명: ex313.ru

PREFIX rdfs:  <http://www.w3.org/2000/01/rdf-schema#>
PREFIX ab:    <http://learningsparql.com/ns/addressbook#>
PREFIX d:      <http://learningsparql.com/ns/data#>

INSERT
{
  d:i8301 ab:homeTel "(718) 440-9821" .
  ab:Person a rdfs:Class .
}
WHERE {}
```

ex312.ru처럼 INSERT 뒤에 DATA 키워드가 없는 대신에 WHERE와 중괄호 쌍이 끝에 있다. 사실 CONSTRUCT 질의와 같아 보이며, 새로운 트리플을 생성한다는 점에서 비슷하다. 이 특별한 질의에 WHERE 절의 중괄호 사이에 트리플 패턴을 지정한 조건이 전혀 없다. 하지만 이 질의에서 볼 수 있듯이 INSERT는 트리플 패턴을 포함할 수 있는 요청을 갱신할 수 있고, INSERT 절의 트리플 패턴이 이런 변수를 참조할 수 있다. 반면 INSERT DATA 문은 WHERE 절을 가질 수 없다. INSERT DATA 연산을 이용할 경우 중괄호 안에 트리플 패턴이 아닌 트리플만 넣을 수 있다.

> 트리플 패턴은 그냥 세 위치 중 아무나 변수로 바꿀 수 있는 트리플이다.

SPARQL이 트리플을 등록하는 두 다른 방법을 제공하는 이유가 무엇일까? CONSTRUCT 질의와 마찬가지로 INSERT 갱신 요청의 WHERE 절에서 중괄호 사이에 트리플 패턴을 사용하는 방법은 등록할 데이터를 창의적으로 지정할 수 있는 유연성을 제공하기 때문이다. 예로 WHERE 절에서 찾았던 패턴에 기반을 둔 새로운 트리플을 만들 수 있다(6장 후반부에서 이에 대한 예제를 많이 볼 수 있다). INSERT DATA 연산은 WHERE 절이나 변수 사용을 허용하지 않으므로 SPARQL 처리기가 더 간단하게 처리할 수 있다. 그러므로 데이터를 더 빠르게 처리할 수 있다.

> 두 이전 예제를 비교했을 때 INSERT 갱신 요청과 INSERT DATA 갱신 요청 간의 데이터 적재 속도 차이가 미미하다. 하지만 대용량 데이터를 적재할 때 이런 선택사항이 있다는 점을 기억하는 게 좋다.
>
> 데이터 등록하는 패턴이 아무런 역할을 하지 않는다면 INSERT … WHERE {} 대신에 INSERT DATA를 사용하는 편이 좋다. ex313.rq의 갱신 요청은 그냥 보여줄 목적으로 만든 것이다.

이 방식의 유연성을 살펴보기 전에 전형적인 CONSTRUCT 질의를 검토해보자. 다음 질의는 `ab:firstName`과 `ab:lastName` 값을 모두 갖는 자원을 찾은 후, `?person`에 자원의 URI를 저장한다. 그러면 이 자원이 새로운 클래스인 `ab:Person`의 멤버라고 말하는 새로운 트리플을 생성한다.

```
# 파일명: ex314.rq

PREFIX ab: <http://learningsparql.com/ns/addressbook#>

CONSTRUCT
{ ?person a ab:Person . }
WHERE
{
  ?person ab:firstName ?firstName ;
          ab:lastName  ?lastName .
}
```

ex012.ttl에 이 질의를 실행하기 위해 ARQ 명령행 질의 엔진을 사용했다면 결과에서 다음과 같은 세 트리플이 있음을 볼 수 있다.

```
@prefix d:      <http://learningsparql.com/ns/data#> .
```

```
@prefix ab:     <http://learningsparql.com/ns/addressbook#> .

d:i9771
      <http://www.w3.org/1999/02/22-rdf-syntax-ns#type>
                    ab:Person .

d:i0432
      <http://www.w3.org/1999/02/22-rdf-syntax-ns#type>
                    ab:Person .

d:i8301
      <http://www.w3.org/1999/02/22-rdf-syntax-ns#type>
                    ab:Person .
```

이 출력을 파일에 저장해서 나중에 사용할 수 있다. 다만 CONSTRUCT 질의는 원래의 입력에 아무런 영향이 없다.

다음 예제는 CONSTRUCT 키워드를 INSERT로 바꿨다는 점만 제외하면 ex314.rq의 CONSTRUCT와 정확하게 똑같다.

```
# 파일명: ex316.ru

PREFIX ab:  <http://learningsparql.com/ns/addressbook#>

INSERT
{ ?person a ab:Person . }
WHERE
{
  ?person ab:firstName ?firstName ;
          ab:lastName  ?lastName .
}
```

> SPARQL 명세에서는 "update request갱신 요청"이라는 용어를 사용하지만 "query질의"를 사용하지 않는다. 따라서 ex314.rq는 질의인 반면에 ex316.ru는 갱신 요청이다. 이것은 (261페이지의 "명명된 그래프" 절에서 살펴보겠지만) 요청이 여러 개별 갱신으로 구성됐을 수 있기 때문이다.

query 탭의 SPARQL ENDPOINT 텍스트 상자 아래에 있는 http://localhost:3030/myDataset/

update를 http://localhost:3030/myDataset/query로 다시 수정하고 질의 폼에서 앞 질의를 붙인 후 입력한 다음에 실행 기호가 그려진 버튼을 클릭한다. 모든 기본 그래프 트리플을 나열하는 ex311.rq 질의를 실행하면 ex316.ru로 데이터 집합에 추가했던 세 트리플이 ex314.rq 질의로 생성했던 세 트리플과 동일함을 볼 수 있다.

> 푸세키를 시작할 때 이 데이터를 영구 데이터베이스에 저장한다고 말했다. 푸세키를 종료한 다음에 다시 시작해서 ex316.ru 갱신 요청을 실행한 후에는 ex312.ru와 ex316.ru가 등록한 트리플을 여전히 저장하고 있음을 알 수 있다.

6장의 시작에서 푸세키의 파일 전체를 한번에 적재하기 위해 upload files 탭의 upload now 버튼을 사용했다. 데이터를 적재하는 또 다른 방법은 SPARQL Update의 LOAD 연산이며, 웹으로 접근 가능한 데이터 집합을 단번에 적재할 수 있다. 예로 다음은 출판물 관련 방대한 모음집인 OCLC Online Computer Library Center, 온라인컴퓨터도서관센터의 월드캣 WorldCat[*]에서 팀 버너슬리의 저서인 《Weaving the Web》과 관련된 RDF 데이터를 적재한다.

```
# 파일명: ex546.rq

LOAD <http://worldcat.org/oclc/41238513.ttl>
```

푸세키의 query 탭에 있는 질의 폼에서 앞 갱신 요청을 붙인 다음에 실행 버튼을 클릭한 후, 모든 기본 그래프 트리플을 나열하는 ex311.rq 질의를 실행하면 데이터 집합에 100개 이상의 데이터를 적재했음을 볼 수 있다.

데이터 삭제

SPARQL의 Update의 DELETE DATA와 DELETE 연산은 INSERT DATA와 INSERT 연산에 해당한다. DELETE DATA 연산을 사용한다면 삭제하기 위해 지정한 트리플을 나열하면 된다. DELETE 연산을 사용한다면 DELETE DATA 연산을 사용할 경우처럼 트리플을 지정해서 나

* 월드캣(http://www.woldcat.org)은 세계 172개국의 7만 2000개 도서관이 협력해 구축하는 학술 정보 데이터베이스이며, 시공간의 제약 없이 누구나 쉽게 웹에서 세계 각국 도서관에 소장된 방대한 정보를 검색할 수 있다. 국립중앙도서관은 2016년 12월에 OCLC와 업무협약을 맺었으므로 현재 월드캣에서 국내 출판물에 대한 도서 정보 150만 건을 검색할 수 있다. – 옮긴이

열할 수도 있고, 트리플 패턴을 활용해서 트리플을 더 유연하게 나열할 수도 있다.

몇 가지 예제를 살펴보기 전에 이전의 예제에서 LOAD 연산으로 등록한 데이터 일부를 검토하기 위해 푸세키의 query 탭에 있는 질의 폼에서 다음 질의를 입력한다.

```
# 파일명: ex547.rq

SELECT * WHERE
{ <http://worldcat.org/isbn/9780062515865> ?p ?o }
```

이 질의를 실행하면 이 책의 하드커버 버전을 기술한 세 개의 트리플*에서 술어와 목적어를 볼 수 있다. 다음과 같은 두 트리플의 술어와 객체가 포함된다.**

- 이 책은 "cloth[헝겊]" 판이다. 하드커버에 대한 산업용어[industry term]다.
- 사실 이 URI는 URN로 보여준 동일한 자원을 나타낸다.

(상기하자. URN도 URI다. 하지만 책의 ISBN 번호 식별과 별개로 드물게 사용된다.)

```
<http://worldcat.org/isbn/9780062515865>
  <http://schema.org/description>
  "cloth" .

<http://worldcat.org/isbn/9780062515865>
  <http://www.w3.org/2002/07/owl#sameAs>
  <urn:isbn:9780062515865> .
```

• 원서의 ex547.rq에서 주어는 http://www.worldcat.org/isbn/0062515861이었고, 저자는 집필 당시 6개의 트리플을 검색했다. 하지만 번역 시점인 2018년 6월 기준으로 http://www.worldcat.org/isbn/0062515861가 주어인 트리플로 검색하면 0건이다. 그 이유는 과거에는 ISBN(국제표준도서번호)의 자리수가 10자리였지만 출판량이 늘어나서 2007년부터 13자리로 변경되었고, 이에 따라 월드캣에서도 수정했기 때문으로 사료된다. 원래 13자리라면 978과 062515861을 합친 9780062515861이지만 http://worldcat.org/oclc/41238513.ttl의 13자리 ISBN를 조사해보니 9780062515872이었다. 따라서 이 책에서는 0062515861를 9780062515872로 변경하고, 또한 http://www.woldcat.org/isbn/0062515861를 http://worldcat.org/isbn/9780062515865로 변경한다. – 옮긴이

• 집필 당시에는 두 트리플이 있었지만, 2018년 6월 기준으로 현재 존재하지 않는다. 이것은 월드캣의 RDF 스키마 구조가 변경된 것으로 판단된다. 왜냐하면 술어인 http://schema.org/description의 트리플 주어가 http://www.worldcat.org/oclc/729965164이기 때문이다. 그러므로 ex548.ru와 ex549.ru 질의를 실행해도 의미가 없지만, DELETE DATA와 DELETE를 어떻게 쓰는지 참고하자. – 옮긴이

> 공개 데이터 소스에서 술어가 `owl:sameAs`인 트리플은 여러 소스에서 특정 소스와 관련된 데이터를 연결하는 훌륭한 고리를 제공한다.

다음 DELETE DATA 갱신 요청은 데이터 집합에서 이런 두 트리플을 제거한다.

```
# 파일명: ex548.ru

PREFIX wci: <http://worldcat.org/isbn/>
PREFIX owl: <http://www.w3.org/2002/07/owl#>

DELETE DATA
{
  wci:9780062515865 <http://schema.org/description> "cloth" ;
                    owl:sameAs <urn:isbn:9780062515865> .
}
```

실행한 후에 ex547.rq 질의로 시도해보면 결과에는 트리플 개수가 2개 줄어든 것을 볼 수 있다.[*]

다음 DELETE 갱신 질의는 ex548.ru의 DELETE DATA 갱신 요청과 같은 결과를 낸다.

```
# 파일명: ex549.ru

PREFIX wci: <http://worldcat.org/isbn/>
PREFIX owl: <http://www.w3.org/2002/07/owl#>

DELETE
{
  wci:9780062515865 <http://schema.org/description> "cloth" ;
                    owl:sameAs <urn:isbn:9780062515865> .
}
WHERE {}
```

INSERT DATA와 INSERT 질의가 서로 호환되는 것처럼 DELETE DATA 버전은 많은 데이터로 작업하면 더 빠를 수 있고, DELETE 버전은 더 유연하다. 삭제하려는 트리플을 정확히 알지만 WHERE 중괄호 안에 트리플 패턴을 추가하지 않겠다면 DELETE DATA를 사용하는 게

* 앞 각주에서 언급했듯이 두 트리플이 현재 존재하지 않으므로 트리플 개수는 변함이 없다. 그리고 트리플 개수를 정확하게 보려면 select count(*) where {?s ?p ?o} 질의를 입력해 실행하면 된다. – 옮긴이

더 좋다.

유연성을 시험해보자. 다음 갱신 요청에는 그래프 패턴과 WHERE 절의 *http://worldcat/isbn/9780062515865*가 주어인 모든 트리플을 찾는 단일 트리플 패턴이 함께 있다. DELETE 절은 동일한 트리플 패턴에 맞는 트리플을 삭제한다. 이 갱신 요청을 실행하기 전에 모든 기본 그래프 트리플을 조회해 나열하는 ex311.rq 질의를 실행해보면 이 패턴에 맞는 나머지 트리플은 적어도 세 개다. 그러면 이 DELETE 갱신 요청을 실행한다.

```
# 파일명: ex550.ru

DELETE { <http://worldcat.org/isbn/9780062515865> ?p ?o }
WHERE  { <http://worldcat.org/isbn/9780062515865> ?p ?o }
```

기본 그래프 트리플을 조회해 나열하는 ex311.rq 질의를 다시 실행하면 주어가 http://worldcat.org/isbn/9780062515865인 트리플이 사라졌음을 볼 수 있다(이 URI가 목적어인 트리플이 최소한 하나라도 봤을 수도 있겠지만, 앞 갱신 요청은 이 URI가 주어였던 트리플만 삭제했다).

> DELETE 절은 WHERE, CONSTRUCT, INSERT 절처럼 많은 트리플을 원하는 만큼 넣을 수 있다.

SPARQL Update의 언어는 특정 패턴과 일치하는 트리플을 제거할 때 지름길을 제공한다. 즉, DELETE WHERE 갱신 요청에는 WHERE 그래프 패턴에서 일치된 모든 트리플을 DELETE 키워드로 삭제한다고 가정할 경우 그래프 패턴이 없다. 이것은 다음과 같이 ex550.ru 갱신 요청과 동일한 효과가 있음을 의미한다.

```
# 파일명: ex551.ru

DELETE WHERE  { <http://www.worldcat.org/isbn/9780062515865> ?p ?o }
```

다음 절인 기존 데이터 변경에서는 그래프 패턴과 함께 있는 DELETE를 더 흥미롭게 사용하는 방법을 배운다. 이것은 실제로 그냥 INSERT 연산과 조합한 DELETE 연산이다. 그렇지만 먼저 단순하지만 모두 삭제하는 훨씬 더 강력한 명령어인 CLEAR를 살펴보자.

CLEAR 명령어는 그래프의 트리플을 지운다. 기본 그래프의 모든 트리플을 지우기 위해 다음과 같이 입력한다(기본 그래프는 지금 갖고 있는 모든 트리플이다. 왜냐하면 261페이지의 "명명된 그래프"까지 명명된 그래프 예제를 논의하지 않았기 때문이다).

```
# 파일명: ex324.ru

CLEAR DEFAULT
```

이렇게 하고 나서 모든 기본 그래프 트리플을 나열하는 ex311.rq 질의를 실행하면 트리플이 모두 사라졌음을 보여준다.

기존 데이터 변경

기존 트리플 변경은 단일 갱신 요청에서 삭제 연산 후 등록 연산순으로 수행한다. 명세에서는 이에 대해 "DELETE/INSERT"라고 언급하고 있다. 다음 예제로 논의하는 게 더 쉽다.

```
# 파일명: ex325.ru

PREFIX foaf: <http://xmlns.com/foaf/0.1/>
PREFIX ab: <http://learningsparql.com/ns/addressbook#>

DELETE
{ ?s ab:email ?o }
INSERT
{ ?s foaf:mbox ?o }
WHERE
{?s ab:email ?o }
```

SPARQL 질의 처리기는 WHERE 절의 그래프 패턴을 평가한 후 DELETE 절에 있는 모든 것 수행한 다음에 INSERT 절의 지시를 수행한다. 앞의 갱신 요청인 경우 다음과 같이 처리한다.

1. 술어가 `ab:email`인 모든 트리플을 찾는다.

2. 찾은 모든 트리플을 삭제한다.

3. 술어가 `foaf:mbox`인 동일한 주어와 목적어를 갖는 새로운 트리플을 등록한다.

갱신 요청을 수행하려면 다음과 같이 한다.

1. 현재 기본 그래프에 트리플이 있다면

2. 앞 절에서 기술했던, 트리플을 지우는 CLEAR 명령어를 사용한다.

3. 푸세키의 upload files 탭으로 이동해서 select files 버튼을 클릭해서 샘플 주소록 데이터인 ex012.ttl 데이터 파일을 선택한 후, 적재하기 위해 upload now 버튼을 클릭한다.

4. 푸세키의 query 탭으로 이동한 후, 데이터 집합에 있는 데이터가 무엇인지 검토하기 위해 질의 폼에서 모든 기본 그래프 트리플을 나열하는 ex311.rq 질의를 입력해 실행한다.

5. INSERT/DELETE 갱신 요청을 해서 생성한 트리플이 무엇인지 보기 위해 먼저 푸세키의 query 탭에서 SPARQL ENDPOINT 텍스트 상자 아래에 있는 http://localhost:3030/myDataset/query를 http://localhost:3030/myDataset/update로 수정한다. 그러면 질의 폼에서 다음 CONSTRUCT 질의를 실행한다.

```
# 파일명: ex326.rq

PREFIX foaf: <http://xmlns.com/foaf/0.1/>
PREFIX ab: <http://learningsparql.com/ns/addressbook#>

CONSTRUCT
{ ?s foaf:mbox ?o }
WHERE
{?s ab:email ?o }
```

이것은 실제로 트리플을 변경하기 전에 데이터 집합에 추가되는 트리플이 무엇인지 보는 멋진 방법이다.

6. ex325.ru 갱신 요청을 질의 폼에 복사한 후 실행한다.

7. 푸세키의 query 탭에서 SPARQL ENDPOINT 텍스트 상자 아래에 있는 http://localhost:3030/myDataset/update를 http://localhost:3030/myDataset/query로 다시 수정한다. 그러면 지금 갖고 있는 트리플이 무엇인지 보기 위해 모든 기본 그래프 트리플을 나열하는 ex311.rq를 다시 실행한다. 많이 잘 알려진 FOAF 어휘를 사용하기 위해 `ab:email` 트리플을 변환했음을 실제로 볼 수 있다.

> 그래프 패턴을 등록 전에 삭제했을지라도 WHERE 절에는 여전히 활용할 수 있는 INSERT 그래프 패턴이 있다.

INSERT나 INSERT/DELETE 갱신 요청을 작성하기 전의 CONSTRUCT 질의는 데이터에 추가될 트리플을 미리보기 위한 좋은 방법일 뿐만 아니라 필요한 INSERT 갱신 요청을 최종적으로 수정하는 프로토타입 역할을 할 수도 있다(그렇지만 푸세키의 웹 기반 인터페이스를 사용한다면 브라우저에서 두 창을 띄울 경우 한 창에서 푸세키의 질의 폼 안에 CONSTRUCT 질의를 사용하기 보다는 다른 창에서 INSERT 갱신 요청을 더 많이 실행한다. 이 점을 기억하자).

약간 더 복잡한 예제를 살펴보자. 다음 데이터 집합은 SKOS 온톨로지를 이용한 작은 분류체계의 세 노드를 정의한다. 각 개념은 값이 문자열 리터럴인 `skos:prefLabel`("선호 레이블preferred label") 속성을 포함한다.

```
# 파일명: ex327.ttl

@prefix skos: <http://www.w3.org/2004/02/skos/core#> .
@prefix d:    <http://learningsparql.com/ns/data#> .

d:c1 a skos:Concept ;
     skos:prefLabel "Mammal" .

d:c2 a skos:Concept ;
     skos:prefLabel "Dog" ;
     skos:broader d:c1 .

d:c3 a skos:Concept ;
     skos:prefLabel "Cat" ;
     skos:broader d:c1 .
```

트리플인 `{d:c2 skos:broader d:c1}`는 `d:c2`가 `d:c1`보다 더 광범위하다고 알려주는 것처럼 보인다. 하지만 사실 `d:c2`는 `d:c1`이 값인 `skos:broader`를 갖는다는 의미다. 직관에 어긋나는 것처럼 보이겠지만 RDF 관행과 일치한다. 예로 `d:i0432 ab:firstName "Richard"`는 `d:i0432`가 "Richard"가 값인 `ab:firstName`을 갖는다는 의미다.

"Cat"이나 "Dog" 같은 선호 레이블 문자열에 메타데이터를 할당하고 싶다면? RDF를 사용해서 URI로 표현할 수 있는 모든 것에 메타데이터를 할당할 수 있다. 주어가 URI고, 원하는 속성 이름과 값이 술어와 목적어인 트리플을 생성할 수 있기 때문이다. 하지만 "Cat"과 "Dog"는 문자열이므로 트리플의 주어로 사용할 수 없다.

SKOS를 확장한 W3C의 SKOS-XL(SKOS eXtension for Labels레이블용 SKOS 확장판) 명세를 사용해서 사람이 개별 용어에 메타데이터를 할당할 수 있다. SKOS-XL 명세는 문자열 리터럴을 대신하되 자체 URI와 자체 속성을 갖는 또 다른 자원인 선호 레이블의 여러 종류를 허용한다. 이런 속성 중 가장 중요한 속성은 `xl:literalForm`으로, "Cat"이나 "Dog" 같은 실제 용어를 저장한다. 그러면 이 `x1:Label` 인스턴스는 용어와 관련된 메타데이터를 저장하기 위해 사용할 다른 많은 속성 이름/값 쌍을 가질 수 있다. SKOS-XL 데이터로 수정할 샘플 SKOS 데이터는 다음과 같을 것이다.

```
# 파일명: ex328.ttl

@prefix skos: <http://www.w3.org/2004/02/skos/core#> .
@prefix xl:   <http://www.w3.org/2008/05/skos-xl#> .
@prefix d:    <http://learningsparql.com/ns/data#> .
@prefix dc:   <http://purl.org/dc/elements/1.1/> .

d:c1 a skos:Concept ;
     xl:prefLabel d:label1 .

d:c2 a skos:Concept ;
     xl:prefLabel d:label2 ;
     skos:broader d:c1 .

d:c3 a skos:Concept ;
     xl:prefLabel d:label3 ;
     skos:broader d:c1 .

d:label1 a xl:Label ;
         xl:literalForm "Mammal" ;
         dc:source <http://en.wikipedia.org/wiki/Mammal> .

d:label2 a xl:Label ;

         xl:literalForm "Dog" ;
         dc:source <http://en.wikipedia.org/wiki/Dog> .
```

```
d:label3 a xl:Label ;
         xl:literalForm "Cat" ;
         dc:source <http://en.wikipedia.org/wiki/Cat> .
```

> SKOS-XL 예제는 각 용어의 소스와 관련된 추가 트리플을 포함하고, 이런 트리플은 SKOS-XL의 유연성을 보여주기 위해 더블린 코어의 source 속성을 사용한다. 원하는 네임스페이스부터 원하는 모든 메타데이터까지 이런 용어에 추가할 수 있다(SKOS-XL의 복잡도가 추가됐기 때문에 지원이나 호응을 많이 받지 못한다는 단점이 있다).

푸세키 데이터 집합에서 현재 데이터를 다 지웠다면(ex324.ru 갱신 질의 참조) 앞의 ex327.ttl 데이터(SKOS 데이터, SKOS-XL인 ex328.ttl 데이터가 아님)를 업로드한 후, 저장된 SKOS 데이터를 SKOS-XL 데이터로 변환하는 다음 갱신 요청을 푸세키의 query 탭에 있는 질의 폼에 입력해서 실행할 수 있다.

```
# 파일명: ex329.ru

PREFIX skos:  <http://www.w3.org/2004/02/skos/core#>
PREFIX xl:    <http://www.w3.org/2008/05/skos-xl#>

DELETE
{ ?concept skos:prefLabel ?labelString . }
INSERT
{
  ?newURI a xl:Label ;
          xl:literalForm ?labelString .
  ?concept xl:prefLabel ?newURI .
}
WHERE
{
  ?concept skos:prefLabel ?labelString .
  BIND (URI(CONCAT("http://learningsparql.com/ns/data#",
                   ENCODE_FOR_URI(str(?labelString)))
          ) AS ?newURI)
}
```

(ex328.ttl 샘플에 포함된 더블린 코어의 source 값을 추가하지 않는다. 그냥 SKOS-XL 데이터에 추가 메타데이터를 포함할 수 있다는 것을 보여주고 싶었을 따름이다.) 이 갱신 요청의 WHERE 절에서는 새로운 `xl::Label` 자원으로 바꾸려면 이 자원을 식별하는 URI가 필요하기 때문에 현재 사용하는 `skos:prefLabel` 술어를 찾은 후, 5장에서 봤던 함수를 조합해서 이런 URI를 생성한다.

> ex329.ru는 새로운 `xl:Label` 인스턴스의 URI를 생성하기 위해 `skos:prefLabel` 값을 `ENCODE_FOR_URI()` 함수에 전달하는 `?labelString` 변수를 사용한다. 그렇지만 다른 기술을 사용할 수도 있다. URI에서 `skos:prefLabel` 값을 사용할 필요가 없다.

URI를 생성한 후, DELETE 절이 `skos:prefLabel` 술어를 갖는 트리플을 삭제한다. 그러면 INSERT 절은 `xl:Label` 클래스의 새로운 멤버를 생성한 후, 각 새로운 `xl:Label` 인스턴스의 `xl:literForm` 변수에 원래의 선호 레이블 문자열을 할당한다. 그다음에는 동일한 개념의 `xl:prefLabel` 값에 `xl:Label` 인스턴스를 할당한다.

> 트리플을 생성하는 과정에서 `skos:prefLabel` 속성이 아닌 `xl:prefLabel` 속성을 사용해 개념의 선호 레이블을 지정한다. 만약에 다른 속성을 SKOS-XL의 일부로 선언했다면 `xl:Label`은 그냥 SKOS-XL 명세에 정의된 새로운 클래스일 뿐이다.

INSERT/DELETE 갱신 요청을 하는 ex329.ru를 실행한다. 그런 후에 모든 그래프 트리플을 나열하는 질의를 실행하면 `skos:prefLabel` 속성을 대신한 `xl:prefLabel` 속성을 갖는 세 개념 및 `xl:prefLabel` 값이 자체 데이터인 자원을 보여준다. 예로 개념인 *http://learningsparql.com/ns/data#c3*의 `xl:prefLabel` 속성 값은 http://learningsparql.com/ns/data#Cat이다. `xl:Label` 인스턴스인 http://learningsparql.com/ns/data#Cat의 `xl:literalForm` 값은 "Cat"이다.

s	p	o
<http://learningsparql.com/ns/data#c1>	<http://www.w3.org/1999/02/22-rdf-syntax-ns#type>	<http://www.w3.org/2004/02/skos/core#Concept>
<http://learningsparql.com/ns/data#c1>	<http://www.w3.org/2008/05/skos-xl#prefLabel>	<http://learningsparql.com/ns/data#Mammal>
<http://learningsparql.com/ns/data#c2>	<http://www.w3.org/1999/02/22-rdf-syntax-ns#type>	<http://www.w3.org/2004/02/skos/core#Concept>
<http://learningsparql.com/ns/data#c2>	<http://www.w3.org/2004/02/skos/core#broader>	<http://learningsparql.com/ns/data#c1>
<http://learningsparql.com/ns/data#c2>	<http://www.w3.org/2008/05/skos-xl#prefLabel>	<http://learningsparql.com/ns/data#Dog>
<http://learningsparql.com/ns/data#c3>	<http://www.w3.org/1999/02/22-rdf-syntax-ns#type>	<http://www.w3.org/2004/02/skos/core#Concept>
<http://learningsparql.com/ns/data#c3>	<http://www.w3.org/2004/02/skos/core#broader>	<http://learningsparql.com/ns/data#c1>
<http://learningsparql.com/ns/data#c3>	<http://www.w3.org/2008/05/skos-xl#prefLabel>	<http://learningsparql.com/ns/data#Cat>
<http://learningsparql.com/ns/data#Mammal>	<http://www.w3.org/1999/02/22-rdf-syntax-ns#type>	<http://www.w3.org/2008/05/skos-xl#Label>
<http://learningsparql.com/ns/data#Mammal>	<http://www.w3.org/2008/05/skos-xl#literalForm>	"Mammal"
<http://learningsparql.com/ns/data#Dog>	<http://www.w3.org/1999/02/22-rdf-syntax-ns#type>	<http://www.w3.org/2008/05/skos-xl#Label>
<http://learningsparql.com/ns/data#Dog>	<http://www.w3.org/2008/05/skos-xl#literalForm>	":Dog"
<http://learningsparql.com/ns/data#Cat>	<http://www.w3.org/1999/02/22-rdf-syntax-ns#type>	<http://www.w3.org/2008/05/skos-xl#Label>
<http://learningsparql.com/ns/data#Cat>	<http://www.w3.org/2008/05/skos-xl#literalForm>	"Cat"

명명된 그래프

W3C의 SPARQL 1.1 Graph Store HTTP Protocol 명세는 클라이언트와 SPARQL 처리기 간의 그래프와 관련된 통신을 다루는 SPARQL Protocol 명세를 확장한 것이다. 왜냐하면 "여기에 데이터셋에 추가할 그래프가 있다"거나 "데이터 집합에서 그래프인 *http://myfine/graph*를 삭제하세요"를 알려주는 HTTP 방식을 포함하기 때문이다. 이 명세는 그래프 전체를 처리하기 위해 SPARQL Update 언어 방법에 대한 대안을 제공하며, 이 절에서 기술한다. 이 명세와 관련된 자세한 사항은 381페이지의 "SPARQL과 HTTP"를 참고하자.

명명된 그래프에서 트리플을 생성하고 추가하고 삭제하고 바꾸는 것을 배우기 위해 (물론 그래프 전체를 삭제하고 바꾸는 것 포함해서) "one"과 "two" 같은 발음으로 쓰여진 `dm:tag` 값을 갖는 `d:x`와 `d:w`로 명명된 자원이 들어 있는 간단한 더미 데이터를 사용해서 SPARQL Update의 각 관련 키워드로 시작해보자. 그런 후에 더 현실적인 데이터를 사용해 여러 갱신 연산을 검토한다.

다음 몇 가지 실험을 하기 위한 기준을 제공하기 위해 두 가지 연산을 수행하는 갱신 요청을 활용한다. 즉, 기본 그래프에서 다 지운 후, 두 개 이상의 트리플을 적재하는 것이다.

SPARQL Update를 사용하면 여러 연산을 세미콜론으로 연결할 수 있다.

푸세키의 query 탭에 있는 질의 폼에서 다음과 같이 갱신 요청을 입력해서 실행한다.

```
# 파일명: ex330.ru

PREFIX d:   <http://learningsparql.com/ns/data#>
PREFIX dm:  <http://learningsparql.com/ns/demo#>

CLEAR DEFAULT;

INSERT DATA
{
  d:x dm:tag "one" .
```

```
  d:x dm:tag "two" .
}
```

이제 특정 명명된 그래프에 몇 개의 트리플을 넣는다. 3장에서 봤던 명명된 그래프 질의와 마찬가지로 GRAPH 키워드와 그래프 이름을 그래프 패턴에 붙인 후, 특정 그래프에서 트리플의 그래프 패턴을 참조한다. 이전에 기본 그래프에 트리플을 등록하기 위해 사용했던 INSERT 연산을 그대로 사용한다.

> 존재하지 않는 그래프에 트리플을 등록하면 SPARQL 처리기는 해당 그래프를 생성한다.

다음 갱신 요청은 `d:g1` 그래프를 생성한 후 지정한 트리플을 추가한다.

```
# 파일명: ex331.ru

PREFIX d:   <http://learningsparql.com/ns/data#>
PREFIX dm:  <http://learningsparql.com/ns/demo#>

INSERT DATA
{ GRAPH d:g1
  { d:x dm:tag "three" }
}
```

> 다른 것과 마찬가지로 그래프 이름은 URI이기 때문에 접두사가 붙은 이름으로 그래프를 나타낼 수 있다. 데이터를 구성하는 방법에 따르므로 그래프 이름을 자신만의 네임스페이스에 넣을 수 있지만, 예제를 간단하게 유지하기 위해 다른 샘플 데이터처럼 동일한 *http://learningsparql.com/ns/data#* 네임스페이스에 그래프를 넣는다.

다음 갱신 요청은 ex331.ru와 동일하게 실행하지만, INSERT 아래에는 DATA 키워드를 대신한 WHERE 절이 있다.

```
# 파일명: ex543.ru

PREFIX d:   <http://learningsparql.com/ns/data#>
PREFIX dm:  <http://learningsparql.com/ns/demo#>
```

```
INSERT
{ GRAPH d:g1
  { d:x dm:tag "three" }
}
WHERE {}
```

ex331.ru와 ex543.ru 간의 구문 차이점은 명명된 그래프 대신에 기본 그래프에 트리플을 등록하기 위해 두 기술을 사용한 ex312.ru와 ex313.ru 간의 구문 차이점과 똑같다. ex331.ru는 INSERT DATA를 사용한다. 왜냐하면 조건을 지정하는 WHERE 절을 사용할 필요가 없기 때문이다. 원하면 생성하는 로직을 제어하기 위해 다른 SPARQL 질의에 넣을 수 있는 트리플의 종류를 추가할 수 있다.

푸세키의 query 탭에 있는 질의 폼에서 ex331.ru나 ex543를 입력해 실행한 후, 다시 질의 폼에서 다음 질의를 입력해 실행한다.

```
# 파일명: ex332.rq

SELECT ?g ?s ?p ?o
WHERE
{
  { ?s ?p ?o }
  UNION
  { GRAPH ?g { ?s ?p ?o } }
}
```

이것은 실제로 모든 트리플을 나열하는 질의다. 왜냐하면 기본 그래프의 모든 트리플 및 관련된 그래프 이름으로 명명된 그래프의 모든 트리플을 결합해서 나열하기 때문이다. 이전 두 INSERT 질의로 등록한 트리플을 대상으로 이 질의를 실행하면 다음과 같이 보여준다.

g	s	p	o
	<http://learningsparql.com/ns/data#x>	<http://learningsparql.com/ns/demo#tag>	"one"
	<http://learningsparql.com/ns/data#x>	<http://learningsparql.com/ns/demo#tag>	"two"
<http://learningsparql.com/ns/data#g1>	<http://learningsparql.com/ns/data#x>	<http://learningsparql.com/ns/demo#tag>	"three"

다음 갱신 요청은 ex331.ru의 INSERT 갱신 요청과 닮았지만, 동일한 그래프에 또 다른 트리플을 넣는다.

```
# 파일명: ex333.ru

PREFIX d:   <http://learningsparql.com/ns/data#>
PREFIX dm:  <http://learningsparql.com/ns/demo#>

INSERT DATA
{ GRAPH d:g1
  { d:x dm:tag "four" . }
}
```

이 갱신 요청을 실행한 후, 모든 트리플을 나열하는 질의를 실행하면 지금 *d:g1* 그래프에 두 트리플이 있음을 볼 수 있다.

g	s	p	o
	<http://learningsparql.com/ns/data#x>	<http://learningsparql.com/ns/demo#tag>	"one"
	<http://learningsparql.com/ns/data#x>	<http://learningsparql.com/ns/demo#tag>	"two"
<http://learningsparql.com/ns/data#g1>	<http://learningsparql.com/ns/data#x>	<http://learningsparql.com/ns/demo#tag>	"three"
<http://learningsparql.com/ns/data#g1>	<http://learningsparql.com/ns/data#x>	<http://learningsparql.com/ns/demo#tag>	"four"

그래프 삭제

그래프를 삭제하는 방법을 알아보기 전에 다음 갱신 요청에 두 번째 명명된 그래프를 추가한 후, 모든 트리플을 나열하는 ex332.rq 질의를 실행해 무엇이 있는지 살펴보자.

```
# 파일명: ex334.ru

PREFIX d:   <http://learningsparql.com/ns/data#>
PREFIX dm:  <http://learningsparql.com/ns/demo#>

INSERT DATA
```

```
{ GRAPH d:g2
  {
     d:x dm:tag "five" .
     d:x dm:tag "six" .
  }
}
```

DROP 연산은 데이터 집합에서 그래프를 삭제한다. 다음과 같이 첫 번째 명명된 그래프를 삭제하는 갱신 요청을 실행한 후, 모든 트리플을 나열하는 ex332.rq 질의를 실행한다. 그러면 여전히 남아 있는 기본 그래프의 트리플과 *d:g2*의 트리플을 볼 수 있지만, *d:g1*의 트리플은 사라졌다.

```
# 파일명: ex335.ru

PREFIX d: <http://learningsparql.com/ns/data#>

DROP GRAPH d:g1
```

DROP DEFALUT는 기본 그래프를 지운다(기본 그래프를 실제로 삭제할 수는 없다. 기본 그래프는 비어 있을지라도 항상 존재해야 한다). 다음 요청 갱신과 모든 트리플을 나열하는 ex332.rq 질의를 차례대로 실행한다. *d:g2* 그래프의 트리플은 아직도 있지만, 기본 그래프의 트리플은 지금 사라졌다.

```
# filename: ex336.ru

DROP DEFAULT
```

기본 그래프에 몇 개의 트리플을 넣는 ex330.ru 갱신 요청을 다시 실행한 후, 기본 그래프에 트리플이 있는지 확인하기 위해 모든 트리플을 나열하는 ex332.rq를 실행한다. 지금 가장 강력한 갱신 요청인 DROP ALL을 사용할 준비가 됐다. DROP ALL은 기본 그래프와 모든 명명된 그래프를 지운다. 달리 말하면 모든 것을 삭제한다.

```
# filename: ex337.ru

DROP ALL
```

ex337.ru 실행을 시도한 후 모든 트리플을 나열하는 ex332.rq 질의를 실행한다. 그러면 간단한 단어인 DROP ALL이 데이터 집합에서 얼마나 대단한 일을 하는지 볼 수 있다.

"모두 삭제하라"고 알려주는 명령어를 조심해야 한다. 정말로 실행하기 전에 잠시 손을 떼서 심사숙고해보자. SPARQL Update는 UNDO 연산을 제공하지 않는다. 그렇긴 해도 사용 중인 트리플 저장소는 데이터베이스 관리 시스템과 마찬가지로 커밋과 롤백 기능의 집합 같은 기능을 제공할 수도 있다.

이번에는 기본 그래프만 남겨두고 모든 명명된 그래프를 삭제하는 방법을 알아볼 차례다. 테스트를 하려면 몇몇 데이터를 설정해야 한다. 따라서 다음과 같이 INSERT 갱신 요청에 푸세키에 넣을 모든 트리플을 지정한 후 실행한다. 그 후에는 기본 그래프와 두 명명된 그래프에 퍼져 있는 6개의 트리플을 보기 위해 모든 트리플을 나열하는 ex332.rq 질의를 실행한다.

```
# 파일명: ex338.ru

PREFIX d:   <http://learningsparql.com/ns/data#>
PREFIX dm:  <http://learningsparql.com/ns/demo#>

INSERT DATA
{
  d:x dm:tag "one" .
  d:x dm:tag "two" .

  GRAPH d:g1
  {
    d:x dm:tag "three" .
    d:x dm:tag "four" .
  }

  GRAPH d:g2
  {
    d:x dm:tag "five" .
    d:x dm:tag "six" .
  }
}
```

DROP NAMED는 모든 명명된 그래프를 삭제한다. 다음과 같이 갱신 요청을 시도한 후, 모든 트리플을 나열하는 ex332.rq 질의를 실행한다. *d1:g1*과 *d:g2* 그래프가 사라졌지만 기본 그래프의 두 트리플만 아직 남아 있음을 볼 수 있다.

```
# 파일명: ex339.ru

DROP NAMED
```

> 이전에 CLEAR DEFAULT가 기본 그래프에서 모든 트리플을 지우는 방법을 배웠다. DEFAULT 키워드를 GRPAH 키워드와 특정 그래프 이름으로 바꾸면 해당 그래프의 모든 트리플을 지울 수 있다. 예로 `CLEAR GRAPH <http:// my-graph>`는 명명된 그래프인 *http://mygraph*의 모든 트리플을 삭제한다. 또한 `CLEAR NAMED`는 모든 명명된 그래프의 트리플을 제거하고, `CLEAR ALL`은 모든 명명된 그래프와 기본 그래프의 트리플 전부를 제거한다.

그래프를 생성하는 또 다른 방법은 CREATE GRAPH 연산을 사용하는 것이다. SPARQL Update 명세에는 "for stores that record empty graph"라는 문구가 있다(DROP과 CLEAR 연산 간의 차이에 궁금하다면 DROP는 그래프를 완전히 제거하고, CLEAR는 그래프 안의 트리플을 삭제하되 빈 그래프로 남긴다. 이것이 "for store that record empty graph"다).

다음 갱신 요청은 새로운 *d:g3* 그래프를 생성한다. 푸세키를 사용해서 모든 트리플을 나열하는 ex332.rq 질의를 실행해봤다면 푸세키가 *d:g3* 그래프의 존재를 기록했다는 흔적을 전혀 볼 수 없을 것이다.

```
# 파일명: ex340.ru

PREFIX d: <http://learningsparql.com/ns/data#>

CREATE GRAPH d:g3
```

ex340.ru 갱신 요청을 실행한 후, 푸세키의 query 탭에 있는 질의 폼에서 트리플 유무와 관계없이 모든 명명된 그래프를 나열해야 하는 다음 질의를 입력해 실행한다. 결과에 보듯이 푸세키는 *d:g3* 그래프를 알고 있다는 흔적이 전혀 없다. 하지만 사용 중인 다른 트리플 저장소와 푸세키의 차기 버전에서 CREATE 명령어 사용을 시도해볼 만한 가치가 있다.

```
# 파일명: ex341.rq

SELECT ?g
WHERE
{ GRAPH ?g {} }
```

갱신 요청에서 명명된 그래프를 손쉽게 활용하는 지름길 : WITH와 USING

WITH 키워드는 갱신 요청의 나머지 부분에서 그래프 이름을 지정하지 않을 때마다 사용할 그래프의 이름을 SPARQL 처리기에게 알려준다. 예로 이전의 ex334.ru 갱신 요청과 똑같이 하는 다음 질의는 지정한 두 트리플을 *d:g2* 그래프에 등록한다.

```
# 파일명: ex342.ru

PREFIX d:   <http://learningsparql.com/ns/data#>
PREFIX dm:  <http://learningsparql.com/ns/demo#>

WITH d:g2
INSERT
{
  d:x dm:tag "five" .
  d:x dm:tag "six" .
}
WHERE {}
```

> INSERT DATA는 WITH 키워드와 함께 하면 작동하지 않는다. 이것은 ex342.ru의 끝에 WHERE {}가 있는 이유다. 물론 WHERE 절의 중괄호 안에 트리플 패턴을 넣은 후, INSERT 절의 트리플 패턴에서 변수로 참조할 수 있다.

갱신 요청이 특정 명명된 그래프를 한 번만 언급했다면 ex334.ru가 GRAPH 키워드를 대신한 WITH 키워드와 지정한 그래프인 *d:g2*로 했던 것과 약간 차이가 있다. 그렇지만 그래프에서 갱신하고 대체한 트리플을 얻을 때 WITH를 사용해 동일한 그래프를 지정하는 번거로움을 해결함으로써 질의를 덜 장황하게 만들 수 있다.

갱신 요청의 USING 키워드는 SELECT 질의의 FROM 키워드와 동일한 역할을 하며, WHERE 절이 봐야 하는 그래프를 지정한다. 직접 눈으로 확인해보기 전에 다음과 같이 기본 그래프에 새로운 두 트리플을 추가하는 요청 갱신을 실행한다. *d:g2* 그래프의 두 트리플처럼 이런 새로운 두 트리플도 값이 "five"와 "six"인 목적어를 갖는다. 다만, 주어는 *d:x*가 아닌 *d:w*다.

```
# 파일명: ex343.ru
```

```
PREFIX d:   <http://learningsparql.com/ns/data#>
PREFIX dm:  <http://learningsparql.com/ns/demo#>

INSERT DATA
{
  d:w dm:tag "five" .
  d:w dm:tag "six" .
}
```

> 한 갱신에 USING과 WITH를 함께 사용할 수 있다. 하지만 각각 적용할 그래프의 부분이 무엇인지 확실히 이해해야 한다. 함께 사용하지 않는 편이 더 간단할 수 있다.

다음 갱신 요청에는 술어가 *dm:tag*이고 목적어가 “five”나 “six”인 트리플을 찾는 WHERE 절이 있다. 그 이유는 USING 키워드로 *d:g2* 그래프에서 이런 트리플을 찾기 때문이다. 그러면 찾은 트리플의 복사본을 새로운 *d:g4* 그래프에 등록한다.

```
# 파일명: ex344.ru

PREFIX d:   <http://learningsparql.com/ns/data#>
PREFIX dm:  <http://learningsparql.com/ns/demo#>

INSERT
{ GRAPH d:g4
  { ?s dm:tag "five", "six" . }
}
USING d:g2
WHERE
{
  ?s dm:tag "five" .
  ?s dm:tag "six" .
}
```

이 갱신 요청을 실행한 후에 모든 트리플을 나열하는 ex332.rq 질의를 실행한다. *d:g4* 그래프에 등록했던 두 트리플은 주어인 *d:x*를 가짐을 볼 수 있다. 기본 그래프는 WHERE 절의 패턴과 일치한 트리플을 가졌다(ex343.ru 갱신 요청으로 등록했던 트리플의 주어는 d:w임). 하지만 USING 키워드는 WHERE 절의 패턴과 일치한 트리플이 있는 *d:g2* 그래프를 지정해서 질의 처리기에게 알려준다. 따라서 이런 트리플은 *d:g4* 에 복사됐던 트리플이다.

SELECT 질의의 FROM처럼 갱신 요청에 USING 키워드가 있으면 USING NAMED도 FROM NAME과 같다. USING NAMED는 이름으로 참조할 그래프를 지정한다. ex344.ru 갱신 요청에서 USING 대신에 USING NAMED가 있다면 질의 처리기는 다음과 같이 WHERE 절에서 명시적으로 이름을 지정하지 않는 한 *d:g2* 그래프에서 이런 트리플을 찾을 수 없다.

```
# 파일명: ex345.ru

PREFIX d:   <http://learningsparql.com/ns/data#>
PREFIX dm:  <http://learningsparql.com/ns/demo#>

INSERT
{ GRAPH d:g4
  { ?s dm:tag "five", "six" . }
}
USING NAMED d:g2
WHERE
{ GRAPH d:g2
  {
    ?s dm:tag  "five" .
    ?s dm:tag  "six" .
  }
}
```

그래프 전체 복사와 옮기기

SPARQL Update의 COPY와 MOVE 연산을 사용해서 명명된 그래프 간 또는 기본 그래프와 명명된 그래프 사이에 트리플을 복사하고 옮길 수 있다.

이런 효과를 보기 위해 일부 샘플 데이터를 설정할 수 있다. 264페이지에 있는 "그래프 삭제"의 ex337.ru에서 보여준 DROP ALL 명령어를 먼저 실행한 후 ex338ru 갱신 요청을 실행한다. 그러면 기본 그래프, 명명된 그래프인 `d:g1`과 `d:g2`에 각각 등록한다. 그 다음에 모든 트리플을 나열하는 ex332.rq 질의를 실행하면 트리플과 해당 트리플이 속한 그래프를 보여준다 (이 페이지의 출력에 더 쉽게 맞추려고 원래의 기저 URI를 접두사로 바꿨다).

```
----------------------------------
| g    | s   | p      | o       |
==================================
|      | d:x | dm:tag | "one"   |
|      | d:x | dm:tag | "two"   |
| d:g1 | d:x | dm:tag | "three" |
| d:g1 | d:x | dm:tag | "four"  |
| d:g2 | d:x | dm:tag | "five"  |
| d:g2 | d:x | dm:tag | "six"   |
----------------------------------
```

COPY 연산은 한 그래프의 트리플을 다른 그래프에 복사한 후, 목적 그래프destination graph의 기존 트리플을 대체한다(명세를 인용하면 "If the destination graph does not exist, it will be created목적 그래프가 존재하지 않으면 생성된다"이다). 다음 갱신 요청은 기본 그래프의 트리플을 `d:g2`에 복사한다.

```
# 파일명: ex503.ru

PREFIX d: <http://learningsparql.com/ns/data#>
COPY DEFAULT TO d:g2
```

꽤 단순하다. 이 갱신 요청을 실행한 후, 모든 그래프를 나열하는 ex332.rq 질의를 실행하면 `d:g2`에 있던 "five"와 "six" 트리플이 더 이상 존재하지 않는 반면에 "one"과 "two" 트리플이 기본 그래프에 여전히 존재함을 보여준다.

```
----------------------------------
| g    | s   | p      | o       |
==================================
|      | d:x | dm:tag | "one"   |
|      | d:x | dm:tag | "two"   |
| d:g1 | d:x | dm:tag | "three" |
| d:g1 | d:x | dm:tag | "four"  |
| d:g2 | d:x | dm:tag | "one"   |
| d:g2 | d:x | dm:tag | "two"   |
----------------------------------
```

MOVE 연산은 한 그래프의 트리플을 다른 그래프로 옮기고, 또한 목적 그래프의 기존 트리플을 대체한다. COPY 연산과 마찬가지로 목적 그래프가 존재하지 않으면 생성된다. 다음 갱신 요청은 `d:g2` 그래프의 트리플을 `d:g1` 그래프로 옮긴다.

```
# 파일명: ex505.ru

PREFIX d: <http://learningsparql.com/ns/data#>
MOVE d:g2 TO d:g1
```

COPY 갱신 요청한 결과에 대해 실행하면 다음과 같이 `d:g2`에 아무 것도 남아있지 않는 반면에 `d:g2`에 있던 트리플이 `d:g1`에 존재하는 결과를 보여준다.

```
-------------------------------
| g    | s   | p      | o     |
===============================
|      | d:x | dm:tag | "one" |
|      | d:x | dm:tag | "two" |
| d:g1 | d:x | dm:tag | "one" |
| d:g1 | d:x | dm:tag | "two" |
-------------------------------
```

SPARQL Working Group의 SPARQL 1.1 Test Suite[*]에서 COPY와 MOVE 연산과 관련된 많은 변형을 볼 수 있다. 하지만 이 테스트에서는 기본 그래프, 명명된 그래프, 기존 또는 기타 사이에 트리플을 옮기기 위한 조합이 기본적으로 서로 다르다.

명명된 그래프에서 트리플 삭제와 대체

특정 그래프의 트리플을 삭제하는 몇 가지 질의를 해보기 전에 데이터 집합을 지우는 DROP ALL 갱신 요청(ex337.ru)를 실행한 후, 두 새로운 그래프와 기본 그래프에 트리플을 추가하는 ex338.ru 갱신 요청을 실행한다. 그 다음에는 그래프에서 삭제하려는 트리플을 검토하기 위해 모든 트리플을 나열하는 ex332.rq 질의를 실행한다.

기본 그래프에서 삭제하려는 트리플을 정확히 알면 DELETE DATA를 사용할 수 있는 것처럼 명명된 그래프에서 삭제하려는 트리플을 알면 DELETE DATA를 삭제할 수도 있다. 다음 갱신 요청은 지정한 트리플을 *d:g2* 그래프에서 삭제한다.

• https://www.w3.org/2009/sparql/docs/tests/summary.html – 옮긴이

```
# 파일명: ex346.ru

PREFIX d:   <http://learningsparql.com/ns/data#>
PREFIX dm:  <http://learningsparql.com/ns/demo#>

DELETE DATA
{ GRAPH d:g2
  { d:x dm:tag "six" }
}
```

이 ex346.ru를 실행한 후, 모든 트리플을 나열하는 ex332.rq 질의를 실행하면 질의 처리기가 *d:g2* 그래프에서 트리플을 삭제했음을 볼 수 있다.

또한 DELETE 키워드 없이 DELETE를 사용해서 트리플 패턴과 일치하는 트리플을 삭제할 수 있다. 물론 명명된 그래프에도 똑같이 작동하며, 다음과 같이 그래프 이름 대신에 변수를 사용할 수 있다.

```
# 파일명: ex347.ru

DELETE
{ GRAPH ?g { ?s ?p "three" } }
WHERE
{ GRAPH ?g { ?s ?p "three" } }
```

이 ex347.ru를 실행한 후 모든 트리플을 나열하는 ex332.rq 질의를 실행하면 *d:g1* 그래프에서 목적어가 "three"인 트리플이 사라졌음을 볼 수 있다.

WITH 키워드를 사용하면 질의에 그래프를 명시적으로 지정하지 않을 때마다 사용할 그래프 이름을 SPARQL 처리기에게 알려줄 수 있다고 배웠다. ex347ru 갱신 요청은 DELETE 절과 WHERE 절 모두에서 그래프를 식별해야 했다(자리표시자 변수placeholder variable인 **?g**를 사용했음에도 불구하고 그래프가 있어야 했음). 그 반면, 다음 ex348.ru 갱신 요청에서 보듯이 한번 *d:g1* 그래프를 지정하면 DELETE 절과 WHERE 절이 *d:g1* 그래프를 대상으로 처리한다. 이에 대해서는 다음 ex348.ru 갱신 요청을 실행한 후, 모든 트리플을 나열하는 ex332.rq 질의를 실행하면 *d:g1* 그래프에서 "four" 트리플을 제거했음을 볼 수 있다.

```
# 파일명: ex348.ru

PREFIX d: <http://learningsparql.com/ns/data#>
```

```
WITH d:g1
DELETE { ?s ?p "four"}
WHERE { ?s ?p "four"}
```

명명된 그래프의 트리플을 대체하는 방법은 트리플 삭제와 등록 간의 조합이며, 기본 그래프에서 트리플을 대체할 때와 동일하다. 여기서 사용하는 WITH 키워드는 특히 유용해지고 있다. 우선 특정 그래프 안에서 트리플을 명시적으로 대체하는 방법을 상세하게 보여주는 예제를 살펴보자.

```
# 파일명: ex349.ru

PREFIX d: <http://learningsparql.com/ns/data#>

DELETE
{ GRAPH d:g2 { ?s ?p "five" } }
INSERT
{ GRAPH d:g2 { ?s ?p "cinco" } }
WHERE
{ GRAPH d:g2 { ?s ?p "five" } }
```

이 갱신 요청은 *d:g2* 그래프에서 "five"가 목적어인 트리플을 찾아서 주어와 술어가 동일하되 목적어가 "cinco"인 트리플로 대체한다. 계속해서 이 갱신 요청을 실행한 후, 모든 트리플을 나열하는 ex332.rq 질의를 실행하면 데이터 집합에서 이 갱신 요청이 효과가 있었는지 확인할 수 있다.

다음 갱신 요청은 앞과 똑같은 일을 하지만 한번만 *d:g2*를 언급하기 위해 WITH 키워드를 사용한다. 그래프 선택을 재정의하는 USING 키워드를 사용하지 않으면 DELETE, INSERT, WHERE 절은 명명된 그래프에서 수행된다.

```
# 파일명: ex350.ru

PREFIX d: <http://learningsparql.com/ns/data#>

WITH d:g2
DELETE
{ ?s ?p "five" }
INSERT
{ ?s ?p "cinco" }
```

```
WHERE
{ ?s ?p "five" }
```

더 현실적인 데이터 집합에 몇 가지 그래프 갱신 요청을 시도해보자. 다음 갱신 요청은 기본 그래프를 포함한 모든 그래프를 삭제하고, 세 개의 새로운 명명된 그래프를 생성한다.

```
# 파일명: ex351.ru

PREFIX ab:  <http://learningsparql.com/ns/addressbook#>
PREFIX d:   <http://learningsparql.com/ns/data#>
PREFIX g:   <http://learningsparql.com/graphs/>

DROP ALL;

INSERT DATA
{

  # 사람
  GRAPH g:people
  {
    d:i0432 ab:firstName    "Richard" ;
            ab:lastName     "Mutt" ;
            ab:email        "richard49@hotmail.com" .

    d:i9771 ab:firstName    "Cindy" ;
            ab:lastName     "Marshall" ;
            ab:email        "cindym@gmail.com" .

    d:i8301 ab:firstName    "Craig" ;
            ab:lastName     "Ellis" ;
            ab:email        "c.ellis@usairwaysgroup.com" .
  }

  # 강좌
  GRAPH g:courses
  {
    d:course34 ab:courseTitle "Modeling Data with OWL" .
    d:course71 ab:courseTitle "Enhancing Websites with RDFa" .
```

```
    d:course59 ab:courseTitle "Using SPARQL with non-RDF Data" .
    d:course85 ab:courseTitle "Updating Data with SPARQL" .
  }

  # 강좌 수강자

  GRAPH g:enrollment
  {
    d:i8301 ab:takingCourse d:course59 .
    d:i9771 ab:takingCourse d:course34 .
    d:i0432 ab:takingCourse d:course85 .
    d:i0432 ab:takingCourse d:course59 .
    d:i9771 ab:takingCourse d:course59 .
  }
}
```

모든 트리플을 나열하는 ex332.rq를 실행해서 다음 예제들로 작업하는 트리플을 확인해보자.

자, 강좌를 수강신청한 학생이 사용하는 애플리케이션을 가졌다고 가정해보자. 학생은 이런 강좌를 검색해서 등록하기 위해 웹 폼에 기입하는 반면에 백엔드[backend]는 트리플 저장소로 구현된다(10장에서 그런 애플리케이션 생성을 자세하게 알아본다).

ex351.ru로 강좌 추적 애플리케이션의 데이터 집합용 데이터를 추가한 직후에 교육 부서에서 연락이 오기를 기다린다. 교육 부서는 강좌 목록 중 몇 가지 정정할 게 있다고 다음과 같이 알려준다. 강좌 34는 지금 "Modeling Data with RDFS and OWL"이고, "Querying and Updating Named Graph"라고 하는 새로운 강좌가 있는데 번호가 88이다. 다음 갱신 요청으로 정정 사항을 만들 수 있다.

```
# 파일명: ex352.ru

PREFIX ab:   <http://learningsparql.com/ns/addressbook#>
PREFIX d:    <http://learningsparql.com/ns/data#>
PREFIX g:    <http://learningsparql.com/graphs/>

DELETE
{ GRAPH g:courses
    { d:course34 ab:courseTitle ?courseTitle }
}
```

```
INSERT
{ GRAPH g:courses
  { d:course34 ab:courseTitle "Modeling Data with RDFS and OWL" . }
}
WHERE
{ GRAPH g:courses
  { d:course34 ab:courseTitle ?courseTitle }
} ;

INSERT DATA
{ GRAPH g:courses
  { d:course86 ab:courseTitle "Querying and Updating Named Graphs" . }
}
```

이전에 배운, 그래프에서 트리플을 갱신하는 기술을 적용해서 강좌 34의 기존 제목을 삭제한 후 새로운 제목을 추가했다. 또한 이런 방법으로 새로운 강좌 86의 제목을 추가했다.

강좌 데이터를 갱신하는 또 다른 방식은 두 단계로 전체 강좌 그래프를 대체하는 것이다. 다음 갱신 요청은 그래프를 삭제한 후, 정정된 버전의 강좌 데이터를 등록한다.

```
# 파일명: ex353.ru

PREFIX ab:  <http://learningsparql.com/ns/addressbook#>
PREFIX d:   <http://learningsparql.com/ns/data#>

DROP GRAPH <http://learningsparql.com/graphs/courses> ;

INSERT DATA
{
  GRAPH <http://learningsparql.com/graphs/courses>
  {
     d:course34 ab:courseTitle "Modeling Data with RDFS and OWL" .
     d:course71 ab:courseTitle "Enhancing Websites with RDFa" .
     d:course59 ab:courseTitle "Using SPARQL with non-RDF Data" .
     d:course85 ab:courseTitle "Updating Data with SPARQL" .
     d:course86 ab:courseTitle "Querying and Updating Named Graphs" .
  }
}
```

강좌 목록을 수정하는 두 가지 기술 중 하나를 사용해 실행한 후, 강좌 수강자를 보기 위해 다음 SELECT 질의를 실행한다.

```
# 파일명: ex354.rq

PREFIX ab:   <http://learningsparql.com/ns/addressbook#>
PREFIX d:    <http://learningsparql.com/ns/data#>
PREFIX g:    <http://learningsparql.com/graphs/>

SELECT ?first ?last ?courseTitle WHERE
{

  { GRAPH g:people
    { ?student ab:firstName ?first ;
               ab:lastName ?last .
    }
  }

  { GRAPH g:enrollment
    { ?student ab:takingCourse ?course . }
  }

  { GRAPH g:courses
    { ?course ab:courseTitle ?courseTitle . }
  }

}
```

> 이 질의는 저장된 트리플이 들어 있는 곳인 명명된 그래프를 식별해서 트리플을 요청하는 방법임에 주목하자.

이 질의의 결과는 Cindy Marshall이 수강하는 강좌의 최신 제목이 "Modeling Data with RDFS and OWL"임을 보여준다.

first	last	courseTitle
"Richard"	"Mutt"	"Using SPARQL with non-RDF Data"
"Richard"	"Mutt"	"Updating Data with SPARQL"
"Cindy"	"Marshall"	"Modeling Data with RDFS and OWL"
"Cindy"	"Marshall"	"Using SPARQL with non-RDF Data"
"Craig"	"Ellis"	"Using SPARQL with non-RDF Data"

관계형 데이터베이스 개발자는 이 데이터 집합의 명명된 그래프를 관계형 데이터베이스의 테이블과 비교할 수도 있다. 둘 다 특정 데이터 집합을 저장하고, 질의는 원하는 데이터를 나열하기 위해 명명된 그래프 혹은 테이블을 상호 참조하기 때문이다. 명명된 그래프는 테이블과 비슷하지만 명명된 그래프는 테이블보다 훨씬 더 유연함을 기억하길 바란다. 데이터의 새로운 종류를 저장하는 과정에서 아무런 스키마 수정을 요구하지 않는다. 그리고 그래프는 데이터 자체(즉, URI) 같은 ID의 동일한 종류로 참조할 수 있으므로 명명된 그래프 자체는 할당된 메타데이터를 가지거나 다른 자원의 메타데이터 값을 가질 수 있다. 또한 URI를 사용해서 데이터를 완전히 다른 데이터 집합의 데이터와 상호 참조할 수 있다.

요약

6장에서 배운 내용은 다음과 같다.

- 배포판 ZIP 파일을 다운로드한 후, 푸세키 SPARQL 서버를 시작하는 방법
- INSERT 연산(DATA 키워드 유무 포함)하는 방법과 LOAD 키워드로 데이터 집합의 기본 그래프에 로컬 트리플과 원격 트리플을 적재하는 방법
- DELETE와 DELETE DATA로 기본 그래프에서 트리플을 제거하는 방법
- 기본 그래프의 기존 트리플을 대체하기 위해 INSERT 연산과 DELETE 연산을 조합하는 방법
- 명명된 그래프를 생성하는 방법, 명명된 그래프에서 트리플을 등록한 후 삭제하는 방법, 관리하는 그래프를 참조하는 여러 가지 방법

Chapter

7 효율적인 질의 작성과 디버깅

질의는 정보 집합을 요청한다. 때로는 질의로 동일한 정보 집합을 요청할 수 있는 여러 방법이 있다. 이때 어떤 방법은 다른 방법에 비해 더 효율적이다. SPARQL 처리기가 수행할 질의 내 각 부분의 작업량(컴퓨터 과학 전문용어로 풀어 쓰자면 처리기의 주기cycle 내 각 부분의 연산 비용이 얼마나 '비싼가expensive' 임)을 알아 둔다면 더 빠르게 실행하는 질의를 만들 수 있다. 디버깅 기술과 도구로 질의를 다듬을 수 있으며, 절대로 하고 싶지 않는 일인 질의 수정에도 도움이 될 수 있다.

7장에서는 다음과 같은 주제를 알아본다.

"WHERE 절 안의 효율성"(282페이지)

WHERE 절은 질의의 심장이다. WHERE 절의 구성요소 순서와 선택한 함수 호출은 속도를 빠르게 하거나 느리게 만들 수 있다.

"WHERE 절 밖에서 효율성 높이기"(292페이지)

일단 WHERE 절이 데이터 집합에서 데이터를 반환했다면 이 질의의 WHERE만 같은 다른 여러 질의를 만들 수 있다. 그 중에서 어떤 질의는 다른 질의보다 더 비싸다.

"디버깅"(294페이지)

SPARQL 질의의 디버깅은 사용하려는 개발 언어의 고전적인 기술로 시작하며, 전문적인 도구의 기능을 활용할 수도 있다.

WHERE 절 안의 효율성

SPARQL 처리기는 질의이나 갱신 요청에 기술된 데이터 나열, 정렬, 삭제, 등록을 할 수 있다. 그 전에 관심 있는 데이터를 찾기 위해 질의하는 데이터 집합의 트리플을 대상으로 질의 내 WHERE 절의 트리플 패턴과 먼저 일치시켜야 한다. 그래프 패턴의 트리플 패턴 순서는 최종 질의 결과에 영향을 주지 않는다. 하지만 WHERE 절 안의 트리플 패턴 순서는 질의 실행의 속도에 아주 큰 영향을 줄 수 있다.

순서가 중요한 이유를 알려면 약간의 배경 지식이 필요하다. 그러므로 WHERE 절 안의 트리플 패턴을 차례대로 훑어보면서 SPARQL 처리기가 무엇을 하는지 간략하게 살펴보자.

1. 데이터 집합에서 첫 번째 트리플 패턴과 일치하는 트리플을 찾는다. 처리기가 나중의 트리플 패턴과 계속 일치시키려고 하는 경우의 OPTIONAL 절에 트리플 패턴이 없는 한 찾지 못했다면 검색을 중단한다.

2. 1단계에서 트리플 패턴과 일치한 트리플이 최소한 하나라도 찾았다면 트리플 패턴에 변수가 있기 때문에 적절한 값을 이런 변수에 저장한다(기술 용어로 말하자면 변수에 바인딩한다). BIND 문도 변수에 값을 할당한다.

3. WHERE 절의 다음 차례인 트리플 패턴이 이전의 트리플 패턴과 일치시키는 과정에서 바인딩된 변수를 사용한다면 질의 처리기는 이런 변수 값을 이 트리플 패턴의 해당 부분으로 대체한 후, 이 트리플 패턴과 일치하는 트리플을 찾는다.

4. 3단계에서 일치하는 트리플을 찾지 못했고, OPTIONAL 절에도 트리플 패턴이 없다면 검색을 포기한다. 만약에 찾았다면, 찾았던 트리플 패턴을 들고 2단계에서 다시 시작한다.

질의 처리기는 일치한다는 이유로 절대로 포기하지 않을 경우 데이터 집합을 대상으로 WHERE 절의 모든 그래프 패턴과 일치할 때까지 2단계와 3단계를 반복한다. 그 다음에는 결과 집합에서 걸러낼 트리플을 지정하기 위해 간단하거나 복잡한 표현식을 사용할 수 있는 FILTER 문을 적용한다. 마지막으로 남은 변수 값을 WHERE 절 밖의 나머지 질의에 전달한다.

이런 단계를 염두에 두되 고속 질의[fast query]에 대한 일반적인 원칙을 기억하자. 고속 질의는 그래프 패턴과 일치하지 않으면 빨리 포기하지만, 만약에 일치한 그래프 패턴이 있으면 바인딩된 변수 값을 빨리 반환하는 질의이다.

검색 공간 축소

층마다 10개 방이 있는 2층 집에서 선글라스를 잃어버렸다고 상상하자. 20개 방을 살펴보기 직전에 여자 친구가 계단에서 내려오면서 열쇠를 갖고 2층에서 모든 방을 뒤졌지만 확실히 선글라스를 찾지 못했다고 말했다. 여자 친구는 검색 공간을 줄여줬으며, 선글라스를 찾으러 다녔을 방의 절반을 제외했기 때문에 더 쉽게 뒤질 수 있다.

관계형 데이터베이스에서 부품 공급 업체명을 검색하거나 라디오로 들었던 노래 이름을 구글에서 검색하는 것처럼 검색 속도를 높이는 많은 공학 기술은 가급적 빨리 검색 공간을 최대한 줄이려고 설계됐다. SPARQL 엔진의 트리플 모음집 검색에는 이런 아이디어를 적용한다.

효율적인 SPARQL 질의를 논의하는 과정에서 이 주제를 살펴본다. 간단한 애플리케이션에 이 아이디어를 적용하는 것으로 시작하되 데이터 변환을 활용한다. RDF는 클래스 선언과 클래스의 멤버인 자원 식별을 요구하지 않는다. 하지만 트리플로 검색을 빠르게 하는 게 더 쉬울 수 있다.

예로 책, 연극, 영화, 그림, 음악과 관련된 정보가 있는 데이터 집합에서 특정 책과 관련된 정보를 찾는다고 가정하자. 이 데이터 집합은 각 작품의 클래스를 식별하는 `dbpedia-owl:Book`과 `dbpedia-owl.Film` 같은 디비피디아의 클래스를 사용한다. 트리플 패턴인 `{?work rdf:type dbpedia-owl:Book}`이 질의 그래프 패턴에서 일찍 나타났고, 나중의 트리플 패턴이 동일한 `?work` 변수를 사용한다면 트리플 패턴인 `{?work rdf:type dbpedia-owl:Book}`이 나중의 트리플을 위한 검색 공간을 좁힌 후, SPARQL 엔진이 더 빠르게 작업을 하는 다음 단계를 준비한다.

> 데이터를 자원으로 기술되는 클래스 구성원으로 식별하면 사람이 이런 데이터를 확인하는 질의의 실행 속도를 높이는 데 도움이 될 수 있다.

잘 써도 본전을 건질까 말까 한 OPTIONAL

OPTIONAL 키워드는 질의 실행을 중지하지 않은 채 활용할 수도 있고 아닐 수도 있는 값을 검색하는 데 편리하다. 하지만 사실 OPTIONAL 절은 질의 처리기가 검색 공간을 줄이지 않은 채 작업하게 만든다. 즉, 작업 완료에 아무런 도움을 주지 않음을 의미한다. SPARQL 질의 최적화 관련 학술 논문에서는 OPTIONAL가 속도를 느리게 만드는 주범이며, 질의 처리기가 관련 데이터를 찾아 반환해야 하는 작업에 상당한 복잡도를 추가한다는 점에 동의하고 있다. 중첩된 OPTIONAL 절은 문제를 복잡하게 만든다.

SPARQL 엔진이 대답 집합을 찾을지 말지 여부를 결정하는 데 도울 수 있는 선택적인 트리플 패턴이 없기 때문에 OPTIONAL 절을 옮기면 속도가 느려지는 영향을 줄일 수 있다.

> 질의 엔진은 보통 최적화하므로 그래프 패턴의 일부를 이전이나 이후에 옮기면 질의 성능에 아무런 영향을 주지 않을 수도 있다. 여러 질의 처리기에는 이를 위한 다른 처리 방식이 있다. SPARQL 엔진 개발자에게 이런 최적화 전략에 대해 문의하라. 어떤 사람은 처리 방식이 다른 방식보다 좋으므로 SPARQL 처리기의 장점으로 생각할 수 있다. 그러므로 이런 주제를 자세하게 논의하길 원하지 않을 수 있다. 하지만 오픈소스 SPARQL 처리기인 경우 그래프 패턴의 일부를 옮겨 질의 성능에 영향을 주지 않는 처리 방식은 고전적인 논의 주제다.

가장 바람직한 최적화는 가능한 한 OPTIONAL를 사용하지 않는 것이다. 4장에서 배운 ASK 질의의 OPTIONAL 절은 요구한 트리플이 있건 말건 답에 영향을 주지 않는다. 따라서 질의를 느리게 하는 것 외에 아무런 일을 하지 않는다(OPTIONAL 절과 FILTER 절 간의 조합이나 MINUS 절 간의 조합은 ASK 질의의 결과에 영향을 줄 수 있다. 그러므로 단순한 OPTIONAL 사용에만 적용할 것을 권장한다).

트리플 패턴 순서 문제

그래프 패턴의 일부인 OPTIONAL만 실행 시간에 영향을 주는 게 아니다. 단순한 트리플 패턴의 순서도 실행 시간에 영향을 줄 수 있다. 트리플 패턴과 일치하는 트리플이 더 적을수록 검색 공간을 더 좁히므로 질의 처리기가 작업을 더 빠르게 마칠 수 있다. 세 개의 바인딩 되지 않은 변수를 갖는 트리플 패턴은 데이터 저장소의 모든 트리플과 일치하고, 모두 바인딩된 변수를 갖는 트리플은 하나의 트리플만 일치하려고 한다고 배웠다. 바인딩되지 않은 변수 하나만 갖는 트리플 패턴은 바인딩되지 않는 두 변수를 갖는 트리플 패턴에 비해 더 많은 트리플과 일치할 수 있다. 하지만 보통 트리플 패턴에 바인딩되지 않은 변수가 더 많을수록 더 유연해지기 때문에 많은 트리플과 일치한다. 따라서 검색 공간을 그만큼 좁히지 못한다.

트리플의 변수 위치(즉, 주어, 술어, 목적어 위치 여부)도 일치할 수도 있는 트리플 개수에 대한 단서를 제공한다. 이 단서를 알면 검색 공간을 빠르게 줄이고 질의에서 더 빨리 나올 가치가 있는 트리플을 식별할 수 있는 기회를 얻을 수 있다.

예로 주어진 집합에서 대용량 트리플의 술어 위치에 동일한 속성이 있을 가능성이 높다면 대용량 트리플의 주어 위치에 특정 자원이 있을 확률이 비슷하게 높다. 10,000개의 트리플이 있는 데이터 집합에서 1,000개의 자원을 기술하는 10개의 속성을 사용한다면 각 자원은 평균 10개의 주어다. 관계형 데이터베이스 용어로 말하자면 이런 트리플은 총 10개의 필드를 갖는 레코드로 생각할 수 있다. 하지만 각 속성이 자원을 기술하는 데 사용된다면 각 10개 속성은 1,000개 트리플의 술어로 사용된다. 이 데이터와 일치하는 트리플 패턴의 술어 위치에 특정 값이 있되 나머지 주어와 목적어 위치에 변수가 있다면 주어 위치에 있는 특정 값과 다른 위치에 있는 변수를 갖는 트리플 패턴과 비교했을 때 더 많은 트리플과 일치한다.

오픈소스 C# dotNetRDF 라이브러리[*]의 문서에는 SPARQL 엔진의 질의 최적화기optimizer가 각 변수 위치에 기반을 두고 트리플 패턴의 순서를 다시 매기는 방법이 자세히 나와있다. dotNetRDF는 검색 공간을 줄이기 위해 선택할 확률이 높은 트리플 패턴을 더 빨리 평가하려고 시도한다. 다음 목록은 트리플의 어느 부분이 변수 대신에 고정된 값을 갖는지 순서대로 기술하고 있다. doNetRDF는 각 순서를 기준으로 트리플 패턴에 순위를 매겨 평가한다.

1. 주어-술어-목적어
2. 주어-술어
3. 주어-목적어
4. 술어-목적어
5. 주어
6. 술어

dotNetRDF 릴리스 1.0.0[**]의 앞 목록은 변경될 수도 있다. 전형적인 패턴에 기반을 둔 일반적인 경험적 지식heuristics을 제공할 뿐, 요청한 데이터 집합과 질의 간의 조합을 반드시 최적화하지 않음을 기억하자. 이것은 데이터 통계 분

• http://www.dotnetrdf.org/ – 옮긴이
• 번역 시점인 2018년 6월의 dotNetRDF 최신 버전은 2.0.1과 1.0.13이다. – 옮긴이

> 석처럼 질의 엔진이 추가 최적화 기술을 종종 적용하는 이유다. 앞 목록은 여러 트리플 패턴의 잠재적인 효과를 질의 실행 시간을 기준으로 비교할 때 생각할 수 있는 문제와 관련된 훌륭한 예를 제공한다.

주어, 술어, 목적어가 모두 있되 변수가 없는 트리플 패턴은 앞 목록 중에서 가장 많이 선택된다. 왜냐하면 하나의 트리플만 일치하기 때문이다. 마지막 선택 항목인 술어(물론 세 변수를 갖는 트리플 패턴도 있으나 논외로 함)는 주어와 술어 위치에 변수가 있고, 술어 위치에 특정 값이 있는 트리플 패턴이다. dotNetRDF 목록 내 5번 항목이자 주어로 알려진 트리플 패턴 순위는 dotNetRDF 목록 내 6번 항목이자 술어로 알려진 트리플 패턴을 앞선다는 사실을 10,000개의 트리플 검색과 관련된 앞 논의에서 확인했다. 즉, 주어가 알려졌고 술어 위치에 변수가 있는 트리플 패턴은 반대쪽과 비교했을 때 일반적으로 검색 공간을 더 빠르게 좁힌다.

> 앞 논의는 명명된 그래프의 잠재적인 역할을 고려하지 않지만 동일한 원칙을 적용한다. 즉, 질의 엔진이 특정 명명된 그래프 안의 트리플 패턴과 일치하려고 시도함을 알면 검색 공간을 더 좁혀 더 빠르게 작업할 수 있다. 반면 그래프 이름 위치에서 GRAPH 키워드와 변수가 있다면 명명된 그래프나 특정 트리플을 포함한 그래프를 알고 싶다는 의미이므로 질의 엔진이 할 일이 더 많아진다.

FILTER: 어디서 무엇을 찾는가?

그래프 패턴에 있는 트리플 패턴을 옮기는 일과 더불어 FILTER 문 이동도 참조되는 모든 변수가 FILTER 문 앞에서 바인딩되기만 하면 일련의 트리플에 대한 검색 공간을 줄일 수도 있다.

가끔 트리플 패턴을 신중하게 사용하면 FILTER 문을 생략해 질의를 더 빠르게 할 수도 있다. 예로 다음 질의는 작동하지만 약간 개선할 필요가 있다. 디비피디아의 SPARQL 접점에 요청해 실행하면 Al Pacino와 Robert De Niro가 모두 주연인 모든 영화를 성공적으로 나열한다.

```
# 파일명: ex508.rq

PREFIX db:  <http://dbpedia.org/resource/>
PREFIX dbo: <http://dbpedia.org/ontology/>
```

```
SELECT ?pacinoFilm
WHERE
{
  ?pacinoFilm dbo:starring db:Al_Pacino .
  ?deNiroFilm dbo:starring db:Robert_De_Niro .
  FILTER(?pacinoFilm = ?deNiroFilm)
}
```

첫 번째 트리플 패턴은 Pacino가 주연한 모든 영화를 찾고, 두 번째 트리플 패턴은 De Niro가 주연한 모든 영화를 찾는다. FILTER 문은 두 목록에서 나타난 값에만 관심이 있음을 나타낸다.

앞 질의에서 굵게 표시한 라인이 무엇인지 살펴보자. dbo:starring가 술어고, db:Robert_De_Niro가 목적어인 모든 트리플을 찾는다. 질의의 목표가 De Niro와 Al Pacino가 모두 주연한 필름을 찾되, 질의가 이 시점에서 Pacino가 주연한 영화가 무엇인지 알고 있다면, De Niro가 주연한 영화를 확인하기 위해 검색 공간을 줄이는 정보를 사용해야 한다. 그러므로 FILTER 문은 더 이상 필요가 없다.

```
# 파일명: ex509.rq

PREFIX db:  <http://dbpedia.org/resource/>
PREFIX dbo: <http://dbpedia.org/ontology/>
SELECT ?pacinoFilm
WHERE
{
  ?pacinoFilm dbo:starring db:Al_Pacino .
  ?pacinoFilm dbo:starring db:Robert_De_Niro .
}
```

더 짧은 질의로 동일한 결과를 더 빠르게 얻는다.

FILTER 키워드를 사용할 때 요청한 작업이 질의 성능에 영향을 끼칠 수도 있다.

전달할 트리플을 지정하는 불리언 표현식은 매우 간단하면서도 SPARQL 처리기가 지원하는 모든 기능을 활용할 수도 있다. 몇몇 함수는 처리기에게 다른 함수보다 더 많이 요구하기도 한다.

1장에서 살펴본 FILTER 문을 사용한 첫 번째 질의는 다음과 같다. 모든 트리플을 요청하는 이 질의의 FILTER 문은 목적어가 문자열인 "yahoo"를 갖는 트리플을 원하되 대소문자 여부를 무시하는 regex() 함수를 사용하므로 꽤 간단해 보인다.

```
# 파일명: ex021.rq

PREFIX ab: <http://learningsparql.com/ns/addressbook#>

SELECT *
WHERE
{
  ?s ?p ?o .
  FILTER (regex(?o, "yahoo","i"))
}
```

예전에 정규표현식을 사용해 작업했다면 regex() 함수가 "yahoo" 같은 단순한 문자열 외에 패턴을 찾을 수 있음을 이미 알고 있다. 예로 regex() 함수의 두 번째 인자에 "^\\d{3}\\-\\d{2}\\-\\d{4}$"를 넣는다면 3자리 숫자와 하이픈, 그다음의 두 숫자, 또 다른 하이픈, 그다음의 마지막 네 숫자로 구성된 미국 사회보장번호 패턴에 맞는 값을 찾아달라고 알려주는 것이다.

그렇지만 이 강력함과 유연성으로 인해 비용이 든다. regex()가 트리플을 찾는 동안에 처리할 수 있는 모든 옵션을 고려해보면 처리기가 많은 작업을 하는 셈이다. 221페이지의 "문자열 함수"에 기술했던 함수를 찾아보면 약간 더 간단하되 regex()보다 많이 빠를 수 있는 더 특별한 함수가 있다.

앞 질의를 수정한 다음 질의는 두 SPARQL 1.1 함수인 CONTAINS()와 LCASE()를 사용하며, FILTER 문에서 했던 것과 동일하다. CONTAINS() 함수는 LCASE() 함수가 반환한 ?o의 소문자 버전인 "yahoo"를 찾는다.

```
# 파일명: ex510.rq

PREFIX ab: <http://learningsparql.com/ns/addressbook#>

SELECT *
WHERE
{
  ?s ?p ?o .
```

```
  FILTER (CONTAINS(LCASE(?o), "yahoo"))
}
```

regex() 함수보다 더 제한된(즉, 더 특화된다고 말할 수도 있음) CONTAINS() 함수는 아마도 regex() 함수보다 더 빠르게 작업할 것이다.

문자열인 "yahoo" 대신에 야후 이메일 주소를 찾고 싶다면 또 다른 SPARQL 1.1 함수가 훨씬 더 효율적이다. 앞 질의를 수정한 다음 질의에서는 SPARQL 1.1의 STREND() 함수("string ends문자열 끝")이 ?o 변수에 저장된 문자열인 "@yahoo.com"으로 끝나는지 여부를 확인한다.

```
# 파일명: ex511.rq

PREFIX ab: <http://learningsparql.com/ns/addressbook#>

SELECT *
WHERE
{
  ?s ?p ?o .
  FILTER (STRENDS(?o, "@yahoo.com"))
}
```

이전에 관계형 데이터베이스, 웹 검색, 트리플을 검색하는 속도를 높이기 위해 검색 공간을 줄이는 원칙을 살펴봤다. CONCAT() 함수를 대신하는 STRENDS()는 문자열 수준으로 낮춘다. 이 STRENDS() 함수는 문자열 끝까지 전부 찾는 대신에 문자열의 끝에서 검색해서 확인하는 것에 더 집중한다. 그러므로 대상인 "@yahoo.com" 문자열이 있는지 없는지 여부를 더 빨리 알 수 있다.

속도를 높일 수 있는 또 다른 특화된 SPARQL 함수는 전달된 두 인자가 동일한 용어면 불리언 true 값을 반환하는 sameTerm()이다. 대부분의 SPARQL 처리기에서 sameTerm() 함수를 사용하면 항등 연산자equals operator보다 더 효율적이다.

예로 6장의 초반부에 있었던 ex508.rq 질의를 수정한 다음 질의는 원래의 FILTER 문을 주석 처리하되 FILTER 문을 sameTerm() 함수 사용으로 대치해서 더 효율적으로 만들었다.

```
# 파일명: ex522.rq

PREFIX db:  <http://dbpedia.org/resource/>
PREFIX dbo: <http://dbpedia.org/ontology/>
```

```
SELECT ?pacinoFilm
WHERE
{
  ?pacinoFilm dbo:starring db:Al_Pacino .
  ?deNiroFilm dbo:starring db:Robert_De_Niro .
#  FILTER(?pacinoFilm = ?deNiroFilm)
  FILTER(sameTerm(?pacinoFilm,?deNiroFilm))
}
```

ex508.rq를 수정한 ex509.rq는 ex508.rq와 ex522.rq에 비해 여전히 더 효과가 있지만, 이 예제 즉, ex522.rq를 볼 가치가 있다. 왜냐하면 두 자원이 동일한지 보기 위해 비교하는 사례는 표시할 데이터나 생성할 트리플을 결정할 때 매우 흔하기 때문이다.

또 다른 예제인 4장의 ex190.rq를 살펴보자. 이 질의는 아이가 조부모의 손녀인지 확인해 고모인 인물과 관련된 트리플을 생성했다. 이때 부모는 걸러낸다. 누군가의 어머니를 고모로 언급하고 싶지 않기 때문이다. ex190.rq를 수정한 다음 질의는 동일한 일을 하지만, 원래의 FILTER 문을 주석 처리하고 더 효율적인 `sameTerm()` 함수를 사용하는 FILTER 문을 추가했다.

```
# 파일명: ex523.rq

PREFIX ab:  <http://learningsparql.com/ns/addressbook#>
PREFIX d:   <http://learningsparql.com/ns/data#>

CONSTRUCT
{ ?p ab:hasAunt ?aunt . }
WHERE
{
  ?p ab:hasParent ?parent .
     ?parent ab:hasParent ?g .
     ?aunt ab:hasParent ?g ;
           ab:gender d:female .

# FILTER (?parent != ?aunt)
  FILTER (!sameTerm(?parent,?aunt))
}
```

ex187.ttl에 들어 있는 약간의 데이터를 대상으로 이 질의의 두 변형을 실행하는 경우에도

`--time` 명령행 파라미터(294페이지의 "디버깅"에서 기술함)를 취한 ARQ SPARQL 엔진을 사용하면, `sameTerm()` FILTER 문을 사용한 질의가 일반적으로 원래의 버전보다 더 빠름을 보여준다.

`sameTerm()` 함수와 두 인자가 얼마나 비슷한지 경고하는 내용을 자세하게 다룬 194페이지의 "노드 타입과 데이터 타입 확인 함수"를 참조하자.

> `regex()` 같은 몇 개의 범용 함수에 의존하는 대신에 SPARQL 질의에서 활용할 수 있는 다양한 함수를 알아야 한다. 대부분의 특화된 함수는 좀 더 효율적이며, 특히 문자열 조작에는 더 그렇다. 그 이유는 문자열 처리는 비쌀 수 있기 때문이다. 표준 함수를 비롯해 SPARQL 확장판을 포함한 구현부를 조사해야 한다. 확장판은 특정 트리플 저장소에 좀 더 특화됐으므로 더 효율적이기 때문이다. 일례로 버추소의 `bif:contains()` 함수가 있다(확장판을 사용하면 당연히 코드 이식성이 줄어든다). 5장에서 SPARQL 함수와 관련된 자세한 내용을 참조하자.

비쌀 수도 있는 속성 경로

대부분의 경우와 마찬가지로 SPARQL 1.1에 추가된 속성 경로 기능(76페이지의 "데이터에서 추가 검색" 참조)은 문자열에 정규 표현식을 적용한 트리플을 대상으로 하며, 패턴 검색을 더 정교하게 기술하는 방법을 제공한다. 데이터에서 패턴을 검색할 수 있도록 속성 경로를 어디서 어떻게 사용하는지 다양하게 선택할 수 있다. 이것은 질의의 검색 공간을 종종 늘려버림을 의미한다.

일례로 다음 예제의 더하기 기호는 정규 표현식 구문의 더하기 기호처럼 처리기가 지정한 대상을 찾은 후, 추가로 연결된 것을 계속 찾아내도록 알려준다. 이번 경우에는 `:paperA`를 인용한 논문을 찾으면 그 논문을 인용한 논문도 찾아야 하고, 또 그 논문을 인용한 논문을 찾는 등 그렇게 해야 한다.

```
# 파일명: ex078.rq

PREFIX : <http://learningsparql.com/ns/papers#>
PREFIX c: <http://learningsparql.com/ns/citations#>
```

```
SELECT ?s
WHERE { ?s c:cites+ :paperA . }
```

SPARQL 속성 경로 구문은 "찾았으니 계속 더 찾아봐"라고 알려주는 여러 방법을 다양하게 제공한다. 속성 경로는 특정 조건을 만족하는 데이터를 찾는 더 강력한 힘을 제공하지만, 속성 경로를 사용하면 처리기가 분명히 일을 더 많이 한다. 왜냐하면 처리기는 여러 경로를 통해 찾았던 새로운 트리플마다 추가 검색해서 정말로 신규 트리플인지 아니면 이전에 찾았던 트리플인지 여부를 반드시 확인해야 하기 때문이다. 이런 추가 연결 찾기에 성공했는지 아닌지 여부를 가리는 것은 사실 질의 실행이 더 오래 걸림을 의미하는 추가 조사 및 확인과 관련이 있다.

WHERE 절 밖에서 효율성 높이기

SPARQL 엔진이 데이터 집합을 대상으로 한번 그래프 패턴을 일치시키면 값을 적절한 변수에 바인딩한다. 이런 값으로 할 수 있는 일이 많으며, 어떤 일은 더 비싸다. 요청한 변수 외에 반환된 값을 재정렬하는 선택사항은 총 실행 시간에 큰 영향을 줄 수 있다.

반환된 값을 ORDER BY로 정렬하라고 SPARQL 처리기에 요구하는 것은 많은 걸 요청하는 것일 수도 있다. 122페이지의 "데이터 정렬"에서 보여준 예제에서 9개의 값을 9개의 값을 정렬할 때는 일이 별로 없었다. 하지만 질의가 몇 천 개의 행 이상을 반환할 경우 ORDER BY로 지시(특히 여러 정렬 키와 함께 사용)하면 시간이 좀 걸릴 수도 있다. DISTINCT 키워드를 사용할 경우 전체 답 집합에 걸쳐 훑는 작업을 하는 WHERE 절의 로직을 실행한 후에 추가 작업하라고 처리기에게 요구한다.

반면에 98페이지의 "결과를 특정 개수로 조회"에서 기술했던 LIMIT 키워드는 보통 SPARQL 처리기에게 작업을 덜 적게 수행하라고 알려준다. 따라서 질의를 더 빠르게 실행할 수 있다. 예로 SPARQL 접점에 수백 만 건의 트리플이 있는 걸 알고 있다면 `rdfs:label` 값이 지정된 트리플 개수가 상당할 가능성이 높다. 이런 모든 트리플을 요청하는 대신에 레이블이 일반적으로 어떻게 생겼는지 알고 싶다면 다음과 같이 20개의 트리플을 보여달라고 요청할 수도 있다.

```
# 파일명: ex512.rq

PREFIX rdfs: <http://www.w3.org/2000/01/rdf-schema#>

SELECT *
WHERE
{ ?s rdfs:label ?label }
LIMIT 20
```

121페이지의 "정렬, 집계, 최댓값과 최솟값 찾기"에서 기술했던, 주어진 속성의 가장 높은 세 개의 값을 찾는 법을 떠올려보자. ORDER BY를 LIMIT와 함께 사용하면 편리하다. 하지만 ORDER BY에 LIMIT 절을 추가하면 실행 효율성을 잃을 수 있다. 왜냐하면 처리기는 요청한 수량을 제공하기 전에 모든 관련된 결과를 검색한 후 정렬하기 때문이다.

SELECT 문에서 변수를 더 적게 지정해서 질의를 더 빠르게 만들 수도 있다. 5개의 변수 대신에 2개의 변수 값을 요청하면 질의 처리기의 많은 작업을 줄여주는 것처럼 보이지 않을 수도 있다. 왜냐하면 5개의 변수를 바인딩해야 하는 WHERE 절의 로직 때문이다. 하지만 2개의 변수 값을 요청한다면 반환된 데이터의 크기를 줄여주고 또한 질의 처리기의 질의 최적화 방법에 많은 유연성을 제공한다.

질의를 처음 구성할 때는 SELECT *를 쓰는 게 무난하다. 하지만 이런 질의를 제품 시스템의 일부로 사용한다면 SPARQL 질의 처리기에게 보통 실제로 필요한 변수보다 많은 모든 바인딩된 변수를 반환할 것을 요청한다.

변수를 더 적게 요청하는 개념을 가장 극단적으로(그리고 가장 효율적으로) 응용한 경우는 변수를 아예 요청하지 않는 것이다. 이것은 본질적으로 ASK 질의가 하는 일이다. ASK 질의는 그래프 패턴이 대상 데이터 집합에서 일치했는지 아닌지 여부를 나타내는 불리언 값을 반환하기 때문이다. ASK 질의는 데이터에서 특정 조건이 있는지 여부를 알려고 할 때 유용하며, 질의 처리기에게 최적화 옵션을 훨씬 더 많이 제공한다(그리고, 앞에 언급했듯이 반환된 결과에 영향을 줄 수도 있는 방법인 FILTER나 MINUS를 사용하지 않았다면 ASK 질의 안의 OPTIONAL 절에 신경을 쓸 필요가 없다).

디버깅

SPARQL 처리기는 질의나 데이터에 구문 오류가 있다면 보고해야 한다. 아무런 문법 오류가 없을 때 질의가 원하는 방식으로 동작하지 않는다면 잘못된 데이터, 예상했던 것보다 더 많거나 아니면 더 적은 데이터 중 어느 한 가지를 반환하며, 반환할 데이터가 전혀 없기도 한다. 어떻게 해야 이런 문제를 고칠 수 있을까?

> 원하는 대로 질의가 정확하게 실행했을지라도 생각보다 시간이 오래 걸린다면 디버깅 기술을 이용하자. 속도를 느리게 하는 부분을 식별하고, 문제를 해결하는 전략을 짜는 데 도움이 될 수 있다.

직접 디버깅하기

프로그래밍이나 질의를 작성할 때의 보편적인 좋은 습관은 여기서 도움이 될 수 있다. # 기호와 함께 추가된 주석은 복잡한 질의를 읽을 때 작성자가 의도한 로직을 이해하는 데 유용할 수 있다. 따라서 들여쓰기 및 코드 블록을 구분하기 위해 공백을 추가해서 사용한다. 어쩌면 주석을 읽는 누군가가 또 다른 사람일 수도 있다. 하지만 한동안 들여보지 못했던 어떤 코드를 검토해야 한다면 당신일 수도 있다.

개발 기술 중 특히 귀중한 기술은 SPARQL에서 변수를 늘려가는 코딩 기법이다. 검색하려는 데이터를 전부 자세하게 알고 있는 상태에서 처음으로 실행하기 전에 질의를 완벽하게 작성하겠다면 결과가 아예 안 나올 수도 있다. 원래의 목표를 달성할 때까지 조금만 작성하고, 뭔가를 반환함을 확인하고, 조금 더 추가하고, 다시 시도하는 패턴을 반복하는 게 제일 좋다.

예로 9페이지의 "더 현실적인 데이터와 다중 트리플 일치"에 있는 ex017.rq를 약간 변형해 질의를 다음과 같이 작성했다고 가정해보자.

```
# 파일명: ex513.rq

PREFIX ab: <http://learningsparql.com/ns/addressbook#>

SELECT ?first ?last
WHERE
```

```
{
  ?person ab:homeTel "(229) 276-5135" .
  ?person ab:firstName ?first .
  ?person ab:lastname  ?last .
}
```

이런 종류의 질의를 실제로 만들어보겠다. 다음과 같이 첫 번째 트리플만 있는 질의로 시작한다.

```
# 파일명: ex514.rq

PREFIX ab: <http://learningsparql.com/ns/addressbook#>

SELECT *
WHERE
{
  ?person ab:homeTel "(229) 276-5135" .
}
```

WHERE 절에는 원하는 트리플 패턴의 첫 번째만 있고, SELECT 절은 모든 것을 요청한다. 이번 경우 ?person 변수 값만 요청한다. 이 질의는 ?person 값을 반환하는 질의의 최종 버전이 아니다. 왜냐하면 ?person 값이 URI이므로 관련된 데이터를 읽기 쉽지 않지만, 패턴이 뭔가를 찾는지 지금 확인하고 싶을 뿐이기 때문이다. 그러므로 ex012.ttl로 테스트해서 보려고 한다.

그 다음에는 다음과 같이 두 번째 트리플 패턴을 추가한 후, 동일한 데이터로 테스트하면 일치한 일부 트리플을 찾아 나열한다.

```
# 파일명: ex515.rq

PREFIX ab: <http://learningsparql.com/ns/addressbook#>

SELECT *
WHERE
{
  ?person ab:homeTel "(229) 276-5135" .
  ?person ab:firstName ?first .
}
```

ex513.rq 예제는 세 번째 단계가 된다(이 시점의 SELECT 문에는 특정 변수 이름 대신에 별표가 있다. 논리가 전부 올바르게 작동한다고 확신하거나 열 개수 때문에 복잡하게 출력한다 싶으면 이때 변수 이름을 넣는다). 아무런 데이터를 반환하지 않았다면 방금 추가했던 세 번째 트리플에 정확하게 문제가 있었음을 알게 된다. 이 문제는 술어의 속성 이름에서 “n”을 대문자로 해야 함을 잊어버렸다는 것이고, 또한 데이터에는 `ab:homeTel` 값, `ab:firstName` 값, `ab:lastName` 값을 갖는 자원이 최소한 하나가 있는 반면에 ex513.rq가 요청했던 세 트리플 패턴의 조합이었던 `ab:homeTel` 값과 `ab:firstName` 값, `ab:lastname` 값을 갖는 자원이 없었다는 것이다.

코드에 주석 처리하는 방법으로 이 방식을 소급 적용할 수 있다. 다음과 같이 ex513.rq의 주석 처리 버전을 보면 임시적으로 SELECT 목록을 주석 처리한 후 앞에 별표를 넣었고, 마지막 두 라인에 주석 처리했다.

```
# 파일명: ex516.rq

PREFIX ab: <http://learningsparql.com/ns/addressbook#>

SELECT *      # ?first ?last
WHERE
{
  ?person ab:homeTel "(229) 276-5135" .
#  ?person ab:firstName ?first .
#  ?person ab:lastname  ?last .
}
```

이 질의는 본질적으로 ex514.rq와 동일하며, 문제를 유발하는 라인을 찾을 때까지 해시 기호를 하나씩 제거해 전체 질의를 점진적으로 복원할 수 있다. 내가 디버깅할 때도 항상 이렇게 한다.

> 질의가 원하는 결과를 검색하지만 생각보다 더 많이 느린 경우 특정 부분을 주석 처리하면(예로 OPTIOANL이나 ODRDER BY 절) 질의의 어느 부분이 속도를 늦추는지에 대한 실마리를 찾을 수 있다.

최종 질의에 임시 SELECT 목록을 사용하는 방법은 단순히 SELECT 질의를 만드는 기술이 아니다. 임시 SELECT 목록을 CONSTRUCT, ASK, INSERT, DELETE 요청의 초안으로 사용하면 정말로 찾으려는 데이터를 WHERE 절이 찾도록 도울 수 있다. 특히 DELETE 요청 전에 확인하고 싶다면 유용하다.

질의를 더 효율적으로 만들기 위해 수정해도 실행 시간에 차이가 적으면 도구의 도움이 없이는 탐지하기가 어려울 것이므로 SPARQL 도구가 많이 도와줄 수 있다. 예로 `--time` 파라미터를 ARQ 명령행에 추가하면 1,000분의 1초로 측정한 실행 시간 수치를 출력에 덧붙인다. 그러면 6장의 초반부에 있는 ex523.rq 질의(`sameTerm()` 함수 사용)가 ex190.rq 질의(항등 연산자 사용)보다 얼마나 더 빠르게 실행했는지 확인할 수 있다.

SPARQL 대수

일부 질의 처리기는 질의를 실행하는 방법과 관련된 추가 실마리를 제공한다. SPARQL 대수[algebra]를 조금 알고 있다면 그 추가 실마리를 활용할 수 있다. W3C SPARQL 질의 언어 1.1 명세의 18장에서는 SPARQL 구현자를 돕기 위해 질의 구문을 추상 구문으로 변환하는 방법을 보여준다[*]. 이 추상 구문은 괄호로 묶은 목록[parenthesized list]로 데이터 구조를 표현하는 SPARQL 대수를 사용해 기술된다(프로그래밍 언어인 LISP나 스킴[Scheme]과 클로저[Clojure] 같은 파생 언어를 사용했던 독자라면 추상 구문에 친숙할 것이다).

> 주어진 SPARQL 질의에는 여러 SPARQL 대수 표현이 있을 수도 있고, 단일 SPARQL 대수 표현식은 서로 다른 질의 구문으로 표현될 수 있다.

SPARQL를 직접 구현할 계획이 없다면 분명히 SPARQL 대수 구문을 전부 자세하게 알아볼 필요가 없다. 하지만 질의의 일부를 함께 그룹화하는 방법을 보는 것만으로 이런 일부가 어떻게 실행되는지 더 잘 알 수 있다.

예로 다음 질의는 질의 효율성에 대한 몇 가지 조언을 의도적으로 무시한다.

```
# 파일명: ex517.rq

PREFIX ab: <http://example.org/ab#>

SELECT ?first ?last ?homeTel
WHERE
```

* https://www.w3.org/TR/sparql11-query/#sparqlQuery - 옮긴이

```
{
  OPTIONAL { ?s ab:homeTel ?homeTel .}

  ?s ab:firstName ?first .
  FILTER(CONTAINS(?last,"M"))
  ?s ab:lastName ?last .
}
ORDER BY ?last
```

(접두사를 전체 URI에 매핑하는 것은 질의 구문을 SPARQL 대수로 변환하는 단계 중 하나다. 따라서 다음 SPARQL 대수 예제가 페이지에 더 잘 맞도록 돕기 위해 이 질의의 `ab:` 접두사를 사용한다. `ab:` 접두사는 이 책에서 보통 나타내는 더 긴 URI인 *http://learningsparql.com/ns/addressbook#*를 대신하지만, 이번에는 URI인 *http://example.org/ab#*을 대신한다.) 다음은 ARQ가 출력한, 앞 질의의 SPARQL 대수 버전이다.

```
(project (?first ?last ?homeTel)
  (order (?last)
    (filter (contains ?last "M")
      (join
        (leftjoin
          (table unit)
          (bgp (triple ?s <http://example.org/ab#homeTel> ?homeTel)))
        (bgp
          (triple ?s <http://example.org/ab#firstName> ?first)
          (triple ?s <http://example.org/ab#lastName> ?last)
        )))))
```

질의가 안에서부터 실행했기 때문에 이 질의의 심장에는 FILTER 조건을 적용하기 전에 평가를 받은 후 마지막에 ORDER BY 문을 적용하는 두 "기본 그래프 패턴basic graph pattern"(`bgp`로 부여됨)이 있음을 볼 수 있다.

또한 질의 대수 구문을 조금 알면 다른 디버깅 도구를 활용할 수 있다. 예로 명령행에서 ARQ에 `-v` 스위치를 추가해 장황한 출력을 요청하면 실행했던 질의의 SPARQL 대수 버전 부분을 보여주는 로그 메시지를 출력한다. 다음은 앞 질의를 실행했을 때 보여준 로그 메시지다.

```
16:53:03 INFO  exec :: BGP :: (?s <http://example.org/ab#homeTel> ?homeTel)
16:53:03 INFO  exec :: Reorder :: (?s <http://example.org/ab#homeTel> ?homeTel)
```

```
16:53:03 INFO  exec :: BGP :: (?s <http://example.org/ab#firstName> ?first)
               (?s <http://example.org/ab#lastName> ?last)
16:53:03 INFO  exec :: Reorder :: (?s <http://example.org/ab#firstName> ?first)
               (?s <http://example.org/ab#lastName> ?last)
```

INFO 메시지를 생성했던 ARQ 실행에는 실제로 또 다른 선택적 명령행 파라미터인 optimize=off가 포함되어 있다. 최적화를 위한 기본 설정은 on이다. 최적화 옵션을 on으로 해서 동일한 질의를 실행하면 다음과 같은 로그 메시지를 보여준다.

```
16:53:13 INFO  exec :: BGP :: (?s <http://example.org/ab#firstName> ?first)
                              (?s <http://example.org/ab#lastName> ?last)
16:53:13 INFO  exec :: Reorder :: (?s <http://example.org/ab#firstName> ?first)
                               (?s <http://example.org/ab#lastName> ?last)
16:53:13 INFO  exec :: BGP :: (?s <http://example.org/ab#homeTel> ?homeTel)
16:53:13 INFO  exec :: Reorder :: (?s <http://example.org/ab#homeTel> ?homeTel)
```

큰 차이점은 최적화 버전이 첫 부분이 아닌 마지막 부분에서 `ab:homeTel` 트리플을 찾는다는 것이다. 달리 말하면 최적화기는 GRAPH 패턴 내 실제 위치가 있는 곳인 첫 부분에서 OPTIONAL 절을 실행하는 대신에 마지막에서 실행한다. 이것은 약간 고전적인 질의 최적화다. 이와 같이 SPARQL 대수를 조금 더 이해했으며 ARQ가 수행하는 최적화의 일부를 볼 수 있었다.

디버깅 도구

SPARQL 대수를 조금이라도 볼 수 있는 사용자를 위한 부가 기능을 제공하는 SPARQL 도구도 있다. 예로 탑쿼드란트[TopQuadrant]의 모델링 및 통합 개발 환경 도구인 탑브레이드 컴포저 마에스트로 에디션[TopBraid Composer Maestro Edition]은 SPARQL 도구와 프로파일러[profiler]를 포함하고 있다. 다음 그림 7-1은 앞 ex517.rq 질의의 SPARQL 대수를 어떻게 표시하는지 보여준다.

(속성 이름 아래의 구불구불한 선은 현재 열이 모델의 일부로 선언되지 않았음을 보여준다. 컴포저는 이렇게 해서 스키마를 참조해서 질의를 조정하도록 도우며, 복잡한 애플리케이션을 만드는 데 편리하다.) 디버거 뷰의 왼쪽 여백에 위치한 작은 원은 중단점[breakpoint]으로 설정했던 라인에 있는 트리플 패턴을 보여주며, 질의를 중단점까지 실행하면 오른쪽에서 해당 라인의 변수 바인딩을 볼 수 있다.

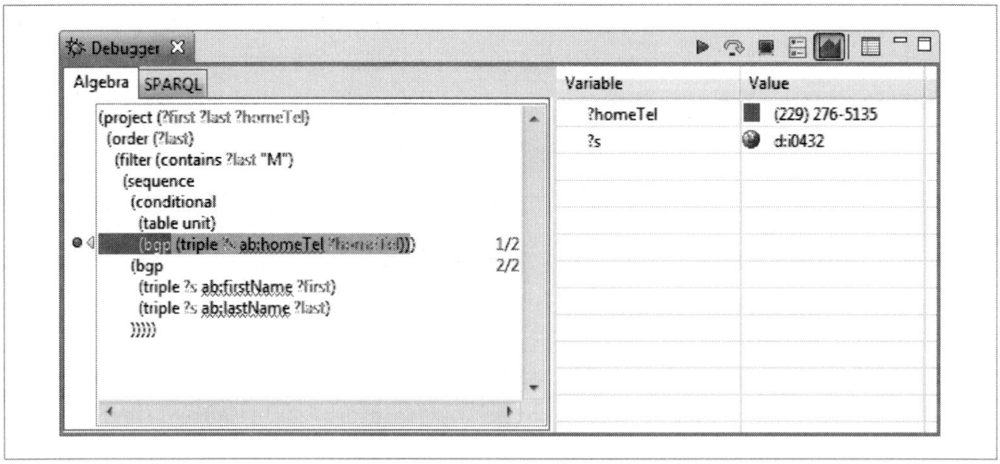

[그림 7-1] 탑브레이드 컴포저의 SPARQL 디버거 뷰

트리플 패턴의 오른쪽 숫자는 실행 횟수와 반환 개수를 보여준다. 예로 그림 7-1의 1/2은 `ab:homeTel` 패턴을 한 번 실행했고, 두 트리플을 반환함을 보여준다. 질의 엔진은 질의의 어느 곳에서 대부분의 시간을 얼마나 소모하는지 보여주므로, 질의 성능을 분석할 때 이 정보가 매우 유용할 수 있다.

중단점은 변수 바인딩을 검사하는 기능이고, 프로파일러는 가장 인기있는 프로그래밍 언어의 디버깅 환경에서 볼 수 있는 일반적인 기능이다. 물론 SPARQL에서도 프로파일러를 사용할 수 있어서 더 좋다. 질의 실행 방법과 관련된 자세한 내용을 이해하려면 PARQL 처리기의 설명서를 분석해보는 게 도움이 될 수 있다.

SPARQL 엔진이 질의를 처리하는 방법을 더 자세하게 알수록 질의를 다듬을 기회가 더 늘어난다.

요약

7장에서 배운 내용은 다음과 같다.

- 질의 처리기의 주 작업은 요청한 데이터를 반환하거나 찾기를 포기하는 것이라는 점과,

검색 공간을 줄여 이런 두 작업의 속도를 높일 수 있는 방법

- 질의 엔진의 작업을 더 빠르게 하는 트리플 패턴 재순서화
- OPTIONAL과 FILTER 문과 같이 실행 시간에 관한 다른 WHERE 절의 기능의 잠재적 효과
- 일부 함수 호출 시 특히 문자열을 처리할 때처럼 다른 함수보다 처리기가 더 많이 작업하도록 요청하는 방법
- 처리 비용도 드는 PARQL 1.1 속성 경로의 유연성을 추가하는 방법
- LIMIT 키워드로 속도를 높일 수 있는 방법과 ORDER BY와 DISTINCT처럼 WHERE 밖의 키워드로 속도를 느리게 하는 방법
- SELECT 라인에 변수를 더 적게 요청해서 속도를 높이는 방법
- 코드 주석 처리 같은 옛 방식인 디버깅 기술 방법과 임시 변수의 값을 표시해 질의에 존재할 수도 있는 문제점에 대한 통찰력을 제공하는 방법
- 질의 엔진에 시스템 사용량 및 질의 최적화와 관련해 훨씬 더 자세하게 알려주는 추가 기능을 포함시키는 방법

Chapter

8 SPARQL 질의 결과 형식을 이용한 작업

SPARQL 엔진은 일반적으로 반환할 수 있는 질의 결과의 구문이 다양하다. 구문 범위가 다양한 덕분에 전문 소프트웨어 개발자부터 엑셀 스프레드시트 덕분에 가장 행복하게 작업한다는 비즈니스 분석가까지 만족시킬 수 있다. 다행히도 구문은 표준 SPARQL 계열의 일부이므로 특정 질의 엔진의 질의 결과 형식을 처리하는 무언가를 개발하면 다른 사람과 함께 사용할 수 있다.

8장에서 표준 형식을 살펴본다.

"XML 형식인 SPARQL 질의 결과"(307페이지)

XML 형식은 간단하면서도 직관적이기 때문에 워크플로우 게시[publishing workflow] 같은 XML 기반 시스템에서 질의 결과인 XML 형식을 쉽게 사용할 수 있다. 이 절에서는 이 XML 형식을 XML의 다른 표준화된 종류로 바꾼 후, 오픈소스 도구를 사용해 PDF 파일로 변환할 수 있는 방법을 본다.

"JSON 형식인 SPARQL 질의 결과"(315페이지)

점점 인기가 늘어나고 있는 JSON(JavaScript Object Notation[자바스크립트 객체 표기법])은 로컬과 원격 처리 간의 데이터 전달을 위한 형식이며, SPARQL 도구를 다른 시스템과 통합하는 새로운 기회를 제공한다.

"CSV와 TSV 형식인 SPARQL 질의 결과"(321페이지)

CSV(Comma-Separated Value[쉼표로 구분된 값])와 TSV(Tab-Separated Value[탭으로 구분된 값]) 텍스트 파일의 데이터를 엑셀과 오픈오피스 같은 스프레드시트 프로그램에서 직접 가져올 수 있다. 나중에 보겠지만 이런 두 형식 간의 차이점은 반환된 값을 구분하는 구분 기호 문자 말고도 더 많다.

각 형식과 관련된 중요한 문제는 질의 결과를 표현하기 위해 사용하는 실제 구문과 별개로 결과와 함께 제공하는 메타데이터 량이다. 예로 형식이 반환한 정보의 데이터 타입을 나타낼 수도 있고 그렇지 않을 수도 있고, 또는 리터럴인지 URI인지 여부를 나타내는 것이다. 전자라면 데이터 타입 혹은 관련된 음성 언어인지 여부일 수도 있다.

각 SPARQL 엔진에게 특정한 결과 형식을 원한다고 알려주는 방법은 저마다 다르다. ARQ를 사용할 경우 명령행 스위치인 `--results` 뒤에 `XML`, `JSON`, `CSV`, `TSV` 파라미터 중 하나를 추가한다.

이런 가능성을 알아보기 위해 데이터 집합의 주어와 목적어에 대한 단순 질의의 결과를 각 형식으로 어떻게 나타내는지 살펴보자.

```
# 파일명: ex409.ttl

@prefix dm:   <http://learningsparql.com/ns/demo#> .
@prefix rdfs: <http://www.w3.org/2000/01/rdf-schema#> .
@prefix d:    <http://learningsparql.com/ns/data#> .

d:id1 rdfs:label "book" .
d:id2 rdfs:label "5 bucks"@en-US .
d:id3 dm:shipped true  .
d:id4 dm:location _:b1 .
d:id5 dm:amount 3 .
```

주어를 요청하면 질의 결과를 URI로 나타내는 방법을 보여주고, 목적어를 요청하면 표현된 다양한 메타데이터 조각을 보여준다.

언어 태그와 관련된 배경을 보려면 39페이지의 "언어 태그와 레이블로 RDF를 더 읽기 쉽게 만들기"를 참조하자. 41페이지의 "공백 노드가 유용한 이유"에서는 앞 샘플 데이터에서 봤던 `d:i04` 같은 공백 노드를 자세하게 기술하고 있다. 데이터 타입과 터틀로 질의 결과를 표현할 수 있는 방법은 5장에 기술되어 있으니 참조하자.

다음은 간단한 질의다.

```
# 파일명: ex408.rq

SELECT ?s ?o
WHERE
{ ?s ?p ?o }
```

결과 형식을 지정하지 않은 채 ex409.ttl 데이터 집합에 ex408.rq 질의를 적용하면 ARQ가 다음과 같이 출력한다.

```
----------------------------------------------------------------
| s                                          | o               |
================================================================
| <http://learningsparql.com/ns/data#id3> | true            |
| <http://learningsparql.com/ns/data#id1> | "book"          |
| <http://learningsparql.com/ns/data#id4> | _:b0            |
| <http://learningsparql.com/ns/data#id2> | "5 bucks"@en-US |
| <http://learningsparql.com/ns/data#id5> | 3               |
----------------------------------------------------------------
```

각 출력 형식은 더 실용적이어야 한다. 그러면 다음 질의인 ex406.rq를 디비피디아에 요청해서 얻은 결과의 출력 형식이 어떻게 나타나는지 살펴보자. 이 ex406.rq 질의는 에너지 회사의 이름, 홈페이지, URI, 풍력을 포함한 설명을 요청하되 영어로 된 이름과 기술만 걸러낸다.

```
# 파일명: ex406.rq

PREFIX rdfs:    <http://www.w3.org/2000/01/rdf-schema#>
PREFIX dcterms: <http://purl.org/dc/terms/>

SELECT ?name ?homepage ?description
WHERE
{
  ?co dcterms:subject
     <http://dbpedia.org/resource/Category:Wind_power_companies> ;
  rdfs:label ?name ;
  rdfs:comment ?description ;
  <http://dbpedia.org/property/homepage> ?homepage .
  FILTER ( lang(?name) = "en" )
```

```
    FILTER ( lang(?description) = "en" )
}
```

다음 그림 8-1의 절반에서 아래쪽은 디비피디아의 SNORQL 인터페이스가 표시한 질의 결과의 첫 부분을 보여준다.[*]

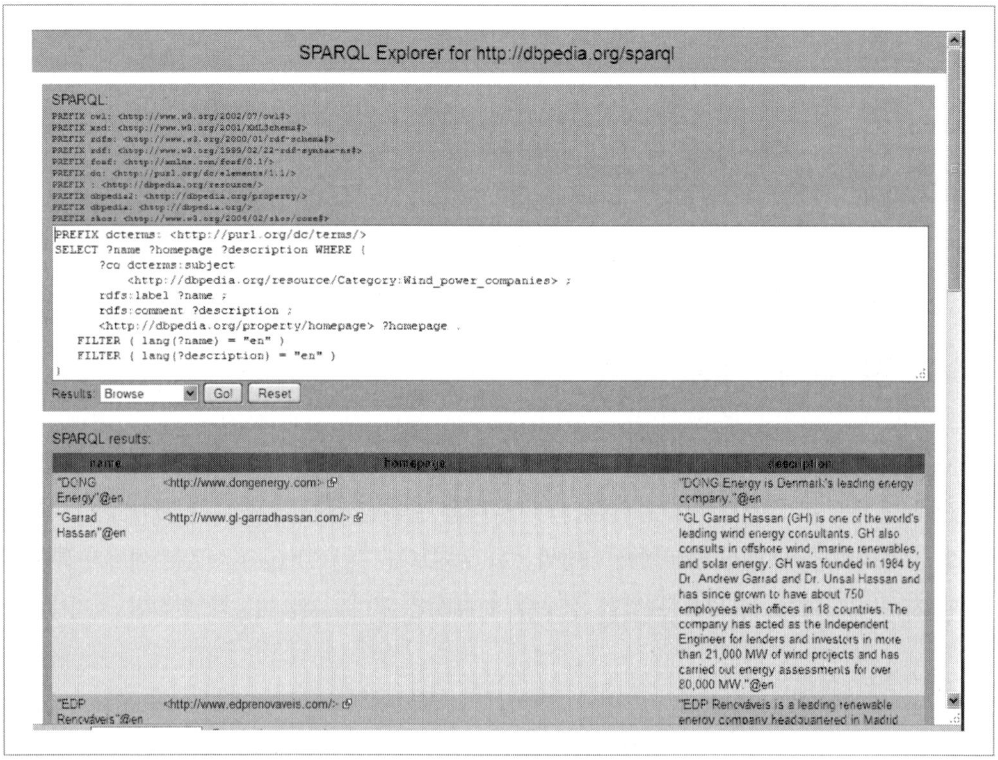

[그림 8-1] 디비피디아의 SNORQL 인터페이스를 사용해 풍력 회사를 나열한 결과 화면

* 2018년 6월을 기준으로 ex406.rq 질의를 수행하면 1건만 나온다. 왜냐하면 풍력 회사의 홈페이지와 관련된 트리플이 존재하지 않기 때문이다. 따라서 다음과 같이 ?homepage 변수와 관련된 부분을 주석 처리해서 수정한 후, 다시 실행하면 된다. – 옮긴이

```
rdfs:comment ?description.
# <http://dbpedia.org/property/homepage> ?homepage .
```

SPARQL 처리기는 SELECT나 ASK 질의를 보냈을 때 XML과 JSON 형식만 반환할 수 있다. "Query Results CSV and TSV Formats[CSV와 TSV 형식인 질의 결과]" 권고 안에서 SELECT 결과만 기술한다. 트리플을 반환하는 CONSTRUCT 질의인 경우 트리플 저장소와 다른 SPARQL 엔진 같은 RDF 관련 도구가 데이터를 직접 읽을 수 있도록 터틀이나 RDF/XML와 같은 RDF 직렬화를 거친 결과를 원할 수 있다.

364페이지의 "SPARQL과 웹 애플리케이션 개발" 절에서는 wget과 curl 같은 유틸리티로 결과 형식의 명세를 나타내는 MIME 타입을 HTTP 응답 헤더에 지정한 후 질의를 보낼 수 있는 방법을 보여준다.

XML 형식인 SPARQL 질의 결과

이름만 봐도 알 수 있는 "SPARQL Query Result XML Format[XML 형식인 SPARQL 질의 결과]"는 W3C의 권고안이며, SPARQL 질의의 결과를 반환하는 표준 XML 형식을 기술한다. 질의 복잡도와 상관없는 이 XML 형식은 특히 RDF/XML과 비교했을 때 단순하면서도 직관적이다. 그러므로 선호하는 XML 처리기로 이런 질의 결과를 사용한다면 수고를 덜 수 있다. 현재 게시에 사용되는 모든 XML 기반 도구와 데이터 교환 애플리케이션만 있으면 되므로 XML 처리기는 SPARQL 질의와 결과가 중요한 역할을 할 수 있는 아주 좋은 기회를 제공한다.

SPARQL의 ASK 질의(159페이지의 "SPARQL로 규칙 정의" 절에서 자세하게 기술함)는 불리언 값인 true와 false 중 하나만 반환할 수 있다. 이런 이유로 질의 엔진은 메타데이터를 선택해서 반환하지 않는다. 다시 말해서 ASK 질의를 보내 SPARQL 질의 결과인 XML 형식을 질의 엔진에 요청하면 반환 가능한 XML 문서는 두 종류만 있다. 다음은 이런 XML 문서 중 하나다.

```
<sparql xmlns="http://www.w3.org/2005/sparql-results#">
  <head/>
  <boolean>true</boolean>
</sparql>
```

XML 형식인 SPARQL 질의 결과와 마찬가지로 이 작은 문서의 모든 요소는 *http://www.w3.org/2005/sparql-result#* 네임스페이스 안에 있다. `head` 요소는 필수인 반면에 자식 요소는 필수가 아니다. ASK 요청의 유일한 나머지 결과는 boolean 요소이며, 질의가 true나 false 값 반환 여부를 알려준다.

질의 결과 형식을 SELECT 질의로 사용할 가능성이 훨씬 더 높다. 8장의 시작부에서 보여준 간단한 ex408.rq 질의를 ex409.ttl 데이터 집합에 실행해 XML 결과 집합을 요청하면 다음과 같이 얻는다.

```
<?xml version="1.0"?>
<sparql xmlns="http://www.w3.org/2005/sparql-results#">
  <head>
    <variable name="s"/>
    <variable name="o"/>
  </head>
  <results>
    <result>
      <binding name="s">
        <uri>http://learningsparql.com/ns/data#id3</uri>
      </binding>
      <binding name="o">
        <literal datatype="http://www.w3.org/2001/XMLSchema#boolean">true</literal>
      </binding>
    </result>
    <result>
      <binding name="s">
        <uri>http://learningsparql.com/ns/data#id1</uri>
      </binding>
      <binding name="o">
        <literal>book</literal>
      </binding>
    </result>
    <result>
      <binding name="s">
        <uri>http://learningsparql.com/ns/data#id4</uri>
      </binding>
      <binding name="o">
        <bnode>b0</bnode>
```

```
      </binding>
    </result>
    <result>
      <binding name="s">
        <uri>http://learningsparql.com/ns/data#id2</uri>
      </binding>
      <binding name="o">
        <literal xml:lang="en-US">5 bucks</literal>
      </binding>
    </result>
    <result>
      <binding name="s">
        <uri>http://learningsparql.com/ns/data#id5</uri>
      </binding>
      <binding name="o">
        <literal datatype="http://www.w3.org/2001/XMLSchema#integer">3</literal>
      </binding>
    </result>
  </results>
</sparql>
```

"SPARQL Query Result XML Format" 권고안은 결과 집합인 XML 문서에서 하나로 나올 수도 있는 모든 요소와 속성을 설명한다. 하지만 이 샘플 XML 문서를 살펴보면 동일한 질의를 같은 데이터 집합에 실행한 후의 ARQ의 기본 출력과 비교했을 때 이 XML 문서의 구조가 아주 명확하다.

- 문서 요소(모든 다른 문서 요소처럼 *http://www.w3.org/2005/sparql-results#* 네임스페이스 안에 문서의 기본으로 선언되어 있음)는 `sparql`이라고 한다. `sparql`에는 두 자식 요소인 `head`와 `result`가 있다. `head` 요소는 선택된 변수 이름을 나열하고, `result` 요소는 실제 결과를 포함한다(`head` 요소는 `variable` 요소 뒤에서 질의 결과와 관련된 부가 메타데이터를 가리키는 `link` 요소를 `href` 속성과 함께 포함할 수도 있다).
- 반환된 결과의 각 행은 `results` 요소의 `result` 자식 요소에 저장된다. `result` 자식 요소는 행마다 바인딩된 변수에 대한 `binding` 자식 요소를 갖는다.
- 변수에 바인딩된 값이 URI이면 `binding` 요소의 `uri` 자식 요소에 있고, `bnode` 요소에 저장된 공백 노드에는 입력에서 봤던 값이 반영될 수 있고 반영되지 않을 수도 있다(상기

하라. 공백 노드의 이름은 그냥 임시 위치 지정자일 뿐 다음 처리 단계에 제공함을 보장하지 않는다. 41페이지의 "공백 노드가 유용한 이유"에서 자세한 내용을 참고하자). 값이 리터럴이면 `literal` 요소에 있다. 리터럴에 대한 언어 태그는 `xml:lang` 속성에 저장되고, 데이터 타입은 URI로 `datatype` 속성에 저장된다. 이 URI는 보통 기본 데이터 타입이 정의된 W3C Schema 네임스페이스에 있다.

> "Query Result XML Format" 명세는 RELAX NC와 결과 형식의 W3C 스키마에 대한 링크를 포함한다.

> XML 형식인 SPARQL 질의 결과를 처리하는 프로그램을 작성한다면 `head` 요소를 무시할 수도 있다. 왜냐하면 변수 이름은 `results` 요소 안의 `binding` 요소와 함께 제공되기 때문이다.

8장의 시작부에 보여준 그림 8-1은 디비피디아의 SNORQL 인터페이스 화면이다. 이 화면의 하단에서 풍력 회사와 관련된 질의 및 첫 번째 몇 개의 결과를 표시했다. 이 화면의 폼에서 "Results:" 필드의 "Browser"를 "XML"로 변경한 후 Go! 버튼을 클릭하면 브라우저가 결과의 평문 XML 버전을 요청한다.

다음은 풍력 회사 질의 결과의 XML 버전 샘플을 보여준다.

```
<sparql xmlns="http://www.w3.org/2005/sparql-results#">
  <head>
    <variable name="name"/>
    <variable name="homepage"/>
    <variable name="description"/>
  </head>
  <results>
    <result>
      <binding name="name">
        <literal xml:lang="en">DONG Energy</literal>
      </binding>
      <binding name="homepage">
        <uri>http://www.dongenergy.com</uri>
      </binding>
```

```
      <binding name="description">
        <literal xml:lang="en">DONG Energy is Denmark's leading energy
        company.</literal>
      </binding>
    </result>
    <result>
      <binding name="name">
        <literal xml:lang="en">Garrad Hassan</literal>
      </binding>
      <binding name="homepage">
        <uri>http://www.gl-garradhassan.com/</uri>
      </binding>
      <binding name="description">
        <literal xml:lang="en">GL Garrad Hassan (GH) is one of the world's
leading wind energy consultants. GH also consults in offshore wind, marine
renewables, and solar energy. GH was founded in 1984 by Dr. Andrew Garrad
and Dr. Unsal Hassan and has since grown to have about 750 employees with
offices in 18 countries. The company has acted as the Independent Engineer
for lenders and investors in more than 21,000 MW of wind projects and has
carried out energy assessments for over 80,000 MW.</literal>
      </binding>
    </result>

   <!-- Seven more result elements with the same structure -->

  </results>
</sparql>
```

XML 질의 결과 처리

일부 프로그래밍 언어는 XML을 기본 데이터 구조로 파싱하는 내장 지원을 포함한다. 지원하지 않는 언어인 경우 보통 XML 파싱 라이브러리를 찾기가 쉽다. XML을 처리하는 가장 인기 있는 언어는 XSLT로, XML와 짝인 W3C의 명세다. XSLT 스타일시트stylesheet는 입력 요소나 속성의 특정 클래스로 무엇을 할지 기술한 일련의 템플릿 규칙을 갖는다.

"SPARQL Query Results XML Format" 명세는 XML 포맷을 HTML로 변환하는 XSLT 스타일

시트에 대한 링크를 포함한다. 푸세키인 경우 pages 하위 디렉토리 안에 비슷한 스타일시트가 있고, SNORQL이 사용하는 스타일시트를 *http://depedia.org/snorql/xml-to-html.xsl*로 다운로드할 수 있다. 이런 XSLT 스타일시트를 시작점으로 사용하면 HTML을 느낌이 좋고 보기 좋게 출력하는 다른 스타일을 원하는 대로 신속하게 만들 수 있다.

또 다른 XSLT 스타일시트를 살펴보자. 이 스타일시트는 풍력 질의에 의한 형식인 SPARQL 질의 결과를 DocBook^닥북^ 같은 OASIS^오아시스^ 표준으로 변환한다. 이 OASIS 표준은 DITA (Darwin Information Typing Architecture^다윈 정보 입력 아키텍처^) XML 및 기술 문서화 면에서 인기가 있다. 오픈소스 DITA Open Toolkit^오픈 툴킷^인 DITA를 사용하는 장점은 (다른 것 중에서) DITA XML을 W3C XSL-FO 표준으로 변환한다는 것이다. 배치된 컨텐츠 출력을 표현하기 위한 XSL-FO는 XML 명세와 짝인 또 다른 명세다. 그러면 오픈소스 아파치 FOP 프로그램 같은 XSL-FO 처리기로 XSL-FO 파일을 PDF로 변환할 수 있다. 이런 조각을 모아 준비한 후, XML 형식인 질의 결과를 형식화된 PDF 파일로 변환해 생성하는 방법을 보자.

이 스타일 시트는 XML 질의 결과를 테이블로 표현된 DITA로 변환한다. 왜냐하면 SPARQL 질의 결과는 이미 멋진 테이블 형식이기 때문이다. 이 스타일시트의 템플릿 규칙 대부분은 단일 SPARQL 결과 요소를 적절한 DITA 테이블 요소로 그냥 매핑한다. 마지막 템플릿 규칙인 경우 하이퍼텍스트 링크와 동격인 DITA를 찾아 `uri` 요소로 변환하므로 약간 복잡하다.

```
<!--
    파일명: ex402.xsl
    XML SPARQL 질의 결과를 DITA 개념 문서로 변환
-->
<xsl:stylesheet version="1.0"
                xmlns:xsl="http://www.w3.org/1999/XSL/Transform"
                xmlns:s="http://www.w3.org/2005/sparql-results#"
                exclude-result-prefixes="s">

  <xsl:output doctype-public="-//OASIS//DTD DITA Concept//EN"
doctype-system="C:\usr\local\dita\DITA-OT1.5\dtd\technicalContent\dtd\concept.dtd"/>

  <xsl:template match="s:sparql">
    <concept id="id1">
      <title>Wind Power Companies</title>
      <conbody>
```

```
      <table>
        <tgroup cols="{count(s:head/s:variable)}">
          <xsl:apply-templates/>
        </tgroup>
      </table>
    </conbody>
  </concept>
</xsl:template>

<xsl:template match="s:head">
  <thead>
    <row>
      <xsl:apply-templates/>
    </row>
  </thead>
</xsl:template>

<xsl:template match="s:variable">
  <entry><xsl:value-of select="@name"/></entry>
</xsl:template>

<xsl:template match="s:results">
  <tbody><xsl:apply-templates/></tbody>
</xsl:template>

<xsl:template match="s:result">
  <row><xsl:apply-templates/></row>
</xsl:template>

<xsl:template match="s:binding">
  <entry><xsl:apply-templates/></entry>
</xsl:template>

<xsl:template match="s:literal">
  <xsl:apply-templates/>
</xsl:template>

<xsl:template match="s:uri">
```

```
      <xref format="html" href="{.}">
        <xsl:apply-templates/>
      </xref>
    </xsl:template>

  </xsl:stylesheet>
```

첫 번째 템플릿 규칙에 "Wind Power Companies" 제목을 추가한 것과 마지막 템플릿 규칙이 모든 uri 변수가 유효한 웹 주소라고 가정한다는 것만 제외하면 이 스타일시트는 일반적으로 거의 모든 SPARQL 질의에 의한 XML 결과와 함께 사용될 정도일 만큼 충분하다. 풍력 회사 XML 질의 결과에 이 XSLT 스프레드시트를 적용한 후의 출력을 DITA Open Toolkit과 FOIP를 통해 보낸다. 결과인 PDF의 시작 부분은 다음 그림 8-2와 같다.

Wind Power Companies

name	homepage	description
Airtricity	*http://www.airtricity.com/*	Airtricity (previously Eirtricity) was founded in Ireland in 1997 and is now a renewable energy company owned by Scottish and Southern Energy. It is an international wind farm developer and is currently building the Greater Gabbard offshore wind farm which is the world's largest off-shore windfarm under construction.
Fersa Energias Renovables	*http://www.fersa.es*	Fersa Energias Renovables SA is a renewable energy company. It has its headquarters in Barcelona, Spain. The company is specialized to the development of wind farms. Through its subsidiaries it is also engaged in production of solar and biomass energy. Fersa has planned and developed wind farms is Spain, India, China, Panama, France, Italy, Montenegro, Hungary, Poland, Estonia and Russia.
Enel Green Power	*http://www.enelgreenpower.com*	Enel Green Power S.p.A. is an Italian multinational renewable energy corporation, headquartered in Rome. The company was formed as a subsidiary of the power generation firm Enel in December 2008, grouping its global renewable energy interests. Enel Green Power has

[그림 8-2] 풍력 발전 질의의 결과를 이용해서 XSLT, DITA Open Toolkit, 아파치 FOP로 만든 PDF의 시작 부분

"SPARQL Query Results XML Format" 명세에 나타날 수 있는 요소와 속성의 범위가 제한되어 있기 때문에 이런 종류의 XSLT 스프레드시트를 가장 빠르게 생성하는 방법은 다른 스타일시트를 취하는 것이다. 즉, 앞에서 언급했던 HTML 출력을 만드는 다른 스타일시트를 사용한 후, 원하는 마크업을 포함하도록 출력을 수정하는 것이다. 이것이 이전의 스타일시트를 만들었던 방법이었고, 또한 6장에서 보여준 테이블을 준비하는 스타일시트를 만들었던 방법이기도 했다.

이런 스타일 중 한 출력은 XML이어야 할 필요도 없다. XSLT 스타일시트의 `xsl:output` 요소에 `method="text"` 속성을 지정하기만 하면 원하는 거의 모든 종류의 텍스트 출력을 만들 수 있다.

> XML과 아주 다른 뭔가를 생성할 계획이라면 XML 질의 결과 대신에 다음 절에 기술할 JSON 질의 결과를 이용하는 작업을 고려해야 한다.

XML은 요즘 대부분의 자동화된 게시 시스템의 배관을 통해 흐르는 것이다. 직관적인 XML 형식인 SPARQL 질의 결과를 검색하는 기능은 강력한 RDF 기술과 링크드 데이터 클라우드를 이런 게시 시스템과 통합할 수 있게 만든다. XML을 이용한 규칙적인 작업을 한다면 XML 형식인 SPARQL 질의 결과를 사랑할 것이다.

JSON 형식인 SPARQL 질의 결과

1.1 알림

"Serializing SPARQL Query Results in JSON[JSON인 SPARQL 질의 결과 직렬화]" 문서는 SPARQL 1.0 명세 중 하나였다. 하지만 W3C가 이 명세를 권고안이 아닌 비고[Note]로 발표했기 때문에 공식 표준이 아니었다(표준으로 말하자면 "규범"이 아니었다). 아무튼 많은 SPARQL 1.0 엔진이 이 명세를 지원할 정도로 충분히 구현하기가 쉬웠다. 최신 "SPARQL 1.1 Query Results JSON Format" 명세는 공식 권고안이다.

W3C의 명세인 "SPARQL 1.1 Query Results JSON Format"는 SPARQL 처리기가 XML 대신 JSON(JavaScript Object Notation) 객체를 반환할 수 있는 방법을 기술하고 있다. JSON 표준

을 정의한 IEFT 문서인 RFC4627*는 JSON 객체를 "0개 이상인 이름-값 쌍의 순서 없는 모음집이며, 이름은 문자열이고, 값은 문자열, 수자, 불리언, 널[null], 객체나 배열이다"로 정의하고 있다. JSON의 모든 것을 표현하는 구문은 매우 단순하다.

- 객체를 중괄호로 감싼다.
- 이름-값 쌍을 콜론으로 구분하고, 이름은 객체 안에서 유일해야 한다.
- 키-값 쌍의 목록은 콤마로 구분한다.
- 배열을 대괄호로 감싼다.

다른 가능성이 있는 구문도 있다. 하지만 이 정도면 아주 충분하다.

SPARQL의 true나 false 값 중 하나만 반환할 수 있는 ASK 질의(159페이지의 "SPARQL로 규칙 정의"에서 자세하게 기술했음)의 JSON 결과를 살펴보는 것부터 시작하자.

```
{
  "head" : { } ,
  "boolean" : true
}
```

이 객체는 두 이름-값 쌍을 갖는다. 전자의 이름은 head고, 값은 빈 JSON 객체다. 왜냐하면 질의 엔진이 선택적인 head 메타데이터 없이 반환하기 때문이다. 후자의 이름은 boolean이고 반환한 값을 보여준다.

SPARQL 엔진이 SELECT 질의의 결과를 JSON 객체로 반환한다. 이 JSON 객체를 더 자세히 알아보면 되겠지만 일단은 그래도 꽤 직관적이다. 결과는 간단한 데이터 구조인 테이블로 쉽게 나타내기 때문이다. 다음은 8장의 시작부에서 나왔던 ex409.ttl 데이터 집합에 ex408.rq를 실행한 JSON 질의 결과다.

```
{
  "head": {
    "vars": [ "s" , "o" ]
  } ,
  "results": {
    "bindings": [
```

* https://www.ietf.org/rfc/rfc4627.txt – 옮긴이

```
      {
        "s": { "type": "uri" , "value": "http://learningsparql.com/ns/data#id3" } ,
        "o": { "datatype": "http://www.w3.org/2001/XMLSchema#boolean" ,
               "type": "typed-literal" , "value": "true" }
      } ,
      {
        "s": { "type": "uri" , "value": "http://learningsparql.com/ns/data#id1" } ,
        "o": { "type": "literal" , "value": "book" }
      } ,
      {
        "s": { "type": "uri" , "value": "http://learningsparql.com/ns/data#id4" } ,
        "o": { "type": "bnode" , "value": "b0" }
      } ,
      {
        "s": { "type": "uri" , "value": "http://learningsparql.com/ns/data#id2" } ,
        "o": { "type": "literal" , "xml:lang": "en-US" , "value": "5 bucks" }
      } ,
      {
        "s": { "type": "uri" , "value": "http://learningsparql.com/ns/data#id5" } ,
        "o": { "datatype": "http://www.w3.org/2001/XMLSchema#integer" ,
               "type": "typed-literal" , "value": "3" }
      }
    ]
  }
}
```

JSON은 순서가 없음을 기억하자. 따라서 JSON을 사용하는 코드를 작성할 때 head 객체가 results 객체 앞에 나타난다고 가정하지 말아야 한다.

"Query Result JSON Format" 권고안은 모든 것이 이런 JSON 객체 중 하나로 나온다고 설명하고 있다. 하지만 이번 예제에서 가장 중요한 것을 볼 수 있다. 최상위 레벨인 JSON 객체는 두 이름-값 쌍인 head와 results를 갖는다. 또한 head와 result는 값인 객체를 갖는다. head 객체의 중요한 부분은 vars 값이다. 이 vars 값은 SELECT 질의가 요청해서 반환된 질의 결과인 변수를 나열한 배열이다.

> SPARQL 질의 결과인 JSON을 처리하는 프로그램은 head 객체를 무시할 수도 있다. 왜냐하면 각 질의 결과는 bindings 객체 안의 변수 이름을 포함하기 때문이다.

results 요소의 가장 중요한 부분은 bindings 객체다. 객체의 배열인 bindings는 결과 집합의 각 행에 해당한다. bindings 배열의 객체마다 각 요청한 변수의 이름-값 쌍을 갖는다. 앞 예제에서 각각 s와 o 객체를 가짐을 볼 수 있다. 이런 각 객체는 타입 및 음성 언어 태그 할당 여부 같이 값에 관한 메타데이터를 갖는다. 여기서 가장 중요한 부분은 value 객체이며, 변수에 할당한 값을 보여주는 문자열이다. 샘플 JSON 질의 결과는 s 값(과 모든 다른 값)을 따옴표로 감쌌음을 볼 수 있다. 그렇긴 하지만 type 값은 s 값이 문자열이 아닌 URI임을 보여준다. XML 결과 형식과 마찬가지로 bnode라고 하는 공백 노드는 원래의 데이터 집합에 있었던 동일한 이름을 가질 수도 안 가질 수 있다(이번 경우는 "b0"이다).

8장의 시작부에 보여줬던 풍력 회사와 관련된 질의를 디비피디아에 보내서 JSON 응답을 요청하면 다음과 같은 응답을 얻는다(여기서는 9개의 결과 행 중 첫 두 결과만 여기서 보이되, 페이지에 맞추기 위해 두 번째 에너지 회사 설명을 잘라냈다).

```
{ "head": { "link": [], "vars": ["name", "homepage", "description"] },
  "results":
   { "distinct": false,
     "ordered": true,
     "bindings":
     [
      { "name": { "type": "literal", "xml:lang": "en", "value": "DONG Energy" }    ,
        "homepage": { "type": "uri", "value": "http://www.dongenergy.com" }    ,
        "description": { "type": "literal",
                         "xml:lang": "en",
                         "value": "DONG Energy is Denmark's leading energy company."
                       }
      },
      { "name": { "type": "literal", "xml:lang": "en", "value": "Garrad Hassan" }    ,
        "homepage": { "type": "uri", "value": "http://www.gl-garradhassan.com/" }    ,
        "description": { "type": "literal",
                         "xml:lang":
```

```
                    "en", "value": "GL Garrad Hassan (GH) is one of..." }
        }
      ]
    }
  }
```

JSON 질의 결과 처리

가장 인기가 있는 프로그래밍 언어로 JSON 객체를 읽고 쓰는 라이브러리를 활용할 수 있다. 364페이지의 "SPARQL과 웹 애플리케이션 개발"은 그런 라이브러리를 사용하는 두 파이썬 스크립트를 보여준다. JSON의 JS는 자바스크립트JavaScript의 약자이므로 풍력 회사와 관련된 JSON 질의 결과를 HTML로 변환하는 자바스크립트 프로그램을 살펴보자.

다음 스크립트는 모질라 프로젝트의 일부인 오픈소스 리노Rhino 자바스크립트 엔진*을 사용한다(리노 js.jar 파일이 알게 모르게 컴퓨터에 이미 있을 수도 있다. 왜냐하면 가끔 대규모 프로그램의 일부분으로 포함되기 때문이다). 앞에 보여준, ex405.js 파일에 저장했던 예제 JSON 객체를 HTML로 생성하기 위해 다음과 같이 리눅스와 윈도우 모두의 명령행에서 ex407.js로 저장된 이 스크립트를 실행한다.

```
java -jar js.jar ex407.js < ex405.js
```

ex407.js 스크립트는 JSON인 SPARQL 질의 결과 객체라고 가정한 표준 입력을 읽어 보낸다. 그러면 객체 조각을 순회하면서 JSON인 SPARQL 질의 결과의 HTML 표현을 작은 CSS와 함께 출력 파일의 `head` 요소에 출력한다.

```
// 파일명: ex407.js:  풍력 발전 회사와 관련된 JSON인 SPARQL 질의 결과를 HTML로 변환한다.
// 디스크 파일 읽기는 http://en.wikipedia.org/wiki/Rhino_(JavaScript_engine)
// 에 있는 변환 데모 사례에 기반을 둔다.

importPackage(java.io);        // BufferedReader 패키지 가져오기
importPackage(java.lang);      // System[] 패키지 가져오기

// 파일을 문자열 s로 읽음
```

* https://developer.mozilla.org/en-US/docs/Mozilla/Projects/Rhino/Documentation - 옮긴이

```
var reader = new BufferedReader( new InputStreamReader(System['in']) );
var s = true;
var result = "";

while (s) {
    s = reader.readLine();
    if (s != null) {
        result = result + s;
    }
};

// 문자열을 JSON 객체로 파싱

var JSONObject = JSON.parse(result);

// HTML 테이블로 저장된 JSON 객체 값 출력

print("<html><head>");
print("<style type='text/css'>* { font-family: arial,helvetica; }</style>");
print("</head><body>");
print("<table border='1' style='border: 1px solid; border-collapse: collapse;'>");
print("<tr><th>Name</th><th>Description</th></td>");

// 각 회사 이름의 홈페이지 링크 생성

for (i in JSONObject.results.bindings) {
    print("<tr><td><a href='");
    print(JSONObject.results.bindings[i].homepage.value);
    print("'>");
    print(JSONObject.results.bindings[i].name.value);
    print("</a></td><td>");
    print(JSONObject.results.bindings[i].description.value);
    print("</td></tr>");
}

print("</table></body></html>");
```

이 스크립트의 입력과 출력 일부에서 리노가 디스크 파일을 처리하는 방법을 지정했다. 그렇긴 하지만 JSON 객체 탐색은 자바스크립트 프로그램과 비슷하다. 즉, `bindings` 배열을 순회해서 적절하게 사용할 각 배열 멤버에 넣는다.

JSON은 여러 머신 간에 데이터를 주고받아 처리하는 점점 더 일반적인 방법이 되어가고 있다. SPARQL 엔진이 제공하는 기능인 JSON 형식인 결과를 JSON으로 할 수 있는 프로세스와 연동할 경우, RDF 기술을 훨씬 더 쉽게 활용할 수 있다.

CSV와 TSV 형식인 SPARQL 질의 결과

1.1 알림

CSV와 TSV 출력은 SPARQL 1.0 명세에 언급되어 있지 않았다. 하지만 여러 SPARQL 1.0 엔진은 둘 다 지원했다. "SPARQL 1.1 Query Results CSV and TSV Formats"는 W3C 권고안이다. 그러므로 공식 표준이다.

"SPARQL 1.1 Query Results CSV and TSV Formats" 권고안 문서는 아주 간략하다. 목차를 넘겨버리면 권고안의 절반까지 거의 왔을 정도로 분량이 짧다. CSV 형식은 두 형식 중에서 가장 간단하다. 따라서 먼저 CSV 형식을 살펴본다.

> 구분자로 사용되는 문자만 빼고 CSV와 TSV 형식이 똑같다고 생각했겠지만 차이점이 더 있다. 8장의 시작부에서 보여준 ex408.rq 질의를 ex409.ttl 데이터에 실행할 때 다음 두 형식 간의 샘플 출력을 비교해서 확인하라.

CSV 형식인 SPARQL 질의 결과 집합의 첫 번째 라인은 실제 질의에 있었던 물음표 기호가 없는 변수 이름을 나열해 보여준다. 그 다음의 각 라인은 결과 집합의 행을 콤마로 분리된 값과 함께 보여준다. URI를 포함한 모든 값은 SPARQL의 `str()` 함수를 처음 통과한 듯한 결과다. 이 `.str()` 함수는 인자인 문자열을 관련된 메타데이터가 없는 일반 문자열plain string로 변환한다(`str()` 함수를 자세히 알아보려면 198페이지의 "노드 타입 변환 함수"를 참고하자).

8장의 시작부에서 보여준 ex408.rq 질의를 ex409.ttl 데이터에 실행하면 다음과 같이 CSV 형식인 결과를 본다.

```
s,o
http://learningsparql.com/ns/data#id3,true
http://learningsparql.com/ns/data#id1,book
http://learningsparql.com/ns/data#id4,6cc1b60b:13608e5e580:-7ffe
http://learningsparql.com/ns/data#id2,5 bucks
http://learningsparql.com/ns/data#id5,3
```

값에 콤마, 줄바꿈, 홑따옴표 문자가 있다면 따옴표로 값을 감싸야 한다. 값에 겹따옴표 문자가 있다면 이를 회피하기 위해 겹따옴표를 추가로 삽입한다. 예로 `'5 "great" bucks'`이면 `"5 ""great"" bucks"`로 작성한다(이런 관행과 TSV 결과 집합의 해당 관행은 SPARQL Working Group이 만든 것이 아니지만, 두 CSV와 TSV의 IETF RFC 명세에 기반을 둔다).

공백 노드를 나타내는 "6cc1b60b:13608e5e580:-7ffe" 같은 값을 알 방법은 없다. 하지만 16진수로 된 긴 문자열과 하나 이상의 콤마가 함께 있으면 공백 노드의 일반적인 내부 이름이다. 왜냐하면 처리 시스템은 공백 노드마다 어떤 종류의 고유 이름을 부여해야 했기 때문이다.

> 특히 CSV의 특징인 공백 노드 값은 SPARQL 질의 출력에서 거의 유용하지 않다. 왜냐하면 공백 노드를 분명하게 표시할 수 없기 때문이다. 따라서 가능하다면 SELECT 질의 출력에서 공백 노드를 출력하지 않는 게 낫다.

CSV 질의 결과

대부분의 프로그래밍 언어는 콤마로 구분된 목록을 분리할 수 있는 함수 호출을 포함한다. 텍스트의 라인에 있는 모든 콤마로 값을 분리할 때 값에 콤마가 있다면 문제가 생길 수 있다. 따라서 프로그래밍 언어가 펄의 Text::CSV 모듈처럼 이런 가능성을 처리하는 라이브러리를 사용하는지 여부를 확인해야 한다.

솔직히 말하자면 SPARQL 질의의 결과를 처리하는 프로그램을 만들 때 CSV가 아닌 다른 결과 형식을 사용하는 게 더 좋다. 모든 다른 형식은 프로그램으로 할 수 있는 더 많은 정보를 제공하기 때문이다. CSV는 비개발자에게 가장 많이 제공되는 형식이다. 왜냐하면 스프레드시트 프로그램에 넣기가 아주 쉽기 때문이다. 마이크로소프트 엑셀은 CSV 파일을 바로 열 수 있고, 오픈오피스는 CSV 가져오기 관련 항목이 기입된 가져오기 구성 대화상자를 먼저 띄운 후, CSV 파일을 연다(엑셀로 가져올 때 그런 파라미터를 설정하고 싶다면 엑셀 2010인 경우

Data 탭의 Get External Data 부분에 있는 Text를 클릭해서 활용할 수 있는 Text Import Wizard를 사용한다). 최소한의 기술적 배경이 있는 분에게 데이터를 보내야 한다면 CSV가 종종 가장 간단한 방법이 되기도 한다. 혹은 가져오기 단계를 무시하고 직접 스프레드시트로 가져와서 바로 보낼 수도 있다.

다음 그림 8-3은 8장의 시작부에 있는 풍력 회사 질의의 CSV 결과를 엑셀로 가져온 후의 화면이다.

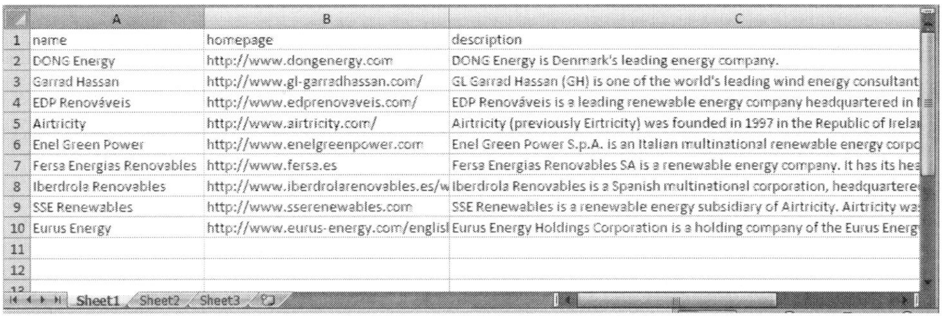

	A	B	C
1	name	homepage	description
2	DONG Energy	http://www.dongenergy.com	DONG Energy is Denmark's leading energy company.
3	Garrad Hassan	http://www.gl-garradhassan.com/	GL Garrad Hassan (GH) is one of the world's leading wind energy consultant
4	EDP Renováveis	http://www.edprenovaveis.com/	EDP Renováveis is a leading renewable energy company headquartered in
5	Airtricity	http://www.airtricity.com/	Airtricity (previously Eirtricity) was founded in 1997 in the Republic of Irela
6	Enel Green Power	http://www.enelgreenpower.com	Enel Green Power S.p.A. is an Italian multinational renewable energy corpo
7	Fersa Energias Renovables	http://www.fersa.es	Fersa Energias Renovables SA is a renewable energy company. It has its hea
8	Iberdrola Renovables	http://www.iberdrolarenovables.es/w	Iberdrola Renovables is a Spanish multinational corporation, headquartere
9	SSE Renewables	http://www.sserenewables.com	SSE Renewables is a renewable energy subsidiary of Airtricity. Airtricity wa
10	Eurus Energy	http://www.eurus-energy.com/englisl	Eurus Energy Holdings Corporation is a holding company of the Eurus Energ
11			
12			

[그림 8-3] 풍력 회사 질의의 CSV 결과를 마이크로소프트 엑셀로 가져온 후의 화면

> CSV 파일에 아스키가 아닌non-ASCII 문자가 있다면 아마도 UTF-8 인코딩 때문이다. 엑셀과 오픈오피스는 Latin 1(혹은 마이크로소프트가 "Windows (ANSI)"로 간주해 잘못 표시할 수도 있다. 이런 경우 스프레드시트 프로그램 중 하나에서 고치려면 가져오기를 구성할 수 있는 대화상자에서 UFT-8 인코딩 설정하면 된다. 나는 그림 8-3의 스프레드시트 내 4번째 행에 있는 "á" 문자를 적절하게 표시하도록 엑셀의 Text Import Wizard에 있는 File Origin을 UTF-8로 설정했다. 오픈오피스인 경우 Character set 필드다.

TSV 질의 결과

SPARQL 엔진이 탭으로 구분된 값을 반환할 때 콤마 대신에 탭 문자를 사용하는 것 외에 SPARQL 및 터틀과 동일한 방식으로 URI, 데이터 타입, 언어 태그를 표현한 더 많은 정보를 제공한다. 예로 8장의 시작부에서 보여준 ex408.rq 질의를 ex409.ttl 데이터에 실행한 후의

TSV 형식인 결과는 다음과 같다.

```
?s	?o
<http://learningsparql.com/ns/data#id3>	true
<http://learningsparql.com/ns/data#id1>	"book"
<http://learningsparql.com/ns/data#id4>	_:b0
<http://learningsparql.com/ns/data#id2>	"5 bucks"@en-US
<http://learningsparql.com/ns/data#id5>	3
```

> 뒤의 공백은 탭 문자다. 이 질의 결과의 CSV 버전과 차이점을 다음과 같이 볼 수 있다.

- 변수 이름은 첫 문자인 물음표 기호를 포함한다.
- URI는 <> 문자로 감싼다.
- "book" 같은 리터럴은 따옴표 기호로 감싼다.
- 타입이 지정된 리터럴은 타입 표시를 포함한다. 예로 xsd:string이었던 "book"인 경우 TSV 출력에서는 `"book"^^<http://www.w3.org/2001/XMLSchema#string>`이 된다. 출력은 가능하다면 타입을 축약한 표현을 사용한다. 따라서 따옴표가 없는 3은 `"3"^^xsd:integer`와 같고, 따옴표가 없는 true는 `"true"^^xsd:boolean`와 같다(이런 축약에 대한 자세한 내용은 37페이지의 "데이터 타입 지정"을 참고하자).
- 언어 태그는 데이터 타입 표시자와 동일한 방식으로 따옴표로 감싼 문자열 뒤에 덧붙인다.
- 공백 노드는 콜론과 밑줄을 합쳐 표현한다. 출력 시간에 식별자를 할당한다.

다음 그림 8-4는 엑셀로 가져온 풍력 회사 질의 결과의 TSV 버전이다(이 데이터의 CSV 버전을 엑셀로 가져온 것과 마찬가지로 4번째 행에 있는 "á" 문자를 적절하게 표시하기 위해 Text Import Wizard의 File Origin 필드를 UTF-8로 설정했다).

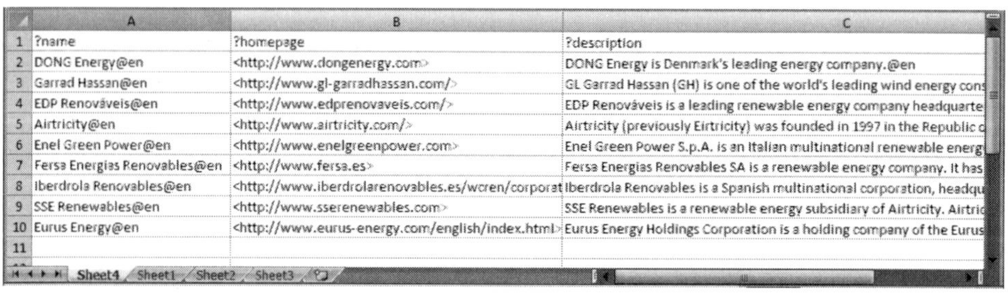

	A	B	C
1	?name	?homepage	?description
2	DONG Energy@en	<http://www.dongenergy.com>	DONG Energy is Denmark's leading energy company.@en
3	Garrad Hassan@en	<http://www.gl-garradhassan.com/>	GL Garrad Hassan (GH) is one of the world's leading wind energy cons
4	EDP Renováveis@en	<http://www.edprenovaveis.com/>	EDP Renováveis is a leading renewable energy company headquarte
5	Airtricity@en	<http://www.airtricity.com/>	Airtricity (previously Eirtricity) was founded in 1997 in the Republic o
6	Enel Green Power@en	<http://www.enelgreenpower.com>	Enel Green Power S.p.A. is an Italian multinational renewable energ
7	Fersa Energias Renovables@en	<http://www.fersa.es>	Fersa Energias Renovables SA is a renewable energy company. It has
8	Iberdrola Renovables@en	<http://www.iberdrolarenovables.es/wcren/corporat	Iberdrola Renovables is a Spanish multinational corporation, headqu
9	SSE Renewables@en	<http://www.sserenewables.com>	SSE Renewables is a renewable energy subsidiary of Airtricity. Airtric
10	Eurus Energy@en	<http://www.eurus-energy.com/english/index.html>	Eurus Energy Holdings Corporation is a holding company of the Eurus
11			

[그림 8-4] 풍력 회사 질의의 TSV 결과를 마이크로소프트 엑셀로 가져온 후의 화면

앞 글머리 목록에 기술했던 추가 정보는 스프레드시트 데이터를 조작할 때 특별히 유용하지 않을 수도 있다. 하지만 나중에 터틀 트리플을 생성하려고 이 데이터를 사용한다면 가치가 있을 수도 있다.

TSV 파일은 **쿼드**quad 즉, 주어, 술어, 목적어, 트리플이 명명된 그래프의 일부라면 그래프 이름을 저장하는 유용한 방법일 수도 있다. 예로 모든 트리플을 나열하는 Ex332.rq질의의 TSV 출력을 들 수 있다.

요약

8장에서 배운 내용은 다음과 같다.

- XSLT와 다른 XML 처리 도구가 XML 형식인 SPARQL 질의 결과를 사용하는 방법
- 가장 최신인 프로그래밍 언어로도 처리하기 쉬운 JSON 형식인 SPARQL 질의 결과
- CSV 형식인 SPARQL 질의 결과는 모든 값을 일반 문자열로 표현하고, 비개발자가 스프레드시트에서 사용하기가 편리함
- TSV 형식인 SPARQL 질의 결과는 값과 관련된 몇 가지 추가 메타데이터를 포함하기 위해 터틀과 SPARQL 규약을 사용하고, 모든 스프레드시트 프로그램에서 가져올 수 있음

Chapter

9 RDF 스키마, OWL, 추론

2장에서는 RDF 애플리케이션에서 RDF 스키마(RDFS)와 웹 온톨로지 언어(OWL)가 기본적으로 처리할 수 있는 기능을 배웠다.

- W3C의 표준 어휘인 RDFS와 OWL로 데이터 집합의 트리플이 사용할 수도 있는 클래스와 속성을 정의하고 기술할 수 있다. RDF와 OWL은 데이터가 준수해야 하는 템플릿 역할을 하지 않는다. 하지만 다른 데이터 모델링 시스템의 스키마처럼 데이터에서 더 많은 것을 얻도록 돕는 부가 메타데이터 역할을 할 때도 종종 있다.
- RDFS와 OWL 문 자체는 트리플로 표현된다. 따라서 SPARQL로 RDFS와 OWL에 질의할 수 있다.
- RDFS와 OWL 어휘의 속성과 클래스로 자신만의 속성과 클래스를 기술하면 특정 애플리케이션이 데이터 집합에서 새로운 정보를 추론할 수 있다. 예로 `ab:spouse` 속성을 `owl:SymmetricProperty`로 지정한 트리플을 가졌고, 다른 트리플이 Richard가 값이 Cindy인 `ab:spouse` 속성을 가졌음을 알려준다고 하자. 애플리케이션은 `owl:SymmetricProperty`가 의미하는 게 무엇인지 이해하고 있기 때문에 Richard가 값이 Cindy인 `ab:spouse`를 가짐을 알아내게 된다. 이것은 메타데이터 값과 관련된 고전적인 예제로서 데이터와 관련된 정보를 추가하면 해당 데이터에서 정보를 더 많이 얻을 수 있음을 보여준다.

`owl:SymmetricProperty`가 의미하는 게 무엇인지 이해하는 애플리케이션은 무엇인가? 혹은 `rdfs:domain`과 `rdfs:range` 같은 RDFS 속성은 무엇인가? SPARQL 질의로 할 수 있는 강력함을 어떻게 확장하는가? 이런 질문에 대한 답을 9장에서 답을 다음과 같이 알아본다.

"추론이란 무엇인가?"(328페이지)

"추론inferencing"이라는 단어는 많은 것을 의미할 수 있다. 특히 RDF라면 추론은 아주 구체적인 의미가 있다.

"SPARQL과 RDFS 추론"(333페이지)

RDFS 추론(즉, 애플리케이션이 `rdfs:domain` 같은 RDFS 어휘 용어를 이해함)을 수행할 수 있는 애플리케이션이 데이터에서 더 많은 것을 얻도록 하려면 SPARQL 기술을 어떻게 사용해야 할까?

"SPARQL과 OWL 추론"(339페이지)

OWL 추론을 수행하는 애플리케이션이 데이터에서 더 많이 얻도록 하려면 SPARQL 기술을 어떻게 사용해야 할까?

"SPARQL로 추론하기"(347페이지)

SPARQL 자체로 추론을 약간 할 수 있으므로 데이터로 작업할 수 있는 방법에 유연성을 더해준다.

"스키마 질의"(350페이지)

SPARQL 질의는 어떻게 RDFS와 OWL 스키마 및 온톨로지를 자세하게 알려줄까?

추론이란 무엇인가?

웹스터Webster의 《New World College Dictionary뉴 월드 콜리지 사전》은 "infer"을 "to conclude or decide from something known or assumed지식 혹은 단정으로 결론을 내리거나 결정하기"로 정의하고 있다. RDF 추론을 할 때는 기존 트리플이 "something known"이므로 추론 도구가 기존 트리플에서 새로운 트리플을 추론한다(이런 새로운 트리플을 사용하면 애플리케이션이 해당 트리플로 무엇을 하는지에 따라 어떤 종류의 결론을 내리거나 결정할 수 있다).

이런 종류의 추론이 가능한 두 예제 파일을 2장에서 봤다. 첫 번째 파일에는 Richard Mutt와 관련된 데이터의 일부 트리플이 있다.

```
# 파일명: ex045.ttl

@prefix ab: <http://learningsparql.com/ns/addressbook#> .

ab:i0432 ab:firstName     "Richard" ;
         ab:lastName      "Mutt" ;
         ab:postalCode    "49345" ;
         ab:city          "Springfield" ;
         ab:homeTel       "(229) 276-5135" ;
         ab:streetAddress "32 Main St." ;
         ab:region        "Connecticut" ;
         ab:email         "richard49@hotmail.com" ;
         ab:playsInstrument ab:vacuumCleaner .
```

두 번째 파일의 트리플은 이 데이터에서 사용하는 ab:playsInstrument 속성에 대해 자세히 알려준다.

```
# 파일명: ex044.ttl

@prefix ab:   <http://learningsparql.com/ns/addressbook#> .
@prefix rdf:  <http://www.w3.org/1999/02/22-rdf-syntax-ns#> .
@prefix rdfs: <http://www.w3.org/2000/01/rdf-schema#> .

ab:playsInstrument
      rdf:type rdf:Property ;
      rdfs:comment "Identifies the instrument that someone plays" ;
      rdfs:label "plays instrument" ;
      rdfs:domain ab:Musician ;
      rdfs:range ab:MusicalInstrument .
```

XML 스키마 혹은 관계형 데이터베이스나 객체지향 시스템의 스키마처럼 어떤 데이터의 필수 구조가 정의된 규범적 스키마prescriptive schema가 "playsIntrument는 Musician 클래스의 속성이다"라고 말했다고 하자. 그러면 Musician 클래스의 멤버인 무엇인가가 playsIntrument 속성의 값을 가질 수 있음(아마도 꼭 가져야 함)을 의미한다(그리고 Musician 클래스의 속성이라고 말하지 못한다면 이 클래스의 멤버는 playsIntrument 속성의 값을 가질 수 없다). 반면에 RDFS 같은 기술적인 스키마 언어descriptive schema language는 거꾸로, playsIntrument 속성의 값으로 Musican 클래스의 멤버가 무엇이라고 말한다.

> 즉, 이 구문은 자원에 대해 자세히 알려주는 추가 메타데이터로서 따라야 하는 규칙을 대신하게 된다. 실제로 누군가가 악기를 연주하면 그 사람이 Musician 클래스의 멤버임을 의미한다.

다음 질의는 모든 자원의 ab:firstName과 ab:lastName 값을 요청한다. 두 속성은 ab:Musician 클래스의 멤버다.

```
# 파일명: ex415.rq

PREFIX ab: <http://learningsparql.com/ns/addressbook#>

SELECT ?firstName ?lastName
WHERE
{
  ?person a ab:Musician ;
          ab:firstName ?firstName ;
          ab:lastName ?lastName .
}
```

두 앞 데이터 파일의 조합에 SPARQL 처리기인 ARQ로 이 질의를 실행하면 아무런 결과를 얻지 못한다. 왜냐하면 트리플 패턴인 {?person a ab:Musician}에 맞는 트리플이 두 파일에 없고, ARQ가 RDFS 추론을 하는 방법을 알지 못하기 때문이다. 즉, ex044.ttl에서 ab:playsInstrument 속성과 관련된 메타데이터를 지정하는 데 사용한 rdfs:domain와 rdfs:range 같은 속성에 대해 무엇이 특별한지 이해하지 못한다.

RDFS 명세에 따르면 ab:Musican의 rdfs:domain 값은 ab:playsIntrument가 술어인 모든 트리플의 주어가 ab:Musician 클래스의 멤버임을 의미한다. 다시 말하자면, rdfs:domain을 사용한다고 추론할 수 있는 새로운 트리플은 {ab:i0432 rdf:type ab:Musician}이다. ex044.ttl 내 ab:Musican의 rdfs:range 값은 술어가 ab:MusicalInstrument인 모든 트리플의 목적어가 ab:MusicalInstrument 클래스의 멤버임을 의미한다. 따라서 추론할 수 있는 트리플은 {ab:vacuumCleaner rdf:type ab:MusicalInstrument}이다.

OWL 표준은 RDFS 표준을 기반으로 한다. 따라서 오픈소스 프로그램인 펠렛Pellet* 같은

• 자바로 구현된 오픈소스 OWL DL 추론기인 펠렛과 관련된 자세한 정보는 https://www.w3.org/2001/sw/wiki/Pellet에서 참고하면 되고, https://github.com/stardog-union/pellet에서 전체 소스를 받을 수 있다. – 옮긴이

OWL 추론기reasoner는 `rdfs:domain`과 `rdfs:range` 속성이 말하는 것이 무엇인지 이해할 수 있다. 자원인 `ab:i0432`가 `ab:Musician`임을 추론하기 위해 이 정보를 사용하며, SPARQL 일부를 지원한다. 따라서 앞 데이터 파일에서 트리플로 표현한 모든 음악가의 성과 이름을 앞 질의로 요청할 때 펠렛의 명령행 질의 도구를 사용해서 이 데이터에 질의를 실행하면 다음과 같은 답을 제공한다.

```
firstName | lastName
====================
"Richard" | "Mutt"
```

또한 OWL 추론기인 펠렛은 `owl:SymmetricProperty`와 `owl:inverseOf`처럼 OWL 네임스페이스의 특수한 클래스와 속성의 의미를 이해한다. 따라서 펠렛으로 SPARQL 질의를 실행하면 훨씬 더 강력한 기능을 제공한다.

> 펠렛의 오픈소스 명령행 버전은 SPARQL 1.0만 지원하지만, 클락Clark & 페르시아Parsia의 스타도그Stardog 트리플 저장소와 통합한 펠렛 버전은 SPARQL 1.1을 지원한다.

9장의 후반부에서는 RDFS와 OWL 표준으로 데이터에 추가할 수 있는 메타데이터를 SPARQL이 더 잘 활용할 수 있는 방법을 배운다.

트리플 추론과 질의

SPARQL 질의가 RDFS나 OWL를 활용할 경우 기존 트리플에서 RDFS와 OWL 어휘의 용어를 사용해서 기존 트리플(이전 예제 즉, ex044.ttl과 ex045.ttl의 트리플)과 추론해야 하는 트리플(혹은 기술 용어로 말하자면 이전 예제에서 함의entailment된 트리플인 {`ab:i0432 rdf:type ab:Musician`}) 모두에 접근해야 한다. 펠렛은 RDFS와 OWL 어휘 및 앞 질의를 실행하기 위한 SPARQL을 충분히 지원한다. 따라서 이전 예제에서는 추론과 질의를 한꺼번에 했다.

> 결과에서 추론하거나 결과에 질의하는 작업은 사용 중인 추론과 질의 도구의 집합으로 자동화하거나 자동화할 수 없는 2단계 과정two-step process이다.

9장에서 볼 추론과 SPARQL 질의 실행 간 조합은 보통 다음과 같이 두 경우 중 하나에 속한다.

- 추론과 질의 단계를 조합하는 도구를 실행한다. 이런 도구 중 일부는 SPARQL 질의를 실행하기 전에 관련 추론을 수행해야 하는지 여부를 구성하는 것을 지원한다. 예로 세사메는 SPARQL 질의를 입력하는 화면에 "Include inferred statements" 체크박스를 제공하고, 탑브래이드는 SPARQL 질의 패널에 비슷한 버튼을 제공한다.
- 추론하는 한 도구를 사용한 후, 추론 단계에서 입력과 출력 간 조합에 SPARQL를 실행하기 위해 다른 도구를 사용한다. 이렇게 해서 생성한 추론된 트리플을 또 다른 도구가 사용할 수 있도록 하는 과정은 추론된 트리플을 구체화materialize한다고 알려져 있다.

> 함의된 트리플에 SPARQL 질의의 트리플 패턴을 일치시키는 작업이 항상 간단한 건 아니다. 구현자를 위한 참고 문서인 W3C의 권고안인 "SPARQL 1.1 Entailment Regimes함의 체제"는 이런 일을 하기 위한 방식을 구체적으로 기술하고 있다.

새롭게 추론된 저장본을 추론 연산의 입력으로 가끔 설정할 수도 있다. 관계형 데이터베이스의 비정규화와 마찬가지로 추론 연산의 입력으로 설정하면 나중에 비슷한 질의 실행 속도를 높일 수 있다. 왜냐하면 소프트웨어가 작업을 덜 할 수 있기 때문이다. 하지만 데이터를 유지하는 작업이 늘어날 수 있다. 예로 Richard가 값이 Cindy인 `ab:spouse`를 갖는다고 가정해보자. 그러면 Cindy가 Richard의 `ab:spouse`임을 추론한 후, 추론된 트리플을 다시 원래의 집합에 추가한다. Richard와 Cindy가 이혼한다면 데이터 일관성을 지키고 싶을 경우 `ab:spouse` 대신에 두 트리플을 제거해야 한다.

RDFS 이상, 모든 OWL 미만

데이터에 추가할 수 있는 부가 메타데이터의 종류를 지정한 OWL은 RDFS의 상위 집합이며, 여기서는 간략하게 기술한다. OWL는 2004년 처음으로 W3C의 권고안 집합이 되었을 때 명세에서 OWL Lite, OWL DL, OWL Full이라고 하는 세 가지 "하위 언어"를 나열했다. 339페이지의 "SPARQL과 OWL 추론" 절에서 조금 더 설명하겠지만, 이 세 가지 하위 언어를 표현 능력과 구현하는 데 필요한 처리 능력 측면에서 보면 작음, 중간, 큼으로 생각할 수 있다.

5년 후에 OWL 2가 표준이 되었을 때 OWL 2 EL, OWL 2 QL, OWL RL라고 하는 세 가지

프로파일이 포함되었다. 이에 대해 자세히 말하자면 OWL Working Group은 Lite를 기반으로 DL을 구축하고, DL를 기반으로 Full을 구축하는 방법을 OWL로 대신해서 해결하는 방법에 주목했다. 그 이후 여러 종류의 도메인에 맞도록 최적화한 세 가지 새로운 프로파일을 내놓았다. 9장의 후반부에서 이런 세 가지 프로파일과 관련된 자세한 내용을 알아본다.

RDF 커뮤니티에서 RDFS보다 더 강력한 무언가를 만들 목적으로, 선호하는 OWL의 작은 부분을 RDFS의 상위 집합을 정의한 후 RDFS에 추가하는 바람에 상황이 조금 더 복잡해졌다(그렇긴 해도 궁극적으로 유용한 추론을 더 쉽게 하려는 의도였다). 하지만 앞에 기술했던 OWL 변종보다 구현이 더 쉬웠다. 딘 알레망Dean Allemang과 짐 헨들러Jim Hendler의 저서인 《Semantic Web for Working Ontologist》(모르간 카우프만Morgan Kaufmann 출판사, 2011)에서 RDFS+라고 하는 상위 집합을 기술했다. 탑쿼드란트TopQuadrant의 탑브래이드 슈트TopBraid Suite에서는 347페이지의 "SPARQL로 추론하기"에서 기술할 SPARQL 기반 추론의 종류를 사용해 RDFS+ 명세가 구현됐다. 프란츠Franz, Inc.의 알레그로그래프AllegroGraph 트리플 저장소에서도 RDFS++라고 하는 RDFS의 약간 다른 상위 집합이 구현됐다.

SPARQL 질의 언어를 확장할 때와 마찬가지로 중요한 점이 있다. 사용 중인 도구가 지원하는 기능이 무엇인지 정확하게 인지해야 하고, 또한 여러 표준 기반 도구를 사용하기 위해 작업을 이식할 때 표준과 정확히 일치하지 않는 도구를 사용함에 따른 영향을 자각해야 한다.

SPARQL과 RDFS 추론

이 책에서 가장 인기가 있는 두 RDFS 속성인 `rdfs:label`과 `rdfs:comment`을 이미 여러 번 봤다. `rdfs:label` 속성은 어떻게 보면 수수께끼 같은 자원 URI에 사람이 읽을 수 있는 레이블을 추가하는 방법으로서 가장 흔하게 사용된다. 예로 트리플 저장소에서 직원을 나타내는 URI인 *http://mycompany.com/ns/e04329*는 값이 "Richard Mutt"인 `rdfs:label`를 가질 수도 있다. 트리플 저장소의 데이터에 대한 보고서에는 URI 대신에 이름을 표시한다. 왜냐하면 URI 자체가 읽는 사람에게는 거의 의미가 없기 때문이다. 관계형 테이블의 고유 ID와 마찬가지로 URI가 하는 일은 다른 관련 정보 조각을 함께 묶는 것이지 사람이 읽어야 하는 보고서에서 보여주는 건 아니다.

`rdfs:comment` 속성은 보통 자원과 관련된 사항을 기술한다. 예로 디비피디아에는 값이 "Dog"인 영어 `rdfs:label`과 "The domestic dog(Canis lupus familiaris), is a subspecies of the gray wolf(Canis lupus), a member of the Canidae family of the mammilian order Carnivora."로 시작하는 세 문장이 값인 영어 rdfs:comment를 갖는 자원이 있다(물론 이 자원은 많은 다른 언어로 된 rdfs:label과 rdfs:comment 값을 갖는다).

이런 두 속성은 사물과 관련된 추론을 할 수 있는 RDF 추론 엔진에 알려주는 역할을 하지 않는다. 하지만 추론 엔진은 이런 속성을 사용하지 않을 듯한 자원의 rdfs:label과 rdfs:comment 값을 알려줄 수 있다. 예로 SKOS 분류체계의 개념은 값이 "customer"인 skos:prefLabel을 갖는다. 그러면 값이 "customer"인 rdfs:label도 가짐을 추론할 수 있다. 왜냐하면 SKOS 표준은 skos:prefLabel을 rdfs:label의 하위 속성으로 정의하고 있기 때문이다.

이게 약간 혼란스러울 수도 있겠지만, 검토해볼 가치가 있다. RDF 트리플을 사용하면 원하는 자원을 기술하는 속성을 쓸 수 있다. 속성 자체가 자원이므로 이런 속성을 지정해 사용하는 속성에 대해 더 자세히 알려주는 트리플을 가끔 사용한다. SKOS 표준은 RDFS 표준의 rdfs:subPropertyOf 속성을 사용해 skos:prefLabel 속성을 기술한다. 이 rdfs:subPropertyOf 속성은 skos:prefLabel이 RDFS 표준에 있는 또 다른 속성인 rdfs:label의 하위 속성이라고 알려준다. W3C SKOS 표준의 일부로 포함된 OWL 온톨로지는 트리플인 {skos:prefLabel rdfs:subPropertyOf rdfs:label}로 skos:prefLabel 속성을 기술한다. 따라서 RDFS를 이해해도 SKOS에 대해 아무 것도 모르는 애플리케이션은 rdfs:label 값으로 찾은 skos:prefLabel 값을 처리할 수 있음을 알고 있다. 예로 애플리케이션이 자원 목록을 나열한 보고서를 만들 때 URI 대신에 사람에게 친화적인 이름을 사용한다.

또 다른 예제를 살펴보자. 인기가 있는 더블린 코어 메타데이터 표준은 dc:creator 속성을 포함한다. 컴퓨터에 클래식 음악 파일이 있고, dm:composer 속성으로 이런 음악 파일에 대해 기술한 메타데이터를 가졌고, 또한 dm:photographer 속성을 사용한 메타데이터와 이미지 파일이 있다고 가정해보자. 음악 메타데이터와 이미지 메타데이터를 dc:creator의 하위 속성인 이런 두 속성이 지정된 트리플로 집계한 후, 이런 트리플을 포함한 파일을 다음과 같이 만들었다.

```
# 파일명: ex417.ttl

@prefix rdfs: <http://www.w3.org/2000/01/rdf-schema#> .
@prefix dm:   <http://learningsparql.com/ns/demo#> .
@prefix d:    <http://learningsparql.com/ns/data#> .
@prefix dc:   <http://purl.org/dc/elements/1.1/> .
```

```
@prefix nfo:  <http://www.semanticdesktop.org/ontologies/2007/03/22/nfo#> .

dm:composer rdfs:subPropertyOf dc:creator .
dm:photographer rdfs:subPropertyOf dc:creator .

d:file02924 nfo:fileName "9894397.mp3" ;
            dm:composer "Charles Ives" .

d:file74395 nfo:fileName "884930.mp3" ;
            dm:composer "Eric Satie" .

d:file69383 nfo:fileName "119933.mp3" ;
            dm:photographer "Diane Arbus" .

d:file54839 nfo:fileName "204364.mp3" ;
            dm:photographer "Henry Fox Talbot" .
```

> 제품 애플리케이션이라면 http://learningsparql.com/ns/demo# 네임스페이스에 이런 속성을 그렇게 빨리 지정하지 않았을 것이다. 왜냐하면 이런 속성을 정의한 세 개의 어휘가 있다고 확신하기 때문이다. 예제를 단순화하려고 자신만의 네임스페이스를 유지했을 뿐이다. 각 파일을 저장하기 위해 NEPOMUK 프로젝트에 있는 속성을 사용했음에 주목하자.

애플리케이션이 더블린 코어 메타데이터 표준을 알지만, 정의했던 dm:composer와 dm:photographer 속성을 모른다고 상상해보자.

RDFS를 이해하는(이번 경우 펠렛) 질의 엔진에 질의를 요청해 실행할 때 다음과 같은 질의를 적용할 수 있다. 왜냐하면 이 질의는 데이터에 썼던 dm:composer와 dm:photographer 속성을 언급할 필요없이 잘 알려진 더블린 코어의 속성 사용 여부를 찾을 수 있기 때문이다.

```
# 파일명: ex418.rq

PREFIX nfo: <http://www.semanticdesktop.org/ontologies/2007/03/22/nfo#>
PREFIX dc:  <http://purl.org/dc/elements/1.1/>

SELECT ?filename ?creator
WHERE
{
```

```
    ?resource nfo:fileName ?filename ;
              dc:creator ?creator .
  }
```

ARQ를 사용해서 ex417.ttl에 이 질의를 실행하면 결과를 얻지 못한다. ARQ는 dc:creator 속성을 사용하는 트리플을 찾으려고 했음에도 불구하고 아무 것도 찾을 수 없었다. 하지만 질의 처리기가 RDFS를 이해하거나 추론된 트리플을 구체화하기 위해 별도의 SPARQL 추론 엔진이 데이터를 대상으로 실행한다고 가정하자. 그러면 ARQ 같은 SPARQL 질의 처리기가 입력과 추론 엔진의 출력 간의 조합을 대상으로 실행한 후의 출력은 다음과 같다.

```
filename        | creator
===================================
"204364.mp3"  | "Henry Fox Talbot"
"119933.mp3"  | "Diane Arbus"
"9894397.mp3" | "Charles Ives"
"884930.mp3"  | "Eric Satie"
```

지금 추론 작업 방법에 관한 약간의 배경 지식을 배웠다. 이제 아까 몇 번 봤던 두 RDFS 속성을 검토해보자.

rdfs:domain

주어진 속성을 트리플의 술어로 사용한다고 알려주면 트리플의 주어는 특정 클래스에 속한다.

rdfs:range

주어진 속성을 트리플의 목적어로 사용한다고 알려주면 트리플의 목적어는 특정 클래스의 멤버다.

328페이지의 "추론이란 무엇인가?"에 나온 예제에서는, ab:playsInstrument의 rdfs:domain와 rdfs:range가 각각 ab:Musician와 ab:MusicalIntrument인 상태에서 Richard Mutt가 값이 ab:playsInstrument인 ab:vacuumCleaner를 가질 경우 RDFS 인지형 처리기는 Richard(더 정확히는 자원인 ab:i0432)가 ab:Musician의 멤버고, ab:vacuumCleaner가 ab:Musical-Instrument임을 추론할 수 있음을 봤다. 이와 같이 데이터에는 ab:Musician 클래스의 멤버였던 자원이라고 명시적으로 알려주는 트리플이 없음에도 불구하고, SPARQL 질의 엔진을 지원하는 추론 엔진을 사용하면 데이터에 있는 모든 음악가의 성과 이름을 질의할 수 있다.

rdfs:domain과 rdfs:range는 어떤 자원이 특정 클래스의 멤버임을 나타낼 수 있는 방법임을 배웠다. 하지만 클래스 자체를 기술하는 방법을 많이 보지는 못했다. rdfs:Class 클래스와 rdfs:subClassOf 속성은 클래스를 기술하는 방법을 제공한다.

아직까지는 이런 방법을 이야기하지 않았다. 사용했을 수도 있는 대부분의 프로그래밍 언어와 모델링 시스템과는 달리 RDF를 사용하면 우선 클래스가 존재한다고 선언하지 않아도 무엇인가가 이 클래스의 멤버라고 말할 수 있기 때문이다. 9장 초반부의 예제에서는 Richard mutt가 ab:Musician 클래스의 멤버였다고 추론했고, 먼저 "멤버를 가질 수도 있는 ab:Musician이라고 부르는 클래스를 가졌다"라고 말할 필요가 없었다. RDFS는 이렇게 클래스의 멤버를 추론하는 방법을 제공한다. 하지만 클래스의 멤버를 명시적으로 알려주는 게 좋다. 작업 대상인 데이터의 종류를 기계가 읽을 수 있는 방식으로 기술하면 데이터 상호운용성interoperability이 훨씬 더 높아지기 때문이다.

이번 예제를 살펴보자. 다음 터틀 파일의 첫 번째 트리플은 ab:Musician이 클래스라고 알려준다(주석 처리된 라인은 rdf:type 속성을 키워드인 a로 대치할 수 있는 방법을 보여주며, 이 터틀 파일의 마지막 라인 위에 있는 라인의 트리플과 비슷하다). 첫 번째 트리플은 우리말로 하자면 "ab:Musician은 rdfs:Class 클래스의 멤버다"라고 알려준다. 달리 말하면 ab:Musician 자체는 클래스다.

```
# 파일명: ex421.ttl

@prefix ab:   <http://learningsparql.com/ns/addressbook#> .
@prefix d:    <http://learningsparql.com/ns/data#> .
@prefix rdf:  <http://www.w3.org/1999/02/22-rdf-syntax-ns#> .
@prefix rdfs: <http://www.w3.org/2000/01/rdf-schema#> .

ab:Musician rdf:type rdfs:Class . # a는 rdf:type을 대신한다고 말할 수 있음

d:i8301 rdf:type ab:Musician ;
        ab:firstName "Craig" ;
        ab:lastName  "Ellis" .

ab:Person a rdfs:Class .          # rdf:type는 a를 대신한다고 말할 수 있음
ab:Musician rdfs:subClassOf ab:Person .
```

ex421.ttl에서 d:i8301로 시작하는 첫 라인은 자원인 d:i8301이 ab:Musician 클래스의 멤버임

을 알려주고, 다음 두 라인은 이 자원과 관련된 정보를 더 제공한다. 이 정보는 ab:firstName과 ab:lastName 값이다. 이 파일의 마지막 라인 위에 있는 라인은 ab:Person도 ab:Musician처럼 클래스라고 알려준다.

추론을 위한 마지막 핵심인 RDFS 속성은 rdfs:subClassOf다. 속성을 대상으로 하는 rdfs:subPropertyOf가 있듯이 클래스를 대상으로 하는 rdfs:subClassOf가 있다. rdfs:subClassOf는 추론 엔진이 주어진 클래스를 또 다른 클래스의 특화된 버전으로 처리하도록 알려준다. 앞 터틀 파일의 마지막 라인은 ab:Musician 클래스가 ab:Person의 하위 클래스라고 알려준다. 이것은 ab:Musician 클래스의 모든 멤버도 ab:Person 클래스의 멤버임을 의미한다. 이와 같이 애플리케이션은 최소한 RDFS 추론을 하는 방법을 알고 있어야 한다.

하위 클래스 추론 방법을 보기 위해 RDFS를 이해하는 질의 엔진을 사용해서 ex421.ttl 데이터에 다음 질의를 실행한다.

```
# 파일명: ex422.rq

PREFIX ab: <http://learningsparql.com/ns/addressbook#>

SELECT ?first ?last
WHERE
{
  ?person a ab:Person ;
          ab:firstName ?first ;
          ab:lastName ?last .
}
```

이 질의는 ab:Person 클래스의 모든 ab:firstName과 ab:lastName 값을 요청한다. RDFS 인지형 질의 엔진은 ex421.ttl 데이터에서 이 클래스의 명시적인 멤버를 보지 못하지만, d:i8301이 ab:Musician 클래스의 멤버고, ab:Musician 클래스가 ab:Person의 하위 클래스임을 안다. 따라서 자원의 성과 이름 값을 다음과 같이 출력한다.

```
first   | last
=================
"Craig" | "Ellis"
```

동일한 데이터인 ex421.ttl에 2장의 일부 데이터인 ex045.ttl(Richard Mutt ab:playsInstrument ab:vacuumCleaner임을 알려주는 트리플을 포함함)와 ex044.ttl(ab:playsInstrument 속

성의 rdfs:domain은 ab:Musician임)을 추가한 후, 동일한 질의를 실행해보자. 이런 세 파일의 데이터 조합에는 Richard가 어떤 클래스의 멤버임을 알려주는 트리플이 없다. 하지만 Person 클래스의 멤버와 관련된 세 파일의 조합된 트리플을 요청하는 질의를 실행하면 다음과 같이 Craig를 Richard와 함께 나열한다.

```
first     | last
====================
"Richard" | "Mutt"
"Craig"   | "Ellis"
```

RDFS 인지형 SPARQL 엔진(이번 경우 펠렛)은 Richard가 진공 청소기를 연주한다고 알려주는 트리플, 음악가라고 알려주는 트리플, 모든 음악가가 사람이라고 알려주는 또 다른 트리플을 발견했다. 따라서 사람 목록에 Richard가 나타난다.

사실 예전에 데이터 파일을 만든 후, 약 2년이 지나서 ab:Person 클래스의 하위 클래스인 ab:Musican 클래스와 관련된 데이터를 만들었다. 그럼에도 불구하고 Richard와 관계가 있는 새로운 정보를 추론 가능한 새로운 메타데이터 덕분에 기존 데이터 파일에서 더 많이 얻을 수 있었다. 데이터 "통합[integration]"은 이전 예제를 실행할 때 사용했던 동일한 펠렛 명령어에 두 파일명을 추가한 게 전부다.

RDF 기술에서 가장 중요한 교훈은 다음과 같다.

- 여러 데이터 집합 통합은 진짜 정말로 쉽다. 다른 소스에 있는 트리플이 동일한 네임스페이스를 참조한다면 해당 데이터와 관련된 새로운 것을 알려주는 데이터 간의 연결을 찾을 수도 있다.
- 추론 엔진은 이런 연결을 찾는 아주 좋은 도구다.
- 기술하는 데이터를 사용해서 메타데이터를 만들 필요가 없다. 사실 (아마도 몇 년 후!) 메타데이터를 만들더라도 여전히 데이터를 소급해서 가치를 추가할 수 있다.

SPARQL과 OWL 추론

이전 절에서 봤듯이 RDFS는 자신만의 클래스와 속성을 기술하는 속성을 제공하므로 추론 엔진은 이런 기술에 기반을 둔 새로운 트리플을 생성할 수 있다. OWL도 owl:inverseOf와

owl:sameAs 같은 특화된 속성으로 추론 작업의 일부를 수행한다. 하지만 OWL 모델이 하나 이상의 클래스의 멤버라고 주장하는 사물을 기술하는 것이 더 일반적이다.

예로 2장에서 처음 봤던 다음 터틀 파일은 ab:spouse가 owl:SymmetricProperty 클래스의 멤버라고 말해서 배우자가 대칭 속성임을 알려주는 트리플을 포함한다.

```
# 파일명: ex046.ttl

@prefix ab:   <http://learningsparql.com/ns/addressbook#> .
@prefix rdf:  <http://www.w3.org/1999/02/22-rdf-syntax-ns#> .
@prefix rdfs: <http://www.w3.org/2000/01/rdf-schema#> .
@prefix owl:  <http://www.w3.org/2002/07/owl#> .

ab:i0432
   ab:firstName  "Richard" ;
   ab:lastName   "Mutt" ;
   ab:spouse     ab:i9771 .

ab:i8301
   ab:firstName  "Craig" ;
   ab:lastName   "Ellis" ;
   ab:patient    ab:i9771 .

ab:i9771
   ab:firstName  "Cindy" ;
   ab:lastName   "Marshall" .

ab:spouse
   rdf:type owl:SymmetricProperty ;
   rdfs:comment "Identifies someone's spouse" .

ab:patient
   rdf:type rdf:Property ;
   rdfs:comment "Identifies a doctor's patient" .

ab:doctor
   rdf:type rdf:Property ;
   rdfs:comment "Identifies a doctor treating the named resource" ;
    owl:inverseOf ab:patient .
```

2장에서 이미 봤듯이 이 파일은 자원인 `ab:i9771`와 관련된 정보의 두 조각인 `ab:firstName` 값과 `ab:lastName` 값만 포함한다. 그렇긴 하지만 OWL 처리기는 `ab:spouse`가 `owl:Symmetric-Property`이고, 자원인 `ab:i0432`(Mr. Mutt)의 `ab:spouse` 값이 `ab:i9771`이라면 `ab:i9771`의 `ab:spouse` 값이 `ab:i0442`임을 안다. 쉽게 말해서 Richard의 배우자가 Cindy이면 Cindy의 배우자는 Richard다.

마찬가지로 자원인 `ab:i8301`(Craig Ellis)의 `ab:patient` 값이 Cindy고 `ab:patient` 속성의 `owl:inverseOf`가 `ab:doctor` 속성이라면 Cindy를 담당하는 의사는 Craig다.

추론된 정보를 검색하는 질의를 어떻게 하면 만들 수 있을까? 터틀 파일인 ex046.ttl에 다음 질의를 실행하기 위해 ARQ를 사용한다면 ARQ는 이 질의가 찾으려는 것을 알지 못한다. 왜냐하면 `ab:firstName` 값이 "Cindy"고, `ab:lastName` 값이 "Marshall"인 자원은 `ab:doctor` 값이나 `ab:spouse` 값을 갖지 않기 때문이다.

```
# 파일명: ex047.rq

PREFIX ab: <http://learningsparql.com/ns/addressbook#>

SELECT ?doctorFirst ?doctorLast ?spouseFirst ?spouseLast
WHERE
{
  ?s ab:firstName "Cindy" ;
     ab:lastName "Marshall" ;
     ab:doctor ?doctor ;
     ab:spouse ?spouse .

?doctor ab:firstName ?doctorFirst ;
        ab:lastName ?doctorLast .

?spouse ab:firstName ?spouseFirst ;
        ab:lastName ?spouseLast .
}
```

펠렛 OWL 추론기를 내장한 SPARQL 엔진으로 이 질의를 실행하면 다음과 같은 결과를 얻는다. 펠렛은 `owl:symmetricProperty`와 `owl:inverseOf`의 의미(시맨틱!)를 이해하기 때문이다.

```
doctorFirst | doctorLast  | spouseFirst | spouseLast
=====================================================
"Craig"     | "Ellis"     | "Richard"   | "Mutt"
```

owl:symmetricProperty 외에도 OWL의 핵심인 owl:TransitiveProperty와 owl:Inverse-FunctionalProperty 같은 클래스를 사용해 자신만의 속성을 기술할 수 있으며, 이렇게 하면 이런 속성과 자원에서 더 많은 것을 얻을 수 있다.

OWL의 막강한 힘은 클래스를 멤버에 관한 조건을 기술하는 데 목적을 두고 정의하는 능력에서 나온다. **제한 클래스**restriction class로 알려진 이 클래스는 본질적으로 이런 클래스 중 멤버가 되려면 자원이 특정 조건을 만족해야 한다고 알려준다. 특정 자원에 관한 조건이 참이면 자원은 이런 조건으로 기술한 클래스의 멤버이며, 반대의 경우도 마찬가지다. 그러므로 자원이 특정 제한 클래스의 멤버면 자원에 관한 클래스가 반드시 참임을 정의한 어떤 조건을 사용함을 알 수 있다.

> OWL에서는 자원이 여러 제한 클래스의 멤버라고 말함으로써 특정 자원과 관련된 많은 세부사항을 기술하는 것이 일반적이다. 객체 지향을 배웠던 사람이라면 자원을 많은 다양한 클래스의 멤버로 정의한다는 점에 혼란스러울 수 있다. 그렇지만 OWL의 이런 많은 클래스는 궁극적으로 자원을 기술하는 목적에 부합한다. 실제로 더 많은 전통적인 시스템의 속성은 이런 역할을 맡는다. ex046.ttl 안의 owl:SymmetricProperty 클래스는 그런 클래스 중 한 예다. 곧 보겠지만 비슷한 역할을 수행하는 자신만의 클래스를 정의할 수 있다.

예로 다음 터틀 파일은 미국의 몇 개 주를 지정한 뒤 여러 음악가, 연주 악기, 출신 주를 기술하고, 또한 세 개의 클래스인 dm:Guitarist, dm:Texan, dm:TexasGuitarPlayer를 정의하고 있다. 첫째, dm:Guitarist 클래스는 dm:plays 값이 d:Guitar인 모든 자원 집합을 제한 클래스로 정의한 클래스다. OWL 인지형 처리기에게 이 터틀 파일 내 데이터를 보여주면 데이터 집합에서 dm:Guitarist 클래스의 멤버가 3개 있다고 알려준다. 둘째, dm:Texan 클래스는 dm:Guitarist 클래스와 비슷하게 dm:stateBirth 값이 d:Tx인 자원을 멤버로 정의한 클래스다. 셋째, dm:TexasGuitarPlayer 클래스는 첫 두 집합의 교차를 정의한 클래스다.

```
# 파일명: ex424.ttl

@prefix d:    <http://learningsparql.com/ns/data#> .
```

```
@prefix dm:   <http://learningsparql.com/ns/demo#> .
@prefix owl:  <http://www.w3.org/2002/07/owl#> .
@prefix rdf:  <http://www.w3.org/1999/02/22-rdf-syntax-ns#> .
@prefix rdfs: <http://www.w3.org/2000/01/rdf-schema#> .

d:CA rdfs:label "California" .
d:TX rdfs:label "Texas" .
d:NY rdfs:label "New York" .

d:m1 rdfs:label "Bonnie Raitt" ;
     dm:plays d:Guitar ;
     dm:stateOfBirth d:CA .

d:m2 rdfs:label "Charlie Christian" ;
     dm:plays d:Guitar ;
     dm:stateOfBirth d:TX .

d:m3 rdfs:label "Dusty Hill" ;
     dm:plays d:Bass ;
     dm:stateOfBirth d:TX .

d:m4 rdfs:label "Kim Gordon" ;
     dm:plays d:Bass ;
     dm:stateOfBirth d:NY .

d:m5 rdfs:label "Red Garland" ;
     dm:plays d:Piano ;
     dm:stateOfBirth d:TX .

d:m6 rdfs:label "Roky Erickson" ;
     dm:plays d:Guitar ;
     dm:stateOfBirth d:TX .

dm:Guitarist
   owl:equivalentClass
           [ rdf:type owl:Restriction ;
             owl:hasValue d:Guitar ;
             owl:onProperty dm:plays
           ] .
```

```
dm:Texan
   owl:equivalentClass
           [ rdf:type owl:Restriction ;
             owl:hasValue d:TX ;
             owl:onProperty dm:stateOfBirth
           ] .

dm:TexasGuitarPlayer
   owl:equivalentClass
        [ rdf:type owl:Class ;
          owl:intersectionOf (dm:Texan dm:Guitarist)
        ] .
```

제한 클래스는 대괄호를 사용해 정의한다. 왜냐하면 제한을 기술한 세부사항을 공백 노드로 함께 그룹화하기 때문이다. 꼭 그래야 할 필요는 없지만, 이 방식은 OWL 모델링의 일반적인 관행이다.

이 데이터에는 rdf:type이 dm:TexasGuitarPlayer인 자원이라고 알려주는 트리플이 없다. 따라서 ARQ로 이 데이터에 다음 질의를 실행하면 아무런 결과를 얻지 못한다.

```
# 파일명: ex425.rq

PREFIX dm:   <http://learningsparql.com/ns/demo#>
PREFIX rdfs: <http://www.w3.org/2000/01/rdf-schema#>

SELECT ?name
WHERE
{
  ?musician a dm:TexasGuitarPlayer ;
            rdfs:label ?name .
}
```

OWL를 알지 못하는 RDFS 인지형 처리기로 동일한 데이터에 같은 질의를 실행해도 나아질 게 없다. 그래도 OWL 인지형 처리기는 dm:TexasGuitarPlayer를 두 다른 클래스의 교차인 클래스와 동등 관계로 정의된 데이터를 이해한다. 여기서 그 두 다른 클래스는 dm:plays 값이 dm:Guitar인 모든 자원의 클래스와 dm:stateOfBirth 값이 "TX"인 모든 자원의 클래스다.

> OWL 제한 클래스를 정의하는 데 사용하는 구문이 복잡해질 수 있다. 이런 경우 탑브레이드 컴포저나 프로테제 같은 도구를 사용하는 게 더 좋다. 표준 기반 도구이므로 표준 RDF/XML이나 터틀 구문을 이용해서 OWL 클래스 정의부를 여전히 저장할 수 있다.

OWL 처리기인 펠렛으로 ex424.ttl에 ex425.rq 질의를 실행하면 다음과 같은 결과를 얻는다.

```
name
====================
"Charlie Christian"
"Roky Erickson"
```

제한 클래스를 정의하기 위해 활용할 수 있는 OWL 속성은 owl:hasValue와 owl:intersectionOf 외에 자원이 특정 클래스의 모든 혹은 일부 값을 가져야 함을 나타내는 owl:allValues와 owl:someValues, 클래스의 멤버가 가져야 할 속성의 최대 개수나 최소 개수를 지정하는 owl:minCardinality와 owl:maxCardinality을 포함한다(예로 최대 5개의 dm:player 속성 값을 갖는 제한 클래스인 dm:BasketballTeam의 멤버를 지정하기 위해 owl:minCardinality를 사용할 수 있다).

제한 클래스인 dm:Guitarist와 dm:Texan를 조합한 dm:TexasGuitarPlayer 클래스는 기존 제한 클래스를 새로운 클래스로 조합할 수 있는 방법을 보여주는 간단한 예다. OWL 고급 사용자는 특히 생명과학 같은 분야에서 기존 제한 클래스를 새로운 클래스로 조합하는 기능을 훨씬 더 확장해서 사용할 수 있다. 특화된 새로운 클래스에 속한 자원과 관련된 추론을 한다면 컴퓨터로 몇 시간이 걸릴 수도 있지만, 그래도 가치가 있다. 이렇게 가능한 다른 표준 모델링 기술이 없기 때문이다. 이와 같이 추론을 활용할 수 있는 SPARQL을 아는 게 좋다.

W3C의 Working Group에는 추론의 강력함과 잠재적인 컴퓨팅 연산 수요로 인해 자동화된 엄격한 추론을 원하는 구성원과, 합리적인 시간 안에서 작업을 수행할 수 있는 애플리케이션을 작성하길 원하는 구성원이 있다. W3C는 이런 구성원의 경쟁적인 요구 사항을 충족할 수 있도록 OWL 명세에서 다음과 같이 세 가지 프로파일을 정의했다.

OWL Lite

데이터를 OWL DL과 OWL Full로 기술하는 방법이 그리 다양하지 않은 반면에 구현하기가 더 쉽다. OWL Lite는 인기가 있었던 적이 거의 없었다.

OWL DL

OWL Lite보다 훨씬 더 강력하다. OWL 엔진이 주어진 트리플 집합에서 모든 잠재적인 연산을 할 때 막히는 것을 막기 위해 OWL Full의 몇 가지를 생략했다. Description Logics기술 논리의 약자인 DL은 1970년대 인공지능의 이른 전성기에 인기가 있었던, 지식 표현을 위한 네트워크 방식과 프레임 기반 방식에 대한 대안이다.

논리 기술은 대부분 특정 도메인에 집중되므로 지식 모델링 작업 시 제약이 덜 하다. 그러므로 더 쉽게 마칠 수 있다. 펠렛은 OWL DL 추론기다.

OWL Full

OWL 질의처리기 개발자가 보지 않길 바랬던 사물을 모델링할 수 있으며, 세 가지 선택 사항 중에서 가장 비싸다. 왜냐하면 이론적으로 처리기는 영원히 돌 수 있기 때문이다.

OWL DL는 가장 인기가 있었다. W3C는 OWL 2를 발표했을 당시, Lite/DL/Full 구별에 대한 대안을 찾아낸 후, 애플리케이션의 특정 부류에 최적화된 세 가지 프로파일을 발표했다. 이것은 OWL 엔진 구현자가 고객의 특정 집합을 수용해 더 쉽게 만들도록 하기 위함이었다.

OWL 2 RL

규칙 언어로 구현할 수 있는 OWL의 하위 집합이다. 규칙 언어 중에서 인공 지능의 가장 오래된 프로그래밍 언어로는 프롤로그Prolog가 있다. 나중에 나온 SPARQL은 프롤로그의 영향을 크게 받았다. 이런 이유로 RL을 다른 두 가지 OWL 2 프로파일에 비해 더 쉽게 구현할 수 있으며, 일반적인 OWL 요구사항을 대부분 충족한다.

OWL 2 EL

`dm:TexasGuitarPlayer`의 인기 있는 대규모 버전은 자원이 어느 클래스에 속하는지 찾게 해주는 클래스 정의부를 복잡하게 조합한 것이다. W3C OWL 2 온톨로지 언어 프로파일 문서에 따르면 EL은 "특히 아주 많은 개수의 클래스나 속성을 정의한 온톨로지를 사용하는 애플리케이션에 적합하다." RDF 모델링할 때 주어진 인스턴스는 여러 클래스에 속할 수 있음을 상기하자. 따라서 모델이 여러 화합물의 속성과 기능을 기술하고, 주어진 문제의 잠재적인 해결책인 클래스를 새롭게 정의하기 위해 제한 클래스를 사용할 경우 OWL 추론기는 특정 문제에 대한 해결책인 화합물을 찾는 데 유용할 수 있다. 이런 종류의 애플리케이션은 약물 발견과 다른 생의학 분야에서 인기가 있다.

OWL 2 QL

대용량 인스턴스 데이터가 있는 데이터 집합 특히 관계형 데이터베이스에 저장되었을 때 질의하기 위해 설계됐다. QL에 선정됐던 OWL 기능은 SQL 생성을 더 쉽게 자동화해주기 때문이다. 웹 온톨로지 언어 프로파일 문서에 따르면 QL은 "ML 클래스 다이어그램과 ER 다이어그램 같은 개념적 모델을 표현하기 위해 필요한 많은 주요 기능을"제공한다. 이것은 큰 관계형 시스템을 사용하는 개발자에게도 적용된다.

어떤 OWL이 가장 좋을까? 짧게 답하자면 애플리케이션 성능이 문제가 될 정도로 커지지 않는 한 그리 걱정하지 않아도 된다. 어느 프로파일로 할지 혹은 OWL 추론기가 지원하는 프로파일이 어떤 것인지 알아보고, 또한 프로파일 제공자가 왜 이 프로파일을 제공하는지 찾아보자. 이를 통해 몇 가지 지침을 더 얻을 수도 있다.

물론 실제 W3C의 OWL 명세 문서는 각 프로파일이 지원하는 속성과 지원하지 않는 속성에 대한 궁극적인 안내서다. 이 OWL 명세 문서는 보통 각 프로파일이 지원하지 않는 속성(예로 OWL 2 EL는 `owl:maxCardinality` 사용을 허가하지 않음)과 특정 속성의 제한 사항을 기술하고 있다.

SPARQL로 추론하기

이전에 봤던 ex046.ttl 데이터 집합에 실행할 다음 질의를 어떻게 생각하는가?

```
# 파일명: ex427.rq

PREFIX owl: <http://www.w3.org/2002/07/owl#>

CONSTRUCT
{ ?resource2 ?property1 ?resource1 . }
WHERE
{
  ?property1 owl:inverseOf ?property2 .
  ?resource1 ?property2 ?resource2 .
}
```

ex046.ttl 데이터의 `owl:inverseOf` 트리플만 `ab:doctor` 속성이 `ab:patient` 속성의 역이라고

알려준다. 따라서 WHERE 절은 ab:doctor를 ?property1 변수에 바인딩하고, ab:patient 변수는 ?property2 변수에 바인딩한다.

마지막 바인딩 때문에 두 번째 트리플 패턴의 술어는 ab:patient가 된다. 그 이유는 자원인 ab:i8301 (Craig Ellis)의 ab:patient 값이 ab:i9771 (Cindy Marshall)이므로 이 질의의 WHERE 절이 ab:i8301을 ?resource1 변수에 바인딩하고, ab:i9771을 ?resource2 변수에 바인딩하기 때문이다. CONSTRUCT 절은 두 번째 트리플 패턴의 바인딩을 취해서 자원인 ab:i9771이 ab:doctor 값인 ab:i8301을 갖는다고 알려주는 새로운 트리플을 생성한다.

더 짧게 말하자면, ab:patient가 ab:doctor의 역이고, Craig가 ab:patient인 Cindy를 담당할 경우 질의는 Cindy의 담당 의사가 Craig라고 알려주는 트리플을 생성한다. 이 질의는 RDF 용어로 몇 가지 추론을 구현했다. 즉, 찾았던 패턴에 기반을 두고 Cindy와 Craig의 명시적인 관계인 ab:doctor를 암시하는 새로운 트리플을 생성했다.

탑쿼드란트, 오픈링크 소프트웨어, 렌슬러 폴리테크닉 대학교Rensselaer Polytechnic Institute는 이 아이디어를 훨씬 더 확장했다. 그들이 W3C에 제출한 SPIN(SPARQL Inferencing Notation SPARQL 추론 표기법) 명세에 따르면 클래스 정의로 위와 같은 SPARQL 기반 추론 규칙을 저장할 수 있다. 탑쿼드란트 제품(모델링 소프트웨어의 공개 버전 포함)에는 RDFS의 상위 집합인 RDF+, OWL 2 RL, 여러 다른 모델링 규칙 집합의 하위 집합을 구현하는 SPIN을 사용한 규칙 집합이 들어 있다.

따라서 SPIN 구현부를 포함한 도구 모음을 사용하는 중이라면 추론을 수행하는 다른 선택 사항이 있다. 하지만 SPARQL만으로 애플리케이션 개발에 크게 기여할 수 있다는 점에 주목하자. 즉, 특정 종류의 전문화된 추론이 필요하다면(다시 말해서 기존 패턴에 기반을 둔 새로운 트리플 생성) RDFS나 OWL도 필요하지 않을 수가 있다는 것이다. 메타데이터 표준으로 정의된 특별한 지침과 관련된 지식이 없는 간단한 SPARQL 엔진으로 필요한 것을 정확히 생성하기 위해 하나 이상의 SPARQL 질의를 사용할 수 있다.

예로 다음과 같이 간단한 질의를 살펴보자. dm:stateOfBirth 값이 d:Tx고, dm:plays 값이 d:Guitar인 자원이 있다면 CONSTRUCT 절은 자원이 dm:TexasGuitarPlayer 클래스의 멤버라고 알려주는 트리플을 생성한다.

```
# 파일명: ex428.rq

PREFIX d:    <http://learningsparql.com/ns/data#>
```

```
PREFIX dm:  <http://learningsparql.com/ns/demo#>

CONSTRUCT
{ ?resource a dm:TexasGuitarPlayer }
WHERE
{
  ?resource dm:stateOfBirth d:TX ;
            dm:plays d:Guitar .
}
```

339페이지의 "SPARQL와 OWL 추론"에서 봤던 ex424.ttl 데이터 집합에 ARQ로 이 질의를 실행하면 자원인 `d:m2` (Charlie Christian)과 `d:m6` (Roky Erickson)이 `dm:TexasGuitarPlayer` 클래스의 멤버라고 알려주는 트리플을 생성한다.

```
@prefix rdfs: <http://www.w3.org/2000/01/rdf-schema#> .
@prefix d:    <http://learningsparql.com/ns/data#> .
@prefix owl:  <http://www.w3.org/2002/07/owl#> .
@prefix dm:   <http://learningsparql.com/ns/demo#> .
@prefix rdf:  <http://www.w3.org/1999/02/22-rdf-syntax-ns#> .

d:m2
      rdf:type     dm:TexasGuitarPlayer .

d:m6
      rdf:type     dm:TexasGuitarPlayer .
```

이전에는 이 데이터에 ex425.rq를 실행하기 위해 OWL 처리기를 사용할 때 `dm:TexasGuitarPlayer` 클래스의 멤버였던 두 음악가를 추론하려고 이 데이터에 정의된 제한 클래스를 사용했다. 이번에는 ARQ와 제한 클래스 정의를 무시했던 질의를 사용했다(ex425.rq 질의는 모든 클래스 정의를 명시적으로 참조하지 않았지만, OWL 처리기는 질의가 `dm: TexasGuitarPlayer` 클래스의 멤버와 관련된 것을 요청했음을 봤고, 자원을 클래스의 멤버로 인정하는지 보기 위해 모든 세 제한 클래스 정의를 살펴봤다. ex428.rq 질의를 실행할 때 ARQ는 이런 클래스 정의로 무엇을 할지 몰랐다).

따라서 OWL 표현식을 사용해 기타를 치는 텍사스 사람을 찾는 한 가지 방법(물론 봤겠지만 꽤 복잡할 수도 있음)을 배웠다. OWL을 이해하는 처리기도 배웠다. 또한 간단한 SPARQL 1.0 질의로 이런 음악가를 찾는 또 다른 방법과, OWL에 대해 아무 것도 모르는 SPARQL 엔진을 살펴봤다. 후자인 경우 `owl:inverseOf` 속성으로 추론했던 ex427.rq 질의에서 보듯이 OWL 키워드의 로직을 구현하는 SPARQL 질의를 사용하지 않았다. OWL로 할 수 있었던 추론을 하기 위해 SPARQL 질의를 사용했을 뿐이다.

> RDFS와 OWL은 데이터에서 가치를 얻는 많은 새로운 기회를 열어준다. 반면에 SPARQL만으로 애플리케이션이 요구하는 트리플을 추론하는 데 필요한 패턴 일치를 쉽게 수행할 수 있다. 이것은 애플리케이션 아키텍처에 많은 유연성을 제공할 수 있다. 왜냐하면 RDFS와 OWL를 이해하는 SPARQL 엔진이 RDFS와 OWL을 이해하는 처리기보다 더 많아서 쉽게 선택할 수 있기 때문이다.

추론하기 위한 RDFS나 OW의 대안으로 SPARQL 기반을 사용하는 게 항상 좋은 건 아니다. RDFS와 OWL 표준은 확장할 수 있는 데이터 모델링을 위한 기초를 제공하며, 많은 대규모 애플리케이션에서는 더 나은 선택이다. 그렇긴 해도 순수 SPARQL로 패턴 매칭할 때 신속히 더 빠르게 처리할 수 있고, 다양한 상용과 공개 소프트웨어를 선택해 사용할 수 있다. 이 점을 알아두자.

스키마 질의

SPARQL, RDFS, OWL을 논의할 때는 이런 RDF 관련 표준이 어떻게 잘 맞는가에 대한 특별한 이점을 언급하지 않을 수 없다. 왜냐하면 스키마는 RDFS 관련 표준을 활용해 동일한 구문과 데이터 자체인 데이터 모델로 표현되고 있으므로, 데이터를 활용하는 스키마를 동일한 언어로 사용할 수 있기 때문이다. 이런 이유로 스키마를 더 쉽게 파악하고 향후에 질의와 애플리케이션을 더 쉽게 만들 수 있다.

예로 FOAF(Friend of a Friend) 온톨로지는 사람이 특정 주제와 관련된 웹 페이지에 이름을 지정할 때 사용하는 `foaf:page` 속성을 포함한다. FOAF로 특정 속성의 몇 가지 특화된 버전을 정의할 수 있다는 점을 인지해도, 이 버전이 정확히 무엇인지 모른다면 이런 속성을 나열하기 위해 FOAF 온톨로지(FOAF 프로젝트 홈페이지에서 다운로드할 수 있음)에 다음 질의를 적용할 수 있다.

```
# 파일명: ex430.rq

PREFIX foaf:  <http://xmlns.com/foaf/0.1/>
PREFIX rdfs:  <http://www.w3.org/2000/01/rdf-schema#>

SELECT *
WHERE
{ ?subproperty rdfs:subPropertyOf foaf:page . }
```

다음과 같이 답이 네 개임을 보여준다.

```
-------------------------
| subproperty           |
=========================
| foaf:isPrimaryTopicOf |
| foaf:tipjar           |
| foaf:weblog           |
| foaf:homepage         |
-------------------------
```

자신만의 하위 속성을 갖는 하위 속성이 하나라도 있는가? SPARQL 1.1 속성 경로 기능을 사용해서 **foaf:page**의 모든 자손인 하위 속성을 찾는 앞 질의에 하나의 더하기 기호를 붙일 수 있다. 한 트리플 패턴을 더 추가하면 각 속성의 직접적인 부모direct parent를 출력에 포함하라고 알려준다.

```
# 파일명: ex432.rq

PREFIX foaf:  <http://xmlns.com/foaf/0.1/>
PREFIX rdfs:  <http://www.w3.org/2000/01/rdf-schema#>

SELECT *
WHERE
{
  ?subproperty rdfs:subPropertyOf+ foaf:page ;
               rdfs:subPropertyOf ?parentProperty .
}
```

결과는 다음과 같다.

```
-------------------------------------------------
| subproperty           | parentProperty        |
=================================================
| foaf:isPrimaryTopicOf | foaf:page             |
| foaf:openid           | foaf:isPrimaryTopicOf |
| foaf:homepage         | foaf:page             |
| foaf:homepage         | foaf:isPrimaryTopicOf |
| foaf:tipjar           | foaf:page             |
| foaf:weblog           | foaf:page             |
| foaf:homepage         | foaf:page             |
| foaf:homepage         | foaf:isPrimaryTopicOf |
-------------------------------------------------
```

FOAF는 foaf:Person 클래스를 정의하고, foaf:Person 클래스와 여러 속성을 연관시키기 위해 rdfs:domain 속성을 사용한다. 연관된 속성은 무엇인가?

```
# 파일명: ex434.rq

PREFIX foaf:  <http://xmlns.com/foaf/0.1/>
PREFIX rdfs:  <http://www.w3.org/2000/01/rdf-schema#>

SELECT ?property
WHERE
{ ?property rdfs:domain foaf:Person . }
```

이 간단한 질의는 foaf:Person 클래스와 연관된 속성의 흥미로운 범위를 다음과 같이 보여준다.

```
--------------------------
| property               |
==========================
| foaf:schoolHomepage    |
| foaf:plan              |
| foaf:myersBriggs       |
| foaf:workplaceHomepage |
| foaf:family_name       |
| foaf:lastName          |
| foaf:geekcode          |
| foaf:workInfoHomepage  |
| foaf:firstName         |
| foaf:surname           |
| foaf:familyName        |
```

```
| foaf:knows                 |
| foaf:pastProject           |
| foaf:publications          |
| foaf:currentProject        |
| foaf:img                   |
------------------------------
```

RDF 데이터 집합에 메타데이터를 추가하기 위한 RDFS와 OWL 기능을 더 많이 알수록 주어진 스키마나 온톨로지를 알아보기 위해 SPARQL를 더 많이 사용할 수 있다.

> 11장에는 스키마와 온톨로지를 탐색하는 좋은 질의가 많다.

요약

9장에서 배운 내용은 다음과 같다.

- RDF 애플리케이션에서의 추론은 기존 트리플에서 새로운 트리플을 이끌어내고 또한 이런 새로운 트리플을 알고 있는 메타데이터를 도출한다는 사실과, 애플리케이션에 추론을 추가하는 방법
- RDFS 추론을 통해 `rdfs:domain`과 `rdfs:range` 값을 토대로 자원 클래스 자격을 추론하는 방법
- 새로운 트리플을 추론할 수 있도록 부가 속성과 클래스를 비롯해 제한 클래스라고 하는 사용자정의 메타데이터를 정의하는 기능을 제공하는 방법
- 9장의 초반부에 추론하는 데 사용했던 특화된 RDFS와 OWL 처리기의 도움을 받지 않은 채 SPARQL의 패턴 일치 기능을 사용해서 새로운 트리플을 질의로 추론하는 방법
- SPARQL로 특정 스키마와 온톨로지를 자세히 알아보는 방법. 왜냐하면 스키마와 온톨로지 자체가 트리플이므로, 스키마와 온톨로지에 질의하기 위해 모든 SPARQL 기술을 사용할 수 있기 때문임

Chapter

10 SPARQL을 이용한 애플리케이션 구축

웹상의 모든 최종 사용자에게는 SPARQL을 접할 기회가 자바스크립트보다 더 적다 보니 낯설 수도 있다. 사실 SPARQL은 엄청나게 다양한 데이터와 메타데이터에 접근하는 애플리케이션에게 제공하는 도구다. 10장에서는 사용자가 SPARQL과 관련 표준을 알아야 할 필요없이 이런 장점을 제공할 수 있는 애플리케이션과 통합하는 방법을 배워본다.

애플리케이션에 기여할 수 있는 SPARQL 기술의 여러 측면을 자세하게 보기 전에 한 발 뒤에 물러서서 큰 그림을 살펴보자. 애플리케이션에서 질의 언어는 무슨 역할은 하는가? 데이터 중앙 저장소가 있는 일반적인 시나리오에서는 사용하는 기술과 상관없이 여러 클라이언트 프로세스가 데이터 중앙 저장소에 요청을 전달하며, 데이터를 갱신하라는 요청을 보낼 수도 있다. 이런 요청은 보통 특정 조건을 만족하는 데이터의 하위 집합을 요구한다. 결과의 행을 특정 순서로 하되, 결과의 열을 하나 이상의 행 값에 따라 정렬하도록 지정할 수도 있다. 클라이언트 프로세스는 이런 결과를 받자마자 목표를 달성하기 위해 이 정보를 사용한다. 아마도 표시하기 위해 결과를 가공하거나 또는 머신을 켜거나 끄고 혹은 차후 계산에 사용하기 위해 일부 데이터를 저장할 것이다.

이런 상황에서 웹 브라우저로 온라인 의류 소매업체의 티셔츠 선택을 훑어보거나 호텔 방을 예약하기 위해 휴대폰의 전문 앱을 사용한다고 생각해보자. 의류 데이터나 호텔 데이터를 관계형 데이터베이스에 저장하겠다면 요청한 정보를 취합하는 프로세스는 SQL 질의를 전송할 것이다. 동일한 데이터를 전문 NoSQL 데이터베이스에 저장하겠다면 애플리케이션 안의 질의는 구현을 위해 개발된 사용자정의 언어를 사용할 것이다. 이런 선택은 애플리케이션의 시스템 설계자에게 달려 있다. 티셔츠나 호텔 방 예약을 하기 위해 둘러보는 최종 사용자는 이런 것에 신경을 쓰지 않으며(신경 쓸 필요도 없다.), 그냥 화면에 정확한 정보를 빨리 표시하길 바랄 뿐이다.

특정 종류의 애플리케이션을 위한 RDF 데이터 모델의 장점을 점차 알게 된 시스템 설계자들은 트리플 저장소를 백엔드 저장 시스템으로 사용하고, 시스템 내부에서 정보 요청과 갱신을 위해 처리하는 질의 언어를 SPARQL로 사용하고 있다. 이 방식의 한 장점은 여러 데이터 형식을 트리플로 다루는 기능에서 유연성을 얻는다는 것이다. 이런 방식으로 설계되지 않았을지라도 SPARQL을 사용할 수 있다. 예로 SAPQRL 질의를 관계형 데이터베이스로 전송할 수 있는 미들웨어 계층을 사용하는 것이다. 이런 이유로 SPARQL의 장점을 취한 애플리케이션의 아키텍처 내 저장소는 트리플 저장소이어야 할 필요가 없다. 그런 이유로 궁극적으로 저장소가 무엇이든 간에 작업을 완료한 것을 얻기 위해 저장소 자원에 요청을 보내는 프로세스와 관련이 있다.

> 8장에서는 SPARQL로 애플리케이션 개발과 관련해 도움이 되는 부가 정보를 배웠다. SPARQL질의 결과의 표준 XML, JSON, CSV, TSV 버전을 이런 형식을 읽어 많이 응용할 수 있는 애플리케이션과 통합하는 방법을 설명한다.

이와 같이 SPARQL은 애플리케이션 개발에 유연하며, 표준화된 모델을 준수하는 데이터 검색에 표준화된 구문 이상의 가치를 제공할 수 있다. 일부 SPARQL 기반 애플리케이션(과 애플리케이션 개발 도구)은 특정 종류의 RDF를 다룰 때 추가 능력을 제공할 수 있다.

10장에서 다루는 여러 SPARQL 관련 기술이 이런 여러 역할에 어떻게 기여하는지 살펴보자.

"애플리케이션과 트리플"(357페이지)

술어는 때때로 관계를 기술하는 역할 이상의 기능을 수행하므로 특정 작업을 수행하라는 지시일 수도 있다.

"SPARQL과 웹 애플리케이션 개발"(364페이지)

프로그램이나 웹폼으로 SPARQL 접점을 HTTP를 통해 질의를 보낼 수 있고, 반환된 결과를 아주 작은 코드로 사용한다.

"SPARQL 처리기"(377페이지)

ARQ가 질의와 어떤 데이터를 읽은 후 이 데이터에 질의를 실행할 수 있는 방법을 배웠다.

6장에서는 푸세키가 데이터를 저장하고, 이 데이터에 관한 질의에 응답하는 방법을 알아봤다. 더 강건하고, 확장 가능한 처리기를 활용할 수도 있다. 이 처리기는 보통 트리플 저장소의 일부로 포함된다. 관계형 데이터베이스와 다른 데이터 형식에 SPARQL 질의를 실행할 수 있는 미들웨어 선택사항도 있다.

"SPARQL과 HTTP"(381페이지)

"SPARQL Graph Store HTTP Protocol" 명세는 애플리케이션이 트리플 저장소에서 명명된 그래프를 검색하거나 등록하고, 명명된 그래프에 트리플을 추가하거나 삭제하는 RESTful 방법을 기술하고 있다. 이 방법은 질의를 사용하지 않지만 SPARQL 표준 계열의 일부다.

애플리케이션과 트리플

9장에서 RDF 파서는 다음 예제를 읽으면 각 트리플의 주어, 술어, 목적어를 알 수 있는 기능만 제공하는 반면에 RDF 인지형 처리기는 RDF 파서 이상으로 더 많은 일을 할 수 있음을 배웠다. 예로 `rdfs:subPropertyOf`가 술어인 트리플이 `rdfs:label` 값도 있다면 `skos:prefLabel` 값으로 다루라고 알리는 지시라는 것을 이해할 수 있다(이 특별한 트리플은 실제로 SKOS 표준의 일부다). 달리 말하면 처리기가 이 예제의 주석처리 된 트리플을 명시적이나 암시적으로 생성하라고 알려주는 것이다.

```
# 파일명: ex521.ttl

@prefix d:    <http://learningsparql.com/ns/data#> .
@prefix rdfs: <http://www.w3.org/2000/01/rdf-schema#> .
@prefix skos: <http://www.w3.org/2004/02/skos/core#> .

skos:prefLabel rdfs:subPropertyOf rdfs:label .
d:i4230 skos:prefLabel "Frank" .
# d:i4230 rdfs:label "Frank" .
```

OWL 엔진은 OWL 네임스페이스의 지시를 이해하는 RDF 파서다. 앞의 `rdfs:subPropertyOf` 처럼 `owl:SymmetricProperty`와 같은 OWL 지시를 사용해서 더 많은 것을 알리도록 속성을 기술할 수 있다. OWL 엔진은 보통 많은 트리플을 생성함으로써 이런 지시에 따라 수행한다.

이 작업을 할 수 있는 RDFS와 OWL 엔진은 자체가 RDF 애플리케이션이다. 따라서 트리플 집합에서 데이터를 더 많이 얻는 것을 돕기 위해 해당 트리플 집합 안에서 지시에 따라 수행한다. RDFS와 OWL 엔진은 가끔 SPARQL 처리기와 결합해(예로 OWL 엔진인 펠렛에서) 개발 중인 애플리케이션에 더 많이 추가할 수 있는 질의에 추론하는 능력을 붙일 수 있다.

> 자신만의 SPAARQL CONSTRUCT 질의 및 UPDATE와 DELETE 요청을 애플리케이션으로 생각할 수도 있다(완전한 애플리케이션은 아니겠지만 더 큰 애플리케이션에서는 잠재적으로 가치 있는 구성요소일 것이다). 그 이유는 특정 주어와 목적어 값에 기반을 두고 수행하기 때문이다.

속성 함수

특정 술어를 볼 때마다 특별한 작업을 수행하는 애플리케이션의 주제와 관련된 흥미로운 부분은 함수적 술어 functional predicate 혹은 마법 속성 magic property 으로도 알려진 **속성 함수** property function 라는 개념이다. 236페이지의 "확장 함수"에 언급했던 구현에 특화된 함수 implementation-specific function 는 SPARQL 표준의 일부로 정의된 함수를 대신하거나 함께 사용할 수 있다(예, FILTER 문에서 혹은 BIND 문으로 변수에 할당할 값을 만들 때). 반면, 속성 함수는 트리플 패턴의 일부로 사용되며, 술어를 대신하지만 종종 목적어를 대신하기도 한다. 평범한 술어일 경우 데이터에서 트리플과 일치시키는 반면에 속성 함수가 술어 위치에 있으면 속성 함수를 이해하는 애플리케이션에게 특정 작업을 실행하라고 지시한다.

속성 함수는 때때로 전달된 파라미터나 입력인 주어나 목적어와 일치한 값을 사용하기도 하며, 주어나 목적어 위치에서 값을 변수에 바인딩할 때도 있다.

예로 다음 질의는 사용 중인 ARQ의 릴리스를 찾기 위해 ARQ의 속성 함수를 사용한다.*

```
#파일명: ex524.rq

PREFIX apf: <http://jena.hpl.hp.com/ARQ/property#>

SELECT ?o
WHERE
```

* 이 책에서 사용한 ARQ의 릴리스는 2.9.4였으나 번역 시점인 2018년 6월 기준의 릴리스는 3.7.0이다. - 옮긴이

```
{ ?s apf:versionARQ ?o }
```

이 속성 함수를 사용하면 질의 시 사용했던 입력 데이터를 무시하고, 이 질의를 실행하기 위해 사용한 ARQ의 릴리스를 기술한 문자열을 트리플 패턴의 목적어 위치에 있는 변수에 바인딩한다.

```
-----------
| o       |
===========
| "3.7.0" |
-----------
```

구현에 특화된 속성 함수의 또 다른 예는 탑브레이드의 `tops:for` 함수로, 지정한 범위 안에서 정수를 생성한다. 다음 질의의 `tops:for` 속성 함수는 3부터 6까지의 정수를 생성하라고 질의 엔진에게 알려준다. BIND 문은 각 값에 100을 곱한 결과를 `?mult` 변수에 저장한다.

```
# 파일명: ex526.rq

PREFIX tops: <http://www.topbraid.org/tops#>
SELECT *
WHERE
{
  ?index tops:for(3 6)
  BIND(?index*100 AS ?mult)
}
```

다음 결과에는 4개 행이 있고, 각 행에는 생성했던 정수가 있다.

```
[index]  mult
3        300
4        400
5        500
6        600
```

속성 함수에 굉장히 의존하는 흥미로운 애플리케이션이 있다. 바로 geosparql.org이다. geosparql.org 웹사이트에 저장된 지리공간geospatial 링크드 데이터에 속성 함수를 사용해서 질의할 수 있다. GeoSPARQL는 이러한 종류의 데이터를 나타내는 표준이다. geosparql.org 사이트(소유자인 KONA는 표준을 주도하는 그룹과 아무런 관계가 없다)에서 애플리케이션용으로 특별히 설계된 여러 속성 함수를 사용할 수 있는 SPARQL 질의를 입력할 수 있다.

예로 다음 질의는 위도와 경도 좌표가 51.139725와 -0.895386인 런던에서 가까운 공항 이름을 요청한다.

```
# 파일명: ex528.rq

PREFIX gn:      <http://www.geonames.org/ontology#>
PREFIX xsd:     <http://www.w3.org/2001/XMLSchema#>
PREFIX spatial: <http://jena.apache.org/spatial#>
PREFIX geo:     <http://www.w3.org/2003/01/geo/wgs84_pos#>

SELECT ?link ?name ?lat ?lon
WHERE {
  ?link spatial:nearby(51.139725 -0.895386 50) .
  ?link gn:name ?name .
  ?link gn:featureCode gn:S.AIRP .
  ?link geo:lat ?lat .
  ?link geo:long ?lon
}
```

이 질의를 geospatial.org 웹사이트에 질의하면 다음과 같은 결과를 보여준다.

```
--------------------------------------------------------------------------------------------------------------
| link                             | name                          | lat                    | lon                    |
==============================================================================================================
| <http://sws.geonames.org/7668208/> | "Lasham Airport"              | "51.1872"^^xsd:double  | "-1.0335"^^xsd:double  |
| <http://sws.geonames.org/7668210/> | "Blackbushe Airport"          | "51.3239"^^xsd:double  | "-0.8475"^^xsd:double  |
| <http://sws.geonames.org/6691396/> | "London Heathrow Terminal 1"  | "51.47294"^^xsd:double | "-0.45061"^^xsd:double |
| <http://sws.geonames.org/6691397/> | "London Heathrow Terminal 2"  | "51.46949"^^xsd:double | "-0.45181"^^xsd:double |
| <http://sws.geonames.org/6691393/> | "London Heathrow Terminal 5"  | "51.47156"^^xsd:double | "-0.48793"^^xsd:double |
| <http://sws.geonames.org/6691394/> | "London Heathrow Terminal 4"  | "51.45968"^^xsd:double | "-0.44696"^^xsd:double |
| <http://sws.geonames.org/6691395/> | "London Heathrow Terminal 3"  | "51.47095"^^xsd:double | "-0.45733"^^xsd:double |
| <http://sws.geonames.org/6296592/> | "Southampton / Weather Centre" | "50.95026"^^xsd:double | "-1.3568"^^xsd:double  |
| <http://sws.geonames.org/6296661/> | "Odiham"                      | "51.23414"^^xsd:double | "-0.94282"^^xsd:double |
| <http://sws.geonames.org/6296662/> | "Middle Wallop"               | "51.15"^^xsd:double    | "-1.56667"^^xsd:double |
| <http://sws.geonames.org/8260361/> | "Thruxton Aerodrome"          | "51.20914"^^xsd:double | "-1.59971"^^xsd:double |
| <http://sws.geonames.org/2647216/> | "London Heathrow Airport"     | "51.47115"^^xsd:double | "-0.45649"^^xsd:double |
| <http://sws.geonames.org/6296600/> | "Farnborough"                 | "51.27583"^^xsd:double | "-0.77633"^^xsd:double |
| <http://sws.geonames.org/7730473/> | "Chichester/Goodwood Airport" | "50.8594"^^xsd:double  | "-0.75917"^^xsd:double |
--------------------------------------------------------------------------------------------------------------
```

(spatial:nearby 속성 함수의 세 번째 파라미터는 "limit[제한]" 파라미터다. 숫자는 검색 알고리즘이 얼마나 더 멀리 찾아야 하는지 알려준다. 이 숫자는 킬로미터나 마일을 나타내지 않는다. 하지만 검색 알고리즘에 "km"이나 "miles"로 지정할 수 있다.* 그래도 숫자가 클수록 spatial:nearby 함수가 더 멀리 찾아 주므로 많은 결과를 얻을 수 있다.)

모델 주도 개발

최근 애플리케이션 개발에서 모델 주도 개발[model-driven development]을 적용하는 추세가 늘어나고 있다. 특히 RDF의 장점과 관련 표준을 이해하는 개발자 사이에서는 더 그렇다. 모델 주도 개발을 논의하기 전에 모델 주도 개발로 무엇을 개선하는지 살펴보자.

컴퓨터가 나온 이후로는 먼저 시스템의 구성요소와 각 구성요소 간의 관계를 모델링(초기에는 연필과 플라스틱 판을 사용해 그래픽 용지에 플로우 차트를 그렸다. 나중에 UML 같은 표준을 기반으로 만들어진 소프트웨어 도구를 사용한다)한 후, 이런 계획을 실제 코딩을 위한 지침서로 사용하고 그 다음에 소프트웨어를 개발했다. 일단 소프트웨어 개발 완료하고 배포했다면 원래의 계획은 시스템 개발 당시 초기 단계의 유물이 된다. 누군가가 시스템을 수정하거나 갱신한다면 반영하기 위해 이런 계획을 갱신했을 수도 있다. 하지만 문서화 단계에서만 갱신할 뿐 다른 단계에서는 종종 전혀 갱신하지 못할 수도 있다.

모델 주도 개발에서는 원래의 모델이 배포된 시스템의 일부가 된다. 애플리케이션을 변경하려면 모델만 자주 변경하면 되며, 이때 한 애플리케이션이나 여러 애플리케이션에 변경사항을 반영한다. 왜냐하면 모델은 여러 애플리케이션에서 역할을 수행할 수 있기 때문이다.

RDF 스키마 언어가 왜 쉬운지 보여주는 예제를 살펴보자. 44페이지의 "어휘 재사용과 생성: RDF 스키마와 OWL"절에서 주어진 속성이 트리플의 술어로 사용되면 트리플의 주어가 특정 클래스에 속한다고 알려주는, RDF 스키마 어휘의 rdfs:domain 속성을 사용하는 방법을 알아봤다. 328페이지의 "추론이란 무엇인가?" 절에서 ab:playsInstrument 속성이 ab:Musician의 도메인이고(트리플인 {ab:playsInstrument rdfs:domain ab:Musician})로 설명할 수 있음) ab:playsIntrument 값이 ab:vacuumCleaner인 ab:i0432 자원이 있다면, 이 ab:i0432 자원은 ab:Musician 클래스의 멤버라고 추론할 수 있다. 또한 속성이 rdfs:range 값을 가지면 이 속성을 사용한 트리플의 목적어가 특정 클래스에 속함을 봤다. 예로 트리플인 {ab:playsInstrument

* 예로 킬로미터를 지정하고 싶다면 spatial:nearby(51.139725 -0.895386 50 'km')로 수정하면 된다. - 옮긴이

rdfs:range ab:MusicalInstrument}를 가졌다면 ab:vacuumCleaner가 ab:MusicalInstrument 클래스의 멤버인 ab:i0432에 관한 것을 이 트리플로 안다.

rdfs:domain과 rdfs:range 속성도 모델 주도 시스템에서 역할을 할 수 있다. 예로 다음 모델은 ab:Person과 ab:MusicalInstrument 클래스와 관련된 다음 정보를 포함한다고 가정해보자.

```
# 파일명: ex536.ttl

@prefix ab:   <http://learningsparql.com/ns/addressbook#> .
@prefix rdfs: <http://www.w3.org/2000/01/rdf-schema#> .
@prefix owl:  <http://www.w3.org/2002/07/owl#> .

ab:Person a owl:Class .
ab:MusicalInstrument a owl:Class .

ab:firstName  rdfs:domain ab:Person ;
              rdfs:label "first name" .
ab:lastName   rdfs:domain ab:Person ;
              rdfs:label "last name" .
ab:homeTel    rdfs:domain ab:Person ;
              rdfs:label "home telephone" .
ab:email      rdfs:domain ab:Person ;
              rdfs:label "email address" .

ab:plays rdfs:domain ab:Person .
ab:plays rdfs:range ab:MusicalInstrument .

ab:guitar a ab:MusicalInstrument ;
          rdfs:label "guitar" .
ab:bass   a ab:MusicalInstrument ;
          rdfs:label "bass" .
ab:drums  a ab:MusicalInstrument ;
          rdfs:label "drums" .
```

애플리케이션에서 사용자가 ab:Person 클래스의 새로운 인스턴스와 관련된 데이터를 입력할 수 있는 양식을 띄운다. HTML 파일이나 어떤 다른 표시 도구로 이런 양식을 만들 수 있다. 하지만 ab:Person 클래스에 ab:mobileTel 속성을 포함하도록 수정할 때 무슨 일이 일어날까? 새로운 속성을 처리하기 위해 다시 되돌아와서 HTML 파일을 편집할 것이고, 아마도 많은 다른 프로그램 로직을 갱신해야 할 것이다.

반면에 ab:Person 클래스와 관련된 속성을 요청하는 SPARQL 질의에 의한 결과를 토대로 양식을 동적으로 생성할 수 있다.

```
# 파일명: ex537.rq

PREFIX ab:    <http://learningsparql.com/ns/addressbook#>
PREFIX rdfs:  <http://www.w3.org/2000/01/rdf-schema#>

SELECT ?property ?propName
WHERE
{
  ?property rdfs:domain ab:Person ;
            rdfs:label ?propName .
}
```

SPARQL 엔진에 XML로 된 질의 결과(307페이지의 "XML 형식인 SPARQL 질의 결과"에서 기술했음)를 요청하면 애플리케이션에 있는, 사용자가 새로운 ab:Person 인스턴스를 입력할 수 있는 폼을 작은 XSLT로 생성한다(XML보다 사용하기가 더 쉬운 JSON을 만드는 도구를 선호한다면 JSON 형식인 질의 결과를 요청할 수 있다). 나중에 ab:Person 클래스의 새로운 ab:mobileTel 속성과 관련해 모델이 변경되면 동적으로 생성된 데이터 입력 폼의 새로운 버전이 새로운 속성에 포함되므로 폼 파일을 수정할 필요가 없다.

> 예제 모델에 rdfs:label 값이 포함되면 SPARQL 질의가 이 rdfs:label 값을 검색한다. 왜냐하면 이 데이터와 메타데이터를 사용하는 애플리케이션인 경우 사람이 읽을 수 있는 이름은 항상 중요하기 때문이다. 최종 사용자가 RDF 전문가가 아닌 한 애플리케이션의 화면에서 접두사가 붙은 이름이나 URI를 보길 원하지 않는다. 이번 경우의 애플리케이션은 데이터 입력 폼의 필드에 레이블을 지정하기 위해 rdfs:label 값을 사용한다.

rdfs:range 속성도 애플리케이션 로직을 주도할 수 있다. 왜냐하면 ab:plays의 rdfs:domain이 ab:Person이므로 앞 질의를 사용해 생성된 데이터 입력 폼에 "plays" 필드가 포함되므로 입력을 조금 더 받을 수 있기 때문이다. 사용자는 원하는 값을 입력할 수 있는 반면에 이미 모델의 일부인 값 집합 지정을 제한할 수도 있다. ab:plays의 rdfs:range 값이 ab:Musical-

Instrument고, ab:MusicalInstrument 클래스는 세 개의 인스턴스를 갖는다. 폼에는 이런 값을 포함한 드롭다운 목록이 있다. 최종적으로 누군가가 ab:piano를 ab:MusicalIntrument 클래스의 인스턴스를 추가하면 SPARQL 질의는 드롭다운 목록에 추가되는 새로운 악기 이름(아마 ab:piano와 관련된 rdfs:label 값)을 전달하는 폼 일부를 생성한다.

이런 예제는 데이터 입력 폼을 생성하기 위해 rdfs:domain과 rdfs:range 값을 사용하는 방법과 더 높은 차원으로 모델 값을 동적으로 사용하는 방법을 기술한다. 메타데이터가 애플리케이션 형식 보고서 생성에 도움이 될 수 있도록 비슷한 기술을 사용할 수 있다. 심지어 메타데이터도 애플리케이션을 주도하는 비즈니스 로직과 규칙에서 역할을 할 수 있다. SPARQL은 앞에서 언급했던 방법과 기술을 사용해도 모델에서 애플리케이션으로 이런 값을 가져오는 가장 간단한 방법이다. RDFS와 OWL를 사용하면 이런 아이디어를 훨씬 더 확장할 수 있다.

모델 주도 개발과 배포 아이디어는 RDF 명세 계열에서만 사용되는 게 아니다. 그렇긴 해도 RDF 명세는 실제로 다양한 상용과 오픈소스 구현부의 표준이므로 RDF 기술을 사용하는 많은 개발자에게는 매력적인 선택이다.

SPARQL과 웹 애플리케이션 개발

357페이지의 "애플리케이션과 트리플"에서 SPARQL 엔진과 관련 주어, 술어, 목적어(거의 술어임)에 기반을 두고 트리플 집합에서 찾는 특정 지시를 수행하는 RDF 처리기를 알아보았다. SPARQL 엔진과 RDF 처리기는 애플리케이션의 가치 있는 구성요소일 수 있다. 그런 이유로 이 절에서는 SPARQL을 이용한 애플리케이션 개발의 더 큰 그림을 살펴보고자 한다. 즉, 구성요소인 SPARQL 엔진과 RDF 처리기를 완전한 애플리케이션 개발에 필요한 다른 부분과 함께 묶는 것이다.

"웹 애플리케이션 개발"은 보통 두 가지 사항 즉, 웹 기반 인터페이스 생성과 웹 기반 소스를 활용하기 위한 웹 기반 기술을 사용함을 의미한다. 이 절의 후반부에서는 SPARQL가 검색한 데이터가 중심인 인터페이스를 웹 폼과 동적으로 생성된 HTML로 구축할 수 있는 방법을 배운다. 아무튼 먼저 데이터를 검색하기 위해 SPARQL를 사용하는 애플리케이션을 더 자세히 살펴보자.

애플리케이션이 디비피디아 같은 공개 SPARQL 접점이나 노트북에서 실행 중인 트리플 저장소에 포함된 접점에 데이터를 요청하는지 여부는 URI로 식별되는 접점에 달려 있다. 질의를 접점에 보내는 가장 흔한 방법은 URI에 회피한 질의 버전을 파라미터로 추가하는 것이다.

예로 Elvis Presley의 생일을 요청하려고 디비피디아 접점의 URI인 `http://dbpedia.org/sparql`에 다음 질의를 보낸다고 가정해보자.

```
# 파일명: ex355.rq
SELECT ?elvisbday WHERE {
  <http://dbpedia.org/resource/Elvis_Presley>
  <http://dbpedia.org/property/dateOfBirth> ?elvisbday .
}
```

이 질의를 디비피디아의 SNORQL 인터페이스의 양식에 붙여 넣을 수 있지만, 애플리케이션에 답과 통합할 수 있도록 질의를 전송해 답을 검색하는 프로그램을 원한다.

먼저 접점 URI에 붙였을 때 문제를 일으키지 않도록 적절한 문자로 회피한 질의의 버전을 만든다. 최신 프로그래밍 언어가 제공하는 간단한 함수를 호출해서 회피한 질의 버전을 만들 수 있다. 앞 질의인 ex355.rq에 적용한 결과는 다음과 같다(여기서는 이 페이지에 더 쉽게 표시하도록 캐리지 리턴을 추가했다).

```
SELECT%20%3Felvisbday%20WHERE%20%7B%0A%20%20
%3Chttp%3A%2F%2Fdbpedia.org%2Fresource%2FElvis_Presley%3E%20%0A%20%20%3Chttp
%3A%2F%2Fdbpedia.org%2Fproperty%2FdateOfBirth%3E%20%3Felvisbday%20.%0A%7D%0A
```

디비피디아의 접점은 질의를 query 파라미터의 값으로 전달될 것을 예상한다. 따라서 모든 조각을 조합한 URL는 다음과 같다(다시 말하지만 실제로 조합된 URL에 포함된 캐리지 리턴을 여기서는 보여주지 않는다).

```
http://dbpedia.org/sparql?query=SELECT%20%3Felvisbday%20WHERE%20%7B%0A%20%20
%3Chttp%3A%2F%2Fdbpedia.org%2Fresource%2FElvis_Presley%3E%20%0A%20%20%3Chttp
%3A%2F%2Fdbpedia.org%2Fproperty%2FdateOfBirth%3E%20%3Felvisbday%20.%0A%7D%0A
```

캐리지 리턴이 없는 URL을 대부분의 브라우저에 붙여넣으면 질의 결과를 보여준다. 하지만 이번에는 브라우저에 붙여넣고 싶지 않다. 질의를 보내서 검색한 결과를 저장할 수 있는 프로그램을 작성하길 원한다.

wget이나 curl 같은 명령행 유틸리티는 이 URL을 파라미터로 취한 후 결과를 파일에 저장할 수 있다(두 wget과 curl은 리눅스 배포판에 딸려 나왔음을 확인했고, curl은 맥 OS에 딸려 나온다. 맥 OS용 wget 버전과 윈도우용 두 프로그램을 쉽게 받을 수 있다). 그 이유는 파일에서 입력을 읽는 일부 프로그램은 로컬 파일 이름 대신에 URL로 읽을 데이터를 지정할 수도 있으므로, 앞 질의를 접점에 보내는 것처럼 URL로 읽는 이런 프로그램을 위한 데이터를 지정할 수도 있기 때문이다. 예로 XML 형식의 SPARQL 질의 결과를 검색하는 URL를 색슨Saxon이나 잴런Xalan 같은 명령행 XSLT 처리기의 문서 파라미터로 사용할 수 있다.

복잡한 URI를 파라미터로 명령행 유틸리티에 제공할 때 운영체제에 따라 URI를 따옴표로 감싸야 할 수도 있다.

다음은 Elvis Presley의 생일을 요청하는 질의를 회피해서 앞 URI를 만든 후, 결과를 탐색하기 위해 이 URI를 사용하는 파이썬 스크립트다.

```
# 파일명: ex358.py
# SPARQL 접점에 질의를 보내고, 결과를 저장하고, 출력한다.

import urllib2

endpointURL = "http://dbpedia.org/sparql"
query = """
SELECT ?elvisbday WHERE {
  <http://dbpedia.org/resource/Elvis_Presley>
  <http://dbpedia.org/property/dateOfBirth> ?elvisbday .
}
"""
escapedQuery = urllib2.quote(query)
requestURL = endpointURL + "?query=" + escapedQuery
request = urllib2.Request(requestURL)

result = urllib2.urlopen(request)
print result.read()
```

출력은 8장에서 기술했던 XML 형식이다.

```
<sparql xmlns="http://www.w3.org/2005/sparql-results#"
        xmlns:xsi="http://www.w3.org/2001/XMLSchema-instance"
        xsi:schemaLocation="http://www.w3.org/2001/sw/DataAccess/rf1/result2.xsd">
  <head>
    <variable name="elvisbday"/>
  </head>
  <results distinct="false" ordered="true">
    <result>
      <binding name="elvisbday">
        <literal
           datatype="http://www.w3.org/2001/XMLSchema#date">1935-01-08</literal>
      </binding>
    </result>
  </results>
</sparql>
```

다음은 동일한 일을 하는 펄 스크립트다.

```
# 파일명: ex360.pl
# SPARQL 접점에 질의를 보내고, 결과를 저장하고, 출력한다.

use LWP::UserAgent;
use URI::Escape;

$endpointURL = "http://dbpedia.org/sparql";
$query = "
SELECT ?elvisbday WHERE {
  <http://dbpedia.org/resource/Elvis_Presley>
  <http://dbpedia.org/property/dateOfBirth> ?elvisbday .
}
";
$escapedQuery = uri_escape($query);
$requestURL = $endpointURL . "?query=" . $escapedQuery;
$request = new HTTP::Request 'GET' => $requestURL;
$ua = new LWP::UserAgent;

$result = $ua->request($request);
print $result->content;
```

> 진지한 파이썬 개발자와 펄 개발자는 이런 스크립트를 더 강건하게 만드는 방법을 알고 있다. 예로 원격 접점이 다운됐을 때 우아하게 복원하는 코드를 추가하는 것이다. 이런 개발자는 일부 단계를 더 효율적으로 수행하는 다른 라이브러리도 알 것이다.

선호하는 프로그래밍 언어에 특화된 SPARQL 라이브러리는 SPARQL 접점 질의 결과를 앞 두 예제처럼 한 XML 문자열로 저장하는 대신에 프로그래밍 언어의 기본 데이터 구조로 저장할 수 있다. 이런 라이브러리에는 파이썬의 SPARQLWrapper, 펄의 RDF-Query, 루비의 SPARQL/Grammar, C#의 dotNetRDF, 자바의 ARQ가 있다.

> 이 절의 나머지 예제는 파이썬으로 만들어졌지만, 동일한 원칙을 모든 개발 언어에 적용할 수 있다.

예로 다음 파이썬 스크립트는 링크드 영화 데이터베이스Linked Movie Database의 SAPRQL 접점에 Steven Spielberg의 영화와 Stanley Kubrick의 영화에 최소한 하나라도 모두 출연한 배우와 관련된 질의를 하기 위해 SPARQLWrapper 라이브러리[*]를 사용한다(이 예제를 실행하기 전에 SPARQLWrapper 라이브러리와 JSON 라이브러리를 설치해야 한다). 이 파이썬 스크립트는 반환된 데이터를 쉽게 순회할 수 있도록 JSON 형식인 결과를 요청한다.

```
# 파일명: ex361.py
# 링크드 영화 데이터베이스에 두 영화감독의 영화에 모두 출연한 배우에 관한 질의

from SPARQLWrapper import SPARQLWrapper, JSON

sparql = SPARQLWrapper("http://data.linkedmdb.org/sparql")
queryString = """
PREFIX m: <http://data.linkedmdb.org/resource/movie/>
SELECT DISTINCT ?actorName WHERE {

  ?dir1     m:director_name "Steven Spielberg" .
  ?dir2     m:director_name "Stanley Kubrick" .
```

• https://sourceforge.net/projects/sparql-wrapper/ – 옮긴이

```
  ?dir1film m:director ?dir1 ;
            m:actor ?actor .

  ?dir2film m:director ?dir2 ;
            m:actor ?actor .

  ?actor    m:actor_name ?actorName .
}
"""

sparql.setQuery(queryString)
sparql.setReturnFormat(JSON)
results = sparql.query().convert()

if (len(results["results"]["bindings"]) == 0):
  print "No results found."
else:
  for result in results["results"]["bindings"]:
      print result["actorName"]["value"]
```

결과는 다음과 같다.

```
Wolf Kahler
Slim Pickens
Tom Cruise
Arliss Howard
Ben Johnson
Scatman Crothers
Philip Stone
```

이 종류의 목록을 만들 때 SPARQL가 없다면 시간이 아주 많이 걸린다. 이 데이터 모음을 사용하면 배우, 영화, 영화감독 간의 연결성을 검색할 수 있다. 앞 질의와 비슷하게 다른 두 영화감독의 영화에 모두 출연한 배우 목록을 만들고 싶다면 Spielberg와 Kubrick 이름을 바꾼 후 이 스크립트를 다시 실행하면 된다(각 영화감독의 "공식" 이름을 사용하는지 확인해야 한다. Martin Scorsese의 친구가 Marty라고 부를지라도 링크드 영화 데이터베이스에서 "Marty Scorsese"로 검색해보면 아무런 데이터를 찾을 수 없을 것이다). 그렇긴 해도 SPARQL을 전혀 들어본 적이 없는 영화광이 웹 폼에 두 영화감독 이름을 입력한 후, 간단히 버튼을 클릭해서 모두 출연한 배우 목록을 볼 수 있다면 얼마나 좋을까?

파이썬 스크립트를 몇 가지 수정해서 이런 애플리케이션을 만들 수 있다. 어떻게 하는지 더 이해하기 쉽도록 ex361.py를 두 번 수정한다. 다음은 첫 번째로 수정한 파이썬 스크립트다.

```
# 파일명: ex363.py
# 링크드 영화 데이터베이스에 두 영화감독의 영화에 모두 출연한 배우에 관한 질의를 한 후
# 프리베이스Freebase에 링크를 건 HTML 페이지를 출력한다.

from SPARQLWrapper import SPARQLWrapper, JSON

director1 = "Steven Spielberg"
director2 = "Stanley Kubrick"

sparql = SPARQLWrapper("http://data.linkedmdb.org/sparql")
queryString = """
PREFIX m:    <http://data.linkedmdb.org/resource/movie/>
PREFIX foaf: <http://xmlns.com/foaf/0.1/>

SELECT DISTINCT ?actorName ?freebaseURI WHERE {

  ?dir1     m:director_name "DIR1-NAME" .
  ?dir2     m:director_name "DIR2-NAME" .

  ?dir1film m:director ?dir1 ;
            m:actor ?actor .

  ?dir2film m:director ?dir2 ;
            m:actor ?actor .

  ?actor    m:actor_name ?actorName ;
            foaf:page ?freebaseURI .
}
"""

queryString = queryString.replace("DIR1-NAME",director1)
queryString = queryString.replace("DIR2-NAME",director2)
sparql.setQuery(queryString)

sparql.setReturnFormat(JSON)
```

```
results = sparql.query().convert()

print """
<html><head><title>results</title>
<style type="text/css"> * { font-family: arial,helvetica}</style>
</head><body>
"""

print "<h1>Actors directed by both " + director1 + " and " + director2 + "</h1>"

if (len(results["results"]["bindings"]) == 0):
  print "<p>No results found.</p>"

else:

  for result in results["results"]["bindings"]:
      actorName = result["actorName"]["value"]
      freebaseURI = result["freebaseURI"]["value"]
      print "<p><a href=\"" + freebaseURI + "\">" + actorName + "</p>"

print "</body></html>"
```

앞 ex363.py 스크립트와 ex361.py 스크립트 간의 기본적인 차이점은 다음과 같이 세 가지다.

- 질의에서 영화감독 이름을 하드코딩하는 대신에 스크립트 안의 파이썬 변수인 `direct1`과 `director2`에 값을 저장한다. `replace()` 함수는 질의의 "DIR1-NAME"과 "DIR2-NAME" 문자열을 각각 `direct1` 변수와 `director2` 변수의 값으로 대체한다.
- SPARQL 질의는 배우 이름 외에 각 배우의 프리베이스 페이지를 요청한다. 왜냐하면 이 속성도 링크드 영화 데이터베이스의 각 배우 데이터에 저장되어 있기 때문이다.
- 최종 출력은 단순한 이름 목록을 대신한 HTML 문서다. 이 문서에는 다음 그림 10-3과 같이 `h1` 태그로 감싼 영화감독의 이름이 있고, 배우 이름마다 해당 배우의 프리베이스 페이지로 이동할 수 있는 링크가 걸려 있다.

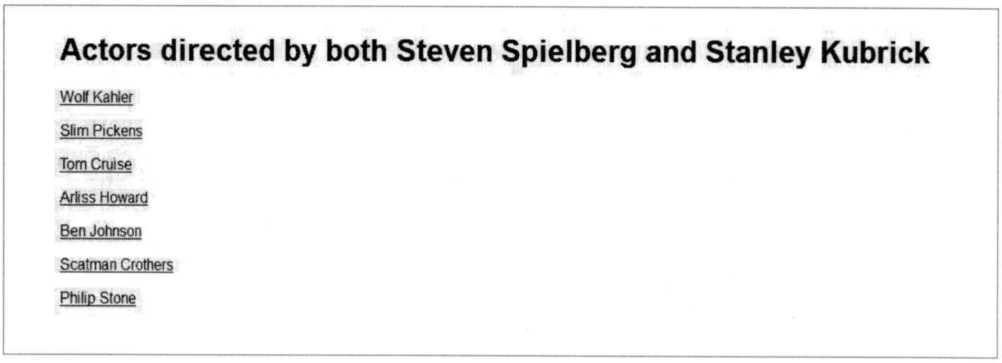

[그림 10-1] 브라우저에 나타난, ex363.py 파이썬 스크립트가 만든 웹 페이지

> `replace()` 같은 함수를 활용하는 일부 애플리케이션은 SQL 기반 웹사이트를 해킹하는 데 가끔 사용되는 주입 공격[injection attack]에 취약할 수 있다. 다만 여기서는 질의에 `replace()` 함수를 적용하는 게 문제가 되지 않는다. 왜냐하면 갱신 질의가 아니기 때문이다. 그렇긴 해도 주입 공격을 더 쉽게 회피해주는 ARQ의 ParameterizedSparqlString 클래스처럼 SPARQL 프로그래밍 언어 라이브러리의 함수나 클래스를 확인해보는 게 좋다.

CGI(Common Gateway Interface[공통 게이트웨이 인터페이스]) 스크립트는 요청을 파싱해서 컨텐츠를 동적으로 생성하는 방식으로 꽤 오랫동안 웹 분야에서 인기를 끌었다. 영화감독과 관련된 파이썬 스크립트의 최종 버전은 ex363.py에 다음과 같이 추가해 만든 CGI 스크립트다.

- 새로운 첫 번째 라인은 로컬 시스템의 파이썬 실행 파일을 가리킨다.
- 이전에 임포트한 기존 라이브러리와 더불어 호스트 환경에서 CGI 스크립트를 작동하기 위해 필요한 몇 가지 라이브러리를 임포트한다.
- `dir1`과 `dir2` 변수로 전달된 값을 가져와서 파이썬 변수인 `director1`과 `director2`에 저장한다.
- 이전에 했던 같은 방법으로 접점에 보낼 SPARQL 질의를 준비한 후, 결과를 가공하려고 시도하기 전에 통신 문제를 확인할 수 있도록 스크립트는 try/except 블록 안에서 질의 폼을 보낸다.
- HTML을 생성해서 브라우저에 보내는 CGI 스크립트와 똑같이 실제 웹 페이지로 보내기

전에 Content-type 헤더와 두 캐리지 리턴을 전송한다.

```
#!/usr/local/bin/python
# 파일명: ex364.cgi
# ex363.py의 CGI 버전

import sys
sys.path.append('/usr/home/bobd/lib/python/') # 호스트 버전 필요
from SPARQLWrapper import SPARQLWrapper, JSON
import cgi

form = cgi.FieldStorage()
director1 = form.getvalue('dir1')
director2 = form.getvalue('dir2')

sparql = SPARQLWrapper("http://data.linkedmdb.org/sparql")
queryString = """
PREFIX m:    <http://data.linkedmdb.org/resource/movie/>
PREFIX foaf: <http://xmlns.com/foaf/0.1/>

SELECT DISTINCT ?actorName ?freebaseURI WHERE {

  ?dir1      m:director_name "DIR1-NAME" .
  ?dir2      m:director_name "DIR2-NAME" .

  ?dir1film  m:director ?dir1 ;
             m:actor ?actor .

  ?dir2film  m:director ?dir2 ;
             m:actor ?actor .

  ?actor     m:actor_name ?actorName ;
             foaf:page ?freebaseURI .
}
"""

queryString = queryString.replace("DIR1-NAME",director1)
queryString = queryString.replace("DIR2-NAME",director2)
sparql.setQuery(queryString)
```

```
sparql.setReturnFormat(JSON)

try:
  results = sparql.query().convert()
  requestGood = True
except Exception, e:
  results = str(e)
  requestGood = False

print """Content-type: text/html

<html><head><title>results</title>
<style type="text/css"> * { font-family: arial,helvetica}</style>
</head><body>
"""

if requestGood == False:
  print "<h1>Problem communicating with the server</h1>"
  print "<p>" + results + "</p>"
elif (len(results["results"]["bindings"]) == 0):
  print "<p>No results found.</p>"

else:

  print "<h1>Actors directed by both " + director1 + \
        " and " + director2 + "</h1>"

  for result in results["results"]["bindings"]:
    actorName = result["actorName"]["value"]
    freebaseURI = result["freebaseURI"]["value"]
    print "<p><a href=\"" + freebaseURI + "\">" + actorName + "</p>"

print "</body></html>"
```

폼을 생성하기 전에 다음과 같이 도메인과 ex364.cgi 스크립트를 저장한 곳인 디렉토리 이름이 함께 있는 URI를 브라우저에 붙여 넣어서 이 스크립트를 테스트할 수 있다. 좋아하는 배우 이름을 사용할 때 다음과 같이 이름 안에 공백이 있으면 더하기 기호(혹은 Elvis 생일에 관한 질의의 URL 버전에서 사용했던 %20)로 대치한다.

```
http://learningsparql.com/examples/ex364.cgi?dir1=John+Ford&dir2=Howard+Hawks
```

최종 단계는 영화광 친구가 두 영화감독의 영화에 모두 출연한 배우 목록을 채우는 웹 폼을 생성하는 것이다.

> ex364.cgi의 복사본이 *http://www.learningsparql/examples* 에 있되 CGI 디렉토리로 구성하지 않았다면 이 URL로 복사본을 실행하지 못한다.

```
<!-- 파일명: ex365.html -->
<html xmlns="http://www.w3.org/1999/xhtml">
  <head>
    <title>Find common actors between two directors</title>
    <style type="text/css"> * { font-family: arial,helvetica}</style>
  </head>
  <body>
    <h1>Find common actors between two directors</h1>

    <form action="ex364.cgi" method="get">

      <p>Enter each director's name and click "search" to list actors
      who have appeared in movies by both directors.</p>
      <p>
        <input type="text" name="dir1"/>
        <input type="text" name="dir2"/>
        <input type="submit" value="search"/>
      </p>

    </form>

  </body>

</html>
```

사용자가 검색 버튼을 클릭하면 폼은 `dir1`과 `dir2` 변수에 입력한 두 개의 값을 전달한다. 사용자가 "John Ford"와 "Howard Hawks"를 두 필드에 입력했다면 폼은 두 영화감독 이름을 이용한 앞 URI와 동일한 방식으로 CGI 스크립트를 기본적으로 호출한다.

이 작은 애플리케이션을 시도해보기 위해 먼저 CGI 스크립트를 실행할 수 있는 서버의

ex364.cgi가 있는 디렉토리에 ex365.html을 저장한다. 그 다음에는 웹 브라우저에서 다음 그림 10-2와 같이 이 폼을 보여준다. 그러면 사용자가 영화감독 이름을 입력한다. 그림 10-2의 검색 버튼을 클릭한 후의 결과를 다음 그림 10-3과 같다.

[그림 10-2] 웹 브라우저에서 표시된 두 필드를 채운 ex365.html

[그림 10-2] 그림 10-2의 "search"를 클릭한 후에 나타난 결과

ex365.html 웹 페이지와 ex364.cgi 스크립트이 생성한 HTML은 둘 다 매우 단순하다. 그렇긴 하지만 CSS와 자바를 모두 활용할 이유가 없다. 스크립트는 필요에 따라 이런 웹 페이지를 정교하게 만드는 능력이 있다. 예로 HTML의 새로운 일부 기능을 사용할 수 있고, 혹은 모바일에 친화적인 애플리케이션을 만들기 위해 제이쿼리 모바일[JQuery Mobile] 자바스크립트와 CSS 라이브러리를 사용할 수 있다.

반면 스크립트는 HTML을 꼭 생성하지 않아도 되며, 웹 폼에서도 호출될 필요가 없다. 스크립트로 요청을 보내는 클라이언트 프로세스에게 유용할 수 있는 JSON, 더 전문적인 XML 등을 반환할 수 있다. SPARQL 질의의 결과를 선호하는 개발 언어의 일반적인 데이터 구조에 맞춰 넣거나 반환할 수 있는 JSON 혹은 XML로 넣은 후에는 원하는 데이터로 변환할 수 있다. 스크립트를 URI로 호출하는 기능은 SPARQL 접점(혹은 여러 접점!)의 데이터를 활용하되 서비스 지향 아키텍처의 일부로 이용할 수 있는 특화된 웹 서비스를 생성하는 데 필요한 모든 것이 있음을 의미한다.

SPARQL 처리기

이전 절에서는 애플리케이션이 어디에서나 있을 수도 있는 SPARQL 접점에 질의를 보내서 결과를 사용하는 방법을 논의했다. 이번 절에서는 애플리케이션에서 SPARQL 처리기가 맡을 수 있는 세 가지 부류의 역할을 더 자세하게 살펴본다. 여기서 아까 언급했던 이 세 가지 부류는 독립형 프로그램으로 작동하는 처리기, 트리플 저장소의 내장 기능인 처리기, SPARQL 질의를 데이터 집합에 보낼 수 있고 SPARQL 질의가 아니라면 받지 않는 미들웨어 계층을 제공하는 처리기다.

독립형 처리기

ARQ 처리기는 SPARQL 언어를 배울 때 편리하다. 왜냐하면 압축을 해제한 후 즉시 데이터 파일과 질의 파일을 제공하면 데이터에 질의를 실행한 결과를 바로 볼 수 있기 때문이다. 서버 설치하고 실행하는 데 필요한 설정이나 구성 단계가 없다.

SPARQL 요청을 받아 결과를 반환할 수 있는 서버를 설정할 때 추가로 수행하는 단계는 좀 더 복잡한 애플리케이션을 돌려야 할 경우에만 가치가 있다. 하지만 이런 추가 단계를 논의하기 전에 ARQ를 사용할 수 있는 방법을 자세히 이야기해보자. 먼저 ARQ는 오픈소스 제나 프로젝트의 일부이므로 제나 푸세키와 조세키[Joskei] SPARQL 서버처럼 ARQ의 라이브러리와 소스 코드를 사용해서 더 큰 자바 기반 프로젝트의 질의 엔진 구성요소로 통합시킬 수 있다.

그렇긴 해도 이 책의 예제에서 사용했던 독립형 ARQ 바이너리를 코딩이나 컴파일할 필요없이 계속 쓸 수 있다. 예로 8장에서는 XML, JSON, CSV, TSV 출력 포맷 중 하나인 SPARQL 질의 결과를 전달할 수 있다고 배웠다. 따라서 이런 형식을 이해하는 애플리케이션 구성요소에 데이터를 넣기 위해 ARQ를 사용할 수 있다.

또한 원격 RDF 데이터를 읽고 원격 SPARQL 접점에 질의할 수 있는 방법을 모두 살펴봤다. 애플리케이션은 ARQ를 사용하는 간단한 쉘 스크립트나 배치 파일로 구성될 수 있다. 이것은 어떤 데이터에 질의해서 결과를 저장한 후, 이 데이터를 이용해 추가 단계를 수행하는 다른 프로세스를 호출하기 위한 것이다. 구성 단계에서는 원하는 도구를 사용할 수 있다. 선호하는 개발 언어로 만든 스크립트, XMLT 처리기, 심지어 콤마와 탭으로 구분된 값을 출력하는 ARQ의 능력을 활용할 수 있는 스프레드시트 프로그램도 있다.

이 방식을 사용하면, 가장 빠르고 가장 강건하며 확장성 있는 애플리케이션을 만들지 못할 수도 있다. 하지만 함께 작업할 수도 있는 데이터를 평가할 때 프로토타이핑prototyping에 아주 좋다.

SPARQL을 지원하는 트리플 저장소

ARQ 명령행 도구는 질의를 실행하기 전에 질의할 모든 데이터를 메모리로 읽어야 한다. 효율적인 검색을 위해 데이터를 색인하는 데이터 관리 시스템은 데이터를 더 합리적으로 저장한다. 이렇게 저장된 대용량 데이터 집합에 질의하는 게 훨씬 더 쉽다. 이런 이유로 ARQ 같은 독립형 SPARQL 처리기를 사용하는 대신에 보통 트리플 저장소에 SPARQL 질의를 보낸다. 이와 같이 SPARQL 지원은 트리플 저장소의 기능 중 하나임을 알게 되었다.

SPARQL을 지원하지 않는 트리플 저장소는 SQL을 지원하지 않는 관계형 데이터베이스 관리기와 같다. 그렇기 때문에 애플리케이션의 데이터 저장소 부분과 질의 언어 부분을 따로 선택하는 건 드물다. 트리플 저장소는 다른 애플리케이션 구성요소와 효율적으로 통신할 수 있도록 Java, C, 기타 언어로 된 API를 제공할 수도 있지만, 표준 지원과 빠른 개발을 위해 제공할 수도 있다. 트리플 저장소는 SPARQL 질의 언어를 지원할 뿐만 아니라 다른 관련 SPARQL 명세인 SPARQL 갱신, SPARQL 프로토콜, 그래프 저장소 HTTP 프로토콜, 다양한 질의 결과 형식을 지원한다(트리플 저장소가 사용자에게 SPARQL 갱신 및 그래프 저장소 HTTP 프로토콜의 데이터 변경 부분을 노출하는지 여부는 사이트 관리자의 결정에 달려 있다).

트리플 저장소의 문서에는 컴퓨터에 자신만의 SPARQL 접점을 생성하기 위해 도메인 이름을 접점 URL로 사용하는 방법을 설명해야 한다. 예로 10장의 여러 스크립트는 SPARQL 접점인 *http://data.linkedmdb.org/sparql*과 *http://dbpedia.org/sparql*에 질의를 보냈다.

"My Super Company" 회사에서 Mysupercompany.com 시스템에 트리플 저장소를 설치했다고 가정하자. 그러면 이 트리플 저장소에서는 원하는 URI로 SPARQL 접점을 적절하게 생성할 수 있다. 예로 이 URI는 *http://mysupercompany.com/my/endpoint*일 수도 있고, 이와 거의 비슷할 수도 있다.

SPARQL을 지원하는 미들웨어

데이터가 관계형 데이터베이스에 있고, 다른 사람이 질의로 이 데이터를 활용할 수 있게 만들

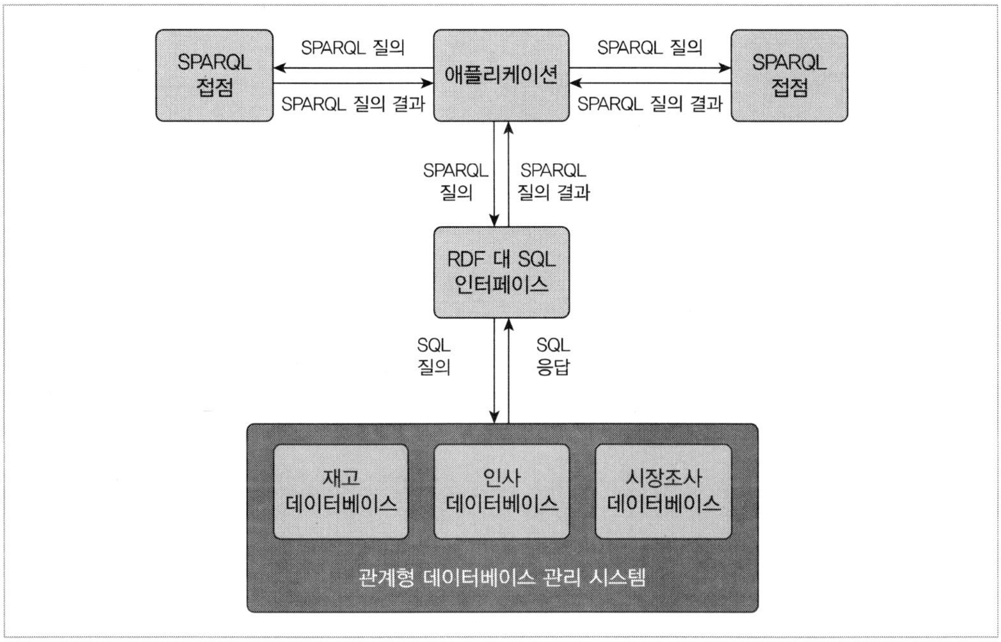

[그림 10-4] 관계형 데이터베이스의 SPARQL 접점 미들웨어를 사용하면 이 미들웨어가 SPARQL 접점처럼 작동하므로 애플리케이션은 관계형 데이터베이스와 통신할 수 있다.

고 싶다면 당연히 표준 언어인 SQL을 쓰면 된다. 하지만 알기로는 네트워크에서 SQL 질의를 RDBMS(관계형 데이터베이스 관리 시스템relational database management system)에 전달한 후, 결과 집합을 받는 표준이 없다. 많은 개발자가 원하는, 관계형 데이터를 활용하는 가장 쉬운 방법은 다음 그림 10-4와 같이 SPARQL 질의를 받아서 SQL로 변환한 후, 관계형 데이터를 질의해서 SPARQL 질의 결과 형식 중 하나를 사용한 결과를 반환하는 미들웨어 계층을 설치하는 것이다.

10장의 예제를 따라했다면 링크드 영화 데이터베이스를 MySQL 데이터베이스에 저장하고, D2RQ 서버를 미들웨어 계층으로 썼다는 걸 알지 못한 채 SPARQL 미들웨어와 RDBMS 간의 이런 조합 중 하나를 이미 사용했을 것이다. D2RQ는 무료다. 한번 관계형 데이터베이스에 읽기 접근을 제공하면 데이터베이스의 스키마를 읽은 다음에 SPARQL 질의를 데이터베이스용 SQL로 매핑하는 데 필요한 파일을 생성할 수 있다(이 파일은 질의에 사용할 자원과 속성을 포함하며 사용자정의를 할 수 있다). 같은 D2RQ 서버가 여러 데이터베이스에 대한 이런 종류의 접근 권한이 있다면 즉, 예로 데이터를 MySQL에 저장하고, 또 다른 데이터를 오라클에 저장하는 것이라면 단일 SPARQL 질의로 이런 여러 데이터베이스의 데이터를 요청할 수 있으며, 표준 SQL로는 불가능하다.

베를린자유대학교Free University of Berlin 팀은 관계형 스키마와 RDF 어휘 간을 매핑하기 위한 자체 온톨로지를 고안해내서 D2RQ를 개발했다. 그 이후로 W3C는 (D2RQ 팀의 제언과 함께) R2RML을 발표했다. 이 R2RML은 서로 다른 RDF 애플리케이션 환경에서 여러 관계형 시스템 간의 일관성을 개선하기 위한 표준화된 매핑이다. 여러 구현부를 이미 활용할 수 있다.

> 오라클 사의 가장 잘 알려진 제품은 관계형 데이터베이스 관리기다. 많은 RDF 애플리케이션에는 이런 제품의 관계형 데이터를 토대로 생성한 트리플을 제공하는 D2RQ 같은 미들웨어가 있다. 하지만 이와 별개로 오라클 데이터베이스 시맨틱 테크놀로지스Oracle Database Semantic Technologies 제품은 오라클 데이터베이스 11g를 기본 트리플 저장소로 사용하되 SPARQL을 완전히 지원한다(오라클 데이터베이스 시맨틱 테크놀로지스를 사용하려면 대용량 위치 데이터 처리를 최적화하는 오라클 공간 애드온Oracle Spatial add-on이 필요하다). 최신 제품인 오라클 노에스큐엘 데이터베이스Oracle NoSQL Database은 오라클 11g와 별개로 SPARQL 1.1이 지원하는 "RDF 그래프"를 포함한다.

다른 RDF 미들웨어 애플리케이션의 예로는 탑쿼드란트의 탑브레이드라이브TopBraidLive, 오픈링크 소프트웨어의 버추소 스펀저Virtuoso Sponger, 트리플르Triplr 프로젝트를 들 수 있다. 이런 RDF 미들웨어 애플리케이션은 관계형 데이터베이스, 스프레드시트, XML, 다른 형식 같은 소스에서 동적으로 RDF 트리플 생성해서 통합하는 기능을 제공한다. 또한 누군가가 SPARQL 질의를 보낼 때 단일 소스로 보이도록 서로 다른 형식인 여러 소스를 보통 조정하며, SPARQL 접점을 제공한다. 더 고급 수준인 RDF 미들웨어 애플리케이션을 사용하면 더 좋은 트리플 저장소가 하는 것과 똑같이 URI를 접점으로 사용하도록 구성할 수 있다.

공개 접점과 비공개 접점

51페이지의 "링크드 데이터"에서 배운 링크드 오픈 데이터는 SPARQL로 질의하고 애플리케이션에서 사용할 수 있도록 전 세계 소스의 데이터를 공개하자는 운동이다. 그렇긴 해도 SPARQL 접점을 설정할 때 데이터를 전 세계와 공유할 필요는 없다. 회사는 사내 시스템에 로그인한 직원만 접근 가능하지만 공개 웹에서 사람이 접근할 수 없는 웹 페이지로 된 인트라넷을 보유하듯이 10장에서 기술한 모든 것을 방화벽 뒤에서 애플리케이션을 구축하는 데 사용할 수 있다(사실 사내 인트라넷 웹 페이지에 사용되는 동일한 서버에서 이런 애플리케이션을 호스트할 수도 있다. 이 경우 인트라넷 웹 페이지에서 이미 했던 방식과 똑같이 보안과 데이터 접근을 처리할 수 있다).

여러 다른 데이터 소스를 단일 소스로 간주해 접근하는 질의를 제공하는 RDF 기반 미들웨어 기능은 인기가 있는 기술이다. 왜냐하면 서로 다른 사일로의 여러 데이터 집합을 동적으로 통합하기 때문이다. 비용은 전형적인 데이터 웨어하우징data warehousing 프로젝트보다 꽤 저렴하고, 데이터 소스 추가와 삭제를 아주 더 쉽게 할 수 있기 때문에 훨씬 민첩하다.

데이터를 트리플로 저장했는지 여부와 상관없이, 서로 다른 사일로 간의 데이터를 혼합하고 일치시키는 방식은 간단한 데다가 비용이 저렴하므로 모든 기업에게 새로운 큰 가능성을 열어준다. 특히 공개 소프트웨어와 상용 소프트웨어 모두가 지원하는 표준 질의 언어로 이런 데이터를 검색할 수 있다. 10장에서 설명했던 기술로 개발한, 사용자에게 친화적인 애플리케이션으로 SPARQL 질의를 할 수 있다면 가능성은 꽤 고무적이다.

SPARQL과 HTTP

SPARQL 1.1의 새로운 명세이자 HTTP 명령어로 트리플의 그래프를 추가하고, 삭제하고, 수정하는 방법을 기술한 "Graph Store HTTP Protocol"을 이야기하지 않고는 애플리케이션 개발에서 사용하는 SPARQL을 논할 수 없다.

팀 버너슬리는 월드 와이드 웹을 고안했을 때 첫 웹 브라우저와 웹 서버를 함께 만들었고, 팀 버너슬리와 그의 팀은 브라우저와 서버가 서로 협업할 수 있는 세 가지 명세의 초기 초안을 작성했다. 이 초안은 URI, HTML, HTTP에 관한 것이다. URI을 사용하면 브라우저는 검색하려는 문서를 나타낼 수 있고, HTML는 브라우저가 텍스트 블록인 제목, 부제, 목록, 일반 단락을 알게 해주는 마크업 언어다. HTTP는 하이퍼텍스트 전송 프로토콜Hypertext Transfer Protocol이다.

컴퓨터 통신 프로토콜은 "안녕, 이 자원을 내게 보내주세요"와 "좋아요. 거기로 가시면 돼요" 혹은 "무엇을 말하려는 건지 모르겠어요"처럼 컴퓨터가 서로 소통할 수 있게 해주는 언어다. 물론 이런 언어는 간결하다. "무엇을 말하려는 건지 모르겠어요"에 대한 HTTP 방법은 브라우저에서 웹 주소를 잘못 적으면 접할 수 있는 에러 코드 404다.

요즈음 웹 서버는 웹 페이지 이상의 서비스를 훨씬 더 많이 제공한다. 더 넓게는 HTTP 서버로 생각할 수 있다. 왜냐하면 다양한 자원을 HTTP 프로토콜로 전달하기 때문이다. 웹 서버 외에 HTTP 요청을 만들 수 있는 다른 클라이언트(예를 들면 10장 초반부에서 언급한 wget과 curl 유틸리티다. 어떠한 프로그래밍 언어나 스크립트 언어로 작성할 수 있는 프로그램도 당연히 클라이언트 프로그램이 될 수 있다)는 좀 더 멋진 애플리케이션 개발을 위한 선택사항을 제공한다.

클라이언트가 만들 수 있는 HTTP 요청 중 가장 중요한 요청은 PUT, GET, POST, DELETE이며, 사람이 데이터베이스를 사용할 때 실행해야 하는 "CRUD" 연산 즉, 네 개의 연산인 새로운 데이터 생성[Create], 기존 데이터 읽기[Read], 데이터 갱신[Update], 데이터 삭제[Delete]에 대응한다(예로 SQL은 이런 작업을 수행하는 INSERT, SELECT, UPDATE, DELETE를 제공한다). 대부분의 인기 있는 애플리케이션 아키텍처 방식은 PUT, GET, POST, DELETE 연산을 중심으로 구현된 것이며, REST[Representational State Transfer]로 알려졌다.[*] SPARQL Working Group은 트리플의 그래프를 REST로 하는 방법을 정의했다. "SPARQL 1.1 Graph Store HTTP Protocol" 권고안의 초기 초안 개요에 따르면 "REST 아키텍처 방식의 그래프 모음집을 관리할 목적으로 HTTP 연산을 사용하는 방법을 기술한다"라고 했다.

> "SPARQL 1.1 Graph Store HTTP Protocol" 명세의 권고안 버전에서 마지막 라인을 보면, "Change since Last Call" 아래에 "Remove reference to REST"가 있다. 왜 그렇게 기술했을까? 생각하기로는 REST 아키텍처의 적절한 예시로 충분한가에 대한 논쟁이 가끔 격렬해지는 상황을 피하고 싶었던 것 같다.

앞에서 기술을 설명했던 이 권고안에서 언급했듯이 특화된 HTTP 요청을 사용하지 않더라도 SPARQL 접점에 보내는 질의를 묘사하는 연산을 대부분 실행할 수 있다. REST를 사용하는 골수 개발자는 SPARQL 그래프 저장소 HTTP 프로토콜을 100% RESTful로 생각하지 않을 수도 있다. 그런 이유로 URL에 완전한 SPARQL을 내장하는 세부적인 구현 중심 방식보다 더 나은, 자원 이름(이번 경우 트리플의 그래프)인 URI를 이용한 기본 HTTP 연산 사용을 선호할 것이다.

세부적인 명명된 그래프 레벨(트리플 레벨과 반대임)의 트리플 추가와 삭제도 아마 메타데이터를 자체적으로 보유하고, 출처 같은 주제를 망라하며 트리플 단위로 추가하고 삭제하는 데

* REST의 PUT, GET, POST, DELETE 연산은 SQL의 INSERT, SELECT, UPDATE, DELETE 명령어에 대응한다. - 옮긴이

이터 집합이 있는 곳의 데이터 게시 워크플로우에 더 적합하다. 예로 당신이 데이터 게시자고, 데이터 제공자 중 한 명이 조직이 제공하는 현재 집합을 대체하는 데이터를 당신에게 보낸다. 조직 데이터를 명명된 그래프로 유지하기 때문에 당신은 이 데이터를 트리플 저장소에서 제공하는 다른 데이터와 구분할 수 있다.

트리플 저장소가 지원하는 SPARQL 그래프 저장소 HTTP 프로토콜 중에서 다음과 같이 네 개의 가장 중요한 HTTP 명령어로 어떻게 수행할 수 있는지 살펴보자.

- GET은 기본 그래프나 명명된 그래프의 트리플을 가져온다.
- PUT는 트리플 저장소에서 트리플 집합을 새로운 그래프로 넣고, 이름이 같은 그래프가 존재하면 기존 그래프를 대체한다.
- POST는 몇몇 트리플을 기존 그래프에 넣거나 기존 트리플에 추가한다.
- DELETE는 트리플의 그래프를 삭제한다.

이런 명령어를 10장의 초반부에 언급했던 curl 명령행 유틸리티를 사용해서 오픈소스 푸세키 SPARQL 서버(푸세키 다운로드와 설치를 다룬 6장 참조)에 보낸다. 다만 이런 명령어의 변종도 비슷한 wget 유틸리티로 보낼 수 있어야 한다. 더 중요한 건 이런 변종이 작동되려면 대부분의 프로그래밍 언어로 활용할 수 있는 HTTP GET, PUT, POST, DELETE 기능이 기본적으로 혹은 적절한 라이브러리에 포함되어야 한다는 것이다.

HTTP 요청을 서버에 보낼 때는 우선 URI가 서버가 이런 요청 지원을 제공하는 것이 무엇인지 알아야 한다. 따라서 SPARQL HTTP 요청을 보낼 트리플 저장소나 미들웨어의 문서를 확인하자. 다음 푸세키 예제는 *http://localhost:3030/myDataset/data*에 요청을 보낸다. 참고로 myDataset은 이번 실험을 위해 푸세키에서 만들었던 데이터 집합이다.

푸세키의 세부사항인 명명된 데이터 집합 개념은 SPARQL 표준의 일부가 아니다. 101페이지의 "명명된 그래프 질의"에서 기술했던 세사메 트리플 저장소는 레파지토리repository라고 불리는 방식과 비슷하다. SPARQL HTTP 요청을 세사메 트리플 저장소에 보낸다면 URL는 *http://localhost: 8080/openrdf-sesame/repositories/myRepository/rdf-graphs/service*처럼 생겼을 것이다. 여기서 myRepository는 세사메에서 만들었던 레파지토리 이름이다. 세사메는 푸세키와 마찬가지로 여기서 기술했던 것 외에 SPARQL 그래프 저장소 HTTP 프로토콜로 데이터에 접근하는 다른 선택사항을 제공한다. 자세한 정보를 보려면 세사메의 문서를 참고하자.

서버에 트리플에 대한 요청을 보내겠지만, SPARQL 접점에 SPARQL 질의를 보내는 대신에 동일한 서버가 다른 URL로 제공하는 다른 서비스에 SPARQL 질의를 보낼 수 있다. 다시 말하자면 SPARQL 접점의 SPARQL 그래프 저장소 HTTP 프로토콜 지원과 혼동하지 말라는 것이다. 예로 푸세키의 myDataset 데이터 집합에 대한 SPARQL 질의를 *http://localhost:3030/myDataset/query*에 있는 접점에 보낼 수 있다. 반면에 동일한 데이터 집합에 대한 SPARQL HTTP 갱신 요청을 *http://localhost:3030/my/Dataset/data*에 보낼 수 있다.

myDataset이라고 하는 데이터 집합이 푸세키 설치판에 있고, 보관하려는 데이터가 myDataset에 있다고 하자. 실험을 할 때 특히 HTTP DELETE 명령어로 할 경우 다른 데이터 집합을 사용하는 게 좋다.

이번에는 푸세키에서 작업할 몇몇 데이터를 만들기 위해 6장에서 보여줬던 내용을 반복한다. 즉, myDataset 데이터 집합을 생성해서 선택한 후, DROP ALL 갱신 요청으로 기존 데이터를 지운다(ex337.ru). 그러면 트리플 쌍을 myDataset의 기본 그래프와 두 명명된 그래프에 각각 몇 개의 트리플을 추가하는 ex338.ru 갱신 요청을 실행한다.

```
# 파일명: ex338.ru

PREFIX d:    <http://learningsparql.com/ns/data#>
PREFIX dm:   <http://learningsparql.com/ns/demo#>

INSERT DATA
{
  d:x dm:tag "one" .
  d:x dm:tag "two" .

  GRAPH d:g1
  {
    d:x dm:tag "three" .
    d:x dm:tag "four" .
  }

  GRAPH d:g2
  {
    d:x dm:tag "five" .
```

```
    d:x dm:tag "six" .
  }
}
```

최종 결과인 트리플을 보기 위해 6장의 모든 트리플을 나열하는 ex332.rq 질의를 실행한다. ex338.ru가 등록한 트리플이 여섯 개여야 한다.

```
# 파일명: ex332.rq

SELECT ?g ?s ?p ?o
WHERE
{
  { ?s ?p ?o }
  UNION
  { GRAPH ?g { ?s ?p ?o } }
}
```

GET

GET은 가장 간단한 HTTP 연산이다. GET은 웹 브라우저가 일반 웹 페이지에 보낼 때 하는 일이며, curl의 기본 동작이다. 다음은 myDataset 데이터 집합의 기본 그래프에 있는 트리플을 요청한다.

```
curl http://localhost:3030/myDataset/data?graph=default
```

푸세키는 이 요청에 대해 ex338.ru로 기본 그래프에 넣었던 두 트리플의 RDF/XML 버전으로 응답한다.

```
<rdf:RDF
    xmlns:rdf="http://www.w3.org/1999/02/22-rdf-syntax-ns#"
    xmlns:j.0="http://learningsparql.com/ns/demo#" >
  <rdf:Description rdf:about="http://learningsparql.com/ns/data#x">
    <j.0:tag>one</j.0:tag>
    <j.0:tag>two</j.0:tag>
  </rdf:Description>
</rdf:RDF>
```

다른 형식인 반환된 데이터를 원함을 나타내는 HTTP 헤더를 지정할 때는 다음과 같이 한다 (이번 경우 터틀 형식 지정자인 미디어 타입media type을 사용한다).

```
curl -H "Accept: text/turtle" http://localhost:3030/myDataset/data?graph=default
```

SPARQL 그래프 저장소 HTTP 프로토콜을 지원하는 서버는 요청한 데이터를 다음과 같은 형식으로 반환한다.

```
<http://learningsparql.com/ns/data#x>
      <http://learningsparql.com/ns/demo#tag>
              "two" ;
      <http://learningsparql.com/ns/demo#tag>
              "one" .
```

> 지원하는 미디어 타입이 무엇인지 확인하려면 서버의 문서를 참조하라. 특히 여기서 사용했던 터틀 형식 지정자인 표준 지정자 여부 혹은 터틀이 표준화되기 전에 사용했던 "application/x-turtle" 같은 옛 지정자 중 하나를 사용했는지 여부를 확인해보라.

앞에서 기본 그래프의 트리플을 요구하는 요청을 지원하는 URL에 "?graph=default"를 추가했음을 봤다. 이 요청에서는 특정 명명된 그래프의 트리플을 푸세키에 요구하려고 명명된 그래프의 URI를 graph 파라미터에 포함시켰다. 보내는 요청의 그래프 이름은 파라미터의 일부로 전달할 뿐 요청의 주소 일부가 아니기 때문에 적절한 문자로 회피해야 한다. 그러므로 다음과 같이 그래프 이름인 *http://learningsparql.com/ns/data#g1* 을 회피한 후의 요청을 보면 URL의 문자 일부를 알아보기가 어려움을 알 수 있다.

```
curl http://localhost:3030/myDataset/data\
?graph=http%3A%2F%2Flearningsparql.com%2Fns%2Fdata%23g1
```

> 많은 정보를 밀어 넣은 URL가 너무 길면 이 책의 페이지 폭을 초과할 수도 있다. 따라서 10장의 각 curl 명령어는 한 라인임을 고려하자. 모든 라인의 끝에서 볼 수 있는 역슬래시backslash를 제거한 후, 명령어와 합친다. 단, 역슬래시 앞에 나타난 공백을 제거하거나 추가하는 것에 주의하자. 예를 들면 앞 명령어의 한 라인 버전 가운데에 있는 `myDataset/data?graph=http%3A%2F`를 보면 두 라인을 공백 없이 합친 것임을 알 수 있다.

이 요청은 이전에 ex338.ru로 g1 그래프에 추가했던 "three"와 "four" 트리플을 검색하는 것이다.

PUT

트리플 저장소에 트리플을 보내기 위해 SPARQL 그래프 저장소 HTTP 프로토콜을 사용하는 방법을 배워보자. curl은 디스크의 다음 파일에서 읽은 트리플을 PUT로 푸세키에 보낸다(ex338.ru는 목적어가 "one"부터 "six"까지인 트리플을 "six"를 추가했음을 상기하자).

```
# 파일명: ex530.ttl

@prefix d:  <http://learningsparql.com/ns/data#> .
@prefix dm: <http://learningsparql.com/ns/demo#> .

d:x dm:tag "seven" .
d:x dm:tag "eight" .
```

HTTP PUT 명령어는 특정 URI를 사용해 저장해야 하는 자원을 서버에 보낸다. PUT 명령어는 SPARQL 그래프 저장소 HTTP 용어인 경우 URI로 명명된 그래프에 저장해야 하는 트리플 집합을 보낸다. 다음 명령어는 그래프 이름인 *http://learningsparql.com/ns/data#g3*에 저장할 ex530.ttl의 내용("seven"과 "eight"가 목적어인 트리플이 들어 있음)을 푸세키에 보낸다. 이 명령어를 실행한 후에 트리플을 잘 저장했는지 보기 위해 모든 트리플을 나열하는 ex332.rq 질의를 실행한다.

```
curl -X PUT --data-binary @ex530.ttl -H "Content-Type: text/turtle" \
http://localhost:3030/myDataset/data\
?graph=http%3A%2F%2Flearningsparql.com%2Fns%2Fdata%23g3
```

ex530.ttl은 텍스트 파일이긴 하지만 이번 curl 명령어는 `--data-binary` 파라미터를 사용한다. 왜냐하면 이 파라미터가 없으면 curl은 파일의 라인 끝line-ending 문자를 무시할 수도 있기 때문이다. 이런 문자는 터틀 구문의 유효성에 영향을 주지 않는다. 다만, 푸세키의 파서가 라인 끝을 인식하지 못해 파일 자체를 하나의 긴 라인으로 처리할 경우 이 긴 라인에서 처음 나오는 문자가 #라면 주석 처리된 하나의 라인으로 간주한다.

PUT은 본질적으로 "이것은 URL에 저장할 자원이다"라고 알려준다. 그런 이유로 PUT 명령어로 트리플을 보내면 URI에 이미 자원이 있을 경우 그 자원을 대체한다. 다음 명령어는 ex530.ttl의 "seven"과 "eight" 트리플을 기본 그래프에 저장한다. 이 명령어를 실행한 후에 저장된 모든 트리플을 나열하면 원래 ex338.ru로 넣었던 "one"과 "two" 트리플을 "seven"과 "eight" 트리플로 대체했음을 볼 수 있다.

```
curl -X PUT --data-binary @ex530.ttl -H "Content-Type: text/turtle" \
http://localhost:3030/myDataset/data?graph=default
```

POST

HTTP POST 명령어는 요청에 있는, URI로 명명된 기존 자원의 하위 자원subordinate resource으로 보내는 엔티티를 서버가 받도록 요청한다. POST 명령어는 SPARQL 그래프 저장소 HTTP 용어인 경우 명명된 그래프에 추가할 트리플 집합을 보낸다. 다음 명령어는 명명된 그래프인 *http://learningsparql.com/ns/data#g2* 에 추가할 ex530.ttl의 "seven"과 "eight" 트리플을 보낸다.

```
curl -X POST --data-binary @ex530.ttl -H "Content-Type: text/turtle" \
http://localhost:3030/myDataset/data?graph=http%3A%2F%2F\
learningsparql.com%2Fns%2Fdata%23g2
```

POST 명령어를 실행한 후에 모든 트리플을 나열하는 ex332.rq를 실행하면 POST 명령어가 트리플을 명명된 그래프인 g2에 추가했음을 알 수 있으며, g2는 여전히 원래의 "five"와 "six" 트리플을 갖는다.

DELETE

HTTP DELETE 명령어는 꽤 자명하다. 삭제할 명명된 그래프의 URI를 서버에 보내면 서버는 그래프와 그래프 안의 모든 트리플을 삭제한다. 다음과 같이 387페이지의 "PUT"에서 만들었던 *http://learningsparql.com/ns/data#g3* 그래프의 트리플을 삭제하고, 그래프도 삭제해보자.

```
curl -X DELETE -H "Content-Type: text/turtle" \
http://localhost:3030/myDataset/data?\
```

```
graph=http%3A%2F%2Flearningsparql.com%2Fns%2Fdata%23g3
```

기본 그래프를 삭제하려고 DELETE 명령어를 사용한다면 기본 그래프에 있는 트리플만 삭제한다. 다음과 같이 DELETE 명령어를 실행하면 기본 그래프의 "seven"과 "eight" 트리플 삭제하지만 g1과 g2 그래프의 트리플을 남겨둔다.

```
curl -X DELETE -H "Content-Type: text/turtle" \
http://localhost:3030/myDataset/data?graph=default
```

요약

10장에서 배운 내용은 다음과 같다.

- 일부 애플리케이션(혹은 애플리케이션의 구성요소)이 자체적으로 알고 있는 트리플 내 특정 값(특히 술어)에 기반을 둔 비즈니스 로직을 실행하는 방법
- 인기 있는 스크립팅 언어와 웹 폼에서 SPARQL 질의를 접점에 보내는 방법과 반환된 데이터를 애플리케이션이 사용하는 방법
- SPARQL 질의를 사용하는 애플리케이션이 활용 가능한 RDF와 비RDF 데이터를 만들 수 있는 독립형, 트리플 저장소, 미들웨어 SPARQL 처리기의 역할
- RESTful(혹은 "유사 REST") 애플리케이션이 원격 서버에 있는 명명된 그래프를 관리하기 위해 SPARQL 그래프 저장소 HTTP 프로토콜을 사용하는 방법

Chapter

11 SPARQL 요리법

11장은 매우 다양한 데이터 집합을 다룰 수 있는 일부 질의를 배운다. 이런 질의의 대부분은 거의 모든 트리플 집합에서 작동되며, 그 집합에는 알지도 못하는 트리플 집합이 포함될 수도 있다. 특히 이런 질의는 접해본 적도 없는 트리플 집합을 대상으로 하는 경우에 유용하다. 또한 새로운 데이터 집합을 살펴볼 때 어떤 작업을 할지 정확하게 더 알아보는 데도 도움이 된다.

11장에서 배울 내용은 다음과 같다.

"주제와 변종"(392페이지)

이 책에서 이미 다뤘던, SPARQL이 제공하는 몇 가지 간단한 기능은 11장의 질의 대부분을 개선하는 데 사용될 수 있다. 이 절에서는 이런 기능을 살펴본다.

"데이터 살펴보기"(395페이지)

데이터 집합에서 무엇을 얻었는지 확인하는 질의를 다룬다. 예로 구조를 얼마나 많이 정의했고, 사용한 구조가 얼마나 있는지를 확인한다. 만약 구조가 복잡하지 않다면 데이터 종류가 무엇인지에 대한 감을 어떻게 잡는지 배울 수 있다.

"데이터 생성과 갱신"(439페이지)

데이터 집합 일부를 일일이 변경하면 지루하겠지만 올바른 UPDATE 질의를 사용하면 아주 간단하다. 특히 다양한 속성 값을 전반적으로 대체할 때는 더 그렇다.

주제와 변종

11장에서 보여주는 질의는 여러 주제로 설명될 수 있다. 이런 대부분의 주제에 적용할 수 있도록 질의를 여러 가지로 변형할 수도 있다. 예로 질의 결과를 하나 이상 컬럼 값으로 정렬해서 출력하면 패턴을 더 쉽게 볼 수 있다. 특히 많은 결과를 얻을 경우 ORDER BY 구를 사용하는 방법을 자세하게 다룬 122페이지의 "데이터 정렬"을 참고하자. 이 결과 11장에 나오는 SPARQL 예제를 보면 알겠지만, ORDER BY 구를 사용할 경우 출력을 더 쉽게 읽도록 충분하게 정렬된 질의 결과를 얻는다.

11장의 일부 데이터 집합에 많은 정보를 요청하는 어떤 질의를 실행하면 결과가 엄청 많이 나올 수도 있다. 예로 406페이지의 "사용된 속성은 무엇인가요?"에서는 SPARQL 엔진보고 데이터 집합에 사용된 모든 속성을 나열할 것을 요청하고 있다. 이때 누군가가 이메일로 몇 메가바이트짜리 데이터 집합을 보내는 건 괜찮아도 디비피디아에 보내는 건 전혀 타당하지 않다. 11장의 질의는 잠재적으로 결과를 너무 많이 요구할 수도 있으므로 해당 질의의 끝에 있는 LIMIT 50에 주석을 달았다. 대용량 데이터 집합에 질의를 보낼 경우 이 주석을 해제하고 어떻게 나오는지 확인하면 된다. 참고로 특정 패턴을 만족하는 모든 트리플을 정말로 요청할 가치가 있는지 결정하겠다면 주석으로 처리된 LIMIT 50을 해제한 후, 숫자인 50 이상을 몇 번 더 늘려 요청할 수도 있다.

많은 정보를 요청하는 질의 중 어떤 질의는 일부 데이터 집합에 사용하는 게 더 합리적일 가능성이 있다. 이건 다른 중요한 점을 시사한다. 즉, 이런 여러 질의는 매우 효율적이지 않아서 실행 대상인 데이터 집합 크기가 점점 커질수록 문제가 더 많이 나올 수 있다. 예로 질의에 OPTIONAL 그래프 패턴이 많이 있거나 혹은 특히 하나 이상의 변수가 있는 트리플 패턴이 존재할 경우 해당 질의는 느릴 수 있다. 특히 질의의 앞부분에 이런 패턴이 있을 경우 더 느려진다. 대용량 데이터 집합에 대한 질의의 속도를 저하시킬 수 있는 SPARQL 기능과 관련된 배경을 더 보려면 7장을 참조하자.

데이터 집합에 데이터를 추가할 때 트리플을 실제로 등록했는지 확인하는 용도로 CONSTRUCT 질의로 먼저 해본 후, INSERT 갱신 요청을 하는 게 더 좋다. INSERT와 DELETE 명령어를 함께 조합할 수 있긴 해도 CONSTRUCT와 DELETE를 조합할 수는 없다. 따라서 CONSTRUCT 질의를 임시로 만들어 INSERT 질의를 테스트할 때 DELETE 명령어를 주석 처리해야 함을 명심하자. 등록할 트리플을 보기 위해 CONSTRUCT 질의를 사용하는 방법을 예로 들자면 441페이지의 "속성 값을 전반적으로 대체하려면 어떻게 하나요?"에 나온 질의를 실행하기 전에 생성할 트리플이 무엇인지 보기 위해 다음과 같이 실행하는 것이다.

```
# 파일명: ex479.rq

PREFIX dcterms: <http://purl.org/dc/terms/>

#DELETE {?document dcterms:dateCopyrighted "2013" . }
#INSERT {?document dcterms:dateCopyrighted "2014" . }
CONSTRUCT{?document dcterms:dateCopyrighted "2014" . }
WHERE  {?document dcterms:dateCopyrighted "2013" . }
```

또 다른 테스트로는 삭제할 트리플을 정확하게 찾기 위해 임시로 DELETE 문을 주석 처리한 후 CONSTRUCT 문으로 대체할 수 있다. 다음 질의는 DELETE로 삭제할, `dcterms:dateCopyrighted` 값이 "2013"인 트리플을 나열한다.

```
# 파일명: ex480.rq

PREFIX dcterms: <http://purl.org/dc/terms/>

#DELETE {?document dcterms:dateCopyrighted "2013" . }
#INSERT {?document dcterms:dateCopyrighted "2014" . }
CONSTRUCT{?document dcterms:dateCopyrighted "2013" . }
WHERE  {?document dcterms:dateCopyrighted "2013" . }
```

> 11장에서 보여준 질의는 작업 대상인 데이터 집합을 자세히 알아보기 위해 재정의할 수 있는 유일한 출발점이다.

11장에서 샘플로 많이 사용하는 세 개의 데이터 집합은 ex012.ttl, 데이터 집합을 기술하기 위한 VoID RDF 스키마, 굿릴레이션즈GoodRelations 전자상거래 어휘•다.

ex012.ttl 데이터 집합은 이 책의 다른 예제와 비슷하다.

```
# 파일명: ex012.ttl

@prefix ab: <http://learningsparql.com/ns/addressbook#> .
```

• http://www.heppnetz.de/projects/goodrelations/ – 옮긴이

```
@prefix d:   <http://learningsparql.com/ns/data#> .

d:i0432 ab:firstName   "Richard" .
d:i0432 ab:lastName    "Mutt" .
d:i0432 ab:homeTel     "(229) 276-5135" .
d:i0432 ab:email       "richard49@hotmail.com" .

d:i9771 ab:firstName   "Cindy" .
d:i9771 ab:lastName    "Marshall" .
d:i9771 ab:homeTel     "(245) 646-5488" .
d:i9771 ab:email       "cindym@gmail.com" .

d:i8301 ab:firstName   "Craig" .
d:i8301 ab:lastName    "Ellis" .
d:i8301 ab:email       "craigellis@yahoo.com" .
d:i8301 ab:email       "c.ellis@usairwaysgroup.com" .
```

VoID(Vocabulary of Interlinked Datasets상호 연결된 데이터 집합의 어휘) RDF 스키마*는 W3C Interest Group Note에 지정되어 있다. VOID RDF 스키마를 사용하면 데이터 집합이 쓰는 어휘 및 관련된 SPARQL 접점처럼 데이터 집합과 관련된 메타데이터를 기술할 수 있다. 이 책의 샘플 파일 모음에 딸려 나온 void.ttl 파일은 VOID 정의부 파일이다.

굿릴레이션즈 전자상거래 어휘는 판매용 상품과 서비스를 기술하고 있기 때문에 유명하다. 우후죽순으로 늘어나고 있는 크고 작은 전자상거래 사이트는 굿릴레이션즈 어휘를 웹 페이지에 내장하기 위해 RDF와 schema.org 마크업을 사용하고 있다. 이런 이유로 검색엔진과 다른 애플리케이션은 전자상거래 사이트의 상품과 관련된 데이터를 더 쉽게 사용할 수 있다.

> 이 책의 샘플 데이터에 포함된 goodrelations-v1.owl 파일의 시작부에 있는 주석은 이 파일의 원래 이름은 v1.owl이고 *http://www.happnetz.de/ontologies/goodrelations/v1.owl*에서 다운로드할 수 있다고 알려준다. 주석을 읽으면 최신 버전의 굿릴레이션즈 온톨로지를 해당 사이트에서 다운로드할 수 있음을 알 수 있다.

* https://www.w3.org/TR/void/ - 옮긴이

VoID나 굿릴레이션즈 어휘를 깊게 파고든 적이 없다면 더 좋다. RDF 기술의 한 큰 장점은 스키마와 온톨로지를 기술하는 데이터를 동일한 모델로 저장한다는 것이다. 특히 이 장의 많은 질의는 주어진 데이터 집합을 자세히 알아보려고 이런 메타데이터를 살펴보는 것을 돕는 데 목표를 두고 있다. 이런 질의는 VoID와 굿릴레이션즈 같은 스키마를 살펴보고 파악하는 데 도움이 될 수 있듯이 재고를 탐색하거나 메타데이터를 게시하는 것을 쉽게 도와줄 수 있다.

11장의 질의가 특정 클래스, 속성, 값을 요청할 때(예, 421페이지의 "주어진 속성 값은 무엇인가요?"의 gr:hasNext 속성에 관련된 질의) 앞의 세 데이터 집합 예제를 사용한다. 그렇긴 해도 작업 대상인 데이터 집합의 다른 클래스, 속성, 값을 끼워 넣을 수 있다. 끼워 넣을 클래스, 속성, 값에 대한 네임스페이스 접두사가 있다면 질의에 이런 접두사에 대한 적절한 선언을 포함시켜야 함을 잊지 말자.

저장된 데이터와 관련된 실마리를 변수 이름으로 제공하는 게 가장 좋다. 하지만 11장의 많은 질의는 아직 잘 모르는 데이터를 살펴볼 수 있도록 단순화했다. 이런 이유로 이런 질의는 주어, 술어, 목적어를 나타내기 위해 일반 변수 이름인 ?s, ?p, ?o를 자주 사용한다.

애플리케이션에서 특정 역할을 맡는 SPARQL 질의는 아마도 해당 질의의 그래프 패턴 내 특정 변수로 조회할 것이다. 왜냐하면 11장의 많은 질의는 빠르긴 해도 변수를 적게 사용했기 때문에 짧고 지저분하다. 게다가 이런 질의는 출력하기 위한 모든 변수를 지정하려고 별표인 와일드카드(SELECT *)를 종종 사용한다. 이런 이유로 7장에서 기술했듯이 특정 변수를 지정하면 질의를 더 효율적으로 만들 수 있다.

데이터 살펴보기

이 절에서는 다양한 데이터 집합을 살펴보는 데 도움이 될 수 있는, 이미 배웠거나 약간 수정한 질의를 소개한다.

모든 데이터를 한꺼번에 보려면 어떻게 하나요?

문제

새로운 데이터 집합이 있을 때 떠오르는 첫 질문은 당연히 “모든 데이터를 한꺼번에 보려면 어떻게 하나요?”다. 이를 위한 간단한 방법은 모든 데이터를 요청하는 것이다.

> 끝에 `# LIMIT 50`이 있는 라인을 포함한, 11장의 모든 질의를 실행 시 모든 데이터를 요청하는 것이므로 결과가 너무 많이 나올 수 있으니 조심하자. 특히 여기서는 두 개의 질의가 있으니 각각 실행할 때 주의한다.

해결책

첫 번째 질의는 데이터 집합의 모든 트리플을 요청하는 것으로 보이는 아주 흔한 질의다.

```
# 파일명: ex436.rq

SELECT *
WHERE
{
  ?s ?p ?o .
}
# LIMIT 50
```

이 질의는 실제로 그냥 기본 그래프의 모든 트리플을 요청한다. 다만, 일부 트리플 저장소는 명명된 그래프에서 트리플을 반환할 수도 있다. 하지만 이런 경우에도 명명된 그래프의 이름을 반환하지 않는다. 왜냐하면 이 질의는 명명된 그래프의 이름을 요청하지 않았기 때문이다. 모든 트리플 및 명명된 그래프의 이름을 요청한 두 번째 질의는 다음과 같다.

```
# 파일명: ex437.rq

SELECT ?g ?s ?p ?o
WHERE
{
  { ?s ?p ?o }
  UNION
  { GRAPH ?g { ?s ?p ?o } }
```

```
}
# LIMIT 50
```

이 질의는 실제로 데이터 집합의 모든 트리플을 요청하며, 이런 트리플은 기본 그래프나 명명된 그래프에 있다. WHERE 절과 SELECT 문의 ?g는 질의가 그래프 이름도 요청함을 보여준다.

논의

디스크에서 적재한 파일이 얼마나 큰지 알고 있다는 전제에서 이번 질의를 사용했을 때 이 질의가 얼마나 타당한지 어느 정도 알 수 있다. 하지만 원격 SPARQL 접점에 질의할 경우 모든 트리플을 노골적으로 요청하는 대신에 11장의 다른 질의로 데이터를 조사하는 게 더 합리적인 방법이다.

6장에서 볼 수 있듯이 나는 작은 데이터 집합을 대상으로 작업함을 알 경우 두 질의를 자주 사용한다. 이따금씩 새로운 SPARQL 도구나 기술을 써보는 걸 즐기기 때문이다. 더 심각한 프로젝트에서 누군가가 어떤 데이터를 나에게 보낸다고 가정해보자. 이메일에 첨부할 정도로 충분히 작은 데이터 집합에 질의할 때 확장성 문제와 관련된 계획을 세울 필요가 없음을 알고 있으므로 완전히 유연하게 요청할 수 있다. 앞의 두 질의는 이런 상황에서 아주 편리하다.

참고

- "선언된 클래스는 무엇인가요?" (397페이지)
- "선언된 속성은 무엇인가요?" (401페이지)
- "인스턴스를 갖는 클래스는 무엇인가요?" (404페이지)
- "사용된 속성은 무엇인가요?" (406페이지)
- "주어진 속성 값은 무엇인가요?" (421페이지)
- "모든 데이터를 어떻게 삭제하나요?" (440페이지)

선언된 클래스는 무엇인가요?

문제

RDF 데이터 집합에는 온톨로지 또는 RDF 스키마로 정의된 구조가 있을 수도 있고 없을 수도 있다. 만약에 정의부가 있다면 데이터를 이용한 작업을 더 쉽게 할 수 있다. 누군가가 이 구조를 명시적으로 모델링하고 기록했기 때문이다. 구조를 확인하는 빠른 방법은 선언됐던 모든 클래스를 나열하는 것이다.

해결책

RDF에서 "Employee라고 하는 클래스가 있다"라고 알려주는 두 가지 방법은 "emp91234는 Employee의 멤버다"라고 알려주는 RDF 방식과 비슷하다. 바로 "Employee는 `owl:Class` 클래스의 멤버다" 혹은 "Employee는 `rdfs:Class` 클래스의 멤버다"라고 알려주는 것이다. 두 방법 중 전자가 더 흔하다. 사람이 이 데이터에서 OWL을 조금만 사용한다면 클래스 선언을 적게 하는 게 일반적이다. 다음 터틀 파일은 다음과 같은 세 개의 구문을 보여준다.

```
# 파일명: ex438.ttl

@prefix owl:  <http://www.w3.org/2002/07/owl#> .
@prefix rdfs: <http://www.w3.org/2000/01/rdf-schema#> .
@prefix d:    <http://learningsparql.com/ns/data#> .

d:emp91234 a d:Employee .      # "a"는"rdf:type"의 축약어임
d:Employee a rdfs:Class .
d:Employee a owl:Class .
```

OWL 명세에서 `owl:Class`를 `rdfs:Class`의 하위 클래스로 정의하고 있다. 따라서 모든 클래스가 `owl:Class` 클래스의 멤버라면 당연히 `rdfs:Class` 클래스의 멤버다.

자, 선언된 클래스를 나열하려면 무엇을 질의할 건지 알아야 한다. 바로 `rdf:type`이 `owl:Class`이나 `rdfs:Class`이라고 알려주는 트리플이다.

다음 질의는 이런 모든 트리플을 요청한다. 마지막 트리플 패턴은 선언부에서 어떤 클래스 타입을 사용했는지 볼 수 있도록 클래스의 타입(`owl:Class`와 `rdfs:Class` 중 하나)을 `?classType` 변수에 바인딩한다.

```
# 파일명: ex439.rq

PREFIX owl:   <http://www.w3.org/2002/07/owl#>
```

```
PREFIX rdfs:  <http://www.w3.org/2000/01/rdf-schema#>

SELECT *
WHERE
{
  { ?class a owl:Class }
  UNION
  { ?class a rdfs:Class }

  ?class a ?classType
}
```

void.ttl에 이 질의를 실행하면 다음과 같은 흥미로운 결과를 제공한다.

```
--------------------------------------------------------------
| class                                           | classType   |
==============================================================
| <http://rdfs.org/ns/void#DatasetDescription> | owl:Class  |
| <http://rdfs.org/ns/void#DatasetDescription> | rdfs:Class |
| <http://rdfs.org/ns/void#TechnicalFeature>   | owl:Class  |
| <http://rdfs.org/ns/void#TechnicalFeature>   | rdfs:Class |
| <http://rdfs.org/ns/void#Linkset>            | owl:Class  |
| <http://rdfs.org/ns/void#Linkset>            | rdfs:Class |
| <http://rdfs.org/ns/void#Dataset>            | owl:Class  |
| <http://rdfs.org/ns/void#Dataset>            | rdfs:Class |
| <http://rdfs.org/ns/void#DatasetDescription> | owl:Class  |
| <http://rdfs.org/ns/void#DatasetDescription> | rdfs:Class |
| <http://rdfs.org/ns/void#TechnicalFeature>   | owl:Class  |
| <http://rdfs.org/ns/void#TechnicalFeature>   | rdfs:Class |
| <http://rdfs.org/ns/void#Linkset>            | owl:Class  |
| <http://rdfs.org/ns/void#Linkset>            | rdfs:Class |
| <http://rdfs.org/ns/void#Dataset>            | owl:Class  |
| <http://rdfs.org/ns/void#Dataset>            | rdfs:Class |
--------------------------------------------------------------
```

앞 결과에 보듯이 void.ttl 스키마의 각 클래스는 두 `rdfs:Class`와 `owl:Class`로 선언됐음을 알려주고 있다. void.ttl에서 발췌한 다음 내용은 실제로 앞 결과가 사실임을 보여준다.

```
# 파일명: ex442.ttl (void.ttl에서 발췌함)

void:Linkset a rdfs:Class, owl:Class;
```

```
    rdfs:label "linkset";
    rdfs:comment "A collection of RDF links between two void:Datasets.";
    rdfs:subClassOf void:Dataset .
```

논의

솔직히 말하자면 ex439.rq 대신 다음과 같이 훨씬 더 간단한 질의를 입력해서 실행한 후, owl:Class를 rdfs:Class로 변경해서 다시 실행하는 걸 선호한다.

```
# 파일명: ex440.rq

PREFIX owl:  <http://www.w3.org/2002/07/owl#>

SELECT *
WHERE
{ ?class a owl:Class }
```

(그렇게 하면 질의가 작동하지 않음을 볼 수 있다. 왜냐하면 네임스페이스를 선언하지 않은 채 rdfs: 접두사를 사용했기 때문이다. 따라서 상단에 접두사 선언을 추가한 후 질의를 다시 실행하면 된다. 그러니까 나는 앞에서 솔직하게 말했다고 언급했다.)

이 질의가 엄청나게 단순하다는 자체는 모든 관련 구문이 머리에 바로 떠올릴 가능성이 더 크고, 약간 다른 버전인 두 질의를 실행해도 모두 동일한 정보를 여전히 얻을 수 있음을 의미한다.

> 클래스를 단순히 다른 클래스의 하위 클래스라고 선언하는 것은 드문 일이 아니다. 따라서 rdfs:subClassOf의 술어를 갖는 트리플을 질의하면 더 많은 클래스 이름이 나올 수도 있다.

참고

- "사용된 속성은 무엇인가요?" (406페이지)
- "인스턴스를 갖는 클래스는 무엇인가요?" (404페이지)
- "주어진 클래스를 얼마나 사용했나요?" (413페이지)

선언된 속성은 무엇인가요?

문제

397페이지의 "선언된 클래스는 무엇인가요?"에서 봤듯이 RDF 데이터 집합은 OWL 온톨로지 메타데이터나 RDF 스키마 메타데이터로 정의된 어떤 구조를 가질 수도 있다. 만약에 구조적인 메타데이터가 있다면 데이터를 이용한 작업을 더 쉽게 할 수 있다. 왜냐하면 구조적인 메타데이터로 무엇을 할지에 대한 더 좋은 아이디어를 제공하기 때문이다. 전통적인 객체 지향 모델링에서는 선언된 클래스 없이는 속성(이번 경우 특성attribute이라고 부를 수도 있음)을 가질 수 없다. 속성은 클래스 구조의 세부사항이기 때문이다. 반면에 RDF를 사용하면 선언됐던 어떤 클래스나 선언됐던 어떤 속성 중 한 가지를 찾을 수도 있고, 모두 찾을 수도 있고, 전혀 찾지 못할 수도 있다. 따라서 클래스 선언부가 없을지라도 속성 선언부를 확인하는 것이 좋다.

클래스 선언부가 없는 속성 선언 집합은 실제로 아주 흔하다. 왜냐하면 "트리플의 술어에 보여줄 수도 있는 속성이 있다"라고 알려주는 방법이기 때문이다. 따라서 사람은 클래스의 많은 구조적인 선언 및 클래스 관계에 얽매일 필요 없이 재사용을 위한 어휘를 공유할 수 있다. 더블린 코어 메타데이터 요소 집합Dublin Core Metadata Element Set*이 그 예다.

해결책

앞의 "선언된 클래스는 무엇인가요?" 절에서도 봤듯이 RDF 데이터에서는 클래스로 선언된 사물이 `owl:Class`나 `rdfs:Class`를 갖는다고 알리거나 아마도 다른 클래스인 `rdfs:subClassOf`라고 알리는 것을 봤다. 이번에는 다음에서 보듯이 속성 선언은 비슷하다. `rdf:type`이 `rdf:Property` 혹은 `rdf:Property`의 하위 클래스 중 하나를 갖다고 알림으로써 속성을 선언할 수 있다. 특히 후자는 OWL 모델링할 때 흔하다. 다음의 `owl:DatatypeProperty`는 `rdf:Property`의 하위 클래스다.

```
# 파일명: ex443.ttl

@prefix ab:   <http://learningsparql.com/ns/addressbook#> .
@prefix rdf:  <http://www.w3.org/1999/02/22-rdf-syntax-ns#> .
```

• http://dublincore.org/documents/dces/ – 옮긴이

```
@prefix rdfs: <http://www.w3.org/2000/01/rdf-schema#> .
@prefix owl:  <http://www.w3.org/2002/07/owl#> .

ab:playsInstrument rdf:type rdf:Property .
ab:quantity rdf:type owl:DatatypeProperty .
```

이제 속성 선언을 찾기 위해 무엇을 질의할지 알고 있다. 다음과 같은 질의로 rdf:Property 클래스의 인스턴스를 요청할 수 있다.

```
# 파일명: ex444.rq

PREFIX rdf: <http://www.w3.org/1999/02/22-rdf-syntax-ns#>

SELECT  ?property
WHERE {
  ?property a rdf:Property .   # a 대신에 rdf:type를 사용한다고 말할 수 있음
}
```

속성이 rdf:Property의 하위 클래스의 하위 속성으로 선언되었을 가능성을 설명하기 위해 다음과 같이 선언된 속성과 관련된 요청을 더 철저하게 만든다. 왜냐하면 더하기 기호(76페이지의 "데이터에서 추가 검색"에서 자세히 기술했음)는 질의 엔진에게 직간접적인 하위 클래스 관계를 찾아달라고 알려주기 때문이다.

```
# 파일명: ex445.rq

PREFIX rdf:   <http://www.w3.org/1999/02/22-rdf-syntax-ns#>
PREFIX rdfs:  <http://www.w3.org/2000/01/rdf-schema#>
PREFIX owl:   <http://www.w3.org/2002/07/owl#>

SELECT *
WHERE
{
  ?propClass rdfs:subClassOf+ rdf:Property .
  ?property a ?propClass .
}
```

굿릴레이션즈 온톨로지에 앞 질의를 적용하기 위해 ARQ에 알려준다고 해도 아무런 결과를 얻을 수 없다. 굿릴레이션즈는 많은 속성을 rdf:Property 하위 클래스의 인스턴스로 선언했

기 때문이다(예로 gr:right를 owl:ObjectProperty로, gr:priceType을 owl:DataProperty로 선언하는 것이다). 하지만 ARQ는 질의할 데이터의 일부인 적절한 메타데이터를 제공하지 않는 한 owl:ObjectProperty와 owl:DataProperty가 rdf:Property의 하위 클래스라는 것을 모른다.

굿릴레이션즈 온톨로지에 앞 질의를 적용하려면 먼저 http://www.w3.org/2002/07/owl에 있는 OWL 자체를 선언한 OWL 파일을 찾는다. 이 OWL 파일이 터틀 파일임을 봤으므로 owl.ttl로 이름을 바꿨다. 그러면 다음과 같이 ARQ로 굿릴레이션즈 온톨로지에 질의할 때 owl.ttl 파일을 추가 데이터로 제공한다.

```
arq -query ex445.rq --data goodrelations-v1.owl -data owl.ttl
```

이번 경우의 질의는 330개 이상의 결과를 제공한다. 결과는 다음 라인으로 시작한다.

```
--------------------------------------------------------------------------
| propClass               | property                                      |
==========================================================================
| owl:OntologyProperty    | owl:versionIRI                                |
| owl:OntologyProperty    | owl:priorVersion                              |
| owl:OntologyProperty    | owl:incompatibleWith                          |
| owl:OntologyProperty    | owl:imports                                   |
| owl:OntologyProperty    | owl:backwardCompatibleWith                    |
| owl:AnnotationProperty | <http://purl.org/goodrelations/v1#displayPosition> |
| owl:AnnotationProperty | owl:incompatibleWith                          |
```

OWL 파일을 검색했던 곳인 URL에 익숙해져야 한다. 이 URL은 OWL 네임스페이스의 URI이다.

논의

ex445.rq 질의의 결과는 원래 질의했던 goodreleations-v1.owl 데이터 집합에 owl.ttl을 추가하면 얻을 수 있다. 왜냐하면 owl.ttl은 {owl:ObjectProperty rdfs:subClassOf rdf:Property}과 {owl:AsymmetricProperty rdfs:subClassOf owl:ObjectProperty}와 같이 알려주는 트리플을 포함하고 있기 때문이다. 이런 트리플은 ARQ가 굿릴레이션즈 온톨로지를 자세하게 이해하는 것을 돕는다.

OWL와 RDFS는 단순한 명세 이상이다. 자체가 RDF 기반 어휘이고, 정의한 용어에 관한 많은 메타데이터(더 시맨틱임!)를 제공하기 때문이다. 자신만의 데이터와 다른 데이터로 많은 작업을 하기 위해 이런 어휘를 사용할 수 있다.

참고

- "사용된 속성은 무엇인가요?" (406페이지)
- "주어진 클래스를 얼마나 사용했나요?" (413페이지)

인스턴스를 갖는 클래스는 무엇인가요?

문제

클래스 선언이 많다면 정의됐던 구조가 많을 수도 있지만, 실제로 얼마나 많은 데이터가 실제로 그 구조를 사용할까? 달리 말하면 데이터의 모든 데이터 인스턴스 중 해당하는 인스턴스는 무엇인가?

해결책

이 질의는 데이터 집합에서 사용된 모든 클래스를 나열하며, 해당 클래스가 선언됐는지 여부와 무관하다.

```
# 파일명: ex447.rq

SELECT DISTINCT ?class
WHERE {
  ?instance a ?class .
}
ORDER by ?class
```

397페이지의 "선언된 클래스는 무엇인가요?"의 ex439.rq를 취해서 goodrelations-v1.owl에 실행하면 98개의 선언된 클래스를 찾는다. 하지만 goodrelations-v1.owl에 앞 ex447.rq 질의를 실행하면 이 온톨로지에서 실제로 사용된 클래스는 16개 미만이다.

```
-------------------------------------------------------------
| class                                                     |
=============================================================
| <http://purl.org/goodrelations/v1#BusinessEntityType>     |
| <http://purl.org/goodrelations/v1#BusinessFunction>       |
| <http://purl.org/goodrelations/v1#DayOfWeek>              |
| <http://purl.org/goodrelations/v1#DeliveryMethod>         |
| <http://purl.org/goodrelations/v1#DeliveryModeParcelService> |
| <http://purl.org/goodrelations/v1#Offering>               |
| <http://purl.org/goodrelations/v1#PaymentMethod>          |
| <http://purl.org/goodrelations/v1#PaymentMethodCreditCard> |
| <http://purl.org/goodrelations/v1#WarrantyScope>          |
| <http://www.w3.org/2002/07/owl#AnnotationProperty>        |
| <http://www.w3.org/2002/07/owl#Class>                     |
| <http://www.w3.org/2002/07/owl#DatatypeProperty>          |
| <http://www.w3.org/2002/07/owl#ObjectProperty>            |
| <http://www.w3.org/2002/07/owl#Ontology>                  |
| <http://www.w3.org/2002/07/owl#SymmetricProperty>         |
| <http://www.w3.org/2002/07/owl#TransitiveProperty>        |
-------------------------------------------------------------
```

논의

굿릴레이션즈는 사용하고 있는 클래스보다 더 많은 클래스를 선언해도 되는 좋은 이유를 완벽하게 보여준다. 온톨로지 개념은 보통 다른 데이터가 사용하는 구조를 정의하는 것에 있다. 온톨로지를 자체적으로 활용하는 대신에 굿릴레이션즈의 클래스를 사용하는 수많은 데이터 집합은 전 세계에 널려 있다. 굿릴레이션즈의 클래스를 사용하지 않는 다른 데이터 집합에 대해서는 이야기가 아마도 다를 것이다. 이때 그 이야기는 데이터 집합을 어떤 목적으로 제공하고 있는지에 대한 중요한 부분이다.

> rdf:Property와 OWL 관련 하위 클래스는 자체가 클래스임을 상기하라. 따라서 속성이 선언됐다면 인스턴스를 갖는 클래스 목록에서 이런 클래스가 나타난다. 앞 출력은 이런 몇 개의 클래스를 포함한다.

참고

- “선언된 속성은 무엇인가요?” (401페이지)

- "사용된 속성은 무엇인가요?" (406페이지)
- "주어진 속성 값은 무엇인가요?" (421페이지)
- "주어진 클래스를 얼마나 사용했나요?" (413페이지)

사용된 속성은 무엇인가요?

문제

이건 아마도 새로운 데이터 집합을 만들 수 있는 가장 기본적인 질의일 것이다. 왜냐하면 데이터 집합이 알려주는 게 무엇인지 알고 싶을 때 아주 간단한 질의로 유용한 답을 항상 얻기 때문이다. 모든 속성을 나열하고 싶다. 하지만 10,000개의 트리플이 있다는 전제에서 10,000개의 중복될 수도 있는 속성을 전부 나열하는 질의를 원하지 않는다.

해결책

모든 속성의 목록을 요청하되 중복된 속성이 없는 질의를 원한다.

```
# 파일명: ex449.rq

SELECT DISTINCT ?property
WHERE
{ ?s ?property ?o . }
# LIMIT 50
```

ex012.ttl 데이터 집합에 실행했을 때 이 질의가 검색한 후의 결과 집합은 다음과 같다.

```
-------------------------------------------------------
| property                                            |
=======================================================
| <http://learningsparql.com/ns/addressbook#email>     |
| <http://learningsparql.com/ns/addressbook#homeTel>   |
| <http://learningsparql.com/ns/addressbook#lastName>  |
| <http://learningsparql.com/ns/addressbook#firstName> |
-------------------------------------------------------
```

논의

이 질의는 내가 선호하는 SPARQL 질의로, 새로운 데이터 집합을 살펴볼 때 흔히 먼저 실행하는 질의다. 클래스와 속성 선언과 메타데이터는 편리하지만 RDF에서는 완전히 선택사항이다. 술어는 선택사항이 아니다. 주어 목록은 기술된 것(식별자라서 거의 알려주지 못함)이 무엇인지 알려주는 반면에 목적어 목록은 값이 무엇인지 알려주고, 술어 목록은 제공되는 술어와 관련된 정보 종류가 무엇인지 알려준다. 이것은 보통 제일 먼저 알고 싶어하는 것이다.

ex012.ttl 데이터 집합에 이 질의를 실행한 후의 출력은 단순해도 충분하다. 다만 더 복잡한 대용량 데이터 집합인 경우 심지어 굿릴레이션즈나 VoID 온톨로지일지라도 끝에 `ORDER BY ?property` 라인을 추가하면 갖고 있는 속성이 무엇인지 더 쉽고 빠르게 볼 수 있다.

명명된 그래프를 지원하는 트리플 저장소의 데이터 집합에 앞 질의를 실행하면 기본 그래프에서 사용된 속성만 검색한다. 이 질의를 변형한 다음 질의는 모든 그래프에서 사용된 모든 술어를 비롯해 이런 술어를 포함한 그래프 이름을 요청한다.

```
# 파일명: ex538.rq

SELECT DISTINCT ?graph ?property
WHERE
{
  { ?s ?property ?o . }
  UNION
  { GRAPH ?graph { ?s ?property ?o } }
}
# LIMIT 50
```

여러 명명된 그래프에서 사용하는 속성이 여러 가지라면 각 속성이 이런 명명된 그래프의 역할과 관련된 흥미로운 점을 알려줄 수도 있다.

참고

- “사용된 속성은 무엇인가요?” (406페이지)
- “선언된 속성은 무엇인가요?” (401페이지)
- “주어진 속성을 얼마나 사용했나요?” (410페이지)
- “주어진 속성 값은 무엇인가요?” (421페이지)
- “어떤 클래스가 특정 속성을 사용하나요?” (408페이지)

어떤 클래스가 특정 속성을 사용하나요?

문제

특정 속성을 사용하는 데이터 집합을 보는 중인데, 속성을 사용하는 방법이나 어떻게 사용하는지에 관해 자세히 알고 싶다.

해결책

406페이지의 "사용된 속성은 무엇인가요?"에 나온 질의를 취해서 굿릴레이션즈 온톨로지에 실행한 후, hasNext라고 하는 속성을 봤다고 가정해보자. 다음에 할 일은 무엇인가? 다음 질의는 이 속성 값을 갖는 자원 및 이런 자원이 속하는 클래스가 무엇인지 요청한다.

```
# 파일명: ex451.rq

PREFIX gr: <http://purl.org/goodrelations/v1#>

SELECT DISTINCT ?class
WHERE {
?s gr:hasNext ?o ;
   a ?class .
}
```

goodrelation-v1.owl에 이 질의를 실행하면 다음과 같은 답을 제공한다.

```
----------------
| class        |
================
| gr:DayOfWeek |
----------------
```

논의

사용된 특정 속성이 무엇인지 궁금하다면, 해당 속성을 사용하는 인스턴스를 갖는 클래스 목록을 살펴보면 유용하다.

이 질의는 더 광범위하고 더 일반화된 속성에도 유용하다. 예로 rdfs:label이나 rdfs:comment 값을 포함한 자원의 종류가 무엇을 보기 위해 이 질의를 사용한다면 데이터로 작업하는 방법에 관한 실마리를 제공하는 데이터를 설명한 부분을 더 빠르게 찾을 수 있다.

온톨로지나 RDF 스키마를 가끔 만들 때 속성과 클래스를 관련시키는 rdfs:domain 속성도 사용한다. 44페이지의 "어휘 재사용과 생성: RDF 스키마와 OWL"에서 봤듯이 한 트리플이 {ab:playsInstrument rdfs:domain ab:Musician}라고 말하고, 다른 트리플이 {ab:i0432 ab:playsInstrument ab:vacuumCleaner}라고 말한다면 ab:i0432 자원은 ab:Musician 클래스의 멤버임을 의미한다. 이와 같이 애플리케이션이 자원의 클래스 관계를 추론하는 것 외에도 rdfs:domain은 애플리케이션이 사용자가 특정 클래스의 인스턴스와 관련된 데이터를 편집할 수 있는 폼을 출력해야 할 때 사용할 수 있는 속성이 무엇인지에 관해 몇 가지 훌륭한 단서를 제공한다.

다음 질의는 데이터 모델에서 gr:hasCurrency 속성과 관련된 클래스를 요청한다. 이 질의는 실제로 gr:hasCurrency 속성 값을 갖는 클래스인지 아닌지에는 관심이 없다. 대신에 데이터 모델이 클래스가 속성과 관련이 있는지 여부만 따진다.

```
# 파일명: ex533.rq

PREFIX rdfs: <http://www.w3.org/2000/01/rdf-schema#>
PREFIX gr:   <http://purl.org/goodrelations/v1#>

SELECT ?class
WHERE
{ gr:hasCurrency rdfs:domain ?class }
```

굿릴레이션즈 온톨로지에 이 질의를 실행하면 다음과 같은 결과를 얻는다.

```
-------------------------
| class                 |
=========================
| gr:PriceSpecification |
-------------------------
```

클래스와 관련된 다른 속성은 무엇인가? (예로 현실적인 사용 사례를 들어보자. 애플리케이션이 사용자가 gr:PriceSpecification 인스턴스의 값을 편집할 수 있는 폼을 표시했을 때 이 폼에는 어떤 필드가 있어야 할까?) 350페이지의 "스키마 질의"에서 기술했던, 관련된 속성을 찾는 모델로 사용하는 질의인 ex434.rq를 참조하자.

참고

- "선언된 속성은 무엇인가요?" (401페이지)

- “주어진 클래스를 얼마나 사용했나요?” (413페이지)
- “주어진 속성을 얼마나 사용했나요?” (410페이지)
- “주어진 속성 값은 무엇인가요?” (421페이지)
- “클래스의 인스턴스와 관련된 것이 저장된 데이터는 무엇인가요?” (419페이지)

주어진 속성을 얼마나 사용했나요?

문제

어쩌면 데이터 집합을 처리하는 애플리케이션을 개발하는 과정에서 다양한 속성을 처리하는 코드를 작성할 필요가 있을 때 이런 경우를 접할 것이다. 어떤 속성은 다른 속성보다 더 많이 사용될 수도 있다. 따라서 가장 많이 사용하는 속성을 알고 있다면 개발 작업의 우선 순위를 정하는 데 많은 도움이 될 수 있다. 그러므로 3,000개의 트리플이 사용한 속성은 아마도 3개의 트리플이 사용한 속성보다 더 중요할 수도 있다.

해결책

hasNext 속성은 굿릴레이션즈 온톨로지에서 얼마나 많이 나오는가? 다음 질의는 그 답을 알려준다.

```
# 파일명: ex453.rq

PREFIX gr: <http://purl.org/goodrelations/v1#>

SELECT (COUNT(?o) AS ?hasNextTotal)
WHERE
{ ?s gr:hasNext ?o }
```

답은 7로 나왔다.

> **1.1 알림**
>
> COUNT() 함수는 SPARQL 1.1에 새로 추가됐다.

큰 데이터 집합인 경우 ex453.rq 질의는 질의 엔진에게 일을 많이 하라고 요구할 수 있다. 다음 질의는 질의 엔진에게 훨씬 더 많이 일하도록 요구하며, 각 속성을 얼마나 사용했는가를 모두 정렬해서 나열하도록 요청한다.

```
# 파일명: ex454.rq

SELECT ?p (COUNT(?p) AS ?pTotal)
WHERE
{ ?s ?p ?o . }
GROUP BY ?p
ORDER BY DESC(?pTotal)
```

굿릴레이션즈 온톨로지에 이 질의를 실행하면 다음과 같이 흥미로운 보고서를 얻는다.

```
-----------------------------------------------------------------
| p                                                     | pTotal |
=================================================================
| <http://www.w3.org/1999/02/22-rdf-syntax-ns#type>     | 267    |
| <http://www.w3.org/2002/07/owl#disjointWith>          | 256    |
| <http://www.w3.org/1999/02/22-rdf-syntax-ns#first>    | 213    |
| <http://www.w3.org/1999/02/22-rdf-syntax-ns#rest>     | 213    |
| <http://www.w3.org/2000/01/rdf-schema#comment>        | 177    |
| <http://www.w3.org/2000/01/rdf-schema#label>          | 177    |
| <http://www.w3.org/2000/01/rdf-schema#isDefinedBy>    | 176    |
| <http://www.w3.org/2000/01/rdf-schema#domain>         | 96     |
| <http://www.w3.org/2000/01/rdf-schema#range>          | 96     |
| <http://www.w3.org/2002/07/owl#unionOf>               | 61     |
| <http://www.w3.org/2000/01/rdf-schema#subPropertyOf>  | 22     |
| <http://www.w3.org/2000/01/rdf-schema#subClassOf>     | 19     |
| <http://www.w3.org/2002/07/owl#inverseOf>             | 10     |
| <http://www.w3.org/2002/07/owl#equivalentClass>       | 9      |
| <http://purl.org/goodrelations/v1#displayPosition>    | 8      |
| <http://purl.org/goodrelations/v1#hasNext>            | 7      |
| <http://purl.org/goodrelations/v1#hasPrevious>        | 7      |
| <http://www.w3.org/2002/07/owl#deprecated>            | 6      |
| <http://www.w3.org/2002/07/owl#equivalentProperty>    | 4      |
| <http://purl.org/dc/elements/1.1/contributor>         | 1      |
| <http://purl.org/dc/elements/1.1/creator>             | 1      |
| <http://purl.org/dc/elements/1.1/rights>              | 1      |
| <http://purl.org/dc/elements/1.1/subject>             | 1      |
| <http://purl.org/dc/elements/1.1/title>               | 1      |
| <http://purl.org/dc/terms/license>                    | 1      |
```

```
| <http://purl.org/goodrelations/v1#category>         | 1      |
| <http://purl.org/goodrelations/v1#description>      | 1      |
| <http://www.w3.org/2002/07/owl#versionInfo>         | 1      |
| <http://xmlns.com/foaf/0.1/homepage>                | 1      |
-----------------------------------------------------------------
```

예를 들어 이 출력에서는 rdf:type가 가장 흔하게 사용되는 속성임을 알려준다. 이건 놀랍지도 않다. 왜냐하면 굿릴레이션즈는 전자상거래 애플리케이션이 사용할 클래스와 속성을 선언한 온톨로지이기 때문이다. 또한 이 출력에서 더블린 코어 속성인 dc:contributor, dc:creator, dc:rights, dc:subject, dc:title은 각각 한 번만 사용됨을 보여준다. 따라서 이 데이터를 처리하는 애플리케이션을 개발하는 중이라면 이런 특정 속성을 처리하는 코드를 작성할 때 엄청나게 노력할 필요가 없을 것이다.

논의

앞에서 언급했듯이 데이터 집합에서 특정 조건을 만족하는 모든 트리플을 세는 요청은, 데이터 집합이 충분히 크다면 질의 엔진에게 일을 많이 하라고 요구할 수 있다. 따라서 ex453.rq를 실행할 때 신중해야 한다. SPARQL 엔진에게 더 많이 세라고 요청하는 ex454.rq를 실행하는 경우라면 훨씬 더 조심하자. 예로 SPARQL 접점으로 노출된 데이터 집합인 원격 데이터 집합에 수천 개의 트리플 미만이 있다고 확신하지 않는 한, 이런 원격 데이터 집합에 ex453.rq나 ex454.rq 중 하나를 실행하지 않는 게 아마도 가장 좋을 것이다(집필 당시의 디비피디아에는 1.89억 개의 트리플이 있다).

SPARQL 엔진에게 결과의 특정 개수 미만을 반환하라고 알려주는 LIMIT 키워드는 여기서 아무런 도움이 되지 않는다. 여전히 똑같은 횟수로 세는 작업을 하도록 SPARQL 엔진에 요청하기 때문이다.

한편으로는 하드 디스크에 다른 데이터 집합이 있다면 어떤 속성을 사용했는지 더 많이 알아보기 위해 ex453.rq 질의와 ex454.rq 질의로 시도해보자. 이런 질의 중 하나를 실행하는 데 몇 분 걸리거나 혹은 시간이 많이 걸릴지라도, 실행한 후의 결과는 데이터 집합과 관련된 귀중한 정보를 제공할 수 있다.

참고

- "선언된 속성은 무엇인가요?" (401페이지)

- "주어진 클래스를 얼마나 사용했나요?" (413페이지)
- "주어진 속성을 얼마나 사용했나요?" (410페이지)
- "주어진 속성 값은 무엇인가요?" (421페이지)
- "어떤 클래스가 특정 속성을 사용하나요?" (408페이지)

주어진 클래스를 얼마나 사용했나요?

문제

특정 클래스의 인스턴스를 세는 이유는 410페이지의 "주어진 속성을 얼마나 사용했나요?"에서 물어본 이유와 비슷하다. 즉, 개발 시간의 우선순위 결정을 돕기 때문이다. 세는 데 사용할 수 있는 질의 또한 비슷하다.

해결책

VoID 온톨로지에 397페이지의 "선언된 클래스는 무엇인가요?"라고 요청하면 더블린 코어 메타데이터 텀즈Dublin Core Metadata Terms 어휘의 `dct:Agent` 클래스가 선언된 클래스 중의 하나임을 볼 수 있을 것이다. VoID 온톨로지에는 `dct:Agent` 클래스의 인스턴스가 얼마나 많이 있을까? 다음 질의는 그 답을 알려준다.

```
# 파일명: ex456.rq

PREFIX dct: <http://purl.org/dc/terms/>

SELECT (COUNT(?s) AS ?agentTotal)
WHERE
{ ?s a dct:Agent }
```

VoID 온톨로지에는 `dct:Agent` 클래스의 인스턴스가 네 개 있다.

> **1.1 알림**
>
> `COUNT()` 함수는 SPARQL 1.1에 새로 추가됐다.

이 질의는 410페이지의 "주어진 속성을 얼마나 사용했나요?"에 나온 질의와 마찬가지로 큰 데이터 집합인 경우 질의 엔진보고 일을 많이 하라고 요구할 수도 있다. 다음 질의는 각 클래스의 인스턴스가 얼마나 많이 있는지를 모두 정렬해서 나열하도록 요청한다.

```
# 파일명: ex457.rq

SELECT ?class (COUNT(?s) AS ?instanceTotal)
WHERE
{ ?s a ?class. }
GROUP BY ?class
ORDER BY DESC(?instanceTotal)
```

VoID 온톨로지에 이 질의를 실행하면 다음과 같은 결과를 얻는다.

```
----------------------------------------------------------------------------
| class                                                  | instanceTotal |
============================================================================
| <http://www.w3.org/1999/02/22-rdf-syntax-ns#Property> | 27            |
| <http://www.w3.org/2002/07/owl#DatatypeProperty>      | 8             |
| <http://purl.org/dc/terms/Agent>                      | 4             |
| <http://www.w3.org/2000/01/rdf-schema#Class>          | 4             |
| <http://www.w3.org/2002/07/owl#Class>                 | 4             |
| <http://www.w3.org/2002/07/owl#FunctionalProperty>    | 4             |
| <http://xmlns.com/foaf/0.1/Person>                    | 4             |
| <http://www.w3.org/ns/adms#SemanticDistribution>      | 2             |
| <http://www.w3.org/2002/07/owl#Ontology>              | 1             |
| <http://www.w3.org/ns/adms#SemanticAsset>             | 1             |
----------------------------------------------------------------------------
```

이 온톨로지에는 선언된 클래스 자체의 인스턴스가 없다는 게 흥미롭지만 그리 특이한 사항이 아니다. 이 온톨로지의 목적은 애플리케이션에서 사용하는 다른 온톨로지를 위한 모델을 정의하는 데 있다.

논의

410페이지의 "주어진 속성을 얼마나 사용했나요?"에서 보여준 두 질의에 적용할 수 있는 모든 동일한 문제는 이 절의 두 질의에도 적용할 수 있다.

참고

- "선언된 클래스는 무엇인가요?" (397페이지)

- "인스턴스를 갖는 클래스는 무엇인가요?" (404페이지)
- "어떤 클래스가 특정 속성을 사용하나요?" (408페이지)
- "주어진 속성을 얼마나 사용했나요?" (410페이지)

주어진 클래스의 인스턴스가 많을 경우 이런 인스턴스는 무엇인가요?

문제

클래스의 인스턴스는 해당 클래스와 관련된 많은 데이터를 가질 수도 있다. 그 데이터 중에서 어떤 값은 다른 값과 비교해보면 더 아리송하다. 이런 인스턴스를 정확하게 확인할 수 있는 간단한 방법이 있는가?

해결책

자원의 URI는 해당 자원에 관련된 모든 것을 알려주지 않는다. `rdfs:label` 속성의 요점은 자원 이름을 사람이 읽을 수 있는 대안이라는 것이다. 운이 좋다면 자원에는 더 많이 알려주는 `rdfs:comment` 속성이 있을 것이다.

> `rdfs:label` 값을 갖는 자원이 충분하지 않아서 좌절한다면 이건 작성자가 저지른 실수다. 이와 같이 자신만의 RDF 데이터에 `rdfs:label`을 반드시 포함시켜야 함을 명심하자.

굿릴레이션즈 온톨로지에 있는 `gr:BusinessFunction` 클래스의 다양한 인스턴스가 무엇인지 궁금하다고 가정해보자. 다음 질의는 `gr:BusinessFunction`의 `rdfs:label` 값과 존재할 수도 있는 `rdfs:comment` 값, 자원의 URI 자체를 나열한다.

```
# 파일명: ex459.rq

PREFIX rdfs: <http://www.w3.org/2000/01/rdf-schema#>
PREFIX gr:   <http://purl.org/goodrelations/v1#>

SELECT *
WHERE
```

```
{
  ?bf a gr:BusinessFunction ;
      rdfs:label ?label .
  OPTIONAL { ?bf rdfs:comment ?comment }
}
```

굿릴레이션즈 온톨로지에 이 질의를 실행하면 다음과 같이 긴 출력을 얻는다(굿릴레이션즈 온톨로지 파일인 goodrelations-v1.owl 파일을 연 후, rdfs:comment 값이 있는 라인으로 가서 캐리지 리턴을 추가했기 때문에 rdfs:comment 값의 길이는 충분하다. ARQ는 데이터에서 찾은 캐리지 리턴을 "\n" 문자로 변환했으며, 출력에서 볼 수 있다).

```
---------------------------------------------------------------------------
| bf                                | label
| comment
===========================================================================
| gr:Dispose                        | "Dispose (business function)"@en
| "This gr:BusinessFunction indicates that the gr:BusinessEntity offers (or
  seeks) the acceptance of the specified gr:ProductOrService for proper
  disposal, recycling, or any other kind of allowed usages, freeing the
  current owner from all rights and obligations of ownership."@en

| gr:Sell                           | "Sell (business function)"@en
| "This gr:BusinessFunction indicates that the gr:BusinessEntity offers to
  permanently transfer all property rights on the specified
  gr:ProductOrService."@en

| gr:Repair                         | "Repair (business function)"@en
| "This gr:BusinessFunction indicates that the gr:BusinessEntity offers (or
  seeks) the evaluation of the chances for repairing, and, if positive, repair
  of the specified gr:ProductOrService. Repairing means actions that restore
  the originally intended function of a product that suffers from outage or
  malfunction."@en

| gr:Maintain                       | "Maintain (business function)"@en
| "This gr:BusinessFunction indicates that the gr:BusinessEntity offers (or
  seeks) typical maintenance tasks for the specified
  gr:ProductOrService. Maintenance tasks are actions that undo or compensate
  for wear or other deterioriation caused by regular usage, in order to
  restore the originally intended function of the product, or to prevent
  outage or malfunction."@en
```

```
| gr:ProvideService              | "Provide service (business function)"@en
| "This gr:BusinessFunction indicates that the gr:BusinessEntity offers (or
  seeks) the respective type of service.\n\nNote: Maintain and Repair are also
  types of Services. However, products and services ontologies often provide
  classes for tangible products as well as for types of services. The business
  function gr:ProvideService is to be used with such goods that are services,
  while gr:Maintain and gr:Repair can be used with goods for which only the
  class of product exists in the ontology, but not the respective type of
  service.\n\nExample: Car maintenance could be expressed both as \"provide
  the service car maintenance\" or \"maintain cars\"."@en

| gr:ConstructionInstallation    | "Construction / installation (business function)"@en
| "This gr:BusinessFunction indicates that the gr:BusinessEntity offers (or
  seeks) the construction and/or installation of the specified
  gr:ProductOrService at the customer's location."@en

| gr:Buy                         | "Buy (business function, DEPRECATED)"@en
| "This gr:BusinessFunction indicates that the gr:BusinessEntity is in general
  interested in purchasing the specified gr:ProductOrService.\nDEPRECATED. Use
  gr:seeks instead."@en

| gr:LeaseOut                    | "Lease Out (business function)"@en
| "This gr:BusinessFunction indicates that the gr:BusinessEntity offers (or
  seeks) the temporary right to use the specified gr:ProductOrService."@en\
```

굿릴레이션즈는 확실히 잘 문서화된 온톨로지다.

논의

예제 질의로 찾았던 모든 gr:BusinessFunction 인스턴스는 rdfs:comment 값뿐만 아니라 rdfs:label 값도 갖는다. 이 질의는 rdfs:comment 값이 굿릴레이션즈 온톨로지에 있다고 가정하지 않는다. 이 질의의 트리플 패턴은 OPTIONAL 그래프 패턴이다. 이런 이유로 rdfs:label 값을 갖는 자원에는 rdfs:comment 값이 없더라도 결과 집합에는 rdfs:label 값이 여전히 나타난다.

> rdfs:label 값을 갖는 자원은 rdfs:comment 값도 가질 거라고 넘겨짚지 말자.

rdfs:label를 사용해서 인스턴스를 갖는 클래스가 무엇인지 알고 싶다면 어떻게 해야 할까?

rdfs:label 값을 갖는 각 자원이 어떤 클래스에 속하는지 요청하는 꽤 간단한 질의로 찾을 수 있다.

```
# 파일명: ex461.rq

PREFIX rdfs: <http://www.w3.org/2000/01/rdf-schema#>

SELECT DISTINCT ?class
WHERE
{
  ?s rdfs:label ?label ;
     a ?class .
}
```

다음은 rdfs:label 값을 갖는, 굿릴레이션즈 클래스의 인스턴스를 나열한 것이다.

```
-----------------------------------------------------------------
| class                                                         |
=================================================================
| <http://www.w3.org/2002/07/owl#ObjectProperty>                |
| <http://www.w3.org/2002/07/owl#SymmetricProperty>             |
| <http://www.w3.org/2002/07/owl#TransitiveProperty>            |
| <http://purl.org/goodrelations/v1#PaymentMethod>              |
| <http://www.w3.org/2002/07/owl#DatatypeProperty>              |
| <http://purl.org/goodrelations/v1#BusinessFunction>           |
| <http://purl.org/goodrelations/v1#PaymentMethodCreditCard>    |
| <http://purl.org/goodrelations/v1#BusinessEntityType>         |
| <http://www.w3.org/2002/07/owl#Class>                         |
| <http://purl.org/goodrelations/v1#DeliveryModeParcelService>  |
| <http://purl.org/goodrelations/v1#DayOfWeek>                  |
| <http://purl.org/goodrelations/v1#DeliveryMethod>             |
| <http://purl.org/goodrelations/v1#WarrantyScope>              |
| <http://www.w3.org/2002/07/owl#Ontology>                      |
| <http://www.w3.org/2002/07/owl#AnnotationProperty>            |
-----------------------------------------------------------------
```

참고

- "클래스의 인스턴스와 관련된 것이 저장된 데이터는 무엇인가요?" (419페이지)

- "인스턴스를 갖는 클래스는 무엇인가요?" (404페이지)
- "특정 속성 값인 자원과 관련된 데이터는 무엇인가요?" (423페이지)

클래스의 인스턴스와 관련된 것이 저장된 데이터는 무엇인가요?

문제

RDF 기술의 유연해서 클래스의 인스턴스를 생성하기 전에 클래스의 속성을 선언할 필요가 없다. 이런 선언부 추가도 그냥 지침일 뿐이다. 즉, 관계형 데이터베이스나 XML 기반 시스템의 스키마 선언부와 마찬가지로 이런 규칙 위반은 체계를 망가뜨림을 의미하는 게 아니다.

rdfs:domain 속성을 사용해서 주어진 클래스와 관련시킨 속성이 많을지라도 모든 속성을 사용하는 건 아니다. 그렇다면 주어진 데이터 집합에서 클래스의 인스턴스가 사용한 속성을 간단한 질의로 어떻게 찾는가?

해결책

FOAF 명세는 foaf:Person 클래스와 관련될 수 있는 많은 속성을 나열한다. 그중에서 VoID 온톨로지가 사용하는 속성은 어떤 것인가? 각 foaf:Person 클래스의 인스턴스를 기술하는 트리플의 술어를 요청해 찾을 수 있다.

```
# 파일명: ex463.rq

PREFIX foaf: <http://xmlns.com/foaf/0.1/>

SELECT DISTINCT ?property
WHERE
{
  ?person a foaf:Person ;
          ?property ?value .
}
```

(한꺼번에 나열된 각 속성의 이름만 원한다고 명시하기 위해 DISTINCT 키워드를 사용했음에 주목하자.) 다음 결과는 VoID가 온톨로지에 저장된 각 foaf:Person와 관련된 약간의 연락처만 가짐을 보여준다.

```
----------------------------------------------------
| property                                         |
====================================================
| foaf:mbox                                        |
| foaf:homepage                                    |
| foaf:name                                        |
| <http://www.w3.org/1999/02/22-rdf-syntax-ns#type> |
----------------------------------------------------
```

논의

결과의 마지막 행은 놀라운 일이 아니다. `foaf:Person` 클래스의 멤버인 자원을 요청하는 것은 `rdf:type` 값이 `foaf:Person`인 자원을 요청하는 것과 동일하기 때문이다. 따라서 `rdf:type`은 분명히 각 자원이 가져야 하는 속성 중 하나다.

스키마로 클래스와 관련이 있었던 속성을 알고 싶다면 클래스를 도메인으로 갖는 속성을 요청하면 된다. FOAF 속성을 사용함에도 불구하고 VoID 온톨로지는 `foaf:Person`의 도메인을 갖는 클래스를 알려주지 않는다. 왜냐하면 FOAF 온톨로지에서 알려줘야 하기 때문이다. 다음 질의로 VoID 온톨로지의 자체 클래스 중 하나인 `void:Linkset`과 관련된 속성을 VoID 온톨로지에 요청할 수 있다.

```
# 파일명: ex465.rq

PREFIX rdfs: <http://www.w3.org/2000/01/rdf-schema#>
PREFIX void: <http://rdfs.org/ns/void#>

SELECT *
WHERE
{ ?property rdfs:domain void:Linkset }
```

이 질의를 실행하면 다음과 같이 네 개의 속성을 보여준다.

```
-----------------------
| property            |
=======================
| void:objectsTarget  |
| void:subjectsTarget |
| void:linkPredicate  |
| void:target         |
-----------------------
```

참고

- "어떤 클래스가 특정 속성을 사용하나요?" (408페이지)
- "인스턴스를 갖는 클래스는 무엇인가요?" (404페이지)
- "주어진 클래스의 인스턴스가 많을 경우 이런 인스턴스는 무엇인가요?" (415페이지)

주어진 속성 값은 무엇인가요?

문제

주어진 속성의 용도가 궁금할 경우의 좋은 단서는 해당 속성 값이 어떤지를 찾는 것이며, 매우 간단한 질의로 알아낼 수 있다.

해결책

굿릴레이션즈에 정의된 `gr:hasNext` 속성을 본 후라고 가정해보자. "이 속성의 값은 무엇인지?"가 궁금하다. 당연히 확인할 수 있는 좋은 방법은 자체가 속성인 `rdfs:comment`다. 하지만 `gr:hasNext` 속성을 사용한 값 목록을 이용하면 더 많은 걸 알 수 있다. 다음 질의는 이렇게 알려준다.

```
# 파일명: ex467.rq

PREFIX gr: <http://purl.org/goodrelations/v1#>

SELECT DISTINCT ?value
WHERE
{ ?s gr:hasNext ?value }
```

질의 결과에서 보여준 값은 요일이다.

```
----------------
| value        |
================
| gr:Saturday  |
| gr:Sunday    |
| gr:Tuesday   |
| gr:Monday    |
```

```
| gr:Wednesday |
| gr:Friday    |
| gr:Thursday  |
----------------
```

> 값은 접두사가 붙은 이름이다. 그러므로 자체 URI를 갖는 자원은 "Sunday" 같은 요일 이름의 문자열 값 표현을 대신함에 주목하자. 필요하다면 애플리케이션이 "Sonntag"나 "dominge"처럼 여러 언어로 된 문자열을 사용하도록 만들 수 있다.

논의

DISTINCT 키워드는 SPARQL 처리기가 중복된 결과를 제공하는 것을 막는다. `gr:hasNext` 속성을 사용하는 트리플이 40~50개 이상이라서 많이 반복될 경우 DISTINCT 키워드를 사용하는 게 편리할 수 있다.

하지만 DISTINCT 키워드가 없는 다음 질의인 ex469.rq가 유용할 수도 있다. 예로 주어진 속성에 저장된 모든 값을 살펴보면 어떤 속성을 다른 속성보다 더 많이 사용하는지 알아낼 수 있다(이번 경우에는 결과를 더 쉽게 알 수 있도록 결과를 정렬하기 위해 질의의 끝에 ORDER BY 라인을 추가한다). ex467.rq에서 DISTINCT 키워드를 제거하면 굿릴레이션즈 온톨로지에 `gr:hasNext` 속성과 관련된 질의를 할 때와 아무런 차이가 없을 것이다. 하지만 다음 데이터 집합을 대상으로 질의하면 차이가 날 수도 있다.

특정 속성의 `rdfs:range` 설정을 질의하면 잠재적인 속성 값과 관련된 많은 사항을 알려줄 수도 있다. 다음 질의는 굿릴레이션즈에 정의된 `gr:hasNext` 속성의 `rdfs:range`를 요청한다.

```
# 파일명: ex469.rq

PREFIX rdfs: <http://www.w3.org/2000/01/rdf-schema#>
PREFIX gr:   <http://purl.org/goodrelations/v1#>

SELECT *
WHERE
{ gr:hasNext rdfs:range ?rangeValue . }
```

다음 결과는 `gr:hasNext` 값이 굿릴레이션즈 온톨로지에 정의된 `gr:DayOfWeek` 클래스의 인스턴스임을 보여준다.

```
----------------
| rangeValue    |
================
| gr:DayOfWeek  |
----------------
```

`gr:amountOfThisGood` 속성과 관련된 값을 굿릴레이션즈 온톨로지에 요청하도록 앞 ex469.rq 질의를 수정하면, 이 값이 부동소수점 숫자인 `xsd:float` 타입임을 알 수 있다.

참고

- "주어진 속성을 얼마나 사용했나요?" (410페이지)
- "사용된 속성은 무엇인가요?" (406페이지)
- "특정 속성 값인 자원과 관련된 데이터는 무엇인가요?" (423페이지)
- "특정 하위 문자열을 포함한 데이터나 속성 이름은 무엇인가요?" (431페이지)

특정 속성 값인 자원과 관련된 데이터는 무엇인가요?

문제

일부 트리플을 살펴보면 주어진 속성 값이 URI인 경우가 종종 있다. URI는 꽤 아리송할 수 있어서(void.ttl의 `dc:creator` 값이 그 예다) 이런 URI가 무엇인지 당연히 궁금할 수 있다.

해결책

대부분의 경우 다음 단계에서 속성 값이 URI인 자원에 부여된 `rdfs:label` 값을 확인하는 게 좋다. 하지만 나중에 알고 보면 void.ttl 온톨로지의 `dc:creator` 자원에는 `rdfs:label` 값이 없다. 다음과 같이 간단한 질의로 `dc:creator` 값과 관련이 있는 데이터를 정확하게 찾을 수 있다.

```
# 파일명: ex471.rq

PREFIX dc:   <http://purl.org/dc/elements/1.1/>
PREFIX foaf: <http://xmlns.com/foaf/0.1/>
PREFIX void: <http://vocab.deri.ie/void#>
PREFIX rdf:  <http://www.w3.org/1999/02/22-rdf-syntax-ns#>
```

```
SELECT ?creator ?propertyName ?propertyValue
WHERE
{
  ?s dc:creator ?creator .
  ?creator ?propertyName ?propertyValue .
}
```

이 질의에서는 dc: 접두사를 선언했다. 그래프 패턴이 이 접두사를 사용하기 때문이다. 다른 접두사 선언도 포함시켰다. 그 이유는 검색 결과에서 이런 URI가 나옴을 알고 있었고, 페이지에 맞춰 충분히 넓은 결과를 만들고 싶었기 때문이다. 이번에도 페이지에 맞추기 위해 다음 결과의 각 ?creator 값 뒤에 캐리지 리턴을 넣었으며, 각 결과가 두 라인 대신에 한 라인으로 나옴을 볼 수 있다. 또한 각 결과에 있는 이메일 주소의 고수준 도메인을 "xyz"로 대체했다. 누군가가 VoID 제작자에게 스팸을 보내는 경우에 대한 책임을 지고 싶지 않았기 때문이다.

다음 결과는 각 dc:creator가 foaf:mbox, foaf:homepage, foaf:name, rdf:type 속성 값을 가짐을 보여준다.

```
------------------------------------------------------
| creator
| propertyName | propertyValue                        |
======================================================
| <http://vocab.deri.ie/void#Michael%20Hausenblas>
| foaf:mbox     | <mailto:michael.hausenblas@deri.xyz> |
| <http://vocab.deri.ie/void#Michael%20Hausenblas>
| foaf:homepage | <http://sw-app.org/about.html>       |
| <http://vocab.deri.ie/void#Michael%20Hausenblas>
| foaf:name     | "Michael Hausenblas"                 |
| <http://vocab.deri.ie/void#Michael%20Hausenblas>
| rdf:type      | foaf:Person                          |
| void:keiale
| foaf:mbox     | <mailto:Keith.Alexander@talis.xyz>   |
| void:keiale
| foaf:homepage | <http://kwijibo.talis.com/>          |
| void:keiale
| foaf:name     | "Keith Alexander"                    |
```

```
| void:keiale
| rdf:type      | foaf:Person                           |
| void:junzha
| foaf:mbox     | <mailto:jun.zhao@zoo.ox.ac.xyz>       |
| void:junzha
| foaf:homepage | <http://users.ox.ac.uk/~zool0770/>    |
| void:junzha
| foaf:name     | "Jun Zhao"                            |
| void:junzha
| rdf:type      | foaf:Person                           |
| void:cygri
| foaf:mbox     | <mailto:richard.cyganiak@deri.xyz>    |
| void:cygri
| foaf:homepage | <http://richard.cyganiak.de/>         |
| void:cygri
| foaf:name     | "Richard Cyganiak"                    |
| void:cygri
| rdf:type      | foaf:Person                           |
--------------------------------------------------------
```

논의

URI를 트리플의 목적어로 보거든 RDF의 훌륭한 점 중 하나라고 떠올려 주길 바란다. 주어진 자원의 URI는 어떤 속성의 주어일 수도 있고, 다른 트리플의 목적어일 수도 있다(그리고 아마도 다른 트리플의 술어일 것이다!). 이것은 데이터를 다른 데이터와 더 쉽게 연결할 수 있음을 의미하므로 애플리케이션이 URI로 관련 데이터를 더 찾을 수 있다. 속성 값이 자원이라면 해당 자원은 속성과 관련된 데이터를 자체적으로 가질 수 있다. 이런 데이터는 해당 자원과 관련된 부가 데이터 등을 갖는 다른 자원을 가리킬 수도 있다. 이와 같이 데이터가 다른 데이터에 연결되는 것을 링크드 데이터에서는 링크라고 한다. 어떻게 보면 관심이 있는 데이터를 이용해서 연결되는 다른 데이터를 찾기 위해 경로를 탐색하는 방법은 SPARQL로 재미있게 해볼 수 있는 방법 중 하나다.

참고

- "주어진 클래스의 인스턴스가 많을 경우 이런 인스턴스는 무엇인가요?" (415페이지)
- "주어진 속성 값은 무엇인가요?" (421페이지)

선언되지 않은 속성을 어떻게 찾나요?

문제

이 절의 제목인 "선언되지 않은 속성을 어떻게 찾나요?"에 관한 "문제"는 어쩌면 너무나 심한 단어일 수도 있겠다. 사실 RDF는 속성을 사용하지 않을 경우 이런 속성을 선언하라고 요구하지 않는다는 게 큰 혜택이다. 왜냐하면 저장하기가 더 쉽고, 모두 합쳐봐도 작고, 데이터를 더 상세하게 만들 수 있기 때문이다. 트리플의 술어를 URI로 표현하기 때문에 RDF 파서는 술어에 사용된 속성의 존재 여부와 무관하게 술어로 작업할 수 있다.

그렇긴 하지만 파서가 술어에 관련된 무언가를 알고 있다면 술어로 더 많이 작업할 수 있다. 애플리케이션이 자원의 특정 클래스에 대한 데이터를 표현하기 위해 가끔 사용되는 특정 속성을 안다면 클래스의 인스턴스에 대한 폼, 보고서, 다른 애플리케이션의 구성요소를 생성하기 위해 이 속성을 사용할 수 있다. 애플리케이션이 속성 값이 항상 특정 클래스의 멤버나 불리언 혹은 정수 같은 특정 타입인 값임을 안다면 해당 속성을 사용하는 클래스의 인스턴스에 대한 폼을 훨씬 더 좋게 만들 수 있다. 이런 경우 사용자가 원하는 값을 입력하도록 기다리는 대신에 적절한 값을 선택하도록 안내하면 된다.

처음 보는 속성이 기존 속성의 하위 속성임을 애플리케이션이 인지한다면 이런 속성을 갖고 유용하게 처리하는 몇 가지 방법을 알 수도 있다. 예로 인식할 수 없는 `foo: glassBlower`가 더블린 코어에 정의된 `dc:creator` 속성의 하위 속성이라고 하자. 이때 애플리케이션이 `dc: creator` 값을 처리하는 방법과 똑같이 `foo:glassBlower` 값을 처리할 수 있음을 안다면 아마도 보고서의 "제작자"에 `foo:glassBlower` 값을 넣을 것이다.

해결책

다음 질의는 어떤 타입으로 선언되지 않은 모든 술어 목록을 요청한다(상기하라. SPARQL과 터틀에서 "a"는 `rdf:type`과 동의어다).

```
# 파일명: ex485.rq

SELECT DISTINCT ?p
WHERE
{
  ?s ?p ?o .
  MINUS { ?p a ?someType }
```

```
}
ORDER BY ?p
```

이 질의는 본질적으로 "모든 술어의 목록을 내게 주세요… 다만 어떤 타입으로 선언된 술어는 제외해주세요"라고 말한다.

논의

술어로 사용된 속성 타입(이 질의가 `?someType` 변수에 저장한 것임)은 아마도 `rdf:Property` 혹은 OWL 표준의 일부로 선언된 `owl:DatatypeProperty`나 `owl:ObjectProperty` 클래스와 같이 `rdf:Property`의 어떤 하위 속성일 것이다. 이 속성 타입은 특수한 사용자정의로 선언된 속성의 어떤 하위 속성일 수도 있다.

하지만 지금은 알고 있는 모든 타입을 갖지 않는 속성에 더 관심이 있다. 다음과 같이 VoID 온톨로지에 이 질의를 실행한 후 출력을 살펴보자.

```
-----------------------------------------------------------
| p                                                       |
===========================================================
| <http://purl.org/dc/elements/1.1/creator>               |
| <http://purl.org/dc/terms/FileFormat>                   |
| <http://purl.org/dc/terms/created>                      |
| <http://purl.org/dc/terms/description>                  |
| <http://purl.org/dc/terms/modified>                     |
| <http://purl.org/dc/terms/partOf>                       |
| <http://purl.org/dc/terms/publisher>                    |
| <http://purl.org/dc/terms/status>                       |
| <http://purl.org/dc/terms/title>                        |
| <http://purl.org/dc/terms/type>                         |
| <http://purl.org/vocab/vann/preferredNamespacePrefix>   |
| <http://purl.org/vocab/vann/preferredNamespaceUri>      |
| <http://www.w3.org/1999/02/22-rdf-syntax-ns#type>       |
| <http://www.w3.org/2000/01/rdf-schema#comment>          |
| <http://www.w3.org/2000/01/rdf-schema#domain>           |
| <http://www.w3.org/2000/01/rdf-schema#label>            |
| <http://www.w3.org/2000/01/rdf-schema#range>            |
| <http://www.w3.org/2000/01/rdf-schema#subClassOf>       |
| <http://www.w3.org/2000/01/rdf-schema#subPropertyOf>    |
| <http://www.w3.org/ns/adms#accessURL>                   |
| <http://www.w3.org/ns/adms#status>                      |
```

```
| <http://xmlns.com/foaf/0.1/homepage>                    |
| <http://xmlns.com/foaf/0.1/mbox>                        |
| <http://xmlns.com/foaf/0.1/member>                      |
| <http://xmlns.com/foaf/0.1/name>                        |
-----------------------------------------------------------
```

*http://purl.org/dc/elements/1.1*과 *http://xmlns.com/foaf/0.1* 같은 유명한 기저 URI를 알고 있으므로 술어가 어디에서 선언됐다고 말할 수 있다. 그러나 SPARQL 엔진만은 이런 술어에 대한 선언을 보지도 못했다.

이 질의의 출력에서 보여준 속성이 선언된 스키마나 온톨로지(이번 경우 더블린 코어, 더블린 코어 메타데이터 텀즈, 주석 어휘 기술을 위한 VANN 어휘, ADMS[Asset Description Metadata Schema], RDF 스키마, FOAF)가 있고 또한 질의할 데이터에 이런 스키마와 온톨로지의 트리플이 들어 있다면, 출력에서 보여준 속성과 관련된 것을 훨씬 더 많이 찾을 수 있다.

> 주어진 스키마나 온톨로지를 찾으려면 선언된 이름 중 하나인 기저 URI를 브라우저로 보내라. 예로 *http://www.w3.org/ns/adms#accessURL*를 자세히 알기 위해 *http://www.w3.org/ns/acessURL*을 브라우저로 보낸다.

질의가 정말로 어디에서도 선언된 적이 없는 속성을 찾았다면 어떨까? 데이터 집합의 후원자가 데이터에 대한 명시적인 모델을 만들어 배포하는 것보다 기존 데이터 소스 게시에 관심이 더 많은 곳인 링크드 오픈 데이터에서는 이런 속성을 찾는 일이 그리 이상한 건 아니다. 비 RDF 데이터 소스(예, 스프레드시트)에서 RDF를 데이터를 생성하기 위해 사용하는 유틸리티는 입력 데이터(예, 스프레드시트의 열 헤더[column header])를 기준으로 해서 대응하는 속성을 선언할 필요없이 출력 술어인 속성을 생성할 수도 있다.

선언을 만들기 위해 SPARQL를 사용할 필요는 없다. 그냥 데이터 집합에 트리플을 많이 추가하면 된다. 예로 *http://learningsparql.com/ns/demon#foobar* 술어를 봤지만, 이 술어에 대한 선언을 찾을 수 없다면 트리플인 `{<http://learningsparql.com/ns/demo#foobar> a rdf:Property}`를 데이터에 간단히 추가할 수 있다(SPARQL로 이 트리플을 추가하고 싶다면 CONSTRUCT 질의 혹은 INSERT 요청으로 추가할 수 있다).

`owl:DatatypeProperty`나 `owl:ObjectProperty` 같은 더 구체적인 속성 타입을 선언하면 애플리케이션이 데이터로 더 많은 작업을 할 수 있다. 예로 모든 `dm:foobar` 값이 URI인 것처럼

보였다면 아마도 목적어인 속성일 것이다. 다음 질의는 dm:foobar를 owl:ObjectProperty로 선언하기 전에 dm:foobar 값이 URI가 아닌지 두 번 확인한다.

```
# 파일명: ex487.rq

PREFIX dm:    <http://learningsparql.com/ns/demo#>
PREFIX rdfs:  <http://www.w3.org/2000/01/rdf-schema#>

SELECT ?o
WHERE
{
  ?s dm:foobar ?o .
  FILTER(!(isIRI(?o)))
}
```

반면에 URI처럼 보이는 속성 값이 아예 없어서 owl:DatatypeProperty로 선언한 것 같다고 여겨진다면 앞 질의에서 느낌표를 제거하라. 그러면 URI인 dm:foobar 트리플의 목적어를 나열한다.

> 기존 속성의 특화된 버전인 새로운 속성을 선언할 때(예, foo:glassblower 속성을 dc:creator의 특화된 버전으로 선언함) 기존 속성의 rdfs:subPropertyOf로 선언한다.
>
> 데이터 모델링을 하기 위한 그래픽 사용자 인터페이스를 제공하는 탑브레이드 혹은 프로테제 같은 도구를 사용할 때 표준 RDF 구문을 사용해 작업을 저장하기 전에는 속성, 그리고 특히 해당 속성과 관련된 메타데이터(해당 속성이 기존 속성의 하위 속성인지 아닌지 여부 같은 것)를 선언하는 게 훨씬 더 쉽다.

참고

- "특정 속성 값의 데이터 타입을 어떻게 바꾸나요?" (445페이지)
- "한 속성을 다른 속성으로 어떻게 대체하나요?" (442페이지)

URI를 문자열로 어떻게 취급하나요?

문제

URI는 아리송할 수 있겠지만 잘 살펴보면 도메인 이름, 경로 이름이나 로컬 이름에 유용한 많은 정보를 담고 있다. 가끔 새로운 URI를 만들기 위해 URI의 조각을 꺼내고 싶고, 때로는 하위 문자열을 지정하기 위해 URI를 검색하고 싶을 수 있다. 하지만 URI는 문자열이 아니다.

해결책

굿릴레이션즈 어휘는 rdfs:label 값을 모든 클래스에 할당하는 모범 사례를 따른다. 하지만 이런 사례를 따르지 않되 가격과 관련된 정보를 가진 클래스가 무엇인지 알아본다고 가정해 보자. str() 함수에서 URI(혹은 URI를 저장한 변수)를 감싸면 URI의 문자열 버전을 반환하므로 CONTAINS()나 regex() 함수 호출처럼 문자열을 이용한 작업을 할 수 있다. 다음 질의는 단어인 "price"가 있되 대소문자가 조합된 모든 URI를 나열한다.

```
# 파일명: ex489.rq

PREFIX owl: <http://www.w3.org/2002/07/owl#>

SELECT *
WHERE
{
  ?s a owl:Class .
  FILTER(CONTAINS(LCASE(str(?s)),"price"))
}
```

굿릴레이션즈 어휘에 이 질의를 실행하면 다음과 같이 두 클래스인 URI의 하위 문자열에 "price"가 있음을 알 수 있다.

```
-----------------------------------------------------------
| s                                                       |
===========================================================
| <http://purl.org/goodrelations/v1#PriceSpecification>     |
| <http://purl.org/goodrelations/v1#UnitPriceSpecification> |
-----------------------------------------------------------
```

논의

구체적으로 설명하기 위해 굿릴레이션즈에 `rdfs:label` 값을 클래스 이름에 할당하지 않은 척 했다. 정말로 굿릴레이션즈의 클래스를 가격으로 취급하는 방법이 궁금했다면 `str()` 함수를 굳이 사용할 필요없이 `rdfs:label` 값을 찾는 비슷한 질의를 실행했을 것이다. `rdfs:label` 값은 항상 문자열이어야 하기 때문이다.

URI를 문자열로 취급하는 모범 사례를 따르지 않는 RDFS 스키마와 OWL 온톨로지를 찾을 경우, 앞 질의는 이런 RDFS 스키마와 OWL 온톨로지의 어휘를 살펴보기 위한 편리한 기술을 보여준다. 일단 URI를 문자열로 취급하는 `str()` 함수를 사용했다면 `CONTAINS()`를 이용한 검색 외에 다른 것을 할 수 있다. 즉, 문자열로 취급한 URI를 훑고, 분리하고, 결합하기 위해 문자열 관련 함수(SPARQL 1.1에 추가된 몇 가지 훌륭하고 새로운 함수를 상기하라)를 조합해서 사용할 수 있다.

참고

- "특정 하위 문자열을 포함한 데이터나 속성 이름은 무엇인가요?" (431페이지)
- "문자열을 URI로 어떻게 변환하나요?" (433페이지)

특정 하위 문자열을 포함한 데이터나 속성 이름은 무엇인가요?

문제

데이터 집합에서 무언가를 찾았는데, URI로 볼지 문자열로 볼지 모르겠다면 어떻게 할까? 주어진 데이터 집합에서는 관심이 있는 무언가를 언급했을 수도 있다. 하지만 어디에 있는지 확실하지 않다. 그래서 특정 문자열로 모든 것을 검색하고 싶다. 예로 데이터 집합의 어떤 곳이든 문자열인 "publish"를 찾고 싶다고 가정해보자.

해결책

다음 질의는 데이터 집합의 모든 트리플을 요청(그런 엄청난 요청을 하기 전에 데이터 집합의 크기를 고려하라!)한 다음에 이런 모든 트리플 중 문자열인 "publish"가 목적어인 트리플만 원한다고 알려주는 FILTER 문을 사용한다.

```
# 파일명: ex473.rq

SELECT *
WHERE
{
  ?s ?p ?o .
  FILTER (CONTAINS(LCASE(str(?o)), "publish"))
}
```

이 질의를 VoID 온톨로지 파일(void.ttl)과 굿릴레이션즈 온톨로지 파일(goodrelations-v1.owl) 모두에 실행하면 결과를 얻는다.

하위 문자열로 속성 이름을 검색하기 위해 즉, 이번 예제에서는 속성 이름의 어딘가에 "publish"가 있는 속성 URI를 찾고 있었다면 이 질의의 `str(?o)`를 `str(?p)`로 대치한다.

논의

430페이지의 "URI를 문자열로 어떻게 취급하나요?"에서 봤던 `str()` 함수를 사용하면 URI를 문자열로 취급할 수 있다. 이 함수에 문자열을 인자로 넘겨도 아무런 일이 일어나지 않는다. 본질적으로 "문자열을 문자열로 취급한다"라고 알려주기 때문이다. 그런 이유로 오류가 발생하지 않는다. 이건 실제로 꽤 유용하다. 왜냐하면 앞 질의는 `?o`가 URI이든 문자열이든 혹은 다른 타입이든 걱정할 필요없이 `?o`의 모든 잠재적인 값을 이 함수에 전달할 수 있음을 의미하기 때문이다.

이 질의에는 많은 유연성이 있다.

- 이 질의의 `str()` 함수 호출은 `LCASE()` 함수에 전달하기 전에 넘겨 받은 값을 문자열로 변환한다. `str()` 함수는 꼭 필요하지 않다. 특히 `rdfs:label`이나 `rdfs:property` 같은 특정 속성 값만 검색한다면 항상 문자열임을 알고 있기 때문이다. 하지만 `str()` 함수 호출을 포함시키면 `CONTAINS()`가 URI 값도 처리할 수 있으므로 문자열인 "publish"가 속성 이름의 어디선가에 있는지 여부를 확인할 수 있다.
- 목적어 값에서 하위 문자열을 검색할 때 한 트리플 패턴의 술어 위치에 있는 `?p` 변수 대신에 특정 속성을 지정하면 더 빠르게 검색할 수 있다. 실제로 `rdfs:label`, `rdfs:comment`, `skos: prefLabel`에는 종종 흥미로운 텍스트가 있으므로 검색할 만한 가치가 있다(이것도 더 빠르며, 보다 효율적으로 검색한다).

- LCASE() 함수는 ?o 값을 문자열인 "publish"와 비교하기 전에 ?o 값을 소문자로 변환한다. 문자열의 소문자 버전(또는 대문자와 소문자가 어떤 특정 패턴으로 조합된 문자열)을 찾는 데만 관심이 있다면 이 함수 호출을 생략해서 검색하면 약간 더 빠르다.
- CONTAINS()와 LCASE() 함수 호출을 사용하는 대신에 regex() 함수를 사용할 수 있다. 이 regex() 함수는 많은 유연성을 제공하지만, CONTAINS()와 LCASE() 함수보다 조금 더 느릴 수 있다.

참고

- "URI를 문자열로 어떻게 취급하나요?" (430페이지)
- "주어진 속성 값은 무엇인가요?" (421페이지)

문자열을 URI로 어떻게 변환하나요?

문제

많은 도구는 비RDF를 RDF로 변환할 수 있다. 하지만 이런 변환 기능을 두고 '그냥 이런 게 있구나'라고 생각하지 말자. 데이터를 원하는 RDF로 바꾸는 것은 주어와 술어에 사용할 새로운 URI 생성을 포함한 여러 정제 단계를 의미할 수 있기 때문이다. 그렇다면 이런 URL을 어떻게 만들까?

예로 다음 데이터 집합에서 사람의 성과 이름을 조합한 URI를 토대로 사람을 나타내는 새로운 URI을 만들고 싶다고 가정해보자.

```
# 파일명: ex012.ttl

@prefix ab: <http://learningsparql.com/ns/addressbook#> .
@prefix d:  <http://learningsparql.com/ns/data#> .

d:i0432 ab:firstName   "Richard" .
d:i0432 ab:lastName    "Mutt" .
d:i0432 ab:homeTel     "(229) 276-5135" .
d:i0432 ab:email       "richard49@hotmail.com" .

d:i9771 ab:firstName   "Cindy" .
d:i9771 ab:lastName    "Marshall" .
```

```
d:i9771 ab:homeTel      "(245) 646-5488" .
d:i9771 ab:email        "cindym@gmail.com" .

d:i8301 ab:firstName    "Craig" .
d:i8301 ab:lastName     "Ellis" .
d:i8301 ab:email        "craigellis@yahoo.com" .
d:i8301 ab:email        "c.ellis@usairwaysgroup.com" .
```

실제 데이터 값을 URI에 삽입하면 여러 문제를 야기할 수 있다. 이번 경우 누군가가 Cindy의 이름을 바꾸면 URI에는 Cindy의 이름이 남아 있기 때문에 오해의 소지가 있다. 또한 두 사람이 동명이인이라면 서로 다른 URI를 부여하는 방법이 필요하다. 문자열 값으로 URI를 생성할 때 구형 시스템legacy system의 자원에 할당된 ID 값처럼 다른 종류의 데이터를 사용할 가능성이 더 크다. 예로 SPARQL 질의로 직원 ID에 접근할 수 있다면 직원을 나타내기 위해 직원 ID를 사용할 수도 있다.

해결책

문자열로 URI를 생성하는 두 가지 기본 단계가 있다. 각 단계에서는 SPARQL 1.1에 새로 추가됐던 `CONCAT()`와 `IRI()` 함수를 활용한다.

1. 원하는 URI의 문자열을 생성하기 위해 `CONCAT()` 함수(와 다른 문자열 조작 함수, 필요하다면 타입을 변환하는 함수)를 사용한다.
2. 문자열을 URI로 변환하는 `IRI()` 함수를 사용한다. 이 `URI()` 함수는 `URI()`와 동의어다.

다음 질의는 `ab:firstName`과 `ab:lastName` 값을 `?fn`과 `?ln` 변수에 바인딩한 후, 표시된 `?baseURI` 문자열과 이런 값으로 URI를 만든다. 그러면 이 URI를 주어로 사용하는 새로운 트리플을 만든다.

```
# 파일명: ex491.rq

PREFIX ab:   <http://learningsparql.com/ns/addressbook#>
PREFIX nn:   <http://learningsparql.com/new/namespace/>

CONSTRUCT
{
```

```
  ?personURI ab:firstName ?fn ;
             ab:lastName ?ln ;
             ab:email ?email ;
             ab:homeTel ?tel .
}
WHERE {
  ?person ab:firstName ?fn ;
          ab:lastName ?ln ;
          ab:email ?email .
  OPTIONAL {
    ?person ab:homeTel ?tel .
  }
  BIND(ENCODE_FOR_URI(CONCAT(?fn,?ln)) AS ?encodedName)
  BIND("http://learningsparql.com/new/namespace/" AS ?baseURI)
  BIND(URI(CONCAT(?baseURI,?encodedName)) AS ?personURI)
}
```

첫 번째 BIND 문은 성과 이름 값을 함께 결합할 뿐만 아니라 URI에 어울리지 않은 문자를 잠재적으로 회피하기 위해 **ENCODE_FOR_URI** 함수를 호출한다. 예로 누군가의 이름이 "Mary Beth"이고, 성이 "Smith"이면 이 라인은 **?encodedName** 변수에 "Mary%20BethSmith" 값을 넣는다. 왜냐하면 만들고 있는 URI의 일부가 되는 "Mary"와 "Beth" 간의 공백을 원하지 않기 때문이다.

세 번째 BIND 문은 기저 URI와 인코딩한 이름을 결합해 원하는 URI의 문자열 버전으로 만든다. 적절한 URI로 변환하기 위해 **URI()** 함수를 사용한다. 그러면 이 URI를 구성된 트리플의 주어로 사용할 수 있다.

논의

앞 예제에서 BIND 문으로 만들어서 얻었던 URI가 합법적인 RDF URI가 아니라면 CONSTRUCT 절이 작동하지 않았기 때문에 알게 된다.

예제의 BIND 문에 있는 모든 함수 호출은 함께 중첩될 수 있고, 하나의 BIND 문에서 사용할 수 있다. 하지만 세 개의 BIND 문으로 쪼개면 질의를 읽기가 더 쉽고, 페이지에 맞추기가 훨씬 용이하다. 또한 디버깅도 더 쉽다. 특히 질의의 초기 초안에서 CONSTRUCT 키워드 대신에 SELECT 키워드를 사용할 경우 값을 계획대로 생성했는지 확인할 수 있다.

예로 CONSTRUCT 절이 아무런 트리플을 생성하지 못해 URI를 정말로 정확하게 만들었는지 의심된다면, ?encodedName의 값을 확인하는 SELECT 문으로 이런 문제를 보여줄 수도 있다. 자세한 내용은 294페이지의 "직접 디버깅하기"를 참조하자.

참고

- "URI를 문자열로 어떻게 취급하나요?" (430페이지)

원격 접점에 어떻게 질의하나요?

문제

지금까지 살펴봤던 많은 SPARQL 질의는 ARQ 같은 SPARQL 엔진이나 트리플 저장소에 내장된 SPARQL이 직접 처리하도록 설계되어 있다. 링크드 데이터 클라우드는 많은 SPARQL 접점(SPARQL 질의를 받는 웹 서비스)을 애플리케이션에 도움이 될 수 있는 데이터와 함께 제공한다. 회사 방화벽 안의 SPARQL 접점도 역할이 커지고 있다. 사내에서 데이터를 공개 웹public web상의 세계와 공유할 필요없이 더 쉽게 활용할 수 있도록 돕기 때문이다.

SPARQL 접점의 문서에는 질의를 보내야 하는 곳인 URL이 언급되어 있다. 주어진 URL에 있는 접점에 질의를 보내는 가장 간단한 방법은 무엇인가?

해결책

디비피디아와 다른 접점에 포함된 SNORQL 도구처럼 웹 폼에 질의를 입력한 후, 접점 뒤에서 데이터에 질의를 실행하는 웹 서비스에 전달하는 도구가 있다. 364페이지의 "SPARQL과 웹 애플리케이션 개발"에 기술했듯이 접점의 URL을 중심으로 만든 URL에 질의를 내장할 수도 있다.

세 번째 옵션은 원격 접점에서 데이터를 조회하기 위해 로컬에서 SPARQL SERVICE 키워드를 사용한 질의를 실행하는 것이다. SERVICE 키워드 뒤에 접점 URI를 넣은 후, 접점에서 검색하려는 트리플을 기술하는 트리플 패턴을 넣는다.

예로 다음 질의는 영국 수상이자 소설가인 Joseph Hocking과 관련된 모든 트리플을 디비피디아에 요청한다.

```
# 파일명: ex474.rq

SELECT ?p ?o
WHERE
{
  SERVICE <http://DBpedia.org/sparql>
    { <http://dbpedia.org/resource/Joseph_Hocking> ?p ?o . }
}
```

130페이지의 "원격 SPARQL 서비스에 질의"에서 기술했듯이 ARQ 명령행 도구는 명령행에서 질의에 데이터를 지정할 것을 예상한다. 질의가 특정 데이터를 무시할지라도 말이다. 따라서 이 질의를 시도할 때 원하는 RDF 파일이 무엇이든 간에 ARQ 명령행에서 `--data` 파라미터를 포함시켜야 함을 기억하자.

논의

같은 질의에 하나 이상의 SERVICE 키워드를 사용할 수 있으며, 이렇게 하면 연합 질의를 구축할 수 있다. 다음 질의는 Joseph Hocking과 관련된 트리플을 디비피디아에 요청하는 것 외에 구텐베르크 프로젝트에도 관련 트리플을 요청한다.

```
# 파일명: ex475.rq

PREFIX gp:  <http://wifo5-04.informatik.uni-mannheim.de/gutendata/resource/people/>

SELECT ?dbpProperty ?dbpValue ?gutenProperty ?gutenValue
WHERE
{
  SERVICE <http://DBpedia.org/sparql>
    {
      <http://dbpedia.org/resource/Joseph_Hocking> ?dbpProperty ?dbpValue .
    }

  SERVICE <http://wifo5-04.informatik.uni-mannheim.de/gutendata/sparql>
    {
      gp:Hocking_Joseph ?gutenProperty ?gutenValue .
    }
}
```

이 질의의 결과는 실제로 검색한 결과인 두 집합의 교차곱cross-product이다. 자세한 내용은 133페이지의 "연합 질의: 하나의 질의로 여러 데이터 집합 검색"을 참조하자.

참고

- "원격 접점에서 트리플을 어떻게 검색하나요?" (438페이지)

원격 접점에서 트리플을 어떻게 검색하나요?

문제

원격 접점에 질의할 때 열로 나열된 결과를 보길 원하지 않을 수도 있다. 아마도 원격 접점에서 실제 트리플을 가져와서 로컬에 저장하거나 원격 서버에 있는 정보를 이용해서 로컬에 새로운 트리플을 생성하고 싶을 것이다.

해결책

141페이지의 "데이터 복사"에서 봤듯이 새로운 트리플을 생성한다는 것은 원하는 정보를 나열하는 SELECT 질의를 취한 후, SELECT 절을 원하는 새로운 트리플이 어떻게 생겼는지 보여주는 그래프 패턴을 포함한 CONSTRUCT 절로 대체함을 의미한다.

예로 디비피디아에서 영국 수상이자 소설가인 Joseph Hocking과 관련된 모든 트리플을 검색하고 싶다고 가정해보자. 436페이지의 "원격 접점에 어떻게 질의하나요?" 절의 해결책에 있는 첫 번째 질의를 가져온 후, SELECT 키워드와 변수 목록을 다음 질의의 굵게 표시된 텍스트로 교체해서 제거할 수 있다.

```
# 파일명 ex476.rq

CONSTRUCT
{ <http://dbpedia.org/resource/Joseph_Hocking> ?p ?o . }
WHERE
{
  SERVICE <http://DBpedia.org/sparql>
   { <http://dbpedia.org/resource/Joseph_Hocking> ?p ?o . }
}
```

> ARQ는 결과 트리플을 터틀로 출력한다. 반면에 다른 도구는 이런 트리플을 전달하는 다른 방식을 제공할 수도 있다. ARQ처럼 트리플을 명령행 출력으로만 표시하는 애플리케이션인 경우 처리 파이프라인의 이후 단계에서 사용할 수 있는 파일에 출력을 리디렉션할 수 있다.

논의

SERVICE 키워드가 질의에서 맡을 수 있는 역할을 자세하게 알려면 141페이지의 "데이터 복사"를 모두 읽어라. 그 다음의 절인 147페이지의 "새로운 데이터 생성"은 또 다른 중요한 사항 즉, 트리플 복사 외에 CONSTRUCT 키워드를 사용하면 검색된 데이터에서 새로운 트리플을 생성할 수 있다는 점을 알려주고 있다. 기존 데이터에서 새로운 무언가를 만드는 이 기능은 여러 소스의 데이터를 검색할 때 몇 가지 큰 가능성을 열어주며, 이 기능을 사용하면 각 소스의 일부를 합친 것보다 더 큰 전체를 만들 수 있다.

심지어 원격 트리플을 로컬 저장소에 직접 복사하는 것도 애플리케이션에 몇 가지 좋은 이점을 제공할 수 있다.

- 원할 때마다 원격 소스를 활용할지 절대적으로 확신하지 못할 경우 로컬에 복사본을 저장한다면 필요할 때 항상 데이터를 가져올 수 있다.
- 로컬에 저장된 트리플을 원격 트리플보다 더 빠르게 처리한다.
- 여러 소스에서 데이터를 가져온 경우 한 곳에서 함께 모아두면 데이터가 여러 원격 서버에 분산되었던 경우와 비교했을 때 데이터 내부의 잠재적인 연결을 더 식별하기 쉽다.

참고

- "원격 접점에 어떻게 질의하나요?" (436페이지)

데이터 생성과 갱신

이 절에서는 데이터를 갱신하는 일반적인 패턴, 특히 여러 개의 트리플을 공통적으로 변경하는 방법을 다룬다.

변경하려는 데이터에 접근하기 위해 이런 질의를 작성한다고 가정한다.

모든 데이터를 어떻게 삭제하나요?

문제

방금 설치했던 새로운 트리플 저장소에 몇몇 예제 데이터를 추가했지만, 트리플 저장소에 있었던 트리플을 완전히 삭제한 상태에서 다시 시작하길 원한다고 가정해보자.

해결책

250페이지의 "데이터 삭제"에서는 기본 그래프에서 특정 트리플을 삭제하는 방법을 기술했고, 264페이지의 "그래프 삭제"에서는 모든 그래프를 삭제하는 방법을 기술했다. 후자 절에는 다음과 같이 기본 그래프, 명명된 그래프, 해당 그래프의 내용을 삭제하는 명령어가 들어있다.

```
# 파일명: ex337.ru

DROP ALL
```

논의

DROP ALL은 아주 강력한 명령어다. 강력함이 커질수록 책임을 더 크게 져야 한다.

DROP ALL 명령어를 실행하기 전에 데이터를 백업하기 위해 시스템이 제공할 수도 있는 기능을 살펴보길 바란다. 백업은 간단하다. 396페이지의 "모든 데이터를 한꺼번에 보려면 어떻게 하나요?"에 있는 질의를 실행한 후의 출력을 저장하면 된다.

명명된 그래프가 없을 경우 396페이지의 "모든 데이터를 한꺼번에 보려면 어떻게 하나요?" 절의 첫 번째 질의를 CONSTRUCT 버전으로 바꿔 실행하면 모든 데이터를 RDF로 제공한다. 명명된 그래프에 트리플이 있다는 전제에서 트리플을 해당 명명된 그래프에 저장해야 할 경우 아직까지는 RDF로 저장하는 표준적인 방법이 없다. 반면에 두 번째 질의를 실행한 후의 결과를 XML 형식인 SPARQL 질의 결과로 저장하는 방식이 있다. XSLT 스타일시트나 다른 XLM

기반 도구는 필요하다면 이 XML 형식인 질의 결과를 저장 도구에 적재하는 일련의 SPARQL 갱신 요청으로 변환할 수 있다.

결과를 JSON 형식인 SPARQL 질의 결과로 저장하고, JSON에 친화적인 스크립트 언어를 사용하는 것은 323페이지의 "TSV 질의 결과"에서 기술했던, "쿼드"(트리플에 그래프 이름 추가)를 TSV 파일에 저장하는 것과 같은 또 다른 옵션이다.

참고

- "모든 데이터를 한꺼번에 보려면 어떻게 하나요?" (396페이지)

속성 값을 전반적으로 대체하려면 어떻게 하나요?

문제

데이터 집합의 자원 그룹은 특정 속성의 어떤 값을 갖는데, 이런 모든 값을 새로운 값으로 바꾸고 싶다. 예로 저작권 날짜인 2013을 2014로 모두 갱신하되 나머지는 그대로 둔다고 가정해보자.

```
# 파일명: ex477.ttl

@prefix dm:      <http://learningsparql.com/ns/demo#> .
@prefix dc:      <http://purl.org/dc/elements/1.1/> .
@prefix dcterms: <http://purl.org/dc/terms/> .

dm:i590 dc:title "Installation Guide" ; dcterms:dateCopyrighted "2012" .
dm:i591 dc:title "Users Guide" ; dcterms:dateCopyrighted "2013" .
dm:i592 dc:title "API Reference" ; dcterms:dateCopyrighted "2013" .
dm:i593 dc:title "Tutorial" ; dcterms:dateCopyrighted "2011" .
dm:i594 dc:title "Reference Guide" ; dcterms:dateCopyrighted "2013" .
```

해결책

대체하려는 트리플을 지정하는 WHERE 절, 이 트리플을 삭제하는 DELETE 절, WHERE 절로 찾은 각 자원의 동일한 속성에 값을 할당하는 INSERT 절을 다음과 같이 차례대로 사용한다.

```
# 파일명: ex478.ru

PREFIX dcterms: <http://purl.org/dc/terms/>

DELETE {?document dcterms:dateCopyrighted "2013" . }
INSERT {?document dcterms:dateCopyrighted "2014" . }
WHERE  {?document dcterms:dateCopyrighted "2013" . }
```

논의

찾은(후에 삭제된) 트리플과 등록한 트리플 간의 유일한 차이점은 목적어 값임에 주목하자.

> 11장의 데이터를 변경하는 모든 질의에 대한 안전 조치는 몇 가지 SELECT나 CONSTRUCT 질의를 먼저 시도해서 데이터에 어떤 영향을 주는지 보기 위한 것이다. 11장의 시작부인 392페이지의 "주제와 변종" 절은 앞 질의의 적절한 변종을 보여준다.

참고

- "한 속성을 다른 속성으로 어떻게 대체하나요?" (442페이지)
- "특정 속성 값의 데이터 타입을 어떻게 바꾸나요?" (445페이지)

한 속성을 다른 속성으로 어떻게 대체하나요?

문제

데이터의 특정 속성을 쓰다 보면 사용하는 속성과 동등한 속성을 새로 알아볼 수도 있다. 아마도 이런 새 속성은 더 인기가 있고, 다른 데이터 집합과 많이 상호 호환되는 데이터를 제공할 수도 있다. 혹은 최근에 추가된 다른 속성이 데이터 모델에 더 잘 맞을 수도 있다.

예로 VoID 온톨로지에 나열된 사람 정보에 우편주소 정보를 새로 추가하기 위해 vCard 어휘를 사용한다고 가정해보자. 다만, 그 전에 `foaf:mbox` 속성을 사용하는 트리플을 vCard의 `v:email` 속성을 사용하는 동등한 트리플로 대체해야 한다.

해결책

441페이지의 "속성 값을 전반적으로 대체하려면 어떻게 하나요?"에서 나온 해결책은 특정 트리플을 선택하고, 이 트리플을 삭제하고, 이 트리플을 근본적으로 목적어 위치에서 새로운 값을 갖는 복사본으로 대체하는 것이었다. 여기서는 이와 비슷하게 하지만 목적어 대신에 술어를 대체한다.

다음 코드를 보자. WHERE 절은 관심이 있는 트리플을 식별한 후, DELETE 절로 이 트리플을 삭제한다. 그 다음의 INSERT 절은 삭제했던 트리플의 주어와 목적어가 모두 같은 새로운 트리플을 추가한다. 다만, 삭제했던 트리플의 속성 대신에 새로운 속성을 사용한다.

```
# 파일명: ex482.ru

PREFIX v:     <http://www.w3.org/2006/vcard/ns#>
PREFIX foaf:  <http://xmlns.com/foaf/0.1/>

DELETE { ?s foaf:mbox ?o . }
INSERT { ?s v:email ?o . }
WHERE  { ?s foaf:mbox ?o . }
```

논의

153페이지의 "데이터 변환"에서 CONSTRUCT 질의로 트리플의 집합을 복사하되, 특정 속성을 또 다른 어휘의 속성으로 대체할 수 있는 방법을 봤다. 이번 경우는 이 책을 위해 만들었던 주소록 속성을 vCard 표준의 동등한 속성으로 대체한다. 여기에 설명했던 기술을 사용해서 기존 데이터를 새로운 데이터로 대체하는 vCard CONSTRUCT 질의를 다음과 같이 변형할 수 있다.

```
# 파일명: ex481.ru

PREFIX ab:  <http://learningsparql.com/ns/addressbook#>
PREFIX v:   <http://www.w3.org/2006/vcard/ns#>

DELETE
{
 ?s ab:firstName   ?firstName ;
    ab:lastName    ?lastName ;
    ab:email       ?email .
    ?s ab:homeTel  ?homeTel .
}
INSERT
```

```
{
 ?s v:given-name   ?firstName ;
    v:family-name  ?lastName ;
    v:email        ?email ;
    v:homeTel      ?homeTel .
}
WHERE
{
 ?s ab:firstName   ?firstName ;
    ab:lastName    ?lastName ;
    ab:email       ?email .
    OPTIONAL
    { ?s ab:homeTel ?homeTel . }
}
```

INSERT 절로 추가한 트리플은 원래 WHERE 절로 찾았던 트리플을 CONSTRUCT 절로 구성한 후 DELETE 절로 삭제했던 것이다.

> DELETE 절은 WHERE 절과 거의 같아 보이지만, OPTIONAL 절에서 `ab:homeTel` 트리플 패턴을 감싸지 않음에 주목하자.

> 다양한 속성으로 대체해야 할 때 하나의 SPARQL 질의로 한꺼번에 처리하고 싶을 수도 있다. 이런 경우 개발, 테스트, 디버깅하기가 더 어려울 수 있다. 이 질의를 자주 실행하면 문제가 생길 수 있다. 예로 공급자한테 매주 데이터를 받을 때마다 자체 모델에 맞춰 변환하는 경우의 문제를 들 수 있다. 반면 데이터의 단일 배치를 한 번만 한다면 앞 질의와 같은 간단한 질의로 관리 가능한 트리플의 하위 집합을 한 번에 변경하는 증분 방식이 더 안전할 수 있다.

참고

- "속성 값을 전반적으로 대체하려면 어떻게 하나요?" (441페이지)
- "선언되지 않은 속성을 어떻게 찾나요?" (426페이지)

특정 속성 값의 데이터 타입을 어떻게 바꾸나요?

문제

프로세스나 소프트웨어 도구는 특정 속성 값이 어떤 데이터 타입이라고 알고 있지만, 해당 속성 값이 항상 이런 데이터 타입이 아닌 트리플(아마도 어딘가 다른 곳에서 검색했을 것임)을 갖는 경우가 가끔 있다. 이런 속성 값의 데이터 타입을 변경하되 나머지 속성 값을 그대로 두도록 전반적으로 대체하려면 어떻게 해야 할까?

해결책

다음 데이터는 몇 개 항목의 이름과 수량을 보여준다. 모든 수량을 정수로 바꾸고 싶다. 첫 번째, 두 번째 항목은 이미 정수다. 첫 번째 항목은 명시적인 타입을 포함하고, 두 번째 항목은 양 옆에 따옴표 기호가 없는 숫자 자리수이며, `xsd:integer`의 터틀(과 SPARQL) 축약어로 표현된다. 세 번째 항목의 `dm:amount` 값은 명시적으로 문자열로 타입화된 것이고, 네 번째 항목은 타입화되지 않은 리터럴이다.

> RDF 1.1에 대한 현재 계획은 문자열 타입을 기본으로 만드는 것이다. 따라서 `d:item4`의 `"12"`는 `"12"^^xsd:string`과 같을 것이다. 하지만 이번 예제의 중요한 점은 `"12"`를 정수로 표현할 수 없다는 것이다.

```
# 파일명: ex483.ttl

@prefix dm:   <http://learningsparql.com/ns/demo#> .
@prefix d:    <http://learningsparql.com/ns/data#> .
@prefix rdfs: <http://www.w3.org/2000/01/rdf-schema#> .
@prefix xsd:  <http://www.w3.org/2001/XMLSchema#> .

d:item1 rdfs:label "kerosene, 1 quart" ;
        dm:amount "14"^^xsd:integer .

d:item2 rdfs:label "double-knit polyester vest" ;
        dm:amount 10 .

d:item3 rdfs:label "gold-plated chain" ;
        dm:amount "30"^^xsd:string .
```

```
d:item4 rdfs:label "reverse flange" ;
        dm:amount "12" .
```

다음 갱신 요청은 모든 dm:amount 트리플을 새로운 트리플로 대체한다. 이 새로운 트리플은 주어와 술어가 동일하되, 원래의 값과 똑같지만 정수 타입으로 변환한 값을 갖는 목적어로 구성된다.

```
# 파일명: ex484.ru

PREFIX dm:   <http://learningsparql.com/ns/demo#>
PREFIX xsd:  <http://www.w3.org/2001/XMLSchema#>

DELETE
{ ?s dm:amount ?amount }
INSERT
{ ?s dm:amount ?integerAmount }
WHERE
{
  ?s dm:amount ?amount .
  BIND (xsd:integer(?amount) AS ?integerAmount )
}
```

xsd:integer 같은 타입 할당을 제거하려면 값을 타입화되지 않은 리터럴로 변환하는 str() 함수를 사용하자.

논의

속성 값의 데이터 타입을 변경하는 방법은 가져왔던 데이터를 가공해 구체화하는 멋진 기술이다. 하지만 변환되는 값이 정수로 의미가 있다고 가정한다. 앞 예제 데이터에 있는 항목의 dm:amount 값이 "hello"라면, xsd:integer() 함수가 이 값을 갖고 무엇을 해야 할지 모를 것이다.

변환을 실행한 후, SELECT 질의에서 결과인 dm:amount 값을 확인하는 게 바람직하다.

참고

- "속성 값을 전반적으로 대체하려면 어떻게 하나요?" (441페이지)

- "선언되지 않은 속성을 어떻게 찾나요?" (426페이지)

자원을 선언된 인스턴스로 어떻게 바꿔야 하나요?

문제

RDF 트리플이 속성 이름과 특정 자원과 관련된 값을 알려줄 때 자원은 어떠한 클래스의 인스턴스일 필요가 없다. URI로 자원을 참조할 수 있는 한, 데이터에 자원을 추가할 수 있다.

그렇긴 하지만 자원이 선언된 클래스의 멤버라면 자원의 데이터로 더 많은 것을 할 수 있다. 클래스와 관련된 메타데이터는 애플리케이션에게 자원에 관한 것을 많이 알려줄 수 있기 때문이다. 예로 메타데이터는 인스턴스와 관련될 수 있는 다른 속성을 기술할 수 있다. 이것은 애플리케이션이 자원 및 관련된 속성에 맞춰 인터페이스(와 최종 사용자 인터페이스, API^Application Programming Interface^) 구축하는 것을 돕는다.

자원을 클래스의 인스턴스로 식별할 수 있다면 질의를 더 빠르게 실행할 수 있다. 왜냐하면 질의 엔진은 결과 집합의 자원이 특정 클래스에 속함을 알면 검색 공간을 더 좁힐 수 있기 때문이다. 디비피디아에게 회사 이름이 "Apple"인 모든 것을 나열하라고 요청하면 시간이 오래 걸릴 수 있다. 하지만 회사 이름이 "Apple"인 *http://dbpedia.org/ontology/Company* 클래스의 인스턴스를 나열하라고 요청하면 훨씬 더 빠르게 처리한다.

그렇다면 자원이 클래스의 인스턴스가 아닐 경우 이런 자원을 클래스의 인스턴스로 어떻게 바꿀 것이고, 또한 어떤 클래스의 인스턴스이어야 하는가?

해결책

자원을 클래스의 인스턴스로 만드는 질문은 사실 데이터 모델링 문제다. 하지만 이미 갖고 있는 이런 인스턴스와 관련된 데이터를 살펴보면 몇 가지 단서를 얻을 수 있다. 예로 여기서는 몇 개의 자원은 `ab:firstName`, `ab:lastName`, `ab:email`, `ab:takingCourse` 속성을 갖는 반면에 다른 자원은 `ab:courseTitle` 속성을 가짐을 볼 수 있다.

```
# 파일명: ex069.ttl

@prefix ab:  <http://learningsparql.com/ns/addressbook#> .
@prefix d:   <http://learningsparql.com/ns/data#> .
```

```
# 사람

d:i0432 ab:firstName   "Richard" ;
        ab:lastName    "Mutt" ;
        ab:email       "richard49@hotmail.com" .

d:i9771 ab:firstName   "Cindy" ;
        ab:lastName    "Marshall" ;
        ab:email       "cindym@gmail.com" .

d:i8301 ab:firstName   "Craig" ;
        ab:lastName    "Ellis" ;
        ab:email       "c.ellis@usairwaysgroup.com" .

# 강좌

d:course34 ab:courseTitle "Modeling Data with OWL" .
d:course71 ab:courseTitle "Enhancing Websites with RDFa" .
d:course59 ab:courseTitle "Using SPARQL with non-RDF Data" .

d:course85 ab:courseTitle "Updating Data with SPARQL" .

# 강좌 수강자

d:i8301 ab:takingCourse d:course59 .
d:i9771 ab:takingCourse d:course34 .
d:i0432 ab:takingCourse d:course85 .
d:i0432 ab:takingCourse d:course59 .
d:i9771 ab:takingCourse d:course59 .
```

자원의 첫 번째 범주는 사람처럼 보이고, 두 번째 범주는 강좌처럼 보인다. 사람이 강좌를 수강하기 때문에 이 데이터 집합의 목적은 사람은 학생이고, d:Student 클래스의 인스턴스를 만드는 것이라고 가정한다.

> 이런 자원이 다른 클래스의 멤버일 수도 있는가? 뭔가를 하기 전에 공통 수퍼 클래스와 잠재적인 하위 클래스, 그리고 이런 클래스 간의 관계를 알아내야 하는가? 아니다. 지금 다루고 있는 건 RDF다. 나중에 d:i0432 자원도 새로운 Instructor 클래스나 Musician 클래스의 멤버라고 알려주면 아무것도 깨지 않는다.

d:Student와 d:Course 클래스 선언이 추가된 다음 질의는 두 ab:firstName과 ab:lastName 속성이 있는 자원을 d:Student 클래스의 인스턴스로 만들고, d:Course 클래스의 멤버인 ab:courseTitle 속성을 갖는 자원을 만든다.

```
# 파일명: ex488.ru

PREFIX rdfs: <http://www.w3.org/2000/01/rdf-schema#>
PREFIX ab:   <http://learningsparql.com/ns/addressbook#>
PREFIX d:    <http://learningsparql.com/ns/data#>
PREFIX rdf:  <http://www.w3.org/1999/02/22-rdf-syntax-ns#>

INSERT
{
   d:Student a rdfs:Class .
   d:Course a rdfs:Class .
   ?student a d:Student .
   ?course a d:Course .
}
WHERE {

  ?student ab:firstName ?fn ;
           ab:lastName ?ln .

  ?course  ab:courseTitle ?ct .
}
```

논의

질의가 성, 이름, 강좌 제목 값을 변수에 바인딩했음에도 불구하고 실제로 사용하지 않음에 주목하자. 이런 자원에 이런 속성 값이 있는지 확인했을 뿐이다. 왜냐하면 해당 속성은 이런 클래스의 멤버인지 식별하는 기준이었기 때문이다. 자원을 d:Student 클래스의 멤버로 만들기 전에 d:takingCourse 값을 비롯해 ab:firstName과 ab:lastName 값을 갖도록 하는 부가 조건을 추가할 수도 있었다. 학생인 사람만 가능한 수강 신청 시스템을 계획한 후, 아직까지 어떠한 강좌를 수강하지 않은 누군가가 d:Student 클래스에 배정되기를 원했다. 이는 질의가 고려해야 할 점이자, 수강 신청 애플리케이션에 필요한 것이다.

어떤 속성이나 특정 속성 값의 존재에 기반을 두고 클래스에 자원을 할당하는 것이 SPARQL

에서는 아주 흔하다. 이것은 데이터를 살펴볼 때 찾은 트리플을 식별하는 좋은 방법이다. 어떤 사람은 자원이 어떤 클래스의 멤버인지 기술하기 위해 RDFS와 OWL 추론을 사용한다. 하지만 종종 SPARQL 질의로 더 간단하게 기술할 수 있다.

참고

- "인스턴스를 갖는 클래스는 무엇인가요?" (404페이지)

요약

11장에서 배운 내용은 다음과 같다.

- 11장의 여러 질의에 적용할 수 있는 여러 가지 편리한 변종
- 데이터가 어떤 종류이고, 구조가 어떻게 정의되어 있고, 구조를 얼마나 많이 사용하는지 보기 위해 알려지지 않은 데이터 집합을 살펴보는 방법, 그리고 자원을 선언된 클래스의 인스턴스로 바꿔 정의된 구조를 더 많이 활용하는 방법
- 데이터 집합 내부에서 다양한 종류의 사물을 검색하는 여러 가지 기술
- SPARQL 접점에서 작업하기 위한 일부 유용한 기본 질의 기술
- 데이터 집합의 모든 트리플을 삭제하는 방법과 값과 데이터 타입을 전반적으로 대체하는 방법

용어집

공백 노드

그래프의 식별성이 없는 주어나 목적어다. 보통 다른 값을 함께 그룹화하는 데 사용된다. 예로 주소록 항목에는 이메일 주소인 "jsmith@eample.com", 휴대폰 번호인 943-234-9664, 주소가 있다. 이 주소 값은 거리 주소, 도시 이름, 우편번호 등을 자체적으로 갖는 공백 노드다. 이런 속성 값을 갖는 자원은 밑줄인 접두사(예, _xyz)나 대괄호([]) 쌍으로 시작하는 접두사가 붙인 이름으로 나타낸다. 트리플을 직렬화하는 도구는 새로운 트리플이 모든 동일한 연결을 유지하는 한 이런 접두사가 붙인 이름을 저장할 수 없다.

참조: **그래프, 접두사가 붙은 이름, 직렬화**

그래프

RDF에서는 트리플 집합이다. 그래픽 표현을 생성하는 유틸리티에 트리플을 넣는 건 드문 일이 아니다. 컴퓨터 과학 용어인 데이터 구조에서 유래된 이 용어는 트리 구조와 비슷하나 노드를 계층이 아닌 다른 노드에 연결할 수 있도록 한다.

그래프 패턴

중괄호 안에 있는 트리플 패턴 집합은 SPARQL 처리기가 데이터 집합에서 검색해야 하는 트리플 집합을 지정한다.

참조: **트리플 패턴, SPARQL 처리기**

기본 그래프

명명된 그래프에 속하지 않는 트리플이 있는 RDF 데이터 집합이다.

네임스페이스

특정 도메인 기술 같은 공통 목적을 위해 함께 그룹화된 이름의 집합이다. 더블린 코어 용어 집합은 네임스페이스의 한 예다. RDF와 XML 세계에서 네임스페이스는 IRI로 식별된다.

노드

RDF 그래프의 주어나 목적어다. 노드의 세 종류는 리터럴, IRI, 공백 노드다.

참조: **리터럴, IRI, 공백 노드**

단순 리터럴

참조: **리터럴**

더블린 코어

Title, creator, date 같은 메타데이터의 기본 집합을 제공하는 인기 있는 표준 어휘다. 많은 특화된 메타데이터 어휘는 더블린 코어에 기반을 둔다.
참조: 어휘

데이터 집합

주어진 SPARQL 질의로 질의할 수 있는 그래프의 모음집이다. 이 모음집은 기본 그래프와 선택 사항인 명명된 그래프를 포함한다.
참조: 기본 그래프, 명명된 그래프

로컬 이름

접두사가 붙여진 이름에서 접두사를 제외한 것이다. 예로 `dc:title`의 로컬 이름은 `title`이다.

리터럴

URI와 반대인 값은 무언가의 이름이다. 리터럴은 데이터 타입이나 음성 언어 태그를 가질 수도 있지만 둘 다 가질 수 없다. 단순 리터럴은 언어 태그나 데이터 타입이 없는 리터럴이다.
참조: 노드, IRI

링크드 데이터

웹상의 관련 데이터를 연결하는 모범 사례 집합으로서, URI 사용, 표준화된 데이터 형식이 권장된다. RDF는 링크드 데이터를 위한 훌륭한 작업이다.

명명된 그래프

보통 대용량 모음집 안에 있으며, 특정 이름으로 참조될 수 있는 트리플 집합이다. 명명된 그래프 이름은 URI이다.

목적어

RDF 트리플의 세 번째 부분이다. 목적어를 속성 값으로 생각할 수도 있다. 목적어는 리터럴, URI, 공백 노드 중 하나일 수 있다. 목적어가 URI면 자원을 기술하는 이 URI를 갖는 다른 트리플과 연결하기가 더 쉽다. "ISBN이 00625187X인 책의 제목은 'Weaving the Web'이다"라는 사실을 표현한 트리플의 목적어는 "Weaving the Web"이다.
참조: 주어, 술어, 리터럴, 공백 노드

바인딩

SPARQL 변수와 RDF 용어의 쌍으로 만든다. 실제로는 SPARQL 변수에 값을 할당한다.

변수 바인딩

값을 변수에 할당하는 것이다. 예로 질의는 `?postalCode` 변수를 포함하고, 두 행짜리 질의 결에 `?postalCode` 변수에 할당한 "49320"과 "22943" 값을 갖는다고 하자. 그러면 변수 바인딩을 두 번 한 것이다.

속성

참조: 술어

술어

RDF 트리플의 두 번째 부분이며, 속성으로 알려졌다. 술어를 속성 이름으로 생각할 수 있다. 술어의 네임스페이스를 식별하려면 술어가 URI이어야 한다. 그렇게 하지 않으면 "title" 같은 술어가 작품의 제목인지, 직책인지, 혹은 다른 것을 참조하는지 알 수 없다.
참조: 주어, 목적어

스크린 스크래핑

항공사 스케줄 같은 웹 페이지의 HTML을 검색한 후, 스크린 스크래퍼 개발자가 찾았던 HTML의 패턴에 기반을 두고 해당 웹 페이지에서 정보를 추출하는 과정이다. 링크드 데이터의 원칙은 웹상의 데이터를 공유하는 방법을 제공함으로써 스크린 스크래핑을 할 필요성을 줄여준다.
참조: 링크드 데이터

스키마
관계형 데이터베이스 개발, XML, 정보 기술의 다른 분야의 스키마는 데이터 품질을 보장하기 위한 검증과 더 효율적인 시스템을 위한 구조와 데이터 타입과 관련된 규칙 집합이다. RDF 세계의 RDF 스키마(RDFS) 명세를 사용해서 클래스, 속성, 이런 클래스 및 속성과 관련된 메타데이터를 지정할 수 있다. 스키마를 데이터와 관련된 새로운 사실을 추론할 수 있는 메타데이터 역할을 하지만, 데이터가 정확한지 또는 정확하지 않은지를 나타내는 검증 규칙 역할을 하지 않는다.
참조: OWL

스트리핑
RDF/XML 파일에서 동일한 자원이 한 트리플의 주어고, 다른 트리플의 목적어일 때 요소가 중첩될 가능성이 있다.

시맨틱 웹
애플리케이션이 사용할 수 있도록 웹상의 데이터 및 데이터의 의미를 공유하기 위한 표준과 모범 사례 집합이다. 핵심 표준은 RDF, SPARQL, RDFS, OWL이다.

어휘
RDF 기술 중 하나인 어휘는 사람이 재사용할 수 있는 표준 형식을 사용해 저장된 용어 집합이다. RDF 스키마와 OWL은 이를 위한 핵심 형식이다. 어휘는 트리플에서 술어로 사용되는 속성 집합을 지정하기 위해 자주 사용된다. FOAF, 더블린 코어, vCard는 인기가 있는 어휘다.
참조: 스키마, OWL, 더블린 코어, vCard, FOAF

온톨로지
사람마다, 특히 철학자라면 이 용어가 다른 의미일 수 있다. 그렇지만 시맨틱 웹 세계의 온톨로지는 어휘의 공식적인 정의이며, 자원의 클래스, 자원 속성, 자원 클래스 멤버 간의 관계를 정의를 허용한다.
참조: OWL

접두사가 붙은 이름
이름의 네임스페이스를 나타내는 접두사를 포함한 명칭이다. 예로 접두사가 URI인 *http://purl.org/dc/elements/1.1*로 나타낸 더블린 코어 네임스페이스를 표현하기 위해 선언됐던 `dc`라면 접두사가 붙은 이름인 `dc:title`은 더블린 코어 네임스페이스의 "title" 용어를 참조한다. 하지만 vCard 명함 네임스페이스의 동일한 용어를 참조하지 않는다. 가끔 qname으로 참조되며 XML 문맥에서만 절대적으로 정확하다. 왜냐하면 정형화 방법과 관련된 규칙이 약간 다르기 때문이다.

접점
참조: SPARQL 접점

주어
RDF 트리플의 첫 번째 부분이다. 주어는 기술되는 자원을 분명하게 밝히는 URI이어야 한다. "ISBN이 00625187X인 책의 제목은 'Weaving the Web'이다"라는 사실을 표현한 트리플의 주어는 ISBN이 006251587X인 책을 나타내는 URI다.

참조: 술어, 목적어

직렬화

데이터 집합을 파일에 표시하는 방법에 대한 구문이다. “파일 형식”으로 생각할 수 있지만, RDF 데이터 집합은 실제로 파일로 저장되지 않는다. 대신에 한 처리기에서 다른 처리기로 변수로 전달한다. 가장 잘 알려진 RDF 형식은 터틀과 RDF/XML이다. 터틀의 조상은 N3이다. N3 파일의 대다수가 사실상 터틀 파일에도 불구하고 N3은 가끔 나타난다.

참조: 터틀, RDF/XML, N3

추론

기존 정보에서 추가 사실을 도출한다. RDF 애플리케이션에서의 추론은 기존 트리플에 적용된 논리에 기반을 두고 새로운 트리플을 생성한다. RDFS아 OWL은 부가적인 가능성을 제공한다.

참조: OWL

쿼드

트리플을 구성하는 데이터 구조의 네 번째 부분이다. 트리플이 명명된 그래프의 일부라면 URI는 그래프 이름을 나타낸다.

참조: 트리플, 명명된 그래프

타입 변환

한 데이터 타입인 데이터 조각을 다른 데이터 타입으로 변환하는 것이다. 예를 들면 문자열인 “123”을 정수인 123으로 변환하거나 `"2011-10-14T13:19:00"^^xsd:dateTime`을 `"2011-10-14T13:19:00"^^xsd:string`으로 변환하는 것이다. “타입 변환”은 흔한 프로그래밍 용어이며, SPARQL에 국한되지 않는다.

터틀

인기가 늘어나고 있는 RDF 직렬화 형식으로서 N3에 기반을 둔다. 이 책의 질의 대상인 데이터 예제는 거의 터틀이다.

트리플

RDF의 기본 데이터 구조다. “ISBN이 00625187X인 책의 제목은 ‘Weaving the Web’이다” 같은 단일 문장을 표현하기 하기 위해 주어, 술어, 목적어의 세 부분 조합을 결합한다.

참조: 주어, 술어, 목적어

트리플 저장소

트리플을 저장하기 위해 설계된 전문 데이터베이스 관리기다.

트리플 패턴

RDF 트리플과 같지만, 트리플의 어떠한 부분을 변수로 대체될 가능성이 있다.

함의

A가 B를 함의하고 A가 참이면 B가 참임을 알고 있다. A가 사실의 복잡한 집합이면 OWL 인지형 SPARQL 처리기처럼 B가 참인지 여부를 발견하는 것을 돕는 기술이 있으면 아주 편리하다.

bnode

참조: 공백 노드

FOAF

FOAF(Friend of a Friend) 어휘를 사용하면 이름, 홈페이지, 직장, 직책과 같이 사람과 관련된 사실을 기술할 수 있다. FOAF의 일반적인 개념은 RDF 기반 소셜 네트워킹의 기초를 제공하는 것이다. 하지만 다양한 애플리케이션이 사용할 수 있는 FOAF 어휘는 사람과 관련된 기본적인 사실을 식별한다.
참조: 어휘

IRI

Internalized Resource Identifier의 약자다. URI는 "국제화"를 할 수 있는 다양한 문자를 허용한다.

N3

팀 버너슬리가 개발한 비XML인 RDF 직렬화 형식이다. 터틀은 N3의 단순 버전이다.
참조: 직렬화, 터틀

N-트리플

각 라인마다 약어가 없는 완전한 URI와 트리플을 보여주는 아주 간단한 RDF 직렬화 형식이다. 종종 그래프 덤프 형식으로 사용된다.
참조: 직렬화

OWL

온톨로지를 정의할 수 있는 OWL은 RDFS에 기반을 둔 W3C 표준이다.
참조: 온톨로지, 스키마

qname

참조: 접두사가 붙은 이름

RDF/XML

RDF의 초기의 직렬화 형식이며, XML에 기반을 둔다.
참조: 직렬화

RDFa

원래 RDF에 적합하게 설계되지 않았던 HTML와 XML 파일에 RDF를 내장하기 위한 특수한 속성 사용과 관련된 표준이다.

RDFS

참조: 스키마

SPARQL

SPARQL 프로토콜과 RDF 질의 언어는 RDF 모델을 준수하는 데이터를 질의하고 갱신하기 위한 W3C의 표준이다.

SPARQL 엔진

참조: SPARQL 처리기

SPARQL 접점

접점은 처리기가 접속해서 사용할 수 있는 서비스인 자원이다. SPARQL 접점은 RDF용 SPARQL 프로토콜로 SPARQL 질의를 받은 후 결과를 반환한다. 하나의 SPARQL 서비스는 여러 접점을 제공할 수 있고, 이런 접점은 자체 URL로 식별된다.

SPARQL 처리기

SPARQL 처리기(혹은 SPARQL 엔진)는 데이터 집합에 SPARQL 질의를 적용한 후 결과를 반환하는 프로그램이다. 로컬이나 원격 프로그램일 수 있다.

SPARQL 프로토콜

프로그램이 SPARQL 질의 처리 서비스에 SPARQL 질의와 갱신을 전달하는 방법과 서비스가 결과를 반환해야 하는 방법에 대한 명세다.

SQL

Structured Query Language의 약자이며, MySQL과 오라클 같은 관계형 데이터베이스용 ISO 표준 질의 언어다. SQL는 25년 이상의 역사가 있다.

striping

참조: 스트리핑

URI

Universal Resource Identifier의 약자이며, URL과 URN를 모두 아우른다. URN은 인기를 많이 얻지 못했다. 따라서 URI와 URL 용어는 자주 서로 바꿔 사용되고 있다. 하지만 두 약어의 마지막 문자를 상기하라. "URI"는 식별자로 더 자주 참조되고, "URL"은 위치자나 주소를 가리킨다. RDF에서 자원과 속성 이름을 식별하기 위해 URI를 사용한다.

URL

Uniform Resource Locator의 약자로서 예로 http://www.learningsparql.com/resources/index.html를 들 수 있다. 보통 HTML 웹 페이지, 그래픽 이미지 파일이나 음성 파일처럼 웹상의 무언가를 가리키는 데 사용된다.

참조: URI

URN

Universal Resource Name의 약자로서 URI의 대안적인 형태이며, `urn:isbn:006251587X` 같은 웹 주소처럼 보이지 않는다.

vCard

누군가의 성, 이름, 이메일 주소, 직책 같은 명함 정보를 저장하기 위한 인기가 있는 어휘다.

참조: 어휘

찾아보기